金融市场风险管理分析

[美] 弗兰克·H. 科格三世　Frank H. Koger III　著

赵朝熠　译

格致出版社　上海人民出版社

献给 Lynn 和 Kiel

前言

　　我非常高兴能够为金融界人士和希望进入金融圈工作的读者提供本书,分享一些关于这些读者普遍感兴趣的领域的知识。我撰写本书的目的是希望读者可以掌握金融市场风险管理领域的相关知识,能够用 Excel 编程来应用这些知识,并帮助读者提高处理此类金融问题的能力。由于本书讲解了这一领域许多分支的知识,因此读者应当有很强的动力来学习本书。

　　本书的目的之一是讲解一些应用导向的金融市场风险管理方法。与同类书籍相比,本书更强调解决问题。本书注重对金融概念的解释,以便读者可以根据需要将给定模型拓展到其他应用场景之中。

　　自开始讲授本课程以来,我发现现有的书籍缺乏(1)对概念的充分解释、(2)应用的广度,以及(3)对如何付诸实践的呈现。本书将这三个方面联系起来,统一呈现给读者。

　　一般来说,本书每章都会首先介绍一个金融市场风险管理的主题。接下来,我们将利用 Excel 的截图来阐明如何应用这些概念。我们希望向读者呈现如何用 Excel 对这些概念进行编程,以便读者可以将所学知识付诸实践。

　　本书的内容不会过于技术化。尽管如此,本书还是试图以严谨的分析方法来展开各个主题,以便读者能够学会如何应对金融市场风险管理的其他应用场景,而不只局限于本书介绍的内容。因为本书旨在讲解解决问题的方法,所以很少会提及这些领域的未来预期发展情况。因此,但愿本书的内容永远都不会过时。

　　本书前半部分着眼于期权及其在金融风险管理中的应用,因为期权是一种极好的可用于对冲风险的证券。后半部分侧重于讲解债券的利率风险及其解决方案,我们将介绍单因子与多因子风险度量、免疫策略和主成分分析。

　　全书各章都配有一些 Excel 工作表截图,这些截图将展示金融市场风险管理分析的建模结果。截图中含有各个完整模型的输入与输出。本书有配套的(启用宏的)Excel 工作簿,这些工作簿含有书中展示的全部模型。这些配套工作簿既可用作教学讲解的模板,亦可作为将模型拓展到其他应用场景的起点。

　　了解多元微积分相关知识将对读者学习本书大有裨益,掌握一些概率和统计知识也可以增强读者对于本书材料的理解。虽然本书还将涉及一些基础的随机过程知识,但所需的背景材料均已给出,读者无须事先掌握。本书默认读者对 Excel 的使用较为熟悉,但读者只需具备最低限度的知识便可学好本书。

如前所述,本书建立在我为北京大学汇丰商学院所讲授的同名课程的讲义之上。由于我们的金融硕士生和数量金融硕士生均具有相对较好的知识背景与能力,因此我有机会按照比市面上诸多教材更快的讲解速度和更高阶的教学方式来讲授本课程。我用一门 36 课时的课程基本讲授完了本书的所有材料。但对于大多数教学项目而言,本书或许应当拆成两门课程来讲解。① 结果表明,授课颇有成效,这一课程受到了学生的广泛好评。许多以前的学生后来评论说,这门课程对于面试和实际工作很有帮助。

目标读者

本书适合金融学专业的高年级本科生与研究生使用,还适用于希望掌握相关工具和技能、提升应对新挑战的能力的金融从业者。与其他金融教材相比,本书的内容相对更为高阶。具备多元微积分、概率和统计知识的读者会在更深层次上受益。然而,即便是数学专业知识较为欠缺的读者,也可以从本书对于金融市场风险管理模型的细致讲解中有所收获。

本书特色

金融市场风险管理的知识对于在金融界工作以及希望从事金融领域工作的人而言非常重要。本书从以下方面提供了坚实基础:(1)金融市场风险管理的概念;(2)在 Excel 中对这些概念建模;(3)应用实践。本书的主要优势在于向读者展示了如何分析金融市场风险管理的诸多概念,以及如何通过 Excel 编程来付诸实践。

本书的一个重要特色是配有一套非常有用的 Excel 文件,这些文件中含有本书讲解的所有示例的完整模型。这些 Excel 文件不但可被从业者用于拓展自己的模型,还可以让学生更好地学习如何建立新模型。在讲授"金融市场风险管理"课程的过程中,我有选择地删除了这些完整文件中的一些重要单元格内容,以作为授课模板。在每次课程中,学生会同我一起参与构建并完成这些模型。

本书第一部分讲解必备的基础知识与入门材料。第 1 章回顾历史收益率的各阶矩,并开始引入大多数金融市场风险变量与正态分布相比所具备的负偏度和正超额峰度特征。这两种特征均表示风险有所增加。第 2 章回顾随机变量相应的各阶矩的概念,以便读者此后可以对未来市场变量进行建模。我们将开始看到,为何分散化投资是降低投资组合风险的关键。

第二部分回顾期权的知识。期权在对冲金融市场风险方面颇具价值。第 3 章介绍欧式看涨期权与看跌期权、二者的回报与利润,以及由期权组成的投资组合。第 4 章介绍利率期权。我们将展示金融管理者可以如何通过买入看跌(看涨)期权来对冲资产(负债)价值下降的风险。第 5 章探讨欧式期权的期权费以及比较静态分析结果。基于这些比较静态分析的结论,第 6 章讲解如何通过构建由标的资产与借贷组成的投资组合来降低市场变量风险。第 7 章介绍如何利用静

---

① 我们的硕士生除了具备很强的知识素养以外,还曾在学习本课程之前选修过诸如"金融经济学""计量经济学""公司金融""金融建模:以 Excel 为工具"等大有帮助的课程,因此我能够轻松且快速地推进本课程的讲授。

态复制的方法为障碍期权定价。我们将用一篮子欧式期权来模仿障碍期权的价值,并将这一篮子期权的总价值作为障碍期权的价值。

第三部分介绍强有力的二叉树模型。第 8 章介绍单期二叉树模型。第 9 章将第 8 章的结果拓展至适合从业者使用的多期模型。该模型不但可为美式看涨与美式看跌等期权定价,还可用于计算比较静态分析结果。

第四部分介绍债券、利率风险和风险缓释技术。第 10 章回顾固定利率债券以及一些关于利率的定义,例如到期收益率、即期利率和远期利率;此外,还将介绍零波动利差。第 11 章讲解单因子风险度量指标,其既可用于度量风险,还可用于风险缓释。这些指标包括与久期和凸性相关的一系列度量。这一章还将介绍杠铃型与子弹型债券投资组合。第 12 章讲解各阶债券免疫方法,这些方法均可用于对冲固定收益证券的利率风险。第 13 章介绍关键利率久期这一重要的多因子利率风险度量指标,并给出用这种指标来缓释风险的示例。第 14 章讲解主成分分析,我们将首先介绍如何找出主成分,随后给出用主成分来对冲利率风险的示例。

第五部分是本书最后一部分,涵盖诸多话题。第 15 章定义波动率风险度量指标,并介绍更新金融市场变量的波动率估计值的各种方法,例如移动平均、指数加权移动平均以及广义自回归条件异方差模型。我们还将讲解如何用这些模型来更新协方差。这些方法的参数最优取值将根据最大似然法确定。本章还将介绍一些正态性检验方法。接下来,第 16 章介绍其他的正态性检验方法(例如 Jarque-Bera 检验),并讲解收益率序列自相关性的检验方法(例如 Ljung-Box 检验)。

第 17 章讲解具有负偏度和(或)正超额峰度的分布函数,这些特征与大多数金融市场变量一致。学生 t 分布就是一种厚尾分布。混合分布(也叫污染分布)将多个分布函数结合到一起,可用于为大多数金融市场变量的收益率建模。我们还将介绍 Cholesky 分解,其可用于随机模拟一系列与实际数据协方差矩阵相同的收益率。本章还将介绍多元条件分布。最后,本章将回顾 Copula 方法,其可用于模拟具有相关性的随机变量。

第 18 章探讨金融市场风险管理的关键度量指标:在险价值(VaR)和预期亏空(ES),并介绍重要的回溯测试方法。这一章还将定义一致性风险度量。第 19 章讲解如何进行随机模拟,包括历史模拟法和蒙特卡洛分析。我们将介绍不同的加权方法,例如指数递减加权和波动率调整加权等,并将其分别应用于单个资产以及整个资产投资组合。这一章还将定义压力 VaR 与压力 ES,并介绍极值理论。我们将给出许多示例,其中一个示例将重点展示极值理论的一种特例:幂律。最后,附录 A 将简单介绍三种投资组合风险度量指标:边际度量、增量度量与成分度量。

致谢

很多人为本书的出版作出了贡献。特别是这些年来我的学生以及许多优秀的助教提供了许多反馈,这些反馈对本书意义重大。

我还要感谢北京大学汇丰商学院院长海闻教授为本书的编写提供的鼓励和支持。副院长王鹏飞教授也为本书的编写提供了重要帮助。此外,我还要感谢汇丰商学院的曹明明老师帮助协调本书的出版。

最后,我要感谢赵朝熠的鼎力支持。他仔细审校了全书,并提出了许多有益见解。他还将整本书从英文翻译成了中文。

Contents

目　录

第四部分　债券:风险度量、免疫、主成分分析

第五部分 波动率、Copula、市场风险度量指标、随机模拟

第一部分
绪论与基础知识回顾

本书第一部分将介绍研究金融市场风险管理所必需的基本工具。第 1 章将回顾历史收益率各阶矩的概念,并为绝大多数金融市场风险变量呈现出的负偏度、正超额峰度等特性建立理论基础。这两种特性均意味着,与正态分布相比,这些变量蕴含额外的风险。这一章将定义协方差的概念,还将举例展示金融市场变量的经验分布,由此证实这些变量往往具有负偏度和正超额峰度(即厚尾)。

第 2 章将相应回顾随机变量各阶矩的概念,以便读者后续可为一些与未来有关的市场变量建模。这一章还将说明,分散化投资是降低投资组合风险的关键。

第 1 章

历史收益率与收益率的矩

金融世界里有各种类型的收益率。本章最开始,我们将定义毛收益率和净收益率。随后我们将回顾历史收益率的各阶矩(moment)的概念,包括均值(集中趋势)、方差(分散程度)、偏度(不对称性)和峰度(概率密度尾部的薄厚程度)。

本章将给出一些实例,这些实例具有负偏度和正超额峰度。这是大多数金融市场变量的典型结果。为了便于比较,我们还将一并展示与这些实例的前两阶矩相同的正态分布的结果。

本章我们还将探讨收益率的一个重要风险度量指标——协方差。最后,我们将详细介绍进行这些运算所需的 Excel 功能。

1.1　单期收益率

考虑持有多头头寸,即持有一笔资产。毛收益率(gross return) R 是指最终价值(即期末价格与这段期间内收获的现金流之和)与期初价值(即投入资本)之间的比率。如果这笔投资不涉及中间现金流,那么账面毛收益率便是期末价值与期初价值之比。这里我们认为二者均为正数。

本书中,我们通常将今天记为 $t=0$ 时刻,于是历史(未来)对应负(正)时刻。我们称"从 $t-1$ 时刻开始到 t 时刻结束"这段时间为第 t 期时间段。考虑某人在一年前 $t=-1$ 时刻以价格 P_{-1} 买入一个证券(例如一股股票),如图 1.1 左半部分所示。这个证券在今天($t=0$)支付一笔现金流 d_0,例如这只股票的股息。假设他在收到这只股票的股息后,立刻将股票按照除息价格(即派发后股息的价格,也即除去股息后的股价)P_0 卖出。于是,第 0 期时间段内的毛收益率即为 $R_0 = \dfrac{d_0 + P_0}{P_{-1}}$。粗略来讲,对于一笔资产而言,$R_t = \dfrac{期初投资额_{t-1} + 利润_t}{期初投资额_{t-1}} = 1 + \dfrac{利润_t}{期初投资额_{t-1}}$。

净离散收益率(net discrete return,或 discrete rate of return)等于毛收益率减 1,即净离

散收益率 $t = \dfrac{\text{利润}_t}{\text{期初投资额}_{t-1}}$。因此，对于最后一期，净离散收益率 $0 = \dfrac{\text{利润}_0}{\text{期初投资额}_{-1}} = r_0 =$

$\dfrac{d_0 + P_0}{P_{-1}} - 1 = \dfrac{d_0 + P_0 - P_{-1}}{P_{-1}}$。

现在我们考虑图 1.1 右半部分展示的一只证券的价格与现金流（cash flow, CF）。对于第 t 期时间段，毛收益率 R_t 与净离散收益率 r_t 分别为：

$$R_t = \frac{CF_t + P_t}{P_{t-1}} \text{ 和 } r_t = \frac{CF_t + P_t - P_{t-1}}{P_{t-1}} = \frac{CF_t + P_t}{P_{t-1}} - 1 = R_t - 1 \tag{1.1}$$

图 1.1 单期毛收益率与净收益率

金融从业者还常常使用连续复利收益率（continuously compounded rate of return），其定义为：

$$r_t^{cc} = \ln(\text{毛收益率} \ t) = \ln(R_t) = \ln(1 + r_t)$$

比照两种收益率的定义，可得 $1 + r_t = e^{r_t^{cc}}$，即：

$$r_t = e^{r_t^{cc}} - 1, \text{且} \ r_t^{cc} = \ln(1 + r_t)$$

1.2 多期历史收益率

图 1.2 展示的是一只 T 期以前买入的证券及其对应的现金流（例如一只股票的股息派发）与事后的价格（即这只证券在现金流派发后瞬间的价格，例如股票的除息价格）。由于我们探讨的是历史数据，所以日期都是负数，从 $-T$ 时刻开始，于今日（0 时刻）结束。考虑在 $-T$ 时刻支付 CF_{-T} 后（如果有的话）的瞬间，一个投资者按照事后价格 P_{-T} 将 I_{-T} 的资金投资于该证券。

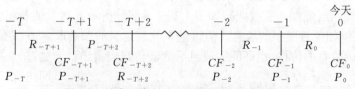

图 1.2 结束于今天 $(t=0)$ 的 T 年历史时间轴

我们假设对现金流（例如股息）进行再投资（reinvestment）。例如，如果将初始资金 I_{-T} 美元投资于一只股票，那么在 t 时期，我们持有的股数（share）即为：

$$sh_{-T} \equiv \frac{I_{-T}}{P_{-T}}, \text{且} sh_t \equiv sh_{-T} \prod_{n=-T+1}^{t} \left(1+\frac{CF_n}{P_n}\right)$$

$$sh_t = sh_{t-1}\left(1+\frac{CF_t}{P_t}\right) \tag{1.2}$$

$\forall t \in \{-T+1, -T+2, \cdots, -1, 0\}$。[①]其中，$sh_t$ 的第一个表达式由外生参数(即该证券的现金流与价格)表示。第二个 sh_t 的表达式是一个由 sh_{t-1} 表示的递推公式，在实际操作中(例如 Excel 表格中)可能更为方便。因此，在初始日期 $-T$ 之后的任一给定日期 t，投资者持有的股数 sh_t 即等于最初购买的数量 sh_{-T} 外加到 t 时刻为止通过现金流再投资购买的数量。[②]

股数确定之后，资产的价值就等于股数与价格之积，即：

$$V_{-T} \equiv (P_{-T})sh_{-T} = I_{-T}, \text{且}$$

$$V_t \equiv P_t[sh_t] = P_t\left[sh_{-T}\prod_{n=-T+1}^{t}\left(1+\frac{CF_n}{P_n}\right)\right]$$

$$= P_t\left[sh_{-T}\left(1+\frac{CF_t}{P_t}\right)\right], \quad \forall t \in \{-T+1, -T+2, \cdots, -1, 0\} \tag{1.3}$$

有了这些定义，我们可以将式(1.1)改写为[③]：

$$R_t = \frac{V_t}{V_{t-1}} \text{以及} r_t = \frac{V_t - V_{t-1}}{V_{t-1}} = \frac{V_t}{V_{t-1}} - 1 = R_t - 1 \tag{1.4}$$

1.3 收益率的各阶矩

1.3.1 一阶矩：集中趋势的度量

一阶矩即为平均数，又称均值。如果一共有 T 期，我们便可计算出 T 个不同的单期收益率。若用求和指标 t 来指代第 t 期，那么算术平均收益率(arithmetic mean return，AMR)即为：

$$AMR = \frac{1}{T}\sum_{t=-T+1}^{0} R_t = \frac{1}{T}\sum_{t=-T+1}^{0} \frac{CF_t + P_t}{P_{t-1}} = \frac{1}{T}\sum_{t=-T+1}^{0} \frac{V_t}{V_{t-1}} \tag{1.5}$$

且

---

① 因此 $\frac{sh_t}{sh_{-T}} = \prod_{n=-T+1}^{t}\left(1+\frac{CF_n}{P_n}\right)$。

② 如果该证券不产生现金流，则 $\frac{sh_t}{sh_{-T}}$ 等于 1；持有的股数始终是一个常数。

③ 根据式(1.3)，$\frac{V_t}{V_{t-1}} = \frac{P_t}{P_{t-1}}\left[1+\frac{CF_t}{P_t}\right] = \frac{P_t+CF_t}{P_{t-1}}$，这与我们在式(1.1)中定义的毛收益率一致。此外，根据式(1.3)，$V_0 = P_0\frac{I_{-T}}{P_{-T}}\left[\prod_{n=-T+1}^{0}\left(1+\frac{CF_n}{P_n}\right)\right]$，其中 $V_{-T} = I_{-T}$。

$$AMr = \frac{1}{T} \sum_{t=-T+1}^{0} r_t = \frac{1}{T} \sum_{t=-T+1}^{0} \frac{CF_t + P_t}{P_{t-1}} - 1 = \frac{1}{T} \sum_{t=-T+1}^{0} \frac{V_t}{V_{t-1}} - 1 \tag{1.6}$$

显然有 $AMr = AMR - 1$。

另一个多期平均收益率的度量指标是几何平均收益率（geometric mean return，GMR）。它是方程 $V_{-T}(1+GMR)^T = V_0$ 的解。因此：

$$GMR = \left(\frac{V_0}{V_{-T}}\right)^{1/T} = \left(\frac{P_0}{P_{-T}}\left[\prod_{n=-T+1}^{0}\left(1+\frac{CF_n}{P_n}\right)\right]\right)^{1/T} \tag{1.7}$$

且

$$GMr = GMR - 1$$

值得注意的是，AMr 可直接由式（1.6）求解得到，但 GMr 并没有相对应的直接计算公式，它只能由 $GMr = GMR - 1$ 计算得到。

究竟应当用哪种指标？AMR 与 AMr 蕴含了不同时期的收益率波动情况，而 GMR 与 GMr 则没有蕴含这些信息。因此：

$$GMR < AMR，且\ GMr < AMr$$

至于究竟应当使用 AMR 还是 GMR，一些从业者在计算下一期预期收益时喜欢使用 AMR，而在衡量历史投资表现时更愿意使用 GMR。

1.3.2　二阶矩：分散程度的度量

在金融领域中，风险厌恶的投资者关注分散程度的度量指标。我们可以基于历史毛收益率的一阶矩（AMR）来计算二阶矩，即毛收益率的方差（variance）$s^2(R)$。利用某只证券的历史数据，便可计算：[1]

$$s^2(R) = \frac{1}{T-1} \sum_{t=-T+1}^{0} (R_t - AMR)^2$$

$$= s^2(r) = \frac{1}{T-1} \sum_{t=-T+1}^{0} (r_t - AMr)^2 > 0 \tag{1.8}$$

方差的量纲与 R^2 和 r^2 相同。

注意，AMR 具有与 R 和 r 相同的量纲。为使方差的量纲也与之相同，我们可以计算方差的平方根 $s(R) = \sqrt{s^2(R)} = s(r) = \sqrt{s^2(r)}$，这就是收益率的标准差（standard deviation）。在金融界，收益率的标准差常被称作波动率（volatility）。

$s(R) = s(r)$ 表示收益率的分散程度，因此是一个风险度量指标。由于平均收益率 AMR 与 AMr 是收益高低的度量指标，因此我们可以定义资产的变异系数（coefficient of variation）：

---

[1]　在各期收益率 R_t 均相同的一般情形下，即 $\forall\ t \in \{-T+1, -T+2, \cdots, 0\}$，都有 $R_t = AMR$ 时，有 $s^2(R) = 0$。除了这种情况之外，方差严格大于零。

$$CV = \frac{s(r)}{AMr}$$

其可用于衡量风险收益比。在其他因素都相等的情况下,风险厌恶的投资者会偏好更小的变异系数。

1.3.3　三阶矩:偏度

在金融领域里,风险厌恶的投资者对负收益尤为关注。收益率的三阶矩反映历史收益率分布的倾斜程度。基于收益率的前两阶矩(AMr 和 $s(r)$),我们可以计算三阶矩:偏度(skewness)$g(r)$。其定义为:

$$g(r) = \frac{\frac{1}{T}\sum_{t=-T+1}^{0}(r_t - AMr)^3}{[s(r)]^3} \tag{1.9}$$

由于式(1.9)的分子和分母均与 r^3 有相同的量纲,因此偏度是无量纲的。

与恒为正数的方差和波动率不同,偏度可能为正,可能为零,也可能为负。负(正)偏度表示收益率的频率图具有左(右)长尾。一般而言,如果偏度为负(正),则有均值<中位数<众数(均值>中位数>众数)。

风险管理者对负偏度尤为关注,因为负偏度意味着左侧尾部具有极端值。遗憾的是,现实世界里许多风险资产的偏度确实为负。相较而言,正态分布的偏度为零。因此,如果用正态分布对风险资产收益率建模,需要极其谨慎,因为使用正态分布会导致风险指标的低估。

1.3.4　四阶矩:峰度

收益率的四阶矩表示峰度(kurtosis),它度量尾部的薄厚。利用收益率的前两阶矩(AMr 和 $s(r)$),便可定义峰度:

$$k(r) = \frac{\frac{1}{T}\sum_{t=-T+1}^{0}(r_t - AMr)^4}{[s(r)]^4} \tag{1.10}$$

由于式(1.10)的分子和分母均与 r^4 有相同的量纲,因此峰度是无量纲的。与波动率类似,峰度一定取正值。

正态分布的峰度是 3。因此,金融从业者常使用超额峰度(excess kurtosis),其定义为:

$$XSk(r) = k(r) - 3$$

超额峰度为零的分布(例如正态分布)叫作常峰态(mesokurtic)。超额峰度大于(小于)零,意味着收益率的分布具有厚(薄)尾,即该分布具有比正态分布更多(少)的偏离均值的极值点。

由于风险管理者对极端负收益尤为关注,因此他们不希望看到正的超额峰度。遗憾的是,现实世界里许多风险资产的超额峰度确实为正。超额峰度为正的分布具有尖峰态(leptokurtic),其中"lepto"表示"细长"。这种分布的密度函数在均值附近具有"尖峰",且具有"瘦肩"。此外，它们还具有厚尾，这是风险管理者关注的重要特征。具体而言，厚尾意味着极端值的比例相对较高，而更高的极端损失概率意味着更多的风险。[①]

最后，超额峰度为负的分布具有低峰态（platykurtic），其中"platy"表示"宽阔"。这种分布的密度函数具有"宽肩"。它们还具有薄尾，这是风险管理者关注的特征。薄尾意味着极端值的比例相对较低。低极端损失概率与降低风险的目标一致，是风险管理者喜欢的特性。[②]

1.3.5   案例：历史收益率与各阶矩

现在我们将前面的概念付诸实践。图 1.3 展示了标准普尔 500 指数（S&P500）、道琼斯工业平均指数（DJIA）、埃森哲（Acc.）和苹果公司（Apple）的每日价格数据。图中 B 列表示日期，C5:F508 单元格表示每日价格，即 504 个交易日（2 年）的历史数据。G6:J508 单元格计算连续复利日收益率，计算公式为：

$$r_t^{cc} = \ln\left(\frac{P_t}{P_{t-1}}\right)$$

这里的下标 t 的单位是日，而不是年。G512:J515 单元格计算了前四阶矩。G516:J516 单元格等于 G512:J512 单元格中的日平均收益率乘以 252，相当于对其进行了年化处理，因为我们通常假设每年有 252 个交易日。接下来，通过对日标准差乘以 $\sqrt{252}$，即可得到 G517:J517 单元格中展示的收益率年化波动率（标准差）。G518:J520 单元格计算了四个风险资产各自的最大值、最小值和个数计数。

	B	C	D	E	F	G	H	I	J	K	L
3		S&P 500 价格	DJIA 价格	Acc. 价格	Apple 价格	S&P 500 收益率	DJIA 收益率	Acc. 收益率	Apple 收益率		N(0,30%)
4	日期										30%
5	2018/11/20	2,642	24466	154.4	43.22						
6	2018/11/21	2,650	24465	152.6	43.17	0.3%	0.0%	-1.2%	-0.1%		0.49%
7	2018/11/22	2,650	24465	152.6	43.17	0.0%	0.0%	0.0%	0.0%		0.47%
506	2020/12/11	3,663	30046	245.8	122.41	-0.1%	0.2%	-0.1%	-0.7%		-0.71%
507	2020/12/14	3,647	29862	243.8	121.78	-0.4%	-0.6%	-0.8%	-0.5%		0.24%
508	2020/12/15	3,695	30199	247.1	127.88	1.3%	1.1%	1.3%	4.9%		-5.93%
509						G6 =LN(C6/C5)					
510								L6:L508 =NORM.S.INV(RAND())*$L$4*SQRT(1/252)			
511						S&P500	DJIA	Acc.	Apple		N(0,30%)
512	L512 =AVERAGE(L6:L508)				均值,m	0.07%	0.04%	0.09%	0.22%		-0.05%
513	L513 =STDEV(L6:L508)				波动率,s	1.68%	1.78%	2.00%	2.40%		1.89%
514	L514 =SKEW(L6:L508)				偏度,r	-0.99	-0.98	0.00	-0.46		0.03
515	L515 =KURT(L6:L508)				超额峰度,δ-3	14.11	15.48	6.52	6.07		0.03
516	L516 =L512*252				年化均值	16.8%	10.5%	23.5%	54.4%		-12.4%
517	L517 =L513*SQRT(252)				年化波动率	26.6%	28.2%	31.8%	38.0%		30.0%
518	L518 =MAX(L6:L508)				最大值	9.0%	10.8%	12.1%	11.3%		4.7%
519	L519 =MIN(L6:L508)				最小值	-12.8%	-13.8%	-8.8%	-13.8%		-5.9%
520	L520 =COUNT(L6:L508)				个数计数	503	503	503	503		503

图 1.3   各种风险资产的收益率各阶矩

值得关注的是四个偏度值（G514:J514）。四家公司的偏度值里有三个为负，一个（埃森

[①]   常见的尖峰态分布包括学生 t 分布、指数分布、泊松分布和逻辑斯谛分布。

[②]   常见的低峰态分布包括均匀分布和伯努利分布。

哲)为零。如前所述,风险管理者对负偏度十分关注,因为负偏度意味着有更高的大额负收益概率。根据 G515:J515 单元格,所有四家公司的历史收益率超额峰度均为正值,表明其分布具有厚尾。从风险增加的角度而言,风险管理者也会对正超额峰度加以关注。

为便于比较,L 列生成了一系列服从正态分布 $N(0, \sigma^2 \Delta t)$ 的随机变量,其中 $\sigma = 30\%$(见 L4 单元格)。若指定一年共有 252 个交易日,则一天的时间长度即为 $\Delta t = \dfrac{1}{252}$ 年。这些随机变量由如下公式生成:

$$r_t^{cc} = Z\sigma\sqrt{\Delta t}, 其中 Z \sim N(0, 1)$$

在 Excel 中,标准正态分布随机变量 Z 可由如下公式生成:

$$= \text{NORM.S.INV(RAND())}$$

其中,RAND 函数用于生成一个介于 0 和 1 之间的均匀分布随机变量,即服从 $U[0, 1]$ 分布。在 L512:L520 单元格中,我们计算了 L6:L508 单元格的 503 个标准正态分布随机变量的各阶矩和其他指标。从这些结果可以看出,Excel 的随机数生成器表现优异。L512 单元格计算得到的平均值与理论值零较为接近。L517 单元格计算得到的年化波动率与输入的理论值30%也很接近。L514 单元格计算得到的偏度和 L515 单元格计算得到的超额峰度都与预期的理论值零很接近。

图 1.4 展示了 S&P500 日收益率的经验概率密度函数与经验分布函数。为便于比较,图中还分别展示了与之具有相同前两阶矩的正态分布的密度与分布函数。B533:B604 单元格给出了 S&P500 实证结果的数值范围,这些等距分布的数值将依次作为频率图各组的上界。(根据 B526 单元格,每个数值依次比上一个数值大 0.306%。)C533:C604 单元格展示了各组的频数,其计算公式为:

$$\{ = \text{FREQUENCY(G6:G508, B533:B604)} \}$$

这些频数的计算过程如下:首先选中单元格 C533:C604,然后输入上述公式里除了大括号 { } 以外的部分,最后按住 Ctrl 键与 Shift 键,再按 Enter 键。通过同时按下 Ctrl+Shift+Enter 键,Excel 将自动添加大括号,表示这是一个 Excel 数组函数。

D533:D604 单元格计算频率图中位于各组的收益率所占的比例。进一步,E533:E604 单元格计算了这些比例的累计求和,从而得到累积分布函数 $F(x)$ 的经验估计。随后,F533:F604 单元格计算了密度函数 $f(x)$ 的经验估计,计算方法为:

$$f(x) = \frac{dF(x)}{dx} \approx \frac{\Delta F(x)}{\Delta x} = \frac{F(x_n) - F(x_{n-1})}{x_n - x_{n-1}} = f(x_n)$$

其中,$F(x_n)(F(x_{n-1}))$ 是 E 列中对应行(前一行)的取值,$x_n(x_{n-1})$ 是 B 列中对应行(前一行)的取值。

为了将 S&P500 的经验分布计算结果与具有相同前两阶矩的正态分布相比较,我们计算正态分布在各个频率组的上界处的取值。具体而言,根据图 1.3,由于 S&P500 的日收益率均值为 $\mu = 0.07\%$(G512 单元格),日收益率波动率为 $\sigma = 1.68\%$(G513 单元格),因此我们取 $N(\mu, \sigma^2) = N(0.07\%, (1.68\%)^2)$。图 1.4 的 G533:G604 单元格给出了正态分布的密度函

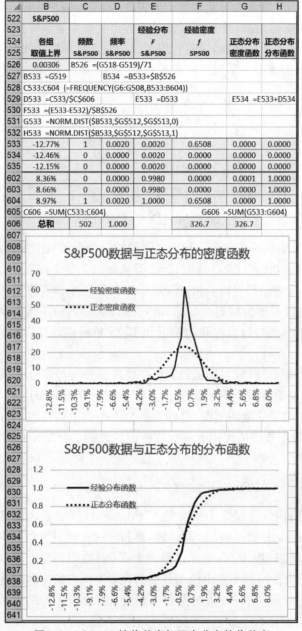

图 1.4 S&P500 的收益率与正态分布的收益率

数 $n(0.07\%, 1.68\%^2)$ 在 B533:B604 单元格的各组上界处的估计值。H533:H604 单元格给出了正态分布的分布函数 $N(0.07\%, 1.68\%^2)$ 的估计值。这些估计结果分别由 Excel 的下述公式得出:

$$=\text{NORM.DIST}(x, 0.07\%, 1.68\%, 0),\text{以及}$$

$$=\text{NORM.DIST}(x, 0.07\%, 1.68\%, 1)$$

其中第一(二)行估算正态分布的密度函数(分布函数)在 x 按 B 列取值时的结果。

现在让我们观察图 1.4 的下半部分。下半部分的两幅图像中,上面的图像是两个密度函数：S&P500 的经验密度与正态分布的密度。按照我们的设定，后者的前两阶矩与前者相同。S&P500 的收益率具有明显的厚尾特征，这与图 1.3 的 G515 单元格中得到的 14.11 的超额峰度一致。如果读者仔细观察，也可以很明显地发现负偏度的特征，这与图 1.3 的 G514 单元格计算出的 −0.99 的偏度一致。与许多市场变量类似，S&P500 收益率的经验密度函数也同时具有尖峰（即与平均值 0.07％接近的收益率数目有所增加）和瘦肩（当收益率高于或低于均值的 1.5 至 2.0 个标准差时，经验密度函数的取值远低于与之对应的正态分布密度函数取值）的特点。我们还可以发现其具有厚尾的特征，因为在高于或低于均值的极端值处，经验密度函数反弹到了正态分布的密度函数之上。图 1.4 最下方的图展示的是 S&P500 收益率及与之前两阶矩相同的正态分布的分布函数。

图 1.5 对图 1.3 中展示的四种风险资产配置了等权重投资组合，并进行相关计算。因此，如 AO4：AR4 单元格所示，四个资产的权重均为 25％。按照 AO3：AR3 单元格，投资组合的初始价值为 10000，于是四个资产各自的投资额均为 2500。持有四个风险资产的股数分别见 AO5：AR5 单元格，其计算公式为 $sh_{-T} = \dfrac{I_{-T}}{P_{-T}} = \dfrac{2500}{P_{-T}}$。

	AL	AM	AN	AO	AP	AQ	AR
3	25%投资组合		I_0	10000	10000	10000	10000
4	收益率		w	25%	25%	25%	25%
5	r^d	r^{cc}	Sh_0	0.946	0.102	16.187	57.848
6	-0.26%	-0.26%	AO5 =AO3*AO4/C5			AR5 =AR3*AR4/F5	
7	0.00%	0.00%					
506	-0.30%	-0.30%					
507	-0.59%	-0.59%					
508	2.77%	2.74%	AL6…=SUMPRODUCT(C6:F6,$AO$5:$AR$5)/SUMP				
509			RODUCT(C5:F5,$AO$5:$AR$5)-1				
510	AM6…=LN(SUMPRODUCT(C6:F6,$AO$5:$AR$5)/SU						
511	MPRODUCT(C5:F5,$AO$5:$AR$5))						
512	0.13%	均值,m	AL512 =AVERAGE($AL$6:$AL$508)				
513	1.84%	波动率,s	AL513 =STDEV.S($AL$6:$AL$508)				
514	-0.31	偏度,Γ	AL514 =SKEW($AL$6:$AL$508)				
515	9.59	超额峰度,δ-3	AL515 =KURT($AL$6:$AL$508)				
516	33.7%	年化均值	AL516 =252*AL512				
517	29.2%	年化波动率	AL517 =SQRT(252)*AL513				
518	10.19%	最大值	AL518 =MAX($AL$6:$AL$508)				
519	-11.65%	最小值	AL519 =MIN($AL$6:$AL$508)				
520	503	个数计数	AL520 =COUNT($AL$6:$AL$508)				

图 1.5 风险资产投资组合的收益率的各阶矩

AL6：AL508 与 AM6：AM508 单元格分别计算了离散日收益率与连续复利日收益率，计算公式分别为：

$$r_t^d = \frac{V_t^P}{V_{t-1}^P} - 1 = \frac{\sum_{n=1}^{4} sh_0^n P_t^n}{\sum_{n=1}^{4} sh_0^n P_{t-1}^n} - 1$$

和

$$r_t^{cc} = \ln\left(\frac{V_t^P}{V_{t-1}^P}\right) = \ln\left[\frac{\sum_{n=1}^{4} sh_0^n P_t^n}{\sum_{n=1}^{4} sh_0^n P_{t-1}^n}\right]$$

AL512:AL515 单元格计算了投资组合日收益率的前四阶矩。AL516 与 AL517 单元格分别对均值和波动率进行了年化处理。不出所料,投资组合的收益率同时呈现出负偏度(-0.31,见 AL514 单元格)和正超额峰度(9.59,见 AL515 单元格)的特征。风险管理者对这两个特征都十分关注。

1.4 两资产历史收益率的线性关系

各种风险资产(即收益率无法得到明确保证的资产)的价格并非亦步亦趋、同向变化。在衡量投资组合的风险时,资产价格之间同步(或不同步)变化的程度至关重要。

衡量一对资产 x 和 y 收益率的线性同步变化程度的指标是协方差(covariance),计算公式为:

$$
\begin{aligned}
s^2(R^x, R^y) &= \frac{1}{T-1}\sum_{t=-T+1}^{0}(R_t^x - AMR^x)(R_t^y - AMR^y)\\
&= \frac{1}{T-1}\sum_{t=-T+1}^{0}R_t^x(R_t^y - AMR^y)\\
&= \frac{1}{T-1}\sum_{t=-T+1}^{0}(R_t^x - AMR^x)R_t^y\\
&= s^2(r^x, r^y) = \frac{1}{T-1}\sum_{t=-T+1}^{0}(r_t^x - AMr^x)(r_t^y - AMr^y)\\
&= \frac{1}{T-1}\sum_{t=-T+1}^{0}r_t^x(r_t^y - AMr^y)\\
&= \frac{1}{T-1}\sum_{t=-T+1}^{0}(r_t^x - AMr^x)r_t^y
\end{aligned}
\tag{1.11}
$$

与方差类似,协方差也满足 $s^2(R^x, R^y) = s^2(r^x, r^y)$。[1][2]

---

[1] 注意,$r = R-1$,而且为一个随机变量加上一个常数不会改变其方差,也不会改变其与另一个随机变量之间的协方差。

[2] 第一行与第二行的等价性(相应还有第四行与第五行)是 AMR 的定义导致的。具体而言,$\frac{1}{T-1}\sum_{t=-T+1}^{0}(R_t^x - AMR^x)(R_t^y - AMR^y) = \frac{1}{T-1}\sum_{t=-T+1}^{0}R_t^x(R_t^y - AMR^y) - \frac{1}{T-1}\sum_{t=-T+1}^{0}AMR^x(R_t^y - AMR^y)$。在后一项求和中,$AMR^x$ 并非 t 的函数,因此可被拉到以时期 t 为指标的求和号的外面。最终,根据 AMR^y 的定义,这一项等于 $AMR^x\left[\frac{1}{T-1}\sum_{t=-T+1}^{0}(R_t^y - AMR^y)\right] = AMR^x\left[\left(\frac{1}{T-1}\sum_{t=-T+1}^{0}R_t^y\right) - AMR^y\right] = 0$。与这种方法类似,求和式外任何不以 i 为指标的表达式均可被拉到求和式之中。我们后面还会用到类似的方法。

如果资产 x 与 y 倾向于同向变化(反向变化),则 R^x 与 R^y 的协方差应为正数(负数)。资产价值越同向或越反向变化,$s^2(R^x, R^y)$ 的数量级就越大。如果一个资产与另一个资产的价值变化较为线性独立,$s^2(R^x, R^y)$ 将接近于零。[①]

虽然协方差大有用武之处,但其含义较难解释。因此,相关系数(correlation coefficient)成了自成一格的一个指标,其计算公式为:

$$r(R^x, R^y) = \frac{s^2(R^x, R^y)}{s(R^x)s(R^y)} = r(r^x, r^y)$$

$$= \frac{s^2(r^x, r^y)}{s(r^x)s(r^y)} \in [-1, +1] \tag{1.12}$$

如果我们假想两个风险资产的价值随时间完全同向(反向)线性变化,便有 $r(R^x, R^y) = +1(-1)$。如果一个资产价值的变化相对于另一个较为线性独立,$r(R^x, R^y)$ 便接近于零。[②]

1.5 投资组合的历史收益率

考虑一个由 I 个资产组成的投资组合 P,各个资产用上标 i 表示。如果我们在第 t 期时间段对第 i 个资产投资的初始值是 V^i_{t-1},那么该投资组合的初始价值即为:[③]

$$V^P_{t-1} = \sum_{i=1}^{I} V^i_{t-1} \tag{1.13}$$

现在我们用下式定义第 i 个资产的投资组合权重(portfolio weights):

$$w^i_{t-1} \equiv \frac{V^i_{t-1}}{V^P_{t-1}}$$

根据此式,显然有 $\sum_{i=1}^{I} w^i_{t-1} = 1$。[④]利用资产的市场价,我们便可将第 i 个资产的权重表示为投资组合总价值的某一比例。接下来,第 t 期时间段的投资组合毛收益率等于:

$$R^P_t = \frac{V^P_t}{V^P_{t-1}} = \frac{\sum_{i=1}^{I} V^i_t \frac{V^i_{t-1}}{V^i_{t-1}}}{V^P_{t-1}} = \sum_{i=1}^{I} \frac{V^i_t}{V^i_{t-1}} \frac{V^i_{t-1}}{V^P_{t-1}} = \sum_{i=1}^{I} (R^i_t) w^i_{t-1} \tag{1.14}$$

---

① 如果 R^x 与 R^y 的变化情况相互独立,那么 $s^2(R^x, R^y) = 0$。然而,$s^2(R^x, R^y) = 0$ 并不意味着 R^x 与 R^y 相互独立;它仅仅意味着二者线性不相关。

② 若将 R^y 关于 R^x 做线性回归,所谓的"拟合优度"指标 R^2 便等于 $(r(R^y, R^x))^2$。

③ 我们继续使用式(1.3)给出的价值的定义,其假设投资者对证券产生的现金流进行再投资。

④ 将式(1.13)除以 V^P_{t-1},便有 $1 = \frac{\sum_{i=1}^{I} V^i_{t=1}}{V^P_{t-1}} = \sum_{i=1}^{I} \frac{V^i_{t=1}}{V^P_{t-1}} = \sum_{i=1}^{I} w^i_{t-1}$。由于 V^P_{t-1} 并非指标 i 的函数,因此我们可将 V^P_{t-1} 拉到求和之中。

这是因为 $\dfrac{V_t^i}{V_{t-1}^i}=R_t^i$，且 $\dfrac{V_{t-1}^i}{V_{t-1}^P}=w_{t-1}^i$。①

投资组合净收益率即为：

$$r_t^P=R_t^P-1=\sum_{i=1}^I (r_t^i)w_{t-1}^i$$

与其他计算类似：

$$GMR^P=\left(\frac{V_0^P}{V_{-T}^P}\right)^{1/T},\text{且 } GMr^P=GPR^P-1$$

接下来，投资组合的算术平均收益率为：

$$
\begin{aligned}
AMR^P &=\frac{1}{T}\sum_{t=-T+1}^{0}R_t^P=\frac{1}{T}\sum_{t=-T+1}^{0}\frac{V_t^P}{V_{t-1}^P}=\frac{1}{T}\sum_{t=-T+1}^{0}\frac{\sum_{i=1}^{I}V_t^i\frac{V_{t-1}^i}{V_{t-1}^i}}{V_{t-1}^P} \\
&=\frac{1}{T}\sum_{t=-T+1}^{0}\left[\sum_{i=1}^{I}(R_t^i)w_{t-1}^i\right]
\end{aligned}
\tag{1.15}
$$

且 $AMr^P=AMR^P-1$。

最终，我们还可以分别计算投资组合的方差与投资组合的标准差，计算公式分别为：

$$
\begin{aligned}
s^2(R^P)&=\frac{1}{T-1}\sum_{t=-T+1}^{0}(R_t^P-AMR^P)^2 \\
&=s^2(r^P)=\frac{1}{T-1}\sum_{t=-T+1}^{0}(r_t^P-AMr^P)^2
\end{aligned}
$$

以及

$$\sqrt{s^2(R^P)}=s(R^P)=s(r^P)=\sqrt{s^2(r^P)}$$

本章中，我们重点关注了历史收益率的各个度量指标以及各阶矩。在第 2 章中，我们将探讨未来收益率的度量指标。

---

① 式(1.14) 要求每期重新计算权重，因为 R_t^P 是 w_{t-1}^i 的函数，其中 $i\in\{1,2,\cdots,I\}$，$t\in\{-T,-T+1,\cdots,-1,0\}$。除此之外，我们还可以假设在第 $-T$ 期将 I_{-T}^i 的资金投入于资产 i，$i\in\{1,2,\cdots,I\}$。于是，最初买入的第 i 个资产的股数即为 $sh_{-T}^i=\dfrac{I_{-T}^i}{P_{-T}^i}$。若不再对投资组合加以调整，便有 $V_t^i=sh_{-T}^i P_t^i$。因此：

$$
\begin{aligned}
R_t^P&=\frac{V_t^P}{V_{t-1}^P}=\frac{\sum_{i=1}^I sh_{-T}^i(P_t^i+CF_t^i)}{\sum_{i=1}^I sh_{-T}^i P_{t-1}^i}=\frac{\sum_{i=1}^I \frac{I_{-T}^i}{P_{-T}^i}(P_t^i+CF_t^i)}{\sum_{i=1}^I \frac{I_{-T}^i}{P_{-T}^i}P_{t-1}^i} \\
&=\frac{\sum_{i=1}^I I_{-T}^i\frac{(P_t^i+CF_t^i)}{P_{-T}^i}}{\sum_{i=1}^I I_{-T}^i\frac{P_{t-1}^i}{P_{-T}^i}}
\end{aligned}
$$

第2章

未来(下一期)收益率

在第 1 章中,我们探讨了过去的情况。现在我们开始研究未来的情形。与未来有关的计算将更为有趣:投资者相互较量的正是风险调整后的未来收益。本章中,我们用代表资产收益率的随机变量的概率分布来模拟我们对未来的看法。我们将展示如何估计单个资产与资产投资组合的下一期收益率的前四阶矩。

本章还将回顾未来(随机模拟的)收益率随机变量之间的协方差。随后,我们将阐释分散化投资(即把那些收益率不完全相关的资产组合到一起)是一种降低风险的重要工具。

2.1 单个资产的未来(下一期)收益率

对于一个资产 x 而言,假设投资者认为下一期毛收益率 $R^x \in [\underline{R^x}, \overline{R^x}]$ 的累积概率分布函数(cumulative probability distribution function,以下简称"分布")是 $F_x(z) \equiv Pr(R^x \leqslant z)$。[1]为简单起见,我们进一步假设 $F_x(z)$ 连续,它的导数 $f_x(z) = \dfrac{\mathrm{d}F_x(z)}{\mathrm{d}z}$ 存在且为正数,$\forall z \in [\underline{R^x}, \overline{R^x}]$。这里的导数 $f_x(z)$ 就叫作概率密度函数(probability density function,以下简称"密度")。于是,$F_x(z)$ 在其支撑集 $[\underline{R^x}, \overline{R^x}]$ 上严格单调递增。图 2.1 给出了一个参数为 $(\mu, \sigma^2) = (0, 1)$ 的标准正态分布的例子,其定义在实数轴之上。

---

① 同样,我们可以假设净收益率 $r^x \in [\underline{r^x}, \overline{r^x}]$ 的分布函数也是 $F_x(z) \equiv Pr(r^x \leqslant z-1)$,这里 $\underline{r^x} = \underline{R^x} - 1$,$\overline{r^x} = \overline{R^x} - 1$。

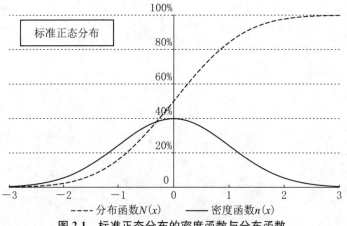

- - - - 分布函数$N(x)$ —— 密度函数$n(x)$

图 2.1　标准正态分布的密度函数与分布函数

2.2　未来收益率的各阶矩

考虑下一期毛收益率的各阶矩。其一阶矩(预期收益)、二阶矩(方差)、三阶矩(偏度)和四阶矩(峰度)分别为:

$$\mu(R^x) = E[R^x] = \int_{z=\underline{R^x}}^{z=\overline{R^x}} f_x(z) z \, dz$$

$$\sigma^2(R^x) = E[(R^x - E[R^x])^2] = \int_{z=\underline{R^x}}^{z=\overline{R^x}} f_x(z)(z - E[R^x])^2 \, dz$$

$$\Gamma(R^x) = \frac{E[(R^x - E[R^x])^3]}{(\sigma^2(R^x))^{3/2}} = \frac{\int_{z=\underline{R^x}}^{z=\overline{R^x}} f_x(z)(z - E[R^x])^3 \, dz}{(\sigma^2(R^x))^{3/2}}$$

$$\delta(R^x) = \frac{E[(R^x - E[R^x])^4]}{(\sigma^2(R^x))^2} = \frac{\int_{z=\underline{R^x}}^{z=\overline{R^x}} f_x(z)(z - E[R^x])^4 \, dz}{(\sigma^2(R^x))^2} \tag{2.1}$$

注意,其中第三、第四阶矩(以及更高阶矩,这里没有列出)分别通过除以标准差的三次、四次(和更高次)幂实现了标准化。与研究历史收益率的情形类似,毛收益率的标准差或波动率即为 $\sigma(R^x) = \sqrt{\sigma^2(R^x)}$。[1]

为了简单起见,有时我们用离散型随机变量(即分布函数是一种不连续的跳跃函数的随机变量)来对收益率建模。对于离散型随机变量的情形,如果随机变量共有 S 种可能的取值状态 $s \in \{1, 2, \cdots, S\}$,记状态 s 出现的概率质量为 $Pr(s)$。如果已知资产 x 在状态 s 下的收益率为 $R^x(s)$,则:

$$\mu(R^x) = E[R^x] = \sum_{s=1}^{S} Pr(s) R^x(s)$$

$$\sigma^2(R^x) = \sum_{s=1}^{S} Pr(s)(R^x(s) - E[R^x])^2$$

---

[1]　自然有 $E[r^x] = \mu(r^x) = E[R^x] - 1 = \mu(R^x) - 1$。此外,由于 $r^x = R^x - 1$,所以 $\sigma^2(r^x) = \sigma^2(R^x)$,$\Gamma(r^x) = \Gamma(R^x)$,且 $\delta(r^x) = \delta(R^x)$。

$$\Gamma(R^x) = \frac{\sum_{s=1}^{S} Pr(s)(R^x(s) - E[R^x])^3}{[\sigma^2(R^x)]^{3/2}}$$

$$\delta(R^x) = \frac{\sum_{s=1}^{S} Pr(s)(R^x(s) - E[R^x])^4}{[\sigma^2(R^x)]^2} \tag{2.2}$$

此外,还有 $\sigma(R^x) = \sqrt{\sigma^2(R^x)}$。与连续型随机变量的情形一致,第三、第四阶矩(以及更高阶矩,这里没有给出)也相应通过除以标准差的三次、四次(和更高次)幂来标准化。

将历史收益率各阶矩的表达式与离散型随机变量对应的表达式(2.2)相比较,我们能明显看出,如果将历史各个数据点“指定”为服从均匀分布,即每个数据点被赋以 $\frac{1}{T}$ 的等“概率”权重,那么历史收益率与未来收益率的度量指标便十分相似。

2.3 两资产未来收益率的线性相关性

考虑两个资产 x 和 y,我们用连续型随机变量为二者的毛收益率建模,分别为 R^x 和 R^y。如果已知它们的联合密度函数为 $f_{xy}(R^x, R^y)$,那么毛收益率的协方差为:

$$\sigma^2(R^x, R^y) = \int_{z=\underline{R^x}}^{z=\overline{R^x}} \int_{v=\underline{R^y}}^{v=\overline{R^y}} f_{xy}(z, v)[z - \mu(R^x)][v - \mu(R^y)] dv dz \tag{2.3}$$

若用离散型随机变量为两个资产 x 和 y 的收益率建模,则毛收益率的协方差为:

$$\sigma^2(R^x, R^y) = \sum_{s=1}^{S} Pr(s)[R^x(s) - \mu(R^x)][R^y(s) - \mu(R^y)]$$

最后,这对资产之间的相关系数为:

$$\rho(R^x, R^y) = \frac{\sigma^2(R^x, R^y)}{\sigma(R^x)\sigma(R^y)}$$

2.4 投资组合的未来(下一期)收益

借助历史收益率的度量指标,我们已经证明,投资组合的历史收益率等于单个资产历史收益率的加权平均。类似地,对于下一期,我们也可用同样方法进行处理。

2.4.1 投资组合方差:以收益率为量纲

首先,投资组合的预期收益等于:

$$E[R^P] = \sum_{i=1}^{I} w^i E[R^i] = \widetilde{w}^T \widetilde{R} = \widetilde{R}^T \widetilde{w} \tag{2.4}$$

其中

$$\widetilde{w} = \begin{pmatrix} w^1 \\ w^2 \\ w^3 \\ \vdots \\ w^I \end{pmatrix}, \quad \widetilde{R} = \begin{pmatrix} E[R^1] \\ E[R^2] \\ E[R^3] \\ \vdots \\ E[R^I] \end{pmatrix} \tag{2.5}$$

且各个资产的权重等于 $w^i = \dfrac{V^i}{V^P} = \dfrac{V^i}{\sum_{j=1}^{I} V^j}$。于是，这两个 $I \times 1$ 维列向量的转置均为 $1 \times I$ 维行向量，即 $\widetilde{w}^T = (w^1 w^2 w^3 \cdots w^I)$，以及 $\widetilde{R}^T = (E[R^1] E[R^2] E[R^3] \cdots E[R^I])$。投资组合下一期收益率的方差表达式为：

$$\sigma^2(R^P) = \sum_{i=1}^{I} \sum_{j=1}^{I} w^i w^j \sigma^2(R^i, R^j) = \widetilde{w}^T \Sigma \widetilde{w}$$
$$= \sum_{i=1}^{I} (w^i)^2 \sigma^2(R^i) + 2 \sum_{i=1}^{I} \sum_{j>i}^{I} w^i w^j \sigma^2(R^i, R^j) \tag{2.6}$$

其中，当 $i=j$ 时，$\sigma^2(R^i, R^j)$ 即为 $\sigma^2(R^i)$；Σ 是如图 2.2 所示的收益率协方差矩阵。

$$\Sigma = \begin{pmatrix} \sigma^2(R^1) & \sigma^2(R^1, R^2) & \cdots & \sigma^2(R^1, R^I) \\ \sigma^2(R^2, R^1) & \sigma^2(R^2) & \cdots & \sigma^2(R^2, R^I) \\ \vdots & \vdots & & \vdots \\ \sigma^2(R^{I-1}, R^1) & \sigma^2(R^{I-1}, R^2) & \cdots & \sigma^2(R^{I-1}, R^I) \\ \sigma^2(R^I, R^1) & \sigma^2(R^I, R^2) & \cdots & \sigma^2(R^I) \end{pmatrix}$$

图 2.2　计算 $\sigma^2(R^P)$ 的过程中使用的协方差矩阵

2.4.2　以美元为量纲的投资组合方差：美元与权重

我们还可用上述公式计算以美元（而非收益率）为量纲的投资组合方差。本小节中，我们简单地将资产权重替换为投资于该资产多少美元。我们将会证明，这等价于以收益率为量纲的投资组合方差乘以投资总金额的平方。

考虑投资于 I 个资产的美元金额为 $\widetilde{DI}^T = (DI^1 DI^2 \cdots DI^I)$，其中每个 $DI^i = V^P w^i$，$i \in \{1, 2, \cdots, I\}$。也就是说：

$$\widetilde{DI}^T = V^P \widetilde{w}^T = (V^P w^1 \quad V^P w^2 \quad V^P w^3 \quad \cdots \quad V^P w^I) \tag{2.7}$$

于是，该投资组合以美元为量纲的波动率等于：

$$\sigma_D^P = \sqrt{\widetilde{DI}^T (\Sigma) \widetilde{DI}} = \sqrt{V^P \widetilde{w}^T (\Sigma) V^P \widetilde{w}}$$
$$= V^P \sqrt{\widetilde{w}^T (\Sigma) \widetilde{w}} = V^P \sigma(R^P) \tag{2.8}$$

其中 $\sigma(R^P)$ 是以收益率为量纲的投资组合波动率,见式(2.6)。

2.4.3 以美元为量纲的投资组合方差:用美元表示协方差矩阵

我们还有另一种计算以美元(而非收益率)为量纲的波动率的方法。本小节中,我们将把以收益率为量纲的协方差矩阵转化为以美元的平方为量纲的矩阵。

我们假设一个协方差矩阵以美元的平方为量纲,即如图 2.3 所示。其中,$\sigma^2(D^i, D^j) = \sigma^2(V^P R^i, V^P R^j) = (V^P)^2 \sigma^2(R^i, R^j)$。因此:

$$\Sigma_D = (V^P)^2 \Sigma$$

$$\Sigma_D = \begin{pmatrix} \underline{\sigma^2(D^1)} & \sigma^2(D^1, D^2) & \cdots & \sigma^2(D^1, D^I) \\ \sigma^2(D^2, D^1) & \underline{\sigma^2(D^2)} & \cdots & \sigma^2(D^2, D^I) \\ \vdots & \vdots & & \vdots \\ \sigma^2(D^{I-1}, D^1) & \sigma^2(D^{I-1}, D^2) & \cdots & \sigma^2(D^{I-1}, D^I) \\ \sigma^2(D^I, D^1) & \sigma^2(D^I, D^2) & \cdots & \underline{\sigma^2(D^I)} \end{pmatrix}$$

图 2.3 计算 σ_D^P 的过程中使用的协方差矩阵

若我们利用权重以及以美元的平方为量纲的协方差矩阵 Σ_D 计算投资组合的方差,则以美元为量纲的投资组合波动率还可被表示为:

$$\sigma_D^P = \sqrt{\widetilde{w}^T (\Sigma_D) \widetilde{w}} = \sqrt{\widetilde{w}^T ((V^P)^2 \Sigma) \widetilde{w}} = V^P \sqrt{\widetilde{w}^T (\Sigma) \widetilde{w}} = V^P \sigma(R^P)$$

2.5 投资组合中资产分散化的益处

我们来探讨式(2.6)的含义。在该式的最后一行中,单个求和符号后面是方差项,而累次求和符号后面是协方差项。$\sigma^2(R^P)$ 的表达式中共有 I^2 项:I 个方差项,以及 $I^2 - I = I(I-1)$ 个协方差项。[①]图 2.2 给出了协方差矩阵,其中方差项位于对角线,由下划线标出。

为了更好地说明,我们考虑一种特殊情形。假设所有资产权重相同,即每个 $w^i = \dfrac{1}{I}$。进一步,假设所有方差项 $\sigma^2(R^i)$ 都相同,所有协方差项 $\sigma^2(R^i, R^j) = \rho(R^i, R^j)\sigma(R^i)\sigma(R^j)$ 也都相同。在这两条假设下,对于任意一对资产 i 和 j,$\rho(R^i, R^j)$ 全都彼此相等。于是,为简化本部分论述的记号,我们记 $\rho(R^i, R^j) = \rho$,记 $\sigma^2(R^i, R^j) = \rho\sigma(R^i)\sigma(R^j) = \rho\sigma^2(R^i)$。从而,式(2.6)的最后一行中,$I$ 个方差项的求和等于 $I\left[\left(\dfrac{1}{I}\right)^2 \sigma^2(R^i)\right] = \dfrac{\sigma^2(R^i)}{I}$,$I(I-1)$ 个协方差项的求和等于 $I(I-1)\left[\left(\dfrac{1}{I}\right)^2 \rho\sigma^2(R^i)\right]$。基于这些假设,式(2.6)可化简为:

---

① 不同的协方差项只有 $\dfrac{I(I-1)}{2}$ 个,因为对于任意一对资产 i 和 j,都有 $\sigma^2(R^i, R^j) = \sigma^2(R^j, R^i)$。

$$\sigma^2(R^P) = \frac{\sigma^2(R^i)}{I}[1+(I-1)\rho] \qquad (2.9)$$

协方差项对投资组合方差的贡献 $\sigma^2(R^i)\frac{(I-1)}{I}\rho$ 与方差项的贡献 $\frac{\sigma^2(R^i)}{I}$ 之比等于 $(I-1)\rho$。在一个由许多资产(即 I 很大)组成的大型投资组合中,平均的相关系数 ρ 通常为正。因此,如果某人持续地加入(即增加 I)资产,永无上限,则 $(I-1)\rho$ 也会永无止境地增加。所以,在一个由多个资产组成的投资组合中,投资组合的方差主要由各对资产之间的协方差决定。相应地,单个资产的方差变得相对不那么重要。

式(2.9)给我们带来的另一个启发是,在其他条件保持不变的情况下,随着 ρ 减小,投资组合的方差也会减小。因此,将资产价格不易于同向变化(即 ρ 较小)的资产组合到一起,可以降低投资组合的方差。图 2.4 展示了式(2.9)及其含义。该图以 ρ 为参数,将 $\sigma(R^P)$ 表示成了 I 的函数。[1]

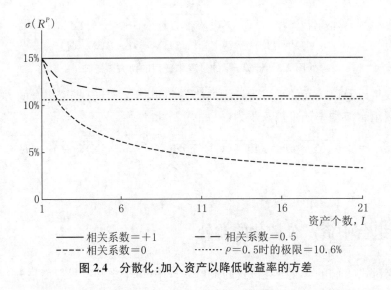

图 2.4　分散化:加入资产以降低收益率的方差

根据式(2.9),随着 $I \to \infty$,有 $\sigma(R^P) \to \sigma(R^i)\sqrt{\rho}$。图 2.4 中,随着 $I \to \infty$,$\sigma(R^P | \rho = 0.5)$ 的极限值是 $15\%\sqrt{0.5}=10.6\%$。因此,从单一资产 $(\sigma(R^P)=\sigma(R^i)=15\%)$ 增加到多个资产,我们有可能将 $\sigma(R^P)$ 从 15% 降至 10.6%,降低绝对数值 4.4%。注意,只需要五个资产,就足以降低这一绝对数值的 77%。[2]如果有 $10(20)$ 个资产,便可降低这一绝对数值的 88%(94%)。

表 2.1 展示的数值结果与图 2.4 中 $\rho=0.5$ 的曲线相对应。因此,令人欣慰的是,我们仅用几个资产便可实现明显的投资组合分散化(即降低特异性风险)。

投资组合分散化有多种不同的解读方式。第一,通过配置多个资产,虽然其中有一些会因为公司自身原因(即特异性风险)而表现得不如预期,但总会有其他资产表现得比预期要

---

① 这里假设任一资产 i 都满足 $\sigma(R^i)=15\%$。所有资产之间的相关系数 ρ 是一个常数。

② 计算过程为 $\frac{15\%-11.6\%}{15\%-10.6\%}=\frac{3.4}{4.4}=77\%$。

表 2.1 资产个数(I)对投资组合方差的影响,$\rho=0.5$

资产个数 I	$\sigma(R^P)$	从 $\sigma(R^i)=15\%$ 起降低的风险占总可降低风险的比例
5	11.6%	77%
10	11.1%	88%
20	10.9%	94%
∞	10.6%	100%

好。这正是大数定律的一种体现。第二,将相关性较低的资产配置到一起(即降低系统性风险),可以降低收益率的方差。图 2.4 同时呈现了这两种解读方式。再回到式(2.6),粗略而言,该式的方差求和项与特异性风险有关,而协方差求和项与完全分散化的多资产投资组合的系统性风险有关。

2.6 特殊情形:两资产投资组合的未来收益率

为了进一步说明前面的计算过程,我们考虑由 x 和 y 两个资产组成的投资组合:

$$E[R^P]=w^x E[R^x]+w^y E[R^y],且 \tag{2.10}$$
$$\sigma^2(R^P)=(w^x)^2\sigma^2(R^x)+(w^y)^2\sigma^2(R^y)+2w^x w^y\sigma^2(R^x,R^y)$$

其中,$\sigma^2(R^x,R^y)=\rho(R^x,R^y)\sigma(R^x)\sigma(R^y)$。为了说明资产价格的同向(反向)变化会增加(减少)投资组合的方差,假设我们持有 x 和 y 的多头头寸(即 $w^x>0,w^y>0$),则 $\frac{\partial\sigma^2(R^P)}{\partial\rho(R^x,R^y)}=2w^x w^y\sigma(R^x)\sigma(R^y)>0$。我们考虑有两个风险资产(即 $\sigma^2(R^x)>0$ 且 $\sigma^2(R^y)>0$)的投资组合的三种特殊情形:

$$\rho(R^x,R^y)=+1\Rightarrow\sigma^2(R^P)=[w^x\sigma(R^x)+w^y\sigma(R^y)]^2>0$$
$$\rho(R^x,R^y)=0\Rightarrow\sigma^2(R^P)=[w^x\sigma(R^x)]^2+[w^y\sigma(R^y)]^2>0$$
$$\rho(R^x,R^y)=-1\Rightarrow\sigma^2(R^P)=[w^x\sigma(R^x)-w^y\sigma(R^y)]^2\geqslant0 \tag{2.11}$$

式(2.11)考虑了 $\rho(R^x,R^y)=-1$,其有一种有趣的解读方式。给定两个风险资产,它们的收益率方差均为正,那么如果它们完全负相关,我们便可用二者构建出一个无风险投资组合(即方差为零的组合)。[①]

除了图 2.4 以外,图 2.5 还展示了 ρ 对 $\sigma(r^P)$ 的影响。[②]图 2.5 的三条曲线是通过改变 w^x

---

① 在式(2.11)中令 $\sigma^2(R^P)=0$,又由于 $w^x=1-w^y$,我们有 $w^x=\dfrac{\sigma(R^y)}{\sigma(R^x)+\sigma(R^y)}$,于是 $w^y=1-w^x=\dfrac{\sigma(R^x)}{\sigma(R^x)+\sigma(R^y)}$。这两个权重的表达式很符合直觉:每个资产的权重都随另一个资产的方差增加而增加,随自身的方差增加而减小。要想构建一个收益率方差为零的投资组合,应当在具有更大(小)方差的资产上配置更低(高)的权重。

② 这里,$(\sigma(r^x),E[r^x])=(10\%,10\%)$,$(\sigma(r^y),E[r^y])=(20\%,20\%)$。请读者注意,$\sigma(R^i)=\sigma(r^i)$,因此我们可以混用二者。类似地,$\rho(r^x,r^y)=\rho(R^x,R^y)$。

（从而 $w^y = 1 - w^x$）得到的。图中 x 点代表资产 x，此时 $w^x = 1$；y 点代表资产 y，此时 $w^y = 1$。[1]$w^i < 0$ 表示资产 i 被卖空。

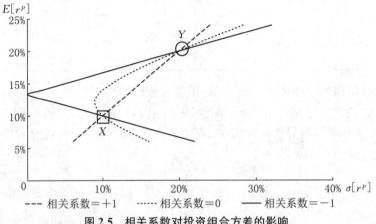

图 2.5　相关系数对投资组合方差的影响

　　如我们之前证明的，如果我们的投资组合由两个资产的多头组成，那么对于给定的期望收益（即给定的权重 $w^x > 0$ 和 $w^y > 0$，使得本例中的 $E[r^P] \in (10\%, 20\%)$ 保持恒定），其方差将随相关系数的增大而增大。读者可以在选定 $E[r^P] \in (10\%, 20\%)$ 的情况下从图 2.5 的左侧横穿到右侧。（回想一下，期望收益是资产权重的线性函数。）通过改变资产配置权重，从而在 $(\sigma(r^P), E[r^P])$ 平面内生成的曲线叫前沿（frontier）。在只有两个风险资产 x 和 y 的世界里，给定 $\rho(r^x, r^y)$，该前沿代表着投资者的投资机会集（investment opportunity set）。请注意，前沿仅仅表示给定全部可用资产后能够产生的所有可行空间，并没有考虑投资者的偏好。

---

① 　这里我们令 $w^x (w^y = 1 - w^x)$ 在 -0.5 到 $+1.5$（$+1.5$ 到 -0.5）之间变化。

第二部分
欧式期权

本书第二部分回顾期权相关知识。期权是一种颇具价值的金融市场风险对冲工具。第3章介绍欧式看涨与看跌期权,讲解它们的回报与利润,还将介绍期权投资组合,例如保护性看跌期权、抛补看涨期权、跨式期权和领子期权。我们将用多个例子来说明几种期权的回报与利润函数。

第4章介绍利率期权。我们将介绍金融管理者可以如何通过买入看跌期权来对冲手中持有的资产贬值的风险,也就是买入所谓的保护性看跌期权。这种期权可以保证被保护资产的价值不低于一个下限:看跌期权行权价乘以看跌期权个数。风险管理者可以通过卖出行权价比这些看跌期权行权价更高的看涨期权,来为买入这些保护性看跌期权提供(部分)资金。如此操作最终得到的回报函数与领子期权类似。同样,我们可以通过买入看涨期权的方式对冲负债价值降低(即负债的绝对数值上涨,使得所欠债务更多)的风险。这种看涨期权可以保证被保护的负债价值不低于一个下限:负的看涨期权行权价乘以看涨期权个数。风险管理者可以通过卖出行权价比这些看涨期权行权价更低的看跌期权,来为买入这些看涨期权提供(部分)资金。如此操作最终得到的回报函数与领子期权大致相反。最后,我们还将介绍利率上限与利率下限期权。

第5章探讨欧式期权的期权费,以及比较静态分析的有关结论。这一章将推导看跌—看涨期权平价公式,还将介绍布莱克—斯科尔斯—默顿(Black-Scholes-Merton,BSM)期权定价模型。本章还将给出一些 Excel 的 VBA 函数,我们可以用这些函数为期权定价,并快速计算比较静态分析结果。

基于第5章的比较静态分析结果,第6章将介绍我们可以如何使用标的资产与负债的投资组合来降低金融市场的可变风险。我们将首先介绍一种一阶风险降低策略:Delta 对冲。随后,我们介绍一种二阶策略:Delta-Gamma 对冲。最后,我们将回顾 Delta-Gamma-Vega 对冲,其将波动率的对冲也考虑在内。本章还将介绍一些涉及静态对冲与动态对冲的实例。

第7章将介绍期权静态复制这一重要方法,尤其是障碍期权的静态复制。在时间—股价形成的二维空间中,我们可以找出期权障碍值,在不同边值条件下用一系列欧式期权来仿造出障碍期权的回报。这一篮子欧式期权的总价值即可作为该障碍期权的价值。虽然障碍期权并非欧式期权,但由于这类期权可借助欧式期权来定价,所以我们还是将本章内容纳入了本书这一部分。

第 3 章

期权的回报

期权的一些特性颇具风险管理的价值。本章最开始,我们将定义一些简单的期权。我们将首先回顾期权持有者(多头)和期权卖方(空头)在到期日时的回报与利润,随后计算并绘制期权的回报与利润随未知的未来股价变化的函数图像。本章将分别讨论持有看涨期权与看跌期权的多头和空头的情形。

接下来,我们将探讨由期权与相应标的资产组成的投资组合的回报,例如保护性看跌期权、抛补看涨期权、跨式期权、领子期权等期权投资组合。用回报函数减去初始成本,便可得到最终利润随风险资产到期时的价格而变化的函数。本章还将给出大量的数值实例。

3.1 期权的定义

顾名思义,期权(option)是一种证券,它给予其持有者在未来两种方案中进行选择的权利,这种权利具有价值。第一种选择是按照由期权合约明确规定的方式进行交易。第二种选择是期权持有者可以简单地“回避”第一种选择,取消这笔交易。因此,期权持有者并非必须按照合约规定的第一种选择来进行交易。她有权选择第二种方案,使合同无效。如果持有者选择了第二种方案(不行权),那么我们就称这份期权到期作废。

期权的持有者(即期权买方,也就是期权的多头)与期权卖方(即写期权的一方,也就是期权的空头)相比,处于有利地位。期权卖方必须接受买方在两种方案之间作出的选择,因此处于不利地位。所以,当双方在 $t=0$ 时刻交易合约时,买方需要支付卖方期权费(premium),也就是期权的价格。这样,卖方所处的相对不利地位才可得到适当的补偿。

期权合约对第一种选择(也就是双方在未来实现交易的方式)作出了详细规定,其中包括需要交易的标的资产(underlying asset),以及对应的交易价格,即行权价(strike price)。此外,合约还将规定到期日(expiration date),即双方可以交易的最后日期。欧式期权(European option)只允许持有者在到期日行权(exercise,即选择进行交易),不能在到期日前行权。美式期权(American option)则与之不同,它既允许持有者在到期日行权,还允许在到期日之前行权。

看涨期权(call option)给予买方通过向卖方支付行权价来购买标的资产的权利。如果行权,就称期权卖方交付标的资产,期权持有者提取标的资产。

与看涨期权相反,看跌期权(put option)给予期权买方向期权卖方卖出(或交付)标的资产的权利,期权卖方需要反过来向期权买方支付行权价。不要被这些用词混淆。这里所说的"买方(持有者)"和"卖方"是指最初交易合约的买卖双方,而并非后续在期权到期执行时进行的交易。于看涨期权而言,期权买方在到期时可以买入(或提取)标的资产。而对于看跌期权,读者有时会产生混淆。如果看跌期权被行权,那么看跌期权合约的买方最终将卖出(或交付)标的资产。

3.2　期权在到期日的回报与利润

下面我们回顾一些基本的期权回报。我们将分别探讨看涨期权与看跌期权的多头(资产)和空头(负债)情形。

3.2.1　看涨期权多头在到期日的回报与利润

我们从持有看涨期权多头头寸的回报函数开始。虽然看涨期权合约已经明确定义了行权价 K,但标的资产的未来价值并不确定。我们假设有一个在 $t=T$ 时刻到期的欧式期权,其标的资产为某公司的一股股票,该股票在 t 时刻的价值为 S_t,其中 $t\in[0, T]$。[①]因此,如果行权,净回报便等于到期日收获的股票价值 S_T 减去支付的行权价 K。[②]若不行权,便没有交易发生,显然这种情况下回报为零。因此,由于期权持有者追求财富最大化,她将选择两种回报(若行权,则为 S_T-K;若不行权,则为零)之间的较大者。从而,看涨期权多头的回报(payoff)为 $\max(0, S_T-K)$,是非负数:要么为零,要么为正。最终,期权持有者的决策方案显而易见:若 $S_T-K>0$,就行权;否则,不行权。

基于这些概念,我们给出描述看涨期权在存续期中任意时刻 $t\in[0, T]$ 时所处状态的三个新定义:

$$S_t<K:虚值(out\text{-}of\text{-}the\text{-}money)看涨期权$$

---

① 现实中,如果标的资产是某公司的股票,那么对应的股数并非1股,而是100股。为便于阐述,这里我们考虑1股的情形。因此,在稍后讲解的回报与利润的图像中,非零斜率要么为1,要么为−1。现实里,这些非零斜率其实应为100或−100。

② 这里的标的资产是已经存在的股票,公司并不会为这一份看涨期权合约来增发一股股票。事实上,该合约本身以及该合约是否行权对公司并没有直接影响。这份合约只是买卖双方的一份协议而已。因此,我们稍后会讲到,期权交易是一种"零和博弈"。与之不同的是,认股权证(warrant)是一类特殊的看涨期权。在认股权证行权时,公司将会增发新股。认股权证不在本书讨论的范围之内。

此外,如果看涨期权在到期日行权时,期权卖方手中并未持有股票的话,也无关紧要。她只需在市场上按照 S_T 的价格买入股票,再按行权价 K 将股票交付给期权持有者即可。

$$S_t = K : 平值(at-the-money)看涨期权$$
$$S_t > K : 实值(in-the-money)看涨期权$$

因此,在到期日 $t = T$ 时,如果该期权是实值期权,期权买方会选择行权;否则,她会选择让期权到期作废。

由于买方在 $t = 0$ 时刻必须向卖方支付看涨期权的期权费 c_0,所以她的利润(profit)π^c 即等于回报与期权费之差。[1]总结即为:

$$回报: c_T = \max(0, S_T - K) \geqslant 0$$
$$利润: \pi^c = c_T - c_0 \geqslant -c_0$$

看涨期权多头可以实现的最低"利润"即为期权费的损失: $-c_0 < 0$,这对应期权到期作废的情形。否则,如果她选择行权,她的利润会大于 $-c0$。事实上,如果看涨期权处于实值状态,那么到期日股价增加多少美元,看涨期权多头的回报便会同等增加多少美元。也就是说,她的利润空间是无限的。

图 3.1 展示了看涨期权多头的回报 $c_T(S_T)$ 与利润 $\pi^c(S_T)$ 随到期日股价 S_T 变化的函数图像。[2]图 3.1 中,看涨期权的期权费 $c_0 = 3.53$,从而 $\forall S_T$,都有 $c_T - \pi^c = 3.53$。[3]图像中折点处对应的价格即为行权价 $K = 40$。因此,如果 $S_T < 40$,即 $S_T - K < 0$,期权将到期作废;这种情况下,由于期权持有者最初支付了期权费,所以其回报为零,利润为 $-3.53 < 0$。相反,若 $S_T > 40$,则 $S_T - K > 0$,期权会被执行,最终回报为正值 $S_T - K = S_T - 40$。虽然回报为正,但如果 $S_T < K + c_0 = 40 + 3.53 = 43.53$,最终利润仍为负。因此,如果 $S_T \in (40, 43.53)$,此时虽然回报为正,但利润为负。最后,如果 $S_T > K + c_0 = 43.53$,那么回报与利润都将是正值。

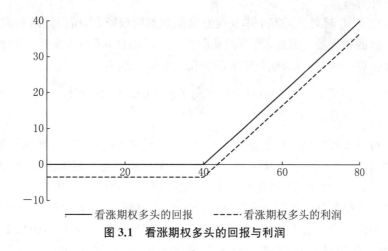

图 3.1 看涨期权多头的回报与利润

在回报与利润的函数图像中,45 度的转折正是期权持有者"为什么付钱",即购买期权的

---

① 我们用小写字母(c 和 p)来代表欧式看涨期权和欧式看跌期权,用大写字母(C 和 P)代表美式看涨期权和美式看跌期权。

② 因为 $S_0 = 40$,$K = 40$,$r^f = 4\%$,$T = 0.5$ 年,$\sigma = 30\%$,年化连续复利股息派发率 $\delta = 2\%$,所以根据布莱克—斯科尔斯(Black-Scholes)模型,有 $c_0 = 3.53$,$p_0 = 3.14$。

③ 现实中,标的资产是 100 股,所以期权报价 3.53 对应的实际期权费是 $100c_0$,也就是 353。

原因。倘若无论到期时股价是多少,她都需要进行交易的话,那么在到期日股价低于行权价时,她的回报函数将随着到期日股价下降而继续下降。也就是说,即便处于虚值状态,到期日股价下降多少,她的回报也仍会下降多少。[①]而事实上,她具有使期权到期作废的权利。因此当到期日股价低于行权价(即看涨期权在到期时处于虚值状态)时,她的回报将会变成零。

3.2.2　看涨期权空头在到期日的回报与利润

现在我们考虑看涨期权空头头寸的回报与利润函数。如果期权买方(持有者)不行权,卖方的回报便为零。然而,如果买方在到期日 T 行权,卖方就必须交付价值为 S_T 的股票,并收获看涨期权持有者支付的行权价 K。因此,如果看涨期权持有者行权,空头的回报即为 $K - S_T$。如前所述,期权买方只有在 $S_T - K > 0$ 时会选择行权。因此,在行权的情况下,卖方的回报将为负值 $K - S_T < 0$。所以看涨期权空头的回报是非正数:要么为零,要么为负。综合两种情形,看涨期权空头的回报等于 $\min(0, K - S_T) = -\max(0, S_T - K)$。(这是因为 $\min(0, a) = -\max(0, -a)$。)根据先前的结论,看涨期权多头的回报为 $c_T = \max(0, S_T - K)$,所以看涨期权空头的回报便等于多头回报的相反数,$-\max(0, S_T - K)$。因此,我们将看涨期权空头的回报记作 $-c_T \leqslant 0$。

上述结论涉及期权的一个重要概念。由于期权只是交易双方(买方与卖方)的"附加赌注",因此它是一种零和博弈(zero-sum game)。简单来说,多头在到期日"收获"多少,空头就会在到期日"损失"多少。如果期权到期作废,买卖双方的损益均为零;如果到期行权,买方的正回报在数值上就刚好等于卖方的负回报。[②]因此,多头与空头的回报之和始终为零。双方的利润之和也同样为零。

由于卖方在 $t = 0$ 时刻从买方手中获得看涨期权的期权费 c_0,所以她的利润为 $c_0 - c_T$,刚好等于多头利润的相反数。因此,我们将其记作 $-\pi^c$。由此,我们再次认识到买方与卖方之间的零和博弈。综上所述,看涨期权空头的回报与利润分别为:

$$回报:-c_T = \min(0, K - S_T) = -\max(0, S_T - K) \leqslant 0$$
$$利润:-\pi^c = c_0 - c_T \leqslant c_0$$

看涨期权空头可以实现的最大利润即为期权费 c_0,这对应于期权到期作废的情形。在其他情形下,买方行权,卖方的利润会有所下降。事实上,卖方的潜在亏损永无止境,因为如果期权处于实值状态,那么到期日股价每增加一美元,她的回报便会相应减少一美元。

图 3.2 展示了看涨期权空头的回报 $-c_T(S_T)$ 以及利润 $-\pi^c(S_T)$ 随到期日股价 S_T 变化的函数图像。不论到期日股价如何,看涨期权多头的回报函数均在利润函数上方,高出一笔期权费(c_0);而空头的回报函数始终位于利润函数下方,低出一笔期权费 $c_0 = 3.53$。

---

① 这种回报与股价同等变化的情形与远期合约(forward contract)的回报一致。远期合约多头(空头)的回报函数斜率处处均为 $+1(-1)$。若 $S_T = P^f$,则远期合约的回报为零,这里 P^f 表示远期合约的价格,与期权的行权价相对应。然而,远期合约多头(空头)的回报为 $S_T - P^f(P^f - S_T)$。也就是说,多头与空头均无选择的权利,双方均只有交易的义务。

② 另一个零和博弈的例子是朋友间的扑克牌游戏。在游戏结束时,一些玩家会赢,一些玩家会输。实际上,游戏开始时进入这个房间的总金额完全等于在游戏结束时离开这个房间的总金额。整个游戏并未创造经济财富的净增长,只会导致现存的财富在玩家之间进行转移。

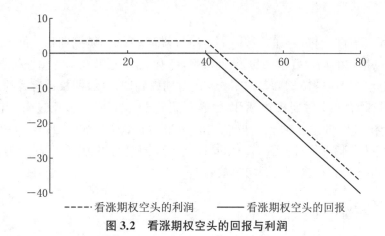

----- 看涨期权空头的利润　　　——— 看涨期权空头的回报

图 3.2　看涨期权空头的回报与利润

我们此前曾指出，期权是一种零和博弈。因此，我们只需将图 3.1 展示的看涨期权多头的回报（利润）函数图像沿 x 轴翻转，便可得到图 3.2 展示的空头的回报（利润）函数图像。此外，不论到期日股价 S_T 是多少，图 3.1 与图 3.2 展示的两个回报（利润）函数之和始终等于零。

3.2.3　看跌期权多头在到期日的回报与利润

现在我们考虑持有欧式看跌期权的多头头寸。该期权在 $t=T$ 时刻到期，标的资产为一股股票。因此，如果行权，期权买方的净回报等于其获得的行权价 K 减去到期时她需要交付的股票价值 S_T。如果不行权，将没有交易发生，买方的回报即为零。由于期权买方（持有者）追求财富最大化，所以她会在两种回报（若行权，即为 $K-S_T$；若不行权，即为零）之间选择较大者。因此，看跌期权多头的回报为 $\max(0, K-S_T)$。与看涨期权类似，看跌期权多头的回报也是非负的。最后，期权持有者的决策方式也显而易见：若 $K-S_T>0$，行权；否则，不行权。

和前面一样，我们也给出描述看跌期权在存续期 $t\in[0, T]$ 内所处状态的三个定义：

$$S_t<K：实值看跌期权$$
$$S_t=K：平值看跌期权$$
$$S_t>K：虚值看跌期权$$

因此，在到期日 $t=T$ 时，如果期权处于实值状态，期权买方会行权；否则，她会让期权到期作废。看涨期权亦如此，但看跌期权对实值与虚值的定义与看涨期权相反。

由于在 $t=0$ 时刻双方进行期权交易时，看跌期权买方需要向卖方支付期权费 p_0，因此买方的利润 π^p 即等于回报减去期权费。总结而言：

$$回报：p_T=\max(0, K-S_T)\geqslant 0$$
$$利润：\pi^p=p_T-p_0\geqslant -p_0$$

看跌期权多头可实现的最小"利润"即为她亏损的期权费 $-p_0<0$，这对应于期权到期作废的情形。否则，如果她行权，她将获得高于 $-p_0$ 的利润。当 $S_T=0$ 时，她将获得最大回报 K，最

大利润 $K-p_0$。[①]

图 3.3 展示了看跌期权多头的回报 $p_T(S_T)$ 与利润 $\pi^p(S_T)$ 随到期日股价 S_T 变化的函数图像。这里看跌期权的期权费是 3.14，从而 $\forall S_T$，都有 $p_T-\pi^p=3.14$。图像折点处即为行权价 $K=40$。因此，当 $S_T>40$ 时，$K-S_T<0$，此时期权到期作废，期权持有者的回报为零；由于她在购买期权时需要支付期权费，所以她的利润等于 $-3.14<0$。反过来，当 $S_T<40$ 时，$K-S_T>0$，行权可以带来正回报。虽然此时回报为正，但当 $S_T>K-p_0=40-3.14=36.86$ 时，利润仍为负值。因此，若 $S_T\in(36.86,40)$，虽然回报为正，但利润为负。最后，当 $S_T<K-p_0=36.86$ 时，回报与利润均为正值。

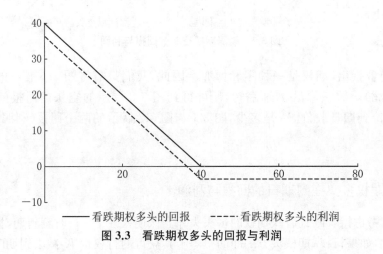

图 3.3　看跌期权多头的回报与利润

与先前类似，这里我们也可看到回报与利润函数具有的 45 度折角为期权买方带来的价值。倘若不论到期时股价如何，看跌期权买方都必须进行交易的话，她的回报函数图像会在到期时股价高于行权价（即到期时期权处于虚值状态）的情况下继续以 -1 的斜率下行。而正是由于她具有让期权到期作废的权利，所以在到期日股价高于行权价的情况下，她的回报才会变为零。

3.2.4　看跌期权空头在到期日的回报与利润

现在我们考虑看跌期权空头的回报与利润。如果期权买方不行权，卖方的回报即为零。而如果买方在到期日 T 时行权，买方需要向卖方交付一股价值为 S_T 的股票，卖方反过来向买方支付行权价 K。因此，若行权，看跌期权空头的回报为 S_T-K。先前我们已经说明，看跌期权持有者只会在 $K-S_T>0$ 时行权。因此，若行权，看跌期权空头的回报即为负数 $S_T-K<0$。所以看跌期权空头的回报等于 $\min(0,S_T-K)=-\max(0,K-S_T)$。同看涨期权空头一样，看跌期权空头的回报也是非正的。

由于看跌期权多头的回报为 $p_T=\max(0,K-S_T)$，因此看跌期权空头的回报应为看跌期权多头回报的相反数，即 $-\max(0,K-S_T)$。所以我们将看跌期权空头的回报简记为

---

① 这与看涨期权多头的回报与利润不同。看涨期权多头可能收获的回报与利润并无上限。

$-p_T$。这里我们又一次看到,期权是一个零和博弈。简而言之,多头在到期日的"收益"即为空头的"亏损"。若期权到期作废,则双方的收益与亏损均为零;若到期行权,则期权买方的正回报与卖方负回报的数值完全相等。

由于在 $t=0$ 时刻进行期权交易时,看跌期权卖方会从买方手中收获一笔期权费 p_0,因此其利润为 p_0-p_T。这正是看跌期权多头利润的相反数,所以我们将其记作 $-\pi^p$。这里我们再一次认识到买方与卖方的零和博弈。综上所述:

$$回报: -p_T = \min(0, S_T - K) = -\max(0, K - S_T) \leqslant 0$$

$$利润: -\pi^p = p_0 - p_T \leqslant p_0$$

看跌期权空头可实现的最大利润即为期权费 p_0,这对应于期权到期作废的情形。否则,看跌期权买方行权,卖方的利润便低于 p_0,甚至可能为负。看涨期权空头的亏损可能永无上限,但看跌期权空头的可能亏损最多为 $K-p_0$。

图 3.4 展示了看跌期权空头的回报 $-p_T(S_T)$ 与利润 $-\pi^p(S_T)$ 随到期日股价 S_T 变化的函数图像。不论到期日股价如何,持有看跌期权多头的回报函数总在利润函数上方,高出一笔期权费(p_0);而空头的回报函数始终位于利润函数下方,低出一笔期权费 $p_0 = 3.14$。

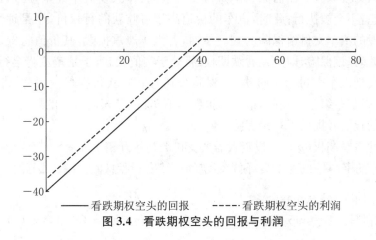

图 3.4　看跌期权空头的回报与利润

我们此前曾指出,期权是一种零和博弈。因此,我们只需将图 3.3 展示的看跌期权多头的回报(利润)函数图像沿 x 轴翻转,便可得到图 3.4 展示的空头的回报(利润)函数图像。此外,不论到期日股价 S_T 是多少,图 3.3 与图 3.4 展示的两个回报(利润)函数之和始终等于零。

到目前为止,我们始终假设看涨(看跌)期权的期权费是 $c_0 = 3.53$($p_0 = 3.14$);看涨与看跌期权的行权价均为 $K = 40$。[①]

3.3　含有期权的投资组合在到期日的回报与利润

初探期权的我们已经研究了期权本身在到期日的回报。现在,我们对含有期权和其他证

---

① 此后我们通常用图形和(或)数学公式来表示期权的回报与利润,但读者也可以始终用表格的形式来呈现回报与利润函数。

券的投资组合进行相同的研究。

3.3.1 保护性看跌期权

我们首先研究保护性看跌期权(protective put)。这种投资组合含有一份看跌期权的多头与一只股票(该期权对应的标的资产)的多头。[①]到期时,股票的回报即为 S_T,而看跌期权的回报是 $p_T = \max(0, K - S_T)$。因此,该投资组合的回报就等于二者之和:$S_T + \max(0, K - S_T) = \max(S_T + 0, S_T + K - S_T) = \max(S_T, K)$。注意,该投资组合可以实现的最低回报是 K,这解释了该投资组合名称中"保护性"一词的含义。如果只买一股股票(仅仅买一只股票,不买看跌期权),可能实现的最低回报是零;而如果加入看跌期权,回报的下界就变为 $K > 0$。因此,我们有时也称看跌期权为保险。

泛泛而言,如果某人购买了保险,就相当于购买了一份看跌期权。例如,汽车保险就是一种看跌期权:购买人预先支付保费,到期日即为承保期限结束的日期,标的资产即为汽车,行权价是保险公司为换取汽车而需赔付的金额。一般而言,只要汽车尚未损毁,这种美式期权就处于虚值状态,不会被执行;此时,汽车的价值高于可收获的行权价,于是理性的车主不会选择将尚未损毁的汽车交付给保险公司。然而,若汽车严重损毁,其价值将低于保险公司提供的行权价。此时,该保险(即美式看跌期权)将处于实值状态,于是车主将会行权,也就是保险买方(车主)会把汽车交付给保险卖方(保险公司),并收获行权价。因此,将看跌期权(保险)与标的资产(汽车)组合到一起,最低回报即为 K(保险公司对汽车的赔付额),这相当于给持有标的资产的投资者提供了一份保险。

回到保护性看跌期权(pp)。投资者需要支付的初始开销 $pp_0 = S_0 e^{-\delta T} + p_0$,其中 δ 是按 BSM 模型(若标的资产是一股股票)预先假定的连续复利股息派发率。[②]因此:

回报:$pp_T = \max(S_T, K) \geqslant K$

利润:$\pi^{pp} = \max(S_T, K) - pp_0 = \max(S_T, K) - (S_0 e^{-\delta T} + p_0)$

虽然保护性看跌期权保证回报不低于 K,为投资者提供了保险,但该组合的回报仍具有风险,因为其依赖于风险资产在未来不确定的价格 S_T。由于回报不确定,因此该风险投资组合的年化收益率也具有风险,计算公式为:

$$r^d = \left(\frac{CF_T}{-CF_0}\right)^{\frac{1}{T}} - 1 = \left(\frac{\max(S_T, K)}{S_0 e^{-\delta T} + p_0}\right)^{\frac{1}{T}} - 1$$

以及

$$r^{cc} = \frac{1}{T}\ln\left(\frac{CF_T}{-CF_0}\right) = \frac{1}{T}\ln\left(\frac{\max(S_T, K)}{S_0 e^{-\delta T} + p_0}\right)$$

---

① 这里我们仍然假设标的资产是一股股票。现实里,由于标的资产是 100 股股票,因此保护性看跌期权由一份看跌期权和 100 股股票组成。

② 由于保护性看跌期权需要在到期日 T 时持有一股标的资产,因此在 0 时刻需要持有 $e^{-\delta T}$ 股。这是因为我们假设股息将用来再投资于标的资产,而 $e^{-\delta T} e^{\delta T} = 1$。

这里 p_0 即为看跌期权的期权费，也就是购买看跌期权的初始成本。两种收益率均可正可负。

　　图 3.5 展示了保护性看跌期权的回报 $pp_T(S_T)$ 与利润 $\pi^{pp}(S_T)$ 随到期日股价 S_T 变化的函数图像。图 3.5 中，我们假设看跌期权的期权费为 3.14，行权价 $K=40$。此外，我们假设 $\delta=0$，初始股价 $S_0=40$，因此该看跌期权平价发行。对于 $\forall S_T$，回报与利润之间的差是 $S_0e^{-\delta T}+p_0=43.14$。期权行权价位于两个函数的折点处，此时 $S_T=K=40$。

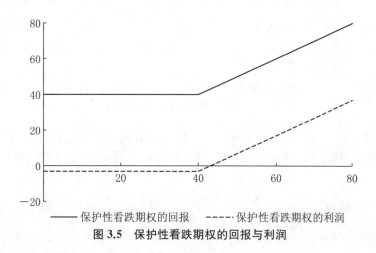

——— 保护性看跌期权的回报　　----- 保护性看跌期权的利润

图 3.5　保护性看跌期权的回报与利润

3.3.2　抛补看涨期权

　　抛补看涨期权（covered call）由一份看涨期权空头与一股股票（该看涨期权对应的标的资产）多头组成。[①]股票在到期日的回报是 S_T，而看涨期权空头的回报为 $-c_T=-\max(0,\ S_T-K)=\min(0,\ K-S_T)$。因此，抛补看涨期权的回报为二者之和，即 $cc_T=S_T-c_T=S_T+\min(0,\ K-S_T)=\min(S_T+0,\ S_T+K-S_T)=\min(S_T,\ K)$。我们知道保护性看跌期权的回报是 $pp_T=\max(S_T,\ K)$，而抛补看涨期权的回报为 $cc_T=\min(S_T,\ K)$。

　　下面考虑该投资组合的初始成本。投资者购买股票需要支付 $S_0e^{-\delta T}$，卖出看涨期权可获得 c_0。因此：

$$\text{回报：}cc_T=\min(S_T,\ K)\leqslant K$$
$$\text{利润：}\pi^{cc}=\min(S_T,\ K)-(S_0e^{-\delta T}-c_0)\leqslant K-(S_0e^{-\delta T}-c_0)$$

图 3.6 展示了抛补看涨期权的回报 $cc_T(S_T)$ 与利润 $\pi^{cc}(S_T)$ 随到期日股价 S_T 变化的函数图像。在该图像中，我们假设看涨期权的期权费是 3.53，行权价为 $K=40$。进一步，我们假设 $\delta=0$，初始股价 $S_0=40$，因此该看涨期权平价发行。从而 $\forall S_T$，回报与利润之间的差即为 $S_0e^{-\delta T}-c_0=40-3.53=36.47$。期权行权价位于两个函数的折点处，此时 $S_T=K=40$。

　　为何投资者会希望配置抛补看涨期权呢？通常情况下，投资者最初手中持有股票。如果她认为股价最近不会上涨，她便可以卖出一份看涨期权，收获一笔期权费，增加她现在的收入。然而，观察图 3.6，我们能明显发现卖出看涨期权将带来的负面影响。如果股价迅速上

---

　　① 我们继续假设标的资产是一股股票。现实中，标的资产是 100 股，因此抛补看涨期权由一份看涨期权空头与 100 股股票多头组成。

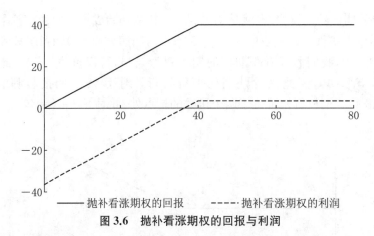

图 3.6　抛补看涨期权的回报与利润

涨,由于她持有看涨期权空头,因此她将无法从持有的股票多头中盈利。简而言之,投资者配置抛补看涨期权,可以在当前收获一笔期权费,但需要为此牺牲股价上涨的潜力。[①]

3.3.3　多头跨式期权

多头跨式期权(long straddle)记作 ls,由一个看涨期权多头与一个看跌期权多头组成,二者具有相同的行权价、到期日和标的资产。看涨(看跌)期权多头在到期日的回报为 $c_T=\max(0,S_T-K)(p_T=\max(0,K-S_T))$。该投资组合的回报即为二者之和。再考虑该投资组合的初始成本:投资者需要支付 c_0+p_0 来持有看涨期权和看跌期权的多头头寸。因此:

$$回报:ls_T=\max(0,S_T-K)+\max(0,K-S_T)\geqslant 0$$
$$利润:\pi^{ls}=ls_T-(c_0+p_0)\geqslant-(c_0+p_0)$$

图 3.7 展示了一个多头跨式期权的例子。图中展示了多头跨式期权的回报 $ls_T(S_T)$ 与利润 $\pi^{ls}(S_T)$ 随到期日股价 S_T 变化的函数图像。在该图中,两个期权的行权价均为 40。此外,$c_0=3.53$,$p_0=3.14$。于是,$\forall S_T$,回报与利润之间的差即为 $p_0+c_0=3.53+3.14=6.67$。两个函数的折点均位于行权价 $S_T=K=40$ 处。

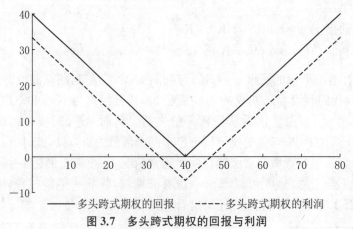

图 3.7　多头跨式期权的回报与利润

[①]　裸看涨期权(naked call)与抛补看涨期权不同,它只持有看涨期权空头头寸,不持有标的资产多头。

　　为何投资者会希望配置多头跨式期权呢？观察图 3.7 不难发现，该投资组合会在到期日股价与行权价具有较大差距时盈利。例如，假设一家公司押注于 60 天后发行的一个产品。若发行成功，股价将飙升至 100；若失败，股价会暴跌至 10。整个市场认为两种情况发生可能性相等。因此，假设股票的连续复利年化收益率 $r^E = 12\%$，则当前股价为 $\dfrac{100+10}{2} \cdot e^{-12\%(60/365)} = 53.93$。于是，60 天后，股价要么变成 10，要么变成 100，二者可能性相等。在这种情况下，持有以该公司股票为标的资产的多头跨式期权将是一种上乘策略。[①]

3.3.4　空头跨式期权

　　空头跨式期权（short straddle）记作 ss，由一个看涨期权空头与一个看跌期权空头组成，二者具有相同的行权价、到期日和标的资产。看涨（看跌）期权空头在到期日的回报为 $-c_T = \min(0,\ K-S_T)\ (-p_T = \min(0,\ S_T-K))$。该投资组合的回报即为二者之和。再考虑该投资组合的初始"成本"：投资者持有看涨期权和看跌期权的空头头寸，会收获 $c_0 + p_0$。因此：

$$\text{回报：} -ss_T = \min(0,\ S_T - K) + \min(0,\ K - S_T) \leqslant 0$$
$$\text{利润：} -\pi^{ss} = (c_0 + p_0) - ss_T \leqslant (c_0 + p_0)$$

　　图 3.8 展示了一个空头跨式期权的例子。图中展示了空头跨式期权的回报 $ss_T(S_T)$ 与利润 $\pi^{ss}(S_T)$ 随到期日股价 S_T 变化的函数图像。在该图中，两个期权的行权价均为 40。此外，$p_0 = 3.14$，$c_0 = 3.53$。于是，$\forall S_T$，回报与利润之间的差即为 $p_0 + c_0 = 6.67$。两个函数的折点均位于行权价 $S_T = K = 40$ 处。

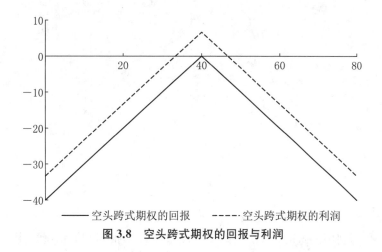

——— 空头跨式期权的回报　-----空头跨式期权的利润
图 3.8　空头跨式期权的回报与利润

　　为何投资者会希望配置空头跨式期权呢？观察图 3.8 不难发现，该投资组合会在到期日股价与行权价具有较小差距时盈利。因此，如果投资者认为某公司的股价在短期内将上下波

---

　　①　另一个例子是，考虑一家公司正被起诉，判决结果即将公布。如果裁定的赔偿金额巨大，那么公司赢得或输掉官司之后的股价差距可能十分巨大。虽然法律诉讼结果尚未确定，但不论涨跌，持有多头跨式期权的投资者均可在股价的大幅变动中获利。

动,那么该公司股票将成为空头跨式期权策略的理想的标的资产。

3.3.5 领子期权

领子期权(collar)由一股股票多头、一份看涨期权空头和一份看跌期权多头组成。其中,看涨期权的行权价大于看跌期权行权价,即 $K_p < K_c$;看涨期权与看跌期权具有相同的到期日和标的资产。三部分的回报分别为 S_T、$-c_T = \min(0, K_c - S_T)$、$p_T = \max(0, K_p - S_T)$。因此,该投资组合的回报为三者之和,即:

$$co_T = S_T - c_T + p_T = S_T + \min(0, K_c - S_T) + \max(0, K_p - S_T)$$
$$\pi^{co} = co_T - (S_0 e^{-\delta T} + p_0 - c_0)$$

为了深入理解预计的回报与利润,我们观察表 3.1,其中 $K_p = 30$,$K_c = 50$,$S_0 = 40$,$T = 5$ 年,连续复利年化无风险利率为 $r^f = 4\%$,且假设标的资产的连续股息派发率 $\delta = 0$。根据稍后将讲解的 BS 欧式期权定价模型可得,$p_0 = 3.39$,$c_0 = 7.92$。因此,该领子期权的初始成本为 $S_0 e^{-\delta T} - c_0 + p_0 = 40 - 7.92 + 3.39 = 35.47$。

表 3.1 领子期权的回报与利润表

到期日股价	回报			利润
S_T	p_T	$-c_T$	co_T	π^{co}
0	30	0	30	-5.47
5	25	0	30	-5.47
10	20	0	30	-5.47
15	15	0	30	-5.47
20	10	0	30	-5.47
25	5	0	30	-5.47
30	0	0	30	-5.47
35	0	0	35	-0.47
40	0	0	40	4.53
45	0	0	45	9.53
50	0	0	50	14.53
55	0	-5	50	14.53
60	0	-10	50	14.53
65	0	-15	50	14.53
70	0	-20	50	14.53
75	0	-25	50	14.53
80	0	-30	50	14.53

表 3.2 中,我们利用公式简洁地总结了表 3.1 展示的回报与利润情况。图 3.9 以图像的形式展示了领子期权的回报与利润函数,其与表 3.1 和表 3.2 中呈现的函数关系相同。在图 3.9 中,回报(利润)函数图像在 $0 < S_T < 30$ 区间内取值始终为 30(-5.47),其原因与保护性看跌期权一致。从比较静态分析的角度而言,当到期日股价在此范围时,随着到期日股价从零开始增加,股价的上涨与看跌期权价值的下跌会相互抵消;同时,看涨期权在这种情况下会到期作废。接下来,若到期日股价在 $30 < S_T < 50$ 范围时,看跌期权开始变为虚值状态,回报与利润函数的图像从保持水平变成了斜率为 1。此时看涨期权仍处于虚值状态,因此只有股

票多头具有价值,从而导致斜率为 1。最后,在 $50 < S_T$ 的范围内,看涨期权进入实值状态,看跌期权到期作废。由于此时持有看涨期权的空头,因此随着股价上涨,看涨期权的亏损将与股价的上涨刚好抵消,从而在股价处于高位时,其与抛补看涨期权保持水平的回报与利润相一致。

表 3.2 领子期权的回报与利润

到期日股价	各部分回报			总回报
S_T	S_T	p_T	$-c_T$	co_T
0—30	S_T	$K_p - S_R$	0	K_p
30—50	S_T	0	0	S_T
50—80	S_T	0	$K_c - S_T$	K_c

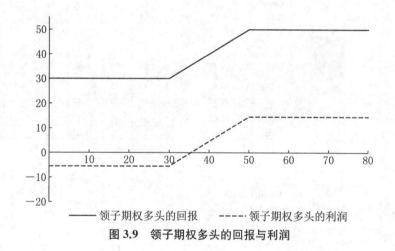

图 3.9 领子期权多头的回报与利润

如前所述,持有领子期权的成本是 $co_0 = S_0 e^{-\delta T} + p_0 - c_0$。通常情况下,投资者会选择投资于价格相同的看涨期权与看跌期权(二者到期日和标的资产也相同),即 $p_0 = c_0$。此时,领子期权的成本仅为买入股票的成本。与只买入一只股票相比,配置领子期权可以为到期回报设置一个上下界。这样,她可以控制股价下跌带来的下行风险,但也牺牲了股价上涨带来的上行收益。

3.4 案例:期权与简单投资组合的回报与利润

前面我们已经给出了期权的回报与利润随到期日股价变化的函数关系,现在我们计算一些具体的数值例子。图 3.10 中,我们考虑看涨期权和看跌期权的多头与空头。B1:C19 展示了 BSM 模型的计算过程,该模型会在后续章节中讲解。C17 与 C18 单元格分别计算了看涨期权与看跌期权的期权费。我们在 C23 单元格中将到期日股价随意指定为 40。在 C26 与 C27 单元格中,我们分别计算看涨期权的回报与利润;类似地,C29 与 C30 单元格分别计算看跌期权的回报与利润。

	B	C	D	E	F	G	H	I	J	K	L	M
					多头	多头	多头	多头	空头	空头	空头	空头
1	S_0	40										
2	K	40										
3	T	0.5			C_T	看涨	P_T	看跌	C_T	看涨	P_T	看跌
4	r^f	4%			回报	利润	回报	利润	回报	利润	回报	利润
5	σ	30%		S_T	0	-3.53	0	-3.14	0	3.53	0	3.14
6	δ	2%		$0	0	-3.53	40	36.86	0	3.53	-40	-36.86
7	d1	0.153		$5	0	-3.53	35	31.86	0	3.53	-35	-31.86
8	d2	-0.059		$10	0	-3.53	30	26.86	0	3.53	-30	-26.86
9	-d1	-0.153		$15	0	-3.53	25	21.86	0	3.53	-25	-21.86
10	-d2	0.059		$20	0	-3.53	20	16.86	0	3.53	-20	-16.86
11	N(d1)	0.561		$25	0	-3.53	15	11.86	0	3.53	-15	-11.86
12	N(d2)	0.477		$30	0	-3.53	10	6.86	0	3.53	-10	-6.86
13	N(-d1)	0.439		$35	0	-3.53	5	1.86	0	3.53	-5	-1.86
14	N(-d2)	0.523		$40	0	-3.53	0	-3.14	0	3.53	0	3.14
15	exp(-rt)	0.980		$45	5	1.47	0	-3.14	-5	-1.47	0	3.14
16	exp(-δt)	0.990		$50	10	6.47	0	-3.14	-10	-6.47	0	3.14
17	C_0	3.53		$55	15	11.47	0	-3.14	-15	-11.47	0	3.14
18	P_0	3.14		$60	20	16.47	0	-3.14	-20	-16.47	0	3.14
19	P_0	3.14		$65	25	21.47	0	-3.14	-25	-21.47	0	3.14
20				$70	30	26.47	0	-3.14	-30	-26.47	0	3.14
21			S_T	$75	35	31.47	0	-3.14	-35	-31.47	0	3.14
22				$80	40	36.47	0	-3.14	-40	-36.47	0	3.14
23	S_T	40			模拟运算表							
24					F5: =C26		H5: =C29		J5: =-F5		L5: =-H5	
25						G5: =C27		I5: =C30		K5: =-G5		M5: =-I5
26	C_T	0		C26: =MAX(0,C23-C2)								
27	利润	-3.53		C27: =C26-C17								
28												
29	P_T	0		C29: =MAX(0,C2-C23)								
30	利润	-3.14		C30: =C29-C18								

图 3.10 看涨期权与看跌期权多头和空头的回报与利润

E5：M22 单元格是一个 Excel 模拟运算表。F 列（H 列）计算了看涨（看跌）期权多头的回报随到期日股价变化的函数关系；G 列和 I 列计算了相应的利润随到期日股价变化的函数关系。J 列（L 列）计算了看涨（看跌）期权空头的回报随到期日股价变化的函数关系；K 列和 M 列计算了相应的利润随到期日股价变化的函数关系。

图 3.11 展示了图 3.10 中的八个函数对应的函数图像。对于看涨（看跌）期权多头，利润函数始终位于回报函数的下方，因为期权持有者必须在一开始就向卖方支付期权费，因此两个函数相差一笔期权费。对于看涨（看跌）期权空头，利润函数始终位于回报函数的上方，因为期权卖方在一开始会收到持有者支付的期权费，因此两个函数相差一笔期权费。

图 3.12 展示了四种不同的期权投资组合的回报与利润计算结果。N 列和 O 列分别展示了保护性看跌期权（股票多头、看跌期权多头）的回报与利润函数。P 列和 Q 列分别展示了抛补看涨期权（股票多头、看涨期权空头）的回报与利润函数。R 列和 S 列分别展示了多头跨式期权（看涨期权多头、看跌期权多头）的回报与利润函数。最后，T 列和 U 列分别展示了空头跨式期权（看涨期权空头、看跌期权空头）的回报与利润函数。

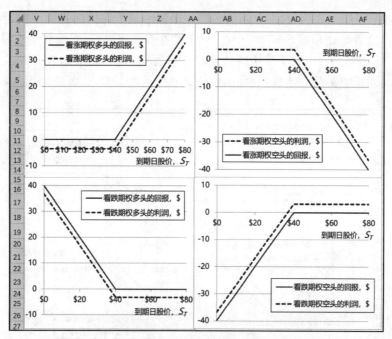

图 3.11 看涨与看跌期权多头和空头的函数图像

	N	O	P	Q	R	S	T	U
1								
2					多头	多头	空头	空头
3	保护性看跌期权		抛补看涨期权		跨式期权		跨式期权	
4	回报	利润	回报	利润	回报	利润	回报	利润
5	40	-2.74	40	3.93	0	-6.66	0	6.66
6	40	-2.74	0	-36.07	40	33.34	-40	-33.34
7	40	-2.74	5	-31.07	35	28.34	-35	-28.34
8	40	-2.74	10	-26.07	30	23.34	-30	-23.34
9	40	-2.74	15	-21.07	25	18.34	-25	-18.34
10	40	-2.74	20	-16.07	20	13.34	-20	-13.34
11	40	-2.74	25	-11.07	15	8.34	-15	-8.34
12	40	-2.74	30	-6.07	10	3.34	-10	-3.34
13	40	-2.74	35	-1.07	5	-1.66	-5	1.66
14	40	-2.74	40	3.93	0	-6.66	0	6.66
15	45	2.26	40	3.93	5	-1.66	-5	1.66
16	50	7.26	40	3.93	10	3.34	-10	-3.34
17	55	12.26	40	3.93	15	8.34	-15	-8.34
18	60	17.26	40	3.93	20	13.34	-20	-13.34
19	65	22.26	40	3.93	25	18.34	-25	-18.34
20	70	27.26	40	3.93	30	23.34	-30	-23.34
21	75	32.26	40	3.93	35	28.34	-35	-28.34
22	80	37.26	40	3.93	40	33.34	-40	-33.34
23								
24	N5 =C23+C29			Q5 =P5-(C1*C16-C17)			T5 =-R5	
25		O5 =N5-(C1*C16+C18)			R5 =C26+C29		U5 =-S5	
26			P5 =C23-C26			S5 =C27+C30		

图 3.12 保护性看跌期权、抛补看涨期权、跨式期权

图 3.13 展示了图 3.12 中的八个函数的函数图像。对于保护性看跌期权,利润函数位于回报函数下方,二者处处相差 $S_0\mathrm{e}^{-\delta T}+p_0$。对于抛补看涨期权,利润函数位于回报函数下方,二者处处相差 $S_0\mathrm{e}^{-\delta T}-c_0$。对于多头跨式期权,利润函数位于回报函数下方,二者处处相差 c_0+p_0。最后,对于空头跨式期权,利润函数位于回报函数上方,二者处处相差 c_0+p_0。

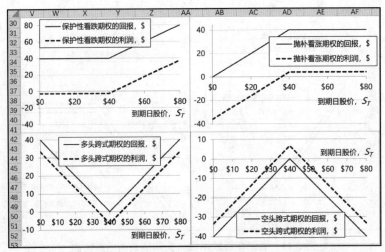

图 3.13　保护性看跌期权、抛补看涨期权、跨式期权的图像

3.5　更多期权投资组合的回报与利润及相关示例

3.5.1　更多期权投资组合的回报与利润

这一节中,我们将展示更多期权投资组合策略的例子,同时给出这些例子的数值示例。这里的期权投资组合主要包括如下几种。

- 用看涨期权多头对冲负债:[①]

---

① 　投资者可以使用看涨期权多头提供保护,防止负债的增值。持有股票空头和以该股票为标的资产的看涨期权多头的投资组合回报等于:

$$-ST+\max(0,\ S_T-K)=\max(-S_T,\ -K)$$

因此,利用看涨期权多头对冲负债,即使到期时负债价值低于 $-K$,也可以保证最低回报为 $-K$。该投资组合的回报仍具有风险,因为其依赖于风险资产在未来不确定的价格 S_T。由于回报不确定,因此该风险投资组合的年化收益率也具有风险,计算公式为:

$$r^d=\Big(2+\frac{CF_T}{CF_0}\Big)^{\frac{1}{T}}-1=\Big(2+\frac{\max(-S_T,\ -K)}{S_0\mathrm{e}^{-\delta T}-c_0}\Big)^{\frac{1}{T}}-1$$

以及

$$r^{cc}=\frac{1}{T}\ln\Big(2+\frac{CF_T}{CF_0}\Big)=\frac{1}{T}\ln\Big(2+\frac{\max(-S_T,\ -K)}{S_0\mathrm{e}^{-\delta T}-c_0}\Big)$$

其中 c_0 是看涨期权的期权费,即购买看涨期权的初始成本。两种收益率均可正可负。

回报$_T$=max(0, S_T-K)$-S_T$=max($-S_T$, $-K$)=$-$min(S_T, K)

利润$_T$=回报$_T-(c_0-S_0\mathrm{e}^{-\delta T})$

- 牛市看涨期权价差,该策略包括:

(1) 一份看涨期权多头,其行权价(K_L)相对较低;

(2) 一份看涨期权空头,其行权价(K_H)相对较高。

回报$_T$=max(0, S_T-K_L)$-$max(0, S_T-K_H)

利润$_T$=回报$_T-[c_0(K_L)-c_0(K_H)]$

- 牛市看跌期权价差,该策略包括:

(1) 一份看跌期权多头,其行权价(K_L)相对较低;

(2) 一份看跌期权空头,其行权价(K_H)相对较高。

回报$_T$=max(0, K_L-S_T)$-$max(0, K_H-S_T)

利润$_T$=回报$_T-[p_0(K_L)-p_0(K_H)]$

- 熊市看涨期权价差,该策略包括:

(1) 一份看涨期权空头,其行权价(K_L)相对较低;

(2) 一份看涨期权多头,其行权价(K_H)相对较高。

回报$_T$=max(0, S_T-K_H)$-$max(0, S_T-K_L)

利润$_T$=回报$_T-[c_0(K_H)-c_0(K_L)]$

- 熊市看跌期权价差,该策略包括:

(1) 一份看跌期权空头,其行权价(K_L)相对较低;

(2) 一份看跌期权多头,其行权价(K_H)相对较高。

回报$_T$=max(0, K_H-S_T)$-$max(0, K_L-S_T)

利润$_T$=回报$_T-[p_0(K_H)-p_0(K_L)]$

- 蝶式看涨期权,该策略包括:

(1) 一份看涨期权多头,其行权价(K_L)相对较低;

(2) 一份看涨期权多头,其行权价(K_H)相对较高;

(3) 两份看涨期权空头,其行权价(K_M)介于中间。

回报$_T$=max(0, S_T-K_L)$+$max(0, S_T-K_H)$-$2max(0, S_T-K_M)

利润$_T$=回报$_T-[c_0(K_L)+c_0(K_H)-2c_0(K_M)]$

- 蝶式看跌期权,该策略包括:

(1) 一份看跌期权多头,其行权价(K_L)相对较低;

(2) 一份看跌期权多头,其行权价(K_H)相对较高;

(3) 两份看跌期权空头,其行权价(K_M)介于中间。

回报$_T$=max(0, K_L-S_T)$+$max(0, K_H-S_T)$-$2max(0, K_M-S_T)

利润$_T$=回报$_T-[p_0(K_L)+p_0(K_H)-2p_0(K_M)]$

- 多头宽跨式期权(long strangle),该策略包括:

(1) 一份看跌期权多头,其行权价(K_L)相对较低;

(2) 一份看涨期权多头,其行权价(K_H)相对较高。

回报$_T$=max(0, S_T-K_H)$+$max(0, K_L-S_T)

利润$_T$=回报$_T-[c_0(K_H)+p_0(K_L)]$

3.5.2 案例:更多期权投资组合

现在我们考虑上一部分介绍的几种含期权的投资组合的数值示例。图 3.14 中,我们计算了六个期权的价格。这六个期权具有三种不同的行权价,分别见 C2 单元格($K_L=30$)、F2 单元格($K_H=50$)和 I2 单元格($K_M=40$)。除此之外,其他输入参数全部相同。第 17、18 行展示了 BSM 模型(稍后将介绍)计算得到的看涨期权与看跌期权价格。第 19 行用看跌—看涨期权平价公式(稍后将介绍)验证了看跌期权的价格。

	A	B	C	D	E	F	G	H	I
1		S_0	40		S_0	40		S_0	40
2		X	30		X	50		X	40
3		T	1		T	1		T	1
4		r^f	5%		r^f	5%		r^f	5%
5		σ	50%		σ	50%		σ	50%
6		**δ**	2%		**δ**	2%		**δ**	2%
7		d1	0.885		d1	-0.136		d1	0.310
8		d2	0.385		d2	-0.636		d2	-0.190
9		-d1	-0.885		-d1	0.136		-d1	-0.310
10		-d2	-0.385		-d2	0.636		-d2	0.190
11		N(d1)	0.812		N(d1)	0.446		N(d1)	0.622
12		N(d2)	0.650		N(d2)	0.262		N(d2)	0.425
13		N(-d1)	0.188		N(-d1)	0.554		N(-d1)	0.378
14		N(-d2)	0.350		N(-d2)	0.738		N(-d2)	0.575
15		exp(-rt)	0.951		exp(-rt)	0.951		exp(-rt)	0.951
16		exp(-δt)	0.980		exp(-δt)	0.980		exp(-δt)	0.980
17		C0	13.29		C0	5.00		C0	8.22
18		P0	2.62		P0	13.36		P0	7.06
19		P0	2.62		P0	13.36		P0	7.06
20									
21		S_T	40		S_T	40		S_T	40
22						F21 =C21			I21 =C21
23		C_T	10		C_T	0		C_T	0
24		利润	-3.29		利润	-5.00		利润	-8.22
25									
26		P_T	0		P_T	10		P_T	0
27		利润	-2.62		利润	-3.36		利润	-7.06
28		C23 =MAX(0,C21-C2)				F23 =MAX(0,F21-F2)			
29		C24 =C23-C17				F24 =F23-F17			
30		C26 =MAX(0,C2-C21)				F26 =MAX(0,F2-F21)			
31		C27 =C26-C18				F27 =F26-F18			

图 3.14 基于 BSM 模型的期权回报与利润

在第 21 行中,我们假设到期日(即 $T=1$ 年)时股价为 40。对于 $K_i \in \{30, 50, 40\}$,第 23 行展示了看涨期权的回报 $c_T = \max(0, S_T - K_i)$;第 26 行展示了看跌期权的回报 $p_T =$

$\max(0, K_i - S_T)$。第 24 行与第 27 行分别给出了三个看涨期权多头与三个看跌期权多头的利润,分别为 $\pi^c = c_T - c_0$ 和 $\pi^p = p_T - p_0$。

图 3.15 展示了如下四种期权投资组合的回报与利润:

- 用看涨期权多头对冲负债(M 列、N 列):

$$回报_T = \max(0, S_T - K) - S_T = \max(-S_T, -K) = -\min(S_T, K)$$

$$利润_T = 回报_T - (c_0 - S_0 e^{-\delta T})$$

- 牛市看涨期权价差(O 列、P 列),该策略包括:

(1) 一份看涨期权多头,其行权价相对较低(此例为 30);

(2) 一份看涨期权空头,其行权价相对较高(此例为 50)。

$$回报_T = \max(0, S_T - K_{30}) - \max(0, S_T - K_{50})$$

$$利润_T = 回报_T - [c_0(K_{30}) - c_0(K_{50})]$$

- 牛市看跌期权价差(Q 列、R 列),该策略包括:

(1) 一份看跌期权多头,其行权价相对较低(此例为 30);

(2) 一份看跌期权空头,其行权价相对较高(此例为 50)。

$$回报_T = \max(0, K_{30} - S_T) - \max(0, K_{50} - S_T)$$

$$利润_T = 回报_T - [p_0(K_{30}) - p_0(K_{50})]$$

	K	L	M 用看涨期权多头对冲负债	N	O 牛市看涨期权价差	P	Q 牛市看跌期权价差	R	S 熊市看涨期权价差	T
2			$C_T(30)$	$C_T(30)$	$C_T(30)$	$C_T(30)$	$P_T(30)$	$P_T(30)$	$-C_T(30)$	$-C_T(30)$
3			$-S_T$	$-S_T$	$-C_T(50)$	$-C_T(50)$	$-P_T(50)$	$-P_T(50)$	$C_T(50)$	$C_T(50)$
4			回报	利润	回报	利润	回报	利润	回报	利润
5		S_T	-30	-4.08	10	1.72	-10	0.74	-10	-1.72
6		0	0	25.92	0	-8.28	-20	-9.26	0	8.28
7		5	-5	20.92	0	-8.28	-20	-9.26	0	8.28
8		10	-10	15.92	0	-8.28	-20	-9.26	0	8.28
9		15	-15	10.92	0	-8.28	-20	-9.26	0	8.28
10		20	-20	5.92	0	-8.28	-20	-9.26	0	8.28
11		25	-25	0.92	0	-8.28	-20	-9.26	0	8.28
12		30	-30	-4.08	0	-8.28	-20	-9.26	0	8.28
13		35	-30	-4.08	5	-3.28	-15	-4.26	-5	3.28
14		40	-30	-4.08	10	1.72	-10	0.74	-10	-1.72
15		45	-30	-4.08	15	6.72	-5	5.74	-15	-6.72
16		50	-30	-4.08	20	11.72	0	10.74	-20	-11.72
17		55	-30	-4.08	20	11.72	0	10.74	-20	-11.72
18		60	-30	-4.08	20	11.72	0	10.74	-20	-11.72
19		65	-30	-4.08	20	11.72	0	10.74	-20	-11.72
20		70	-30	-4.08	20	11.72	0	10.74	-20	-11.72
21	S_T	75	-30	-4.08	20	11.72	0	10.74	-20	-11.72
22		80	-30	-4.08	20	11.72	0	10.74	-20	-11.72
23			M5 =C23-C21				Q5 =C26-F26			
24			N5 =M5-(C17-C1*C16)				R5 =Q5-(C18-F18)			
25			O5 =C23-F23				S5 =-C23+F23			
26			P5 =O5-(C17-F17)				T5 =S5-(F17-C17)			

图 3.15 四种期权投资组合的回报与利润

- 熊市看涨期权价差(S 列、T 列),该策略包括:

(1) 一份看涨期权空头,其行权价相对较低(本例为 30);

(2) 一份看涨期权多头,其行权价相对较高(本例为 50)。

回报$_T$=max$(0, S_T-K_{50})-$max$(0, S_T-K_{30})$

利润$_T$=回报$_T-[c_0(K_{50})-c_0(K_{30})]$

这里,K_{30}、K_{40} 和 K_{50}分别代表行权价 30、40 和 50。图中第 5 行给出了 8 个计算结果:4 个回报、4 个利润。第 6 行至第 12 行的结果由模拟运算表计算得到。具体而言,我们同时对这 8 个回报与利润随到期日股价变化的函数关系进行了敏感性分析。

图 3.16 给出了下述另外四种期权投资组合的回报与利润。

- 熊市看跌期权价差(U 列、V 列),该策略包括:

(1) 一份看跌期权空头,其行权价相对较低(本例为 30);

(2)一份看跌期权多头,其行权价相对较高(本例为 50)。

回报$_T$=max$(0, K_{50}-S_T)-$max$(0, K_{30}-S_T)$

利润$_T$=回报$_T-[p_0(K_{50})-p_0(K_{30})]$

- 蝶式看涨期权(W 列、X 列),该策略包括:

(1) 一份看涨期权多头,其行权价相对较低(本例为 30);

(2) 一份看涨期权多头,其行权价相对较高(本例为 50);

(3) 两份看涨期权空头,其行权价介于中间(本例为 40)。

回报$_T$=max$(0, S_T-K_{30})+$max$(0, S_T-K_{50})-2$max$(0, S_T-K_{40})$

利润$_T$=回报$_T-(c_0(K_{30})+c_0(K_{50})-2c_0(K_{40}))$

- 蝶式看跌期权(Y 列、Z 列),该策略包括:

(1) 一份看跌期权多头,其行权价相对较低(本例为 30);

(2) 一份看跌期权多头,其行权价相对较高(本例为 50);

(3) 两份看跌期权空头,其行权价介于中间(本例为 40)。

回报$_T$=max$(0, K_{30}-S_T)+$max$(0, K_{50}-S_T)-2$max$(0, K_{40}-S_T)$

利润$_T$=回报$_T-(p_0(K_{30})+p_0(K_{50})-2p_0(K_{40}))$

- 多头宽跨式期权(AA 列、AB 列),该策略包括:

(1) 一份看跌期权多头,其行权价相对较低(本例为 30);

(2) 一份看涨期权多头,其行权价相对较高(本例为 50)。

回报$_T$=max$(0, S_T-K_{50})+$max$(0, K_{30}-S_T)$

利润$_T$=回报$_T-[c_0(K_{50})+p_0(K_{30})]$

图 3.16 的第 5 行计算了这四个投资组合在基本情形下的回报与利润。第 6 行至第 12 行的模拟运算表对这 8 个函数进行了敏感性分析。

接下来,图 3.17 以图像的形式展示了图 3.15 中模拟运算表的计算结果。对于用看涨期权多头对冲负债的情形,我们特意用这种组合配置保证在到期日股价大于等于看涨期权行权价时,回报函数与利润函数的最小值均为定值。这幅图像说明了为何风险管理者愿意用看涨期权多头来对冲负债的风险。具体而言,负债的风险便是负债额的增加,也就是负债价值的减小(负债的价值变得更负)。因此,由于看涨期权的价值随标的资产价值的增加而增加,所以它是一种上乘的负债对冲工具,在标的资产价值上升时可用于抵消负债价值降低的风险。

	U	V	W	X	Y	Z	AA	AB
1	熊市看跌期权价差		蝶式看涨期权		蝶式看跌期权		多头宽跨式期权	
2	$-P_T(30)$	$-P_T(30)$	$C_T(30) + C_T(50)$		$P_T(30) + P_T(50)$		$P_T(30)$	$P_T(30)$
3	$P_T(50)$	$P_T(50)$	$-2C_T(40)$		$-2P_T(40)$		$C_T(50)$	$C_T(50)$
4	回报	利润	回报	利润	回报	利润	回报	利润
5	**10**	**-0.74**	**10**	**8.1453**	**10**	**8.1453**	**0**	**-7.62**
6	20	9.26	0	-1.85	0	-1.85	30	22.38
7	20	9.26	0	-1.85	0	-1.85	25	17.38
8	20	9.26	0	-1.85	0	-1.85	20	12.38
9	20	9.26	0	-1.85	0	-1.85	15	7.38
10	20	9.26	0	-1.85	0	-1.85	10	2.38
11	20	9.26	0	-1.85	0	-1.85	5	-2.62
12	20	9.26	0	-1.85	0	-1.85	0	-7.62
13	15	4.26	5	3.15	5	3.15	0	-7.62
14	10	-0.74	10	8.15	10	8.15	0	-7.62
15	5	-5.74	5	3.15	5	3.15	0	-7.62
16	0	-10.74	0	-1.85	0	-1.85	0	-7.62
17	0	-10.74	0	-1.85	0	-1.85	5	-2.62
18	0	-10.74	0	-1.85	0	-1.85	10	2.38
19	0	-10.74	0	-1.85	0	-1.85	15	7.38
20	0	-10.74	0	-1.85	0	-1.85	20	12.38
21	0	-10.74	0	-1.85	0	-1.85	25	17.38
22	0	-10.74	0	-1.85	0	-1.85	30	22.38
23	U5 =-C26+F26				Y5 =C26+F26-2*I26			
24	V5 =U5-(F18-C18)				Z5 =Y5-(C18+F18-2*I18)			
25	W5 =C23+F23-2*I23				AA5 =C26+F23			
26	X5 =W5-(C17+F17-2*I17)				AB5 =AA5-(C18+F17)			

图 3.16 另外四种期权投资组合的回报与利润

第 4 章中,我们将进一步详细阐述这些思想。

对于用看跌期权构造的牛市价差的回报函数与利润函数,在到期日股价小于等于较低的看跌期权行权价时,二者取值均为恒定的最小值;在到期日股价大于等于较高的看跌期权行权价时,二者取值均为恒定的最大值。同样,对于用看涨期权构造的牛市价差的回报函数与利润函数,在到期日股价小于等于较低的看涨期权行权价时,二者取值均为恒定的最小值;在到期日股价大于等于较高的看涨期权行权价时,二者取值均为恒定的最大值。最后,对于用看涨期权构造的熊市价差的回报函数与利润函数,在到期日股价大于等于较高的看涨期权行权价时,二者取值均为恒定的最小值;在到期日股价小于等于较低的看涨期权行权价时,二者取值均为恒定的最大值。

最终,图 3.18 以图像的形式展示了图 3.16 中模拟运算表的计算结果。对于用看跌期权构造的熊市价差的回报函数与利润函数,在到期日股价大于等于较高的看跌期权行权价时,二者取值均为恒定的最小值;在到期日股价小于等于较低的看跌期权行权价时,二者取值均为恒定的最大值。观察蝶式期权的两个图像可以发现,两种蝶式期权在到期日股价接近于位列中间的期权行权价时,所获回报最多;在到期日股价远高于或远低于位列中间的期权行权价时,所获回报最少。最后,对于多头宽跨式期权,当到期日股价位于两个行权价之间时,所获回报最少;在到期日股价较高或较低时,所获回报最多。

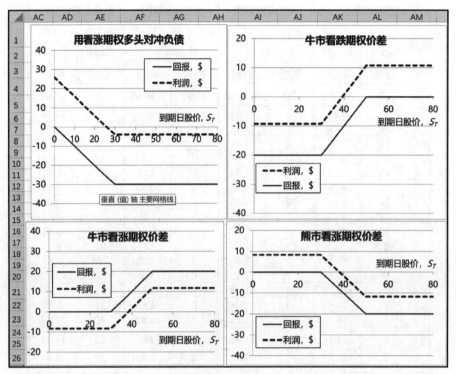

图 3.17 四种期权投资组合的回报与利润的图像

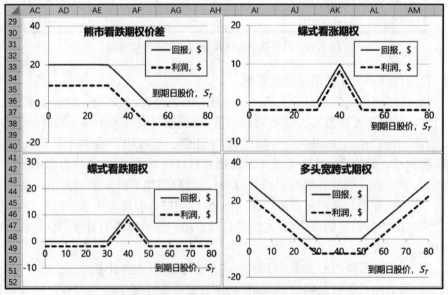

图 3.18 其他四种期权投资组合的回报与利润的图像

第4章

利率期权

利率期权(interest rate options)的标的资产是一种特定的可变利率(也叫浮动利率)。我们将在本章回顾这类期权的用途,特别是如何用其对冲利率风险。此外,公司还可以利用债券期货期权来间接对冲利率风险。我们将在后续章节中讨论期货期权。[①]

本章中,我们首先说明如何用利率看涨期权来对冲可变利率负债。对于可变利率负债而言,这里的利率看涨期权可用于防范利率单向上升的风险。我们还将说明,从业者可以通过卖出行权价低于该看涨期权的看跌期权来为这一对冲提供(部分)资金。这种操作可以让从业者放弃总回报上升(即利率下降)的可能性,以换取当前的收入。由此形成的回报与领子期权空头的回报类似。

接下来,我们将展示如何用看跌期权来对冲可变利率资产。对于可变利率资产而言,这里的看跌期权可用于防范利率单向下降的风险。从业者还可以通过卖出行权价高于该看跌期权的看涨期权来为这一对冲提供(部分)资金。这种操作可以让从业者放弃总回报上升(即利率上升)的可能性,以换取当前的收入。由此形成的回报与领子期权多头的回报类似。

最后,我们将介绍利率上限和利率下限,它们分别是一系列利率看涨与利率看跌期权的组合。

4.1 用看涨期权多头对冲负债

对于持有一份在 T 时刻回报为 $-S_T$ 的负债的投资者而言,其面对的风险是 S_T 的上升。如前所述,投资者可用看涨期权多头来(不完全)对冲这份有风险的负债,该看涨期权的回报为 $\max(0, S_T - K_C)$,行权价为 K_C,到期日为 T。这是一种不完全对冲,因为最终的回报 $\max(-S_T, -K_C) = -\min(S_T, K_C)$ 仍是与这笔负债在看涨期权到期日 T 时刻的价格有关的函数。尽管如此,看涨期权多头仍能防止下跌风险,确保总回报不跌过 $-K_C$。

---

① 在第5章也将看到,看涨(看跌)期权的价值随标的资产价值的上升而上升(下降)。以债券期货为标的的看涨(看跌)期权价值随标的债券价格的上升而上升(下降)。由于市场利率通常同涨同跌,且债券的价格随债券持有人要求的收益率反向变化,于是以债券期货为标的的看涨(看跌)期权价值随利率的上升而下降(上升)。因此,由于可变利率资产(负债)的风险是利率的下降(上升),所以以债券期货为标的的看涨(看跌)期权可用于对冲这种风险。

现在我们假设有一笔负债,其建立在 90 天后的 180 日 LIBOR(一种可变利率)之上,记作 $L_{90}^{270}(90)$。这里,记号 $L_{t1}^{t2}(t)$ 中的 $t1(t2)$ 表示相应时间段的初始(终止)时刻,而 t 表示观察到该利率的日期。现在我们考虑一个看涨期权,其标的资产是 180 日 LIBOR,还有 90 天到期。我们进一步假设该期权行权价为 K_C,名义本金(notional principal)为 NP,期权费为 c_0。那么在第 90 天,一美元名义本金带来的负债回报、看涨期权回报以及二者投资组合的回报将分别等于 $-L_{90}^{270}(90)$、$\max(0, L_{90}^{270}(90) - K_C)$ 以及 $\max(-L_{90}^{270}(90), -K_C) = -\min(L_{90}^{270}(90), K_C) \geqslant -K_C$。假设我们今天获得 $L_{90}^{270}(0)$ 并开始身负债务,那么三者对应的利润将分别为:

$$负债的利润:L_{90}^{270}(0) - L_{90}^{270}(90)$$

$$看涨期权的利润:\max(0, L_{90}^{270}(90) - K_C) - c_0$$

$$投资组合的利润:L_{90}^{270}(0) - c_0 + \max(-L_{90}^{270}(90), -K_C) \tag{4.1}$$

注意,该投资组合保证最低利润为 $L_{90}^{270}(0) - (K_C + c_0)$。

图 4.1 展示了用看涨期权多头对冲可变利率负债的计算示例。第 10 行至第 18 行计算了

	A	B	C	D	E	F
5	80	负债: LIBOR + 80 bps				
6	4.75%	K			41	c_0, bps
7		未对冲的	持有多头	看涨期权	投资组合	投资组合
8		负债	c_T	利润	回报	利润
9	LIBOR	$1 NP	$1 NP	$1 NP	$1 NP	$1 NP
10	0.0%	-0.80%	0.0%	-0.41%	-0.80%	-1.21%
11	1.0%	-1.80%	0.0%	-0.41%	-1.80%	-2.21%
12	2.0%	-2.80%	0.0%	-0.41%	-2.80%	-3.21%
13	3.0%	-3.80%	0.0%	-0.41%	-3.80%	-4.21%
14	4.0%	-4.80%	0.0%	-0.41%	-4.80%	-5.21%
15	*4.75%*	-5.55%	0.0%	-0.41%	-5.55%	-5.96%
16	6.0%	-6.80%	1.3%	0.84%	-5.55%	-5.96%
17	7.0%	-7.80%	2.3%	1.84%	-5.55%	-5.96%
18	8.0%	-8.80%	3.3%	2.84%	-5.55%	-5.96%
19	B10 =-(A10+$A$5/10000)				E10 =B10+C10	
20	C10 =MAX(0,A10-$A$6)				F10 =B10+D10	
21	D10 =C10-$E$6/10000					
22	美元	85,000	NP (百万)			
23			看涨期权	看涨期权		
24		未对冲的	多头	多头	投资组合	投资组合
25	LIBOR	负债	回报	利润	回报	利润
26	0.0%	-680.0	0.0	-348.5	-680.0	-1028.5
27	1.0%	-1530.0	0.0	-348.5	-1530.0	-1878.5
28	2.0%	-2380.0	0.0	-348.5	-2380.0	-2728.5
29	3.0%	-3230.0	0.0	-348.5	-3230.0	-3578.5
30	4.0%	-4080.0	0.0	-348.5	-4080.0	-4428.5
31	*4.75%*	-4717.5	0.0	-348.5	-4717.5	-5066.0
32	6.0%	-5780.0	1062.5	714.0	-4717.5	-5066.0
33	7.0%	-6630.0	1912.5	1564.0	-4717.5	-5066.0
34	8.0%	-7480.0	2762.5	2414.0	-4717.5	-5066.0
35	B26 =B10*$B$22		E26 =E10*$B$22			
36	C26 =C10*$B$22		F26 =F10*$B$22			
37	D26 =D10*$B$22		B27 =B11*$B$22			

图 4.1　用看涨期权多头对冲利率负债

回报与利润,以一美元名义本金(NP)为单位;第 26 行至第 34 行则以美元金额为单位来衡量。(因此,后者只需用前者乘以 850 亿的名义本金得到,见 B22 单元格。)A5 单元格表明,这笔负债的数值比 LIBOR 高 80 个基点(basis points,bps)。A6 单元格表明该看涨期权的行权价为 4.75%,E6 单元格给出该看涨期权的期权费为 41 个基点。

图 4.2 以图像的形式展示了与图 4.1 一样的示例。上方的图像展示的是一美元名义本金对应的利润,下方的图像展示的是以美元金额为单位的利润。由看涨期权的特性,看涨期权可以限制住负债的数值大小:一美元名义本金的利润将不低于−5.96%,即总利润不低于−50.66亿美元。

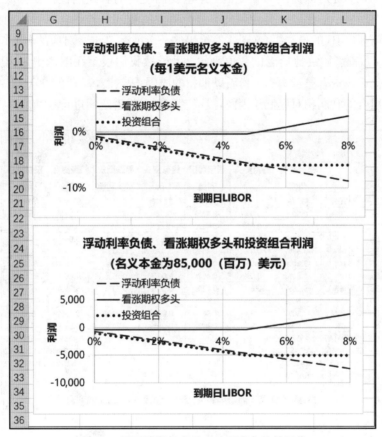

图 4.2　用看涨期权多头对冲利率负债的图像

4.2　用看跌期权空头为对冲负债提供资金

用看涨期权对冲可变利率负债的投资者可以通过卖出行权价低于原有看涨期权行权价的看跌期权来为这份保险提供部分资金。利用这种方式,投资者可以在初始时刻收获一笔新现金流 p_0,但需要放弃到期日 T 时标的资产 $L_{90}^{270}(90)$ 最终低于 K_P 可能带来的价值。我们将看到,这样操作得到的回报与"领子期权空头"十分类似。

如前所述,在不使用看跌期权时,该投资组合(即一笔负债加一份看涨期权多头)的利润等于 $L_{90}^{270}(0)-c_0+\max(-L_{90}^{270}(90),-K_C)$。因此,若利用看跌期权空头来提供资金,该投资组合的利润将等于:

$$p_0+L_{90}^{270}(0)+\max(-L_{90}^{270}(90),-K_C)-\max(0,K_P-L_{90}^{270}(90))-c_0$$

注意,这种方式可以保证利润最小值为 $p_0+L_{90}^{270}(0)-(K_C+c_0)$。与不使用看跌期权的情况相比,该结果的数值要高出 p_0。

图 4.3 展示了与先前相同的例子,仍然用看涨期权多头来对冲可变利率负债,但现在在我们使用看跌期权空头来为此对冲提供部分资金。这里我们使用的看跌期权行权价低于看涨期权行权价。图中的图像展示的是以一美元名义本金为单位的利润。若将含有看跌期权的投资组合(图 4.3)与没有看跌期权的投资组合(图 4.2)给出的一美元名义本金对应的利润结果相比较,在 $L_{90}^{270}(90)>K_P$ 时,前者始终比后者的数值高出 p_0,虽然我们很难在图像中用肉眼识别出这一点。这正是为什么投资者愿意卖出一份看跌期权的原因。[1]然而,若 $L_{90}^{270}(90)<K_P-p_0$,含有看跌期权的投资组合的利润相对更低。因此,投资者需要在二者之间进行权衡。

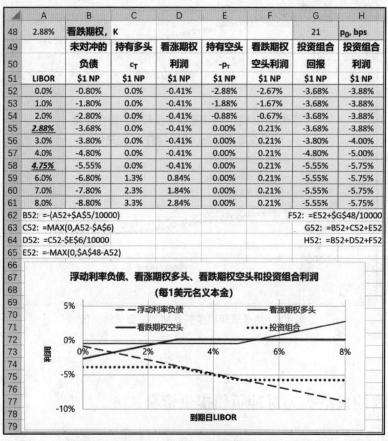

图 4.3　用看涨期权多头对冲负债,并用看跌期权空头提供部分资金

---

[1]　当 $L_{90}^{270}(90)$ 的取值范围为 $K_P-p_0<L_{90}^{270}(90)<K_P$ 时,含有看跌期权的投资组合仍然具有更高的利润,但二者利润之差小于 p_0。

仔细观察该投资组合的回报,不难发现,其与领子期权空头十分相似。该投资组合的回报被限定在一个给定的范围内:永远不会低于负的多头看涨期权行权价,也永远不会高于负的空头看跌期权行权价。公司可能会选择构建一种所谓的零成本领子期权空头,即看涨期权与看跌期权的期权费相等。此时,看跌期权空头可用于为给负债提供保险的看涨期权多头提供全部资金。

4.3　用看跌期权多头对冲资产

对于持有一笔资产的投资者而言,其面对的风险是 T 时刻资产价值 S_T 的下降。如前所述,投资者可用看跌期权多头来保护这笔资产,我们也称之为保险。该看跌期权多头的回报为 $\max(0, K_P - S_T)$,其中行权价为 K_P,到期日为 T。这种保护性看跌期权对冲是不完全对冲,因为最终的回报 $\max(S_T, K_P)$ 仍是与资产在看跌期权到期日 T 时刻的价格有关的函数。尽管如此,看跌期权多头仍能防止下跌风险,确保总回报不低于 K_P。

现在我们假设有一笔资产,其建立在 90 天后的 180 日浮动 LIBOR 之上,记作 $L_{90}^{270}(90)$。考虑一个看跌期权,其标的资产是 180 日 LIBOR,还有 90 天到期。我们进一步假设该期权的行权价为 K_P,名义本金为 NP,期权费为 p_0。那么在第 90 天,一美元名义本金带来的资产回报、看跌期权回报以及二者投资组合的回报分别等于 $L_{90}^{270}(90)$、$\max(0, K_P - L_{90}^{270}(90))$ 以及 $\max(L_{90}^{270}(90), K_P) \geqslant K_P$。假设我们今天用 $L_{90}^{270}(0)$ 的资金买入资产,那么三者对应的利润分别为:

$$资产的利润:L_{90}^{270}(90) - L_{90}^{270}(0)$$

$$看跌期权的利润:(0, K_P - L_{90}^{270}(90)) - p_0$$

$$投资组合的利润:\max(L_{90}^{270}(90), K_P) - (L_{90}^{270}(0) + p_0)$$

注意,该投资组合保证最低利润为 $K_P - (L_{90}^{270}(0) + p_0)$。

图 4.4 展示了用看跌期权多头对冲可变利率资产的示例,图中的图像展示的是一单位名义本金带来的利润。保护性看跌期权(即保险)保证一美元名义本金带来的利润不低于 67 个基点。然而,若到期日的 LIBOR 高于 2.25%(即看跌期权行权价),这种方式将导致利润比之前减少 48 个基点(即该看跌期权的期权费),此时看跌期权处于虚值状态,到期作废。投资者需要在二者之间进行权衡。

4.4　用看涨期权空头为对冲资产提供资金:领子期权

若某投资者根据上一节的方式用看跌期权来对冲资产,那么该投资者可以通过卖出行权价高于该看跌期权的看涨期权来为这份保险提供部分资金。利用这种方式,投资者可以在初始时刻收获一笔新现金流 c_0,但需要放弃到期日 T 时标的资产 $L_{90}^{270}(90)$ 最终高于 K_C 可能带

	A	B	C	D	E	F	G
87	-110	资产：LIBOR - 110 bps					
88	2.25%	看跌期权，K			48	p₀, bps	
89		**未对冲的**	**持有多头**	**看跌期权**	**投资组合**	**投资组合**	
90		**资产**	**p_T**	**利润**	**回报**	**利润**	
91	**LIBOR**	**$1 NP**	**$1 NP**	**$1 NP**	**$1 NP**	**$1 NP**	
92	0.0%	-1.10%	2.3%	1.77%	1.15%	0.67%	
93	1.0%	-0.10%	1.3%	0.77%	1.15%	0.67%	
94	2.0%	0.90%	0.3%	-0.23%	1.15%	0.67%	
95	*2.25%*	1.15%	0.0%	-0.48%	1.15%	0.67%	
96	3.0%	1.90%	0.0%	-0.48%	1.90%	1.42%	
97	4.0%	2.90%	0.0%	-0.48%	2.90%	2.42%	
98	B92 =A92+$A$87/10000				E92 =B92+C92		
99	C92 =MAX(0,$A$88-A92)				F92 =B92+D92		
100	D92 =C92-$E$88/10000						

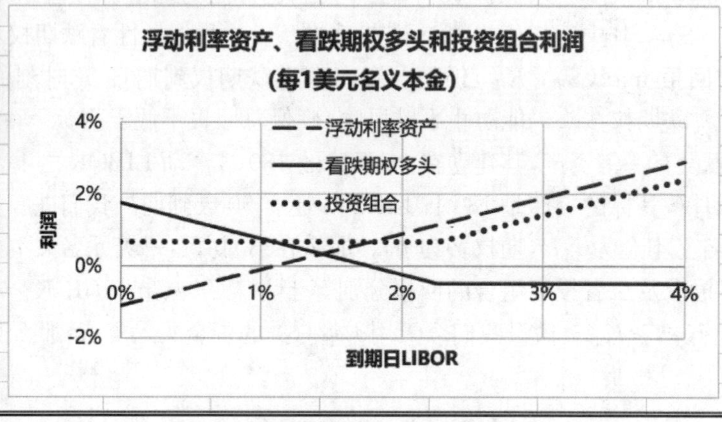

图4.4 用看跌期权多头对冲利率资产

来的价值。

如前所述，由一笔可变利率资产和一份看跌期权多头(不持有看涨期权空头)组成的投资组合利润等于 $\max(L_{90}^{270}(90), K_P) - (L_{90}^{270}(0) + p_0)$。因此，若利用看涨期权空头来提供资金，该投资组合的利润将等于：

$$c_0 + \max(L_{90}^{270}(90), K_P) - (L_{90}^{270}(0) + p_0 + \max(0, L_{90}^{270}(90) - K_C))$$

注意，这种方式可以保证利润最小值为 $c_0 + K_P - (L_{90}^{270}(0) + p_0)$。与不使用看涨期权空头的情况相比，该结果的数值要高出 c_0。

图4.5展示了通过写(即卖出)看涨期权来为保护性看跌期权提供部分资金的投资组合示例。若将含有看涨期权空头的投资组合(图4.5)与没有看涨期权空头的投资组合(图4.4)给出的一美元名义本金对应的利润结果相比较，在 $L_{90}^{270}(90) < K_C$ 时，前者始终比后者的数值高出 c_0，尽管我们很难在图像中用肉眼识别出这一点。这正是为什么投资者愿意卖出一份看涨期权的原因。[1]然而，若 $L_{90}^{270}(90) > K_C + c_0$，含有看涨期权的投资组合的利润相对更低。

---

[1] 当 $L_{90}^{270}(90)$ 的取值范围为 $K_C < L_{90}^{270}(90) < K_C + c_0$ 时，含有看涨期权的投资组合仍然比不含看涨期权的投资组合具有更高的利润，但二者利润之差小于 c_0。

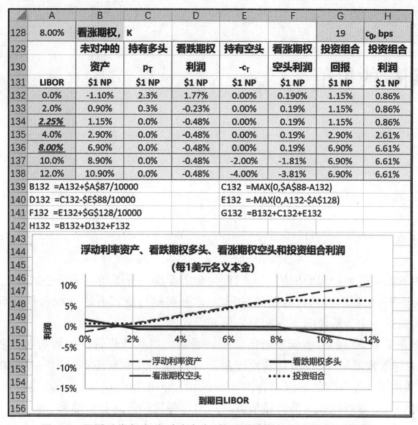

	A	B	C	D	E	F	G	H
128	8.00%	看涨期权，K					19	c₀, bps
129		未对冲的	持有多头	看跌期权	持有空头	看涨期权	投资组合	投资组合
130		资产	p_T	利润	-c_T	空头利润	回报	利润
131	LIBOR	$1 NP	$1 NP	$1 NP	$1 NP	$1 NP	$1 NP	$1 NP
132	0.0%	-1.10%	2.3%	1.77%	0.00%	0.190%	1.15%	0.86%
133	2.0%	0.90%	0.3%	-0.23%	0.00%	0.19%	1.15%	0.86%
134	*2.25%*	1.15%	0.0%	-0.48%	0.00%	0.19%	1.15%	0.86%
135	4.0%	2.90%	0.0%	-0.48%	0.00%	0.19%	2.90%	2.61%
136	*8.00%*	6.90%	0.0%	-0.48%	0.00%	0.19%	6.90%	6.61%
137	10.0%	8.90%	0.0%	-0.48%	-2.00%	-1.81%	6.90%	6.61%
138	12.0%	10.90%	0.0%	-0.48%	-4.00%	-3.81%	6.90%	6.61%

139	B132 =A132+$A$87/10000	C132 =MAX(0,$A$88-A132)
140	D132 =C132-$E$88/10000	E132 =-MAX(0,A132-$A$128)
141	F132 =E132+$G$128/10000	G132 =B132+C132+E132
142	H132 =B132+D132+F132	

图 4.5 用看跌期权多头对冲资产，并用看涨期权空头提供部分资金

仔细观察该投资组合的回报，不难发现，其与领子期权多头十分相似。该投资组合的回报被限定在一个给定的范围内：永远不会低于多头看跌期权的行权价，也永远不会高于空头看涨期权的行权价。公司可能会选择构建一种所谓的零成本领子期权，即看涨期权与看跌期权的期权费相等。此时，看涨期权空头可用于为提供保险的看跌期权多头提供全部资金。

4.5 利率上限与利率下限

我们已经看到，看涨期权可用于对冲可变利率负债，它可以为需要偿还的利率设置一个上界。[①]通常情况下，一系列这种利率看涨期权会被打包在一起，用以对冲一系列负债现金流。这样的一篮子利率看涨期权叫作利率上限（cap），其中每个单独的看涨期权叫作单一利率上限（caplet）。

类似地，利率看跌期权通常被打包到一起，叫作利率下限（floor），其中每个单独的看跌期权叫作单一利率下限（floorlet）。这种期权可用于为一笔资产未来将获得的可变利率现金流大小设置一个下限。

---

① 也就是说，看涨期权为负债现金流的负数值设定了一个下界。

第 5 章

欧式期权的价值

本章讲解如何确定期权的价值。我们首先介绍看跌—看涨期权平价公式,该公式给出了具有相同标的资产、到期日和行权价格的欧式看涨期权与欧式看跌期权价格之间的重要关系。这一关系式由十分重要的无套利原则推导得到。

本章将介绍 BSM 模型,该模型给出了欧式看涨与看跌期权价格的解析解。我们将给出 BSM 模型的详细数值示例,并探究其比较静态分析结果。本章还将给出一些简单的函数程序,这些函数由 Excel 自带的编程语言 VBA(visual basic for applications)编写得到。此外,我们还将讲解从业者可以如何使用数值方法得出这些比较静态分析结果。

5.1 看跌—看涨期权平价公式

本节推导资产定价领域的一个重要关系式:看跌—看涨期权平价公式。我们的推导过程将用到此前关于领子期权的一些结论。我们还将使用无套利原则,这一原则至关重要,是一切良好运转的资本市场都应当具备的特征。

回顾第 3.3.5 节的内容,领子期权的回报为 $co_T = S_T + \min(0, K_c - S_T) + \max(0, K_p - S_T)$。现在我们考虑 $K_p = K_c$ 的特殊情形,并将二者均记作 K。于是,因为 $\min(a, b) + \max(a, b) = a + b$,所以 $co_T | (K_p = K_c) = S_T + \min(0, K - S_T) + \max(0, K - S_T) = K$。这是个有趣的结论。将价格均为到期日股价 S_T 的函数的三种风险资产(股票多头、看跌期权多头、看涨期权空头)按这种方式组合到一起,得到的是常数回报 K。因此,将这三种资产按该特定方式进行组合,即可得到无风险投资组合,该投资组合的回报并非 S_T 的函数。于是,$co_T | (K_p = K_c) = S_T + p_T - c_T = K$。简而言之,如果某投资者买入一股股票和一份看跌期权,并卖出一份看涨期权,便可得到确定的(无风险的)回报 K。[①]

所谓的套利(arbitrage),就是以零成本、无风险的方式获取利润。在运转良好的资本市

[①] 当然,这里的看涨期权与看跌期权必须有相同的到期日,且均以该股票为标的资产。

场中,这种机会不应当存在。如果投资者发现市场上暂时存在这种机会,那么最先发现这种机会的市场参与者就会从中获利,从而使这种机会消失。倘若资产的定价过低(过高),其就会被不断买入(卖出),直到套利机会消失。

根据无套利原则,由于领子期权的回报一定为 K(即 $S_T+p_T-c_T=K$),因此今天配置一份领子期权应当花费的成本必须等于 K 的现值(present value, PV)。所以,我们将 K 按照无风险利率贴现,即得 $co_0=PV(S_T+p_T-c_T)=\dfrac{K}{(1+r^{f,d})^T}$。而又由于 $PV(S_T+p_T-c_T)=S_0\mathrm{e}^{-\delta T}+p_0-c_0$,于是我们得到看跌—看涨期权平价公式(put-call parity),即:

$$S_0\mathrm{e}^{-\delta T}+p_0=c_0+\frac{K}{(1+r^{f,d})^T}=c_0+K\mathrm{e}^{-r^{f,cc}T} \tag{5.1}$$

这里 $r^{f,d}$ 与 $r^{f,cc}$ 分别表示离散和连续复利无风险利率。[1]参数 δ 表示标的资产价值的流失速率。如果标的资产是股票指数基金,则 δ 等于我们假定的该基金的股息派发率,也就是支付的现金占基金总价值的比率。如果标的资产是外汇,则 δ 等于外币的无风险利率。

聪明的读者可能会发现,式(5.1)左端即为保护性看跌期权,其回报如前所述即为 $\max(S_T,K)$。等式右端在到期日的回报是 $c_T+K=\max(S_T-K,0)+K=\max(S_T,K)$,两端回报相等。不论到期日股价如何,两端的回报始终相等,说明两端在今天的现值也相等。

看跌—看涨期权平价公式是这三种资产之间的重要定价关系。倘若我们暂时假定看跌—看涨期权平价公式不成立,认为 $S_0\mathrm{e}^{-\delta T}+p_0>c_0+\dfrac{K}{(1+r^{f,d})^T}$。那么,考虑一个投资者构建这样一个投资组合:买入一份看涨期权,买入一个在 T 时刻到期时支付 K(即面值为 K)的无风险零息债券,卖出 $\mathrm{e}^{-\delta T}$ 股股票,卖出一份看跌期权。[2]该投资组合的初始成本为 $c_0+\dfrac{K}{(1+r^{f,d})^T}-S_0\mathrm{e}^{-\delta T}-p_0<0$,也就是说,该投资者今天($t=0$ 时刻)可以获得正的现金流 $S_0\mathrm{e}^{-\delta T}+p_0-c_0-\dfrac{K}{(1+r^{f,d})^T}>0$。[3]到期时,根据看跌—看涨期权平价公式,她的回报将为 $c_T+K-S_T-p_T=0$。

总结一下这个例子。投资者在 $t=0$ 时刻收获正现金流,在 $t=T$ 时刻净现金流为零,且二者均无风险。若资本市场运转良好,这种情形不应当永久存续。只要这种套利机会仍然存在,投资者便会继续构造这种策略,按对应比例买入看涨期权和无风险债券,卖出看跌期权和股票。这样下来,无休止的买入会迫使看涨期权和无风险债券的价格 $c_0+\dfrac{K}{(1+r^{f,d})^T}$ 上升,而无休止的卖出会迫使看跌期权和股票的价格 $p_0+S_0\mathrm{e}^{-\delta T}$ 下降。投资者会不断继续这种买

---

① 当然,我们有 $\mathrm{e}^{r^{f,cc}}-1=r^{f,d}$,也就是 $r^{f,cc}=\ln(1+r^{f,d})$。

② 实际操作时,该投资者可以买入多个在 T 时刻到期的美国短期国库券(US T-Bills),买入多份看涨期权,卖空多股股票,卖空多份看跌期权,并使四者的支出与收入的比例为:买入看涨期权花费 c_0,买入美国短期国库券花费 $\dfrac{K}{(1+r^{f,d})^T}$,卖空股票收获 $S_0\mathrm{e}^{-\delta T}$,卖空看跌期权收获 p_0。

③ 本书中,我们忽略交易成本。如果考虑交易成本,看跌—看涨期权平价公式将无法得出资产价格具体数值之间的等式关系,而是会给出这些价格应当满足的取值范围。但基本思想仍然成立。

卖操作,直到看跌—看涨期权平价公式得以重新成立为止。[1]

5.2 看涨期权与看跌期权的内在价值

看涨期权与看跌期权的内在价值(intrinsic value)分别为:

$$IV^c = \max(0, S_0 - K) \text{ 和 } IV^p = \max(0, K - S_0)$$

显然,内在价值是指,如果这是一份美式期权(即可以在到期日 T 时刻之前执行的期权),那么投资者立刻行权便可获得的价值。期权的时间价值(time value)是指期权费(即当前价值)与内在价值之差,不过这里我们并不强调这一概念。显然,到期时间更长的期权通常具有更高的时间价值。[2]

5.3 布莱克—斯科尔斯—默顿模型

布莱克—斯科尔斯—默顿(BSM)模型可用于为欧式看涨期权与欧式看跌期权定价。回顾一下,欧式期权只能在到期日 $T > 0$ 时执行。(相反,美式期权既可以在到期日执行,也可以在到期日前任意时刻执行。)

一般形式的 BSM 模型将标的资产价值的流失速率 δ 也考虑在内。在不同情形下应用 BSM 模型时,δ 会有不同的解释,参见表 5.1。我们将在后文中回顾含有 δ 的 BSM 模型,这些公式中参数 δ 的含义都可见表 5.1。

表 5.1　到期日 T 之前标的资产价值的流失速率

标的资产	连续复利率 δ
无股息派发的股票	零
有股息派发的股票基金	股息派发率
外汇	外币无风险利率

5.3.1 BSM 模型下看涨期权的期权费

欧式看涨期权的期权费等于:

---

[1]　当然,倘若 $S_0 e^{-\delta T} + p_0 < c_0 + \dfrac{K}{(1 + r^{f \cdot d})^T}$,也存在套利机会。投资者可以买入看跌期权和股票,同时卖空看涨期权和无风险债券。投资者将会扩大该投资组合的规模,迫使 p_0 与 $S_0(c_0$ 和无风险债券)价格上涨(下跌),直到看跌—看涨期权平价公式重新成立为止。投资者会在初始时刻收获正的现金流,到期时净现金流为零,且二者均无风险。

[2]　也有例外:剩余到期时间较长的深度实值看跌期权未必满足这一点。

$$c_0 = S_0 \mathrm{e}^{-\delta T} SN(d_1) - K \mathrm{e}^{-r^f T} SN(d_2) \tag{5.2}$$

其中，S_0 是当前的股价；K 是看涨期权的行权价；r^f 是年化连续复利无风险利率；T 是看涨期权距离到期日的剩余年数；δ 以年化连续复利形式表示，参见表 5.1；并且：

$$d_1 = \frac{\ln\left(\dfrac{S_0}{K}\right) + T\left(r^f + \dfrac{\sigma^2}{2} - \delta\right)}{\sigma\sqrt{T}} = \frac{\ln\left(\dfrac{S_0 \mathrm{e}^{-\delta T}}{K \mathrm{e}^{-r^f T}}\right) + T\left(\dfrac{\sigma^2}{2}\right)}{\sigma\sqrt{T}}$$

$$= \frac{\ln\left(\dfrac{S_0 \mathrm{e}^{-\delta T}}{K \mathrm{e}^{-r^f T}}\right)}{\sigma\sqrt{T}} + \frac{\sigma\sqrt{T}}{2}$$

$$d_2 = d_1 - \sigma\sqrt{T} = \frac{\ln\left(\dfrac{S_0 \mathrm{e}^{-\delta T}}{K \mathrm{e}^{-r^f T}}\right)}{\sigma\sqrt{T}} - \frac{\sigma\sqrt{T}}{2} \tag{5.3}$$

$SN(\cdot)$ 是均值为 0、方差为 1 的标准正态分布随机变量的（累积）分布函数；σ 是收益率的波动率（即股票指数基金或其他标的资产的年化连续复利收益率的标准差）。

图 5.1 中的虚线展示了 BSM 模型给出的欧式看涨期权价值随股价变化的函数图像，点线展示了内在价值 $\max(0, S_0 - K)$ 的函数图像，实线展示了欧式看涨期权价格的下界 $\max(0, S_0 \mathrm{e}^{-\delta T} - K \mathrm{e}^{-r^f T})$。[1] 由于当 $\delta = 0$ 时，价格下界总是大于等于内在价值，因此只要还有 $S_0 > 0$，看涨期权的价值就始终会大于内在价值。所以，如果标的资产在到期之前永不派发股息，那么提前执行美式看涨期权一定不是最优选择。[2]

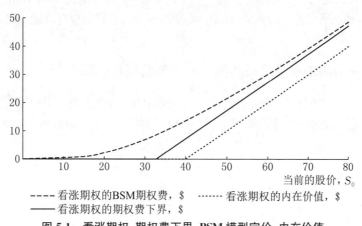

图 5.1 看涨期权：期权费下界、BSM 模型定价、内在价值

5.3.2 BSM 模型下看跌期权的期权费

欧式看跌期权的期权费为：

---

① 这里给出的价格下界的理论推导超出了本书范围。

② 注意，BSM 模型只适用于欧式期权，不适用于美式期权。虽然如此，上述逻辑仍然成立。如果标的资产是一只在到期日之前不会派发股息的股票，那么提前执行美式看涨期权一定不是最优选择。

$$p_0 = K e^{-r^f T} SN(-d_2) - S_0 e^{-\delta T} SN(-d_1) \tag{5.4}$$

其中 d_1 与 d_2 的定义见式(5.3)。

图 5.2 中的虚线展示了 BSM 模型给出的欧式看跌期权价值随股价变化的函数图像。实线展示了内在价值 $\max(0, K - S_0)$ 的函数图像,点线展示了欧式看跌期权价格的下界 $\max(0, K e^{-r^f T} - S_0 e^{-\delta T})$。[1]

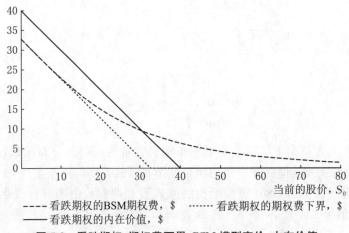

当前的股价, S_0

- - - - 看跌期权的BSM期权费, \$ .... 看跌期权的期权费下界, \$
—— 看跌期权的内在价值, \$

图 5.2　看跌期权:期权费下界、BSM 模型定价、内在价值

与看涨期权不同,即使标的资产在到期前不派发股息,看跌期权的价值也可能会低于其内在价值。图 5.2 中,这种情况大致在股价低于 $S_0 = 30.50$ 美元时出现。因此,如果标的资产是到期前不派发股息的股票,那么当股价下跌至足够低时,提前执行美式看跌期权有可能是最优选择。[2]

5.3.3　用看跌—看涨期权平价公式推导欧式看跌期权的期权费

只要我们得出看涨期权价值的表达式(5.2)和式(5.3),我们便可用看跌—看涨期权平价公式推导出"对应"(有相同的标的资产、行权价和到期日)的看跌期权价值。看跌—看涨期权平价公式为:

$$c_0 + K e^{-r^f T} = p_0 + S_0 e^{-\delta T}$$

通过移项,将 p_0 整理到一侧,便有:

$$p_0 = c_0 + K e^{-r^f T} - S_0 e^{-\delta T}$$

将式(5.2)给出的 c_0 表达式代入看跌—看涨期权平价公式,即得:

$$
\begin{aligned}
p_0 &= \{S_0 e^{-\delta T} SN(d_1) - K e^{-r^f T} SN(d_2)\} + K e^{-r^f T} - S_0 e^{-\delta T} \\
&= K e^{-r^f T}[1 - SN(d_2)] - S_0 e^{-\delta T}[1 - SN(d_1)]
\end{aligned}
$$

---

① 这里给出的价格下界的理论推导超出了本书范围。

② 如果提前行权,投资者可以收获内在价值。注意,BSM 模型只适用于欧式期权,不适用于美式期权。然而,上述逻辑仍适用于美式看跌期权。

由于 $1-SN(x)=SN(-x)$，因此上式可改写为：

$$p_0 = Ke^{-r^f T}SN(-d_2) - S_0 e^{-\delta T}SN(-d_1)$$

这与式(5.4)一致。

5.3.4　案例：BSM 模型

图 5.3 展示了欧式期权的 BSM 模型定价结果。模型的 6 个输入参数如 B1:B6 单元格所

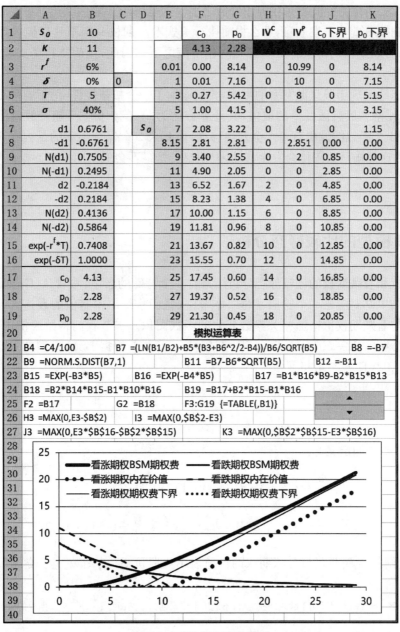

图 5.3　BSM 期权定价模型

示。B7:B16 单元格给出了计算看涨期权与看跌期权的期权费的一些中间结果:d_1、$N(d_1)$、d_2、$N(d_2)$、$e^{-r^f T}$ 和 $e^{-\delta T}$。B17 与 B18 单元格分别用 BSM 模型计算期权费 c_0 和 p_0;B19 单元格用看跌—看涨期权平价公式 $p_0 = c_0 + Ke^{-r^f T} - S_0 e^{-\delta T}$ 验证了 p_0 的计算结果。

F3:G19 单元格利用模拟运算表对 $c_0(S_0)$ 和 $p_0(S_0)$ 进行了敏感性分析。H3 与 I3 单元格分别计算了看涨期权与看跌期权的内在价值,J3 与 K3 单元格分别计算了看涨期权与看跌期权的期权费下界。H3:K19 单元格并未使用模拟运算表,而是直接将这四者表示成了初始股价 S_0 的函数。

图 5.3 中还绘制了 6 个函数的函数图像。注意,当年化连续复利股息派发率为零时,不论 S_0 是多少,看涨期权的价值始终在内在价值之上。这是一个一般性结论。该结论说明,如果标的资产在到期日前不派发股息,那么提前执行美式看涨期权一定不是最优选择。[1]相反,当股价较低时,看跌期权的价值有可能穿到内在价值之下。因此,提前执行美式看跌期权有可能是最优选择。

为了动态地呈现出股息派发率的影响,我们添加了一个按钮控件,用于调整 C4 单元格的取值。B4 单元格为股息派发率的取值,其计算方法为"=C4/100"。[2]随着股息派发率(δ)增加,图 5.3 的 6 个函数图像中有 4 个会发生移动,而其余 2 个保持不动的是内在价值函数,与 δ 无关。虽然这几幅函数图像会发生移动,但期权费始终不会低于期权费下界。

5.4 BSM 模型的比较静态分析

看涨期权和看跌期权的比较静态分析结果有一个特殊的名字:希腊值(Greeks)。每种比较静态分析结果都对应于一个希腊字母。本节中,我们将给出希腊值的表达式,还将给出欧式看涨期权与看跌期权价格随相关参数变化的函数图像。本节我们将始终使用如下基本参数:$S_0 = 50$,$\delta = 0$,$K = 50$,$r^f = 5\%$,$T = 3$ 年,$\sigma = 25\%$。根据 BSM 模型,在这些参数假定下,有 $c_0 = 11.92$,且 $p_0 = 4.96$。

5.4.1 Delta

希腊值 Delta 的定义为:

$$\Delta^c \equiv \frac{\partial c}{\partial S} = e^{-\delta T} SN(d_1) \in (0, 1) > 0, \text{且}$$

$$\Delta^p \equiv \frac{\partial p}{\partial S} = -e^{-\delta T} SN(-d_1) = \Delta^c - e^{-\delta T} \in (-1, 0) < 0 \tag{5.5}$$

图 5.4 中,我们将看跌期权与看涨期权的价值表示为股价 S_0 的函数。与式(5.5)一致,看涨

---

① 再次提醒,BSM 模型只适用于欧式期权定价,不适用于美式期权。然而我们知道,美式期权的价值一定不低于欧式期权的价值。

② 注意,我们无法直接用按钮控制 B4 单元格,因为按钮控件允许操控的最小增量为 1 单位。

（看跌）期权的价值随股价的上升而上升（下降）。

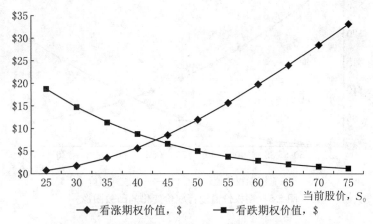

图 5.4　期权价值随标的资产价值变化的函数图像

5.4.2　Gamma

接下来，期权价格关于股价的二阶偏导数叫作 Gamma，即：

$$\Gamma^c \equiv \frac{\partial^2 c}{\partial S^2} = \Gamma^p \equiv \frac{\partial^2 p}{\partial S^2} = \frac{\mathrm{e}^{-\delta T} S n(d_1)}{S_0 \sigma \sqrt{T}} > 0$$

其中，$Sn(x) = \dfrac{\mathrm{d} SN(x)}{\mathrm{d} x}$ 是标准正态分布的密度函数，也就是 $Sn(d_1) = \dfrac{1}{\sqrt{2\pi}} \mathrm{e}^{-\frac{(d_1)^2}{2}} > 0$。注意，$\Gamma^c = \Gamma^p > 0$。通常而言，二阶导数描述的是函数的弯曲程度。由于看涨期权和看跌期权的二阶偏导数均为正数（且相等），因此这两种期权的价值关于股价均为凸函数。这与图 5.4 中的曲线形态一致。[1]

5.4.3　Kappa

关于行权价，有：

$$\frac{\partial c}{\partial K} = -\mathrm{e}^{-r f T} SN(d_2) < 0; \ \frac{\partial p}{\partial K} = \mathrm{e}^{-r f T} SN(-d_2) > 0 \tag{5.6}$$

图 5.5 展示了看跌期权与看涨期权价值随行权价变化的函数图像。与式（5.6）一致，看涨（看跌）期权的价值随行权价的上升而下降（上升）。直观而言，在行权的条件下，行权价就相当于看涨（看跌）期权持有者的一笔负债（资产）。因此，在其他条件不变时，看涨（看跌）期权的价值随行权价的上升而下降（上升）。

---

① 虽然我们没有明确证明，但两个期权价值函数的图像均在平值状态时最弯曲。因此，期权处于平值状态时，Gamma 最大；股价离行权价越远，Gamma 越小。

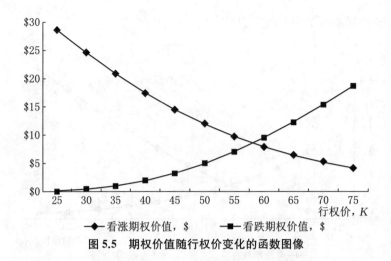

图 5.5 期权价值随行权价变化的函数图像

5.4.4 Rho

期权价值关于无风险利率的偏导数叫作 Rho,即:

$$\rho^c \equiv \frac{\partial c}{\partial r^f} = KTe^{-r^fT}SN(d_2) > 0, \text{以及}$$

$$\rho^p \equiv \frac{\partial p}{\partial r^f} = -KTe^{-r^fT}SN(-d_2) < 0 \tag{5.7}$$

图 5.6 给出了看跌期权与看涨期权价值随无风险利率 r^f 变化的函数图像。与式(5.7)一致,看涨(看跌)期权的价值随无风险利率 r^f 的上升而上升(下降)。直观而言,随着 r^f 上升,在风险中性定价模型下,未来任意给定时刻的预期股价均会上升。在行权的条件下,对于看涨(看跌)期权持有者而言,标的股票就相当于一份资产(负债)。因此在其他条件不变的情况下,看涨(看跌)期权的价值随无风险利率的上升而上升(下降)。

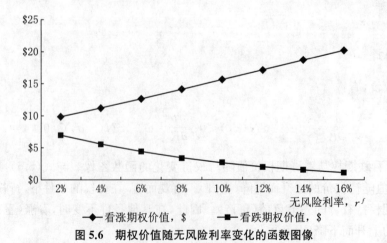

图 5.6 期权价值随无风险利率变化的函数图像

5.4.5　Vega

接下来,期权价值关于波动率(即标的资产收益率的标准差)的偏导数叫作 Vega,即:[1]

$$\nu^c \equiv \frac{\partial c}{\partial \sigma} = \nu^p \equiv \frac{\partial p}{\partial \sigma} = e^{-\delta T} S_0 \sqrt{T} Sn(d_1) > 0 \tag{5.8}$$

图 5.7 中,我们展示了看跌期权与看涨期权价值随波动率 σ 变化的函数图像。与式(5.8)一致,看涨期权与看跌期权的价值均随波动率 σ 的上升而上升。

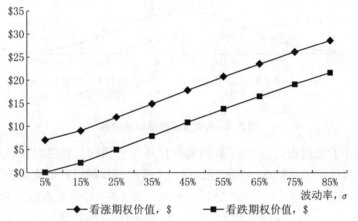

图 5.7　期权价值随标的资产波动率变化的函数图像

图 5.8 绘制了两个累积分布函数,其中实线绘制的累积分布函数(对应股票 A)是虚线绘制的函数(对应股票 B)的均值保留展型(mean-preserving spread)。也就是说,股票 A 与股票 B 的均值均为 10%,但股票 A 与股票 B 的收益率波动率分别是 30%和 10%。

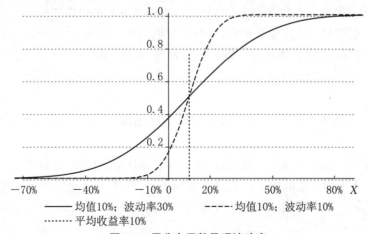

图 5.8　用分布函数呈现波动率

---

[1]　Vega(ν)本身并非希腊字母表中的字母。虽然如此,Vega$\left(即\frac{\partial c}{\partial \sigma}和\frac{\partial p}{\partial \sigma}\right)$仍被认为是期权世界中"希腊值"的一员。

图 5.9 绘制的等价的密度函数或许可以更好地帮助我们阐述我们希望说明的观点。这幅图中,股票 A 与股票 B 的密度函数分别与图 5.8 中的两个分布函数严格对应。

正态分布的密度函数 $n(x)$:高波动率($\delta=30\%$)与低波动率($\delta=10\%$)资产

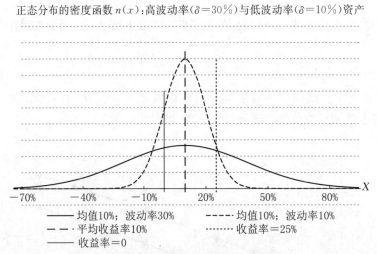

图 5.9　用密度函数呈现波动率

我们考虑两个看涨期权,二者除了标的资产以外完全相同。看涨期权 $A(B)$ 的标的资产是股票 $A(B)$。假设 $T=1$ 年,$S_0=50$,且假设两个看涨期权的行权价均由连续复利年化收益率 $r^K=25\%$ 决定:$K=S_0e^{-r^KT}=50e^{25\%\times1}=64.20$。图 5.9 中,垂直点线表示 $r^K=25\%$。因此,如果标的资产 A 与 B 的收益率均大于 $r^K=25\%$,到期日股价便均会高于 $K=64.20$,看涨期权 A 和 B 最终将会处于实值状态。

图 5.9 中,如果收益率高于 25%,也就是在 $r^K=25\%$ 的右侧,实线(对应于波动率更高的资产 A)下方的面积大于虚线(对应于波动率更低的资产 B)下方的面积。这两个区域分别表示相应的看涨期权最终处于实值状态的概率,二者满足 $30.9\%=prob(r^A>25\%)>prob(r^B>25\%)=6.7\%$。[①]

在收益率高于 $r^K=25\%$ 的条件下,两个看涨期权回报的条件期望分别与股票 A 和 B 的价值的条件期望正相关。从图像上来看,这些条件期望值均对应于 $r^K=25\%$ 右侧、密度函数下方区域的"重心"在 x 轴上的对应位置。计算发现,$44\%=E[r^A|r^A>25\%]>E[r^B|r^B>25\%]=29\%$。这里的计算方法是,对于 $i\in\{A,B\}$,有 $E[r^i|r^i>25\%]=\dfrac{\int_{x=25\%}^{\infty}xf^i(x)\mathrm{d}x}{\int_{x=25\%}^{\infty}f^i(x)\mathrm{d}x}$,其中 f^i 表示对应的正态分布密度函数。简言之,在两个看涨期权均处于实值状态的条件下,波动率更高(更低)的看涨期权的条件期望回报更高(更低)。

我们总结一下上面几段的内容。假设看涨期权 A 与 B 的标的资产分别为股票 A 与 B,除此之外全部相同。两只股票的当前股价和预期收益均相同,但股票 A 的波动率高于股票 B

---

① 这是由于 $prob(r^A>25\%)=1-prob(r^A\leqslant25\%)=1-SN\left(\dfrac{25\%-\mu^A}{\sigma^A}\right)=1-SN\left(\dfrac{25\%-10\%}{30\%}\right)=1-69.1\%=$ 30.9%。类似地,$prob(r^B>25\%)$ 由 $1-SN\left(\dfrac{25\%-10\%}{10\%}\right)=1-93.3\%=6.7\%$ 计算得出。

的波动率。于是,看涨期权 A 最终处于实值状态的概率高于看涨期权 B,并且在 A 与 B 最终均处于实值状态的条件下,A 的条件期望回报也高于 B。简言之,对于 $i \in \{A, B\}$,$prob(r^i > r^K)$ 和 $E[r^i | r^i > r^K]$ 是两个可以正向影响看涨期权价值的指标;而标的资产波动率更高(更低)的资产 $A(B)$ 对应的看涨期权的这两个指标取值更高(更低)。

最后,我们考虑两个看跌期权 A 和 B,二者的标的资产同样分别为 A 和 B。假设两个看跌期权平价发行,从而对应的行权价为 $K = 50$,即 $r^K = 0$,如图 5.9 中的竖直细实线所示。因此,如果两个标的资产最终收益率为负值,即对于 $i \in \{A, B\}$,均有 $r^i < r^K = 0$,那么到期日股价将满足 $S_T^i < K = 50$,看跌期权最终处于实值状态。

与先前有关看涨期权的讨论类似,如果两个看跌期权最终均处于实值状态,那么波动率更高的标的资产 A(实线)在 $r^K = 0$ 左侧、密度函数下方区域的面积比波动率更低的资产 B(虚线)对应的区域面积更大。因此,看跌期权 A 最终处于实值状态的概率高于看跌期权 B。换言之,对于 $i \in \{A, B\}$,$prob(r^i < r^K)$ 这一指标随波动率的增加而增加,且这一指标可以正向影响看跌期权价值。此外,在两个看跌期权最终均处于实值状态的条件下,股票 A 的到期日期望股价低于股票 B,因此看跌期权 A 的条件期望回报高于看跌期权 B。(由于 $E[r^i | r^i < r^K]$ 随波动率的上升而下降,且看跌期权的价值随 $E[r^i | r^i < r^K]$ 的上升而下降,因此在这种传导机制下,看跌期权的价值会随波动率的上升而上升。)综上所述,在其他条件不变时,标的资产波动率更高的看跌期权价值比标的资产波动率更低的看跌期权价值更大。

5.4.6　Theta

接下来要考虑的希腊值是期权价值关于到期时间的偏导数,叫作 Theta。本书中,Θ 表示期权价值关于到期时间长度增加的敏感程度。[①]因此,由于 $\Theta^c \equiv \dfrac{\partial c}{\partial T}$、$\Theta^p \equiv \dfrac{\partial p}{\partial T}$,于是有:

$$\Theta^c = \frac{e^{-\delta T} S_0 Sn(d_1)\sigma}{2\sqrt{T}} + r^f K e^{-r^f T} SN(d_2) - \delta S_0 SN(d_1) e^{-\delta T} > 0 \tag{5.9}$$

$$\Theta^p = \frac{e^{-\delta T} S_0 Sn(d_1)\sigma}{2\sqrt{T}} - r^f K e^{-r^f T} SN(-d_2) + \delta S_0 SN(-d_1) e^{-\delta T} \tag{5.10}$$

图 5.10 中,我们展示了两个不同的看跌期权价值以及一个看涨期权价值随到期时间 T 变化(保持当前股价不变)的函数图像。与式(5.9)一致,图 5.10 中的看涨期权价值随到期时间长度 T 增加而增加。换言之,如果其他条件保持不变,随着时间流逝,看涨期权价值会降低。

根据式(5.10),到期时间对看跌期权价值的影响是不确定的。在图 5.10 中,两个看跌期权和一个看涨期权的参数均为 $K = 50$、$r^f = 5\%$、$\sigma = 25\%$。但不同的是,看涨期权和其中一个看跌期权满足 $S_0 = 50 = K$(即平值状态),而另一个看跌期权处于深度实值状态,满足 $10 = S_0 \ll K = 50$。平值看跌期权的价值随 T 的增加而增加,与看涨期权一致。然而,深度实值看跌期权的价值随到期时间长度的增加而减少。直觉上,对于这份深度实值看跌期权而言,股价很可能随着时间的流逝而上涨,因此该期权的内在价值很可能会下降。

---

① 一些教材中 Theta 的定义与此相反,即用于表示期权价值随到期时间减少而变化的情况。

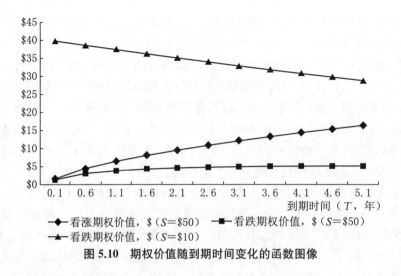

图 5.10　期权价值随到期时间变化的函数图像

5.4.7　Epsilon

期权价值关于股息派发率的敏感程度叫作 Epsilon,即:

$$\epsilon^c = \frac{\partial c_0}{\partial \delta} = -T e^{-\delta T} S_0 S N(d_1) < 0$$

$$\epsilon^p = \frac{\partial p_0}{\partial \delta} = T e^{-\delta T} S_0 S N(-d_1) > 0$$

由于 δ 表示价值流失的速率,因此看涨与看跌期权的 Epsilon(ϵ)正负号均与相应的 Delta(Δ)的正负号相反。

5.4.8　Lambda

最后一个希腊值并非期权价值对参数的敏感性。希腊值 Lambda 度量的是期权价值关于标的资产价格的弹性(elasticity)。因此:

$$\lambda^c = \frac{\partial \ln c_0}{\partial \ln S_0} = \frac{\left(\dfrac{\partial c_0}{c_0}\right)}{\left(\dfrac{\partial S_0}{S_0}\right)} = \frac{S_0}{c_0} \frac{\partial c_0}{\partial S_0} = \frac{S_0}{c_0} \Delta^c > 0$$

$$\lambda^p = -\frac{\partial \ln p_0}{\partial \ln S_0} = -\frac{\left(\dfrac{\partial p_0}{p_0}\right)}{\left(\dfrac{\partial S_0}{S_0}\right)} = -\frac{S_0}{p_0} \frac{\partial p_0}{\partial S_0} = -\frac{S_0}{p_0} \Delta^p > 0$$

由于 $\Delta^p < 0$,因此在计算 λ^p 的过程中,我们在度量弹性大小的同时也将负号考虑在内。

弹性值 Lambda 是金融从业者常用的一种价值度量标准。弹性越大,其价值就越高。因此,该指标有时也被称作"划算"指标(bang for the buck)。通常而言,期权虚值程度越深,Lambda 就会越大。换言之,在其他条件保持不变的情况下,行权价较高(低)的看涨(看跌)期权更为"划算"。

5.4.9　案例：BSM 模型希腊值的解析解与数值解

本小节我们研究各个参数对希腊值本身的影响。我们将用先前各小节给出的公式计算希腊值的解析解，同时还将向读者展示如何计算数值解。对于复杂函数而言，使用这种数值解法将更为简便。事实上，对于一些特别复杂的函数，有时我们必须使用这种数值解法。

图 5.11 给出了一些初始计算过程。B 列给出了初始情形下用 BSM 模型计算看涨期权与看跌期权价值的过程，初始参数见 B2：B7 单元格。B18 与 B19 单元格分别给出了看涨期权与看跌期权的价值，B20 单元格用看跌—看涨期权平价公式验证了看跌期权的价值。

	A	B	C	D	E	F	G	H	I	J	K	L	M	N
1			0.001	-0.001	0.001	-0.001	0.001	-0.001	0.001	-0.001	0.001	-0.001	0.001	-0.001
2	S_0	11	11.01	10.99	11	11	11	11	11	11	11	11	11	11
3	K	12	12	12	12.01	11.99	12	12	12	12	12	12	12	12
4	r^f	6%	6%	6%	6%	6%	6.01%	5.99%	6%	6%	6%	6%	6%	6%
5	δ	2%	2%	2%	2%	2%	2%	2%	2%	2%	2%	2%	2.002%	1.998%
6	T	1	1	1	1	1	1	1	1.001	0.999	1	1	1	1
7	σ	40%	40%	40%	40%	40%	40%	40%	40%	40%	40.04%	39.96%	40%	40%
8	d1	0.08	0.08	0.08	0.08	0.08	0.08	0.08	0.08	0.08	0.08	0.08	0.08	0.08
9	-d1	-0.08	-0.08	-0.08	-0.08	-0.08	-0.08	-0.08	-0.08	-0.08	-0.08	-0.08	-0.08	-0.08
10	SN(d1)	0.53	0.53	0.53	0.53	0.53	0.53	0.53	0.53	0.53	0.53	0.53	0.53	0.53
11	SN(-d1)	0.47	0.47	0.47	0.47	0.47	0.47	0.47	0.47	0.47	0.47	0.47	0.47	0.47
12	d2	-0.32	-0.32	-0.32	-0.32	-0.32	-0.32	-0.32	-0.32	-0.32	-0.32	-0.32	-0.32	-0.32
13	-d2	0.32	0.32	0.32	0.32	0.32	0.32	0.32	0.32	0.32	0.32	0.32	0.32	0.32
14	SN(d2)	0.38	0.38	0.37	0.37	0.38	0.38	0.38	0.38	0.38	0.38	0.38	0.38	0.38
15	SN(-d2)	0.62	0.62	0.63	0.63	0.62	0.62	0.62	0.62	0.62	0.62	0.62	0.62	0.62
16	e(-r^f*T)	0.94	0.94	0.94	0.94	0.94	0.94	0.94	0.94	0.94	0.94	0.94	0.94	0.94
17	e(-δT)	0.98	0.98	0.98	0.98	0.98	0.98	0.98	0.98	0.98	0.98	0.98	0.98	0.98
18	c_0	1.503	1.508	1.497	1.499	1.507	1.503	1.502	1.504	1.502	1.504	1.501	1.503	1.503
19	p_0	2.022	2.017	2.027	2.029	2.015	2.021	2.022	2.022	2.021	2.023	2.020	2.022	2.022
20	p_0	2.022	2.017	2.027	2.029	2.015	2.021	2.022	2.022	2.021	2.023	2.020	2.022	2.022
21	C2 =$B2*(1+C1)			D2 =$B2*(1+D1)		E3 =$B3*(1+E1)		F3 =$B3*(1+F1)				G4 =$B4*(1+G1)		
22	H4 =$B4*(1+H1)			I6 =$B6*(1+I1)		J6 =$B6*(1+J1)		K7 =$B7*(1+K1)				L7 =$B7*(1+L1)		

图 5.11　用 BSM 模型计算希腊值的数值解

C 列至 N 列展示了希腊值的数值计算过程。第 1 行中，共有 6 组 0.001 和 -0.001。我们首先考虑 C 列，这一列是为了计算：[①]

$$\Delta^c = \frac{\partial c_0}{\partial S_0} \sim \frac{c_+ - c_0}{S_+ - S_0} = \frac{c_+(S_+) - c_0(S_0)}{S_+ - S_0}$$

$$\Delta^p \sim \frac{p_+ - p_0}{S_+ - S_0}，其中 \ S_+ - S_0 = S_0(1.001 - 1) = 0.001 S_0$$

---

① 我们还可以用如下方式来数值近似计算 Delta：

$$\Delta^c = \frac{\partial c_0}{\partial S_0} \sim \frac{c_+ - c_-}{S_+ - S_-} = \frac{c_+(S_+) - c_-(S_-)}{S_+ - S_-}$$

$$\Delta^p \sim \frac{p_+ - p_-}{S_+ - S_-}$$

其中 $S_+ - S_- = S_0(1.001 - 0.999) = 0.002 S_0$。

由于 B2 单元格给定 $S_0 = 11$，因此 C2 单元格得出 $S_+ = 11 \times 1.001 = 11.011$。随后，B18 单元格得出 $c_0 = 1.503$，C18 单元格得出 $c_+ = 1.508$。D2 单元格计算得出 $S_- = 10.999$，于是 D18 单元格得出 $c_- = 1.497$。

接下来在近似计算希腊值的过程中，我们必须注意每次只能改变一个参数，这样才与比较静态分析的定义吻合。与前面的近似计算方法类似，任意一种希腊值 π_x^c 与 π_x^p 可分别由下式估计：

$$\pi_x^c = \frac{\partial c_0}{\partial x} \sim \frac{c_+(x_+) - c_-(x_-)}{x_+ - x_-} = \frac{c_+(x_+) - c_-(x_-)}{2\Delta x}$$

$$\pi_x^p = \frac{\partial p_0}{\partial x} \sim \frac{p_+(x_+) - p_0(x_-)}{x_+ - x_-} = \frac{p_+(x_+) - p_-(x_-)}{2\Delta x} \tag{5.11}$$

其中，$x \in \{K, r^f, \delta, T, \sigma\}$，$\Delta x = x_+ - x_0 = x_0 - x_-$。后文中，我们始终认为 $x_+ = x_0 \times (1 + 0.001) = 1.001x_0$，$x_- = x_0 \times (1 - 0.001) = 0.999x_0$。于是 $\Delta x = 0.001x_0$，且 $2\Delta x = 0.002x_0$。

图 5.11 中的第 E、G、M、I、K 列分别给出了 $\kappa^i(K)$、$\rho^i(r^f)$、$\epsilon^i(\delta)$、$\Theta^i(T)$ 和 $\nu^i(\sigma)$ 的计算输入值，其中 $i \in \{c, p\}$。这 5 列的第 18 行给出的是 $c_+(x_+)$ 的计算结果，第 19 行给出的是 $p_+(x_+)$ 的计算结果。当然，B3:B7 单元格即为 $x_0 \in \{K_0, r_0^f, \delta_0, T_0, \sigma_0\}$（即初始情形下的参数）的取值。B18 单元格给出 $c_0 = 1.50$，B19 单元格给出 $p_0 = 2.02$。

我们已经知道 $\Gamma^c = \Gamma^p$。由于 Gamma 是二阶偏导数，因此我们要用下述方法给出其数值估计。因为 Delta 是一阶偏导数，所以：

$$\Gamma \sim \frac{\Delta_+ - \Delta_-}{\Delta S} = \frac{\left(\frac{c_+ - c_0}{S_+ - S_0}\right) - \left(\frac{c_0 - c_-}{S_0 - S_-}\right)}{\Delta S} = \frac{c_+ + c_- - 2c_0}{(\Delta S)^2} \tag{5.12}$$

其中 $\Delta S = S_+ - S_0 = S_0 - S_-$。注意，倘若期权价值是一个线性函数，那么 $c_+ + c_- - 2c_0 = 0$，这与线性函数的二阶导数为零相吻合。而由于看涨期权与看跌期权关于股价均为凸函数，因此有 $c_+ + c_- - 2c_0 > 0$，从而 $\Gamma > 0$。[①]

图 5.12 给出了希腊值的计算结果，并用模拟运算表展示了各个希腊值关于当前股价 S_0 变化的情况。第 24 行（第 26 行）利用式（5.11）与式（5.12）给出的数值方法计算看涨（看跌）期权的各个希腊值。第 25 行（第 27 行）用第 5.4 节中的公式计算看涨（看跌）期权的希腊值。因此，第 24 行与第 25 行的结果一致，第 26 行与第 27 行的结果一致。最后，D26 单元格用公式 $\Delta^p = \Delta^c - e^{-\delta T}$ 验证了看跌期权的 Delta 值为 -0.458。

图 5.12 的下半部分构建了希腊值的模拟运算表，分析了希腊值对于当前股价 S_0 的敏感性。B2 单元格给出股价的初始值为 11。图 5.13 绘制了这 12 个函数的图像。第一幅图像表明，两个 Delta 均随当前股价 S_0 的上升而上升，即 $\frac{\partial}{\partial S_0}\frac{\partial c_0}{\partial S_0} = \Gamma^c \equiv \frac{\partial^2 c_0}{\partial S_0^2} \geqslant 0$，且 $\frac{\partial}{\partial S_0}\frac{\partial p_0}{\partial S_0} = \Gamma^p \equiv \frac{\partial^2 p_0}{\partial S_0^2} \geqslant 0$。如前所述，看涨期权 Delta 的取值范围为 $\Delta^c \in [0, e^{-\delta T}]$，看跌期权 Delta 的取值范

---

① 若函数 $f(x)$ 是凹函数，则有 $f_+ + f_- - 2f_0 < 0$。

	Δ	Δ	K	ρ	θ	ν	ε	λ	Γ
数值解 c_0	0.522		-0.354	4.24	1.00	4.29	-5.75	3.82	0.089
解析解 c_0	0.522		-0.354	4.24	1.00	4.29	-5.75	3.82	0.089
数值解 p_0	-0.458	-0.458	0.588	-7.06	0.53	4.29	5.04	-2.49	0.089
解析解 p_0	-0.458		0.588	-7.06	0.53	4.29	5.04	-2.49	0.089

```
28  C24 =(C18-D18)/(C2-D2)        E24 =(E18-F18)/($E$3-$F$3)        M24 =(M18-N18)/($M$5-$N$5)        O24 =C24*B2/B18
29  C25 =B17*B10                  E25 =-B16*B14                     M25 =-B6*B17*B2*B10               O25 =B2/B18*B10*B17
30  C26 =(C19-D19)/(C2-D2)        E26 =(E19-F19)/($E$3-$F$3)        M26 =(M19-N19)/(M5-N5)            O26 =B2/B19*B2*B20
31  C27 =B17*B11                  E27 =B16*B15                      M27 =B6*B17*B2*B11                O27 =B2/B19*B17*B11
32  D26 =C24-B17      P24 =(C18+D18-2*B18)/($C$2-$B$2)^2
33  P26 =(C19+D19-2*B19)/($C$2-$B$2)^2        P25 =B17*NORM.S.DIST(B8,0)/B2/B7/SQRT(B6)
                                              P27 =B17*NORM.S.DIST(B8,0)/B2/B7/SQRT(B6)
```

s_0	c_0	p_0	c_0	p_0	c_0	p_0	c_0	p_0	c_0	p_0	c_0	p_0
	0.52	-0.46	-0.35	0.59	4.24	-7.06	1.00	0.53	4.29	4.29	0.09	0.09
0.01	0.00	-0.98	0.00	0.94	0.00	-11.30	0.00	-0.68	0.00	0.00	0.00	0.00
3	0.00	-0.98	0.00	0.94	0.00	-11.30	0.00	-0.62	0.01	0.01	0.00	0.00
6	0.07	-0.91	-0.03	0.91	0.38	-10.92	0.18	-0.38	0.84	0.84	0.06	0.06
9	0.33	-0.65	-0.19	0.75	2.33	-8.97	0.73	0.22	3.22	3.22	0.10	0.10
12	0.61	-0.37	-0.43	0.51	5.20	-6.10	1.06	0.62	4.49	4.49	0.08	0.08
15	0.79	-0.19	-0.64	0.30	7.64	-3.66	1.03	0.65	4.06	4.06	0.05	0.05
18	0.89	-0.09	-0.77	0.17	9.26	-2.04	0.83	0.50	2.97	2.97	0.02	0.02
21	0.94	-0.04	-0.85	0.09	10.21	-1.10	0.61	0.34	1.94	1.94	0.01	0.01
24	0.96	-0.02	-0.89	0.05	10.72	-0.58	0.42	0.21	1.19	1.19	0.01	0.01

```
45  C35 =C24   D35 =C26   E35 =E24   F35 =E26   G35 =G24   H35 =G26   I35 =I24
46  J35 =I26   K35 =K24   L35 =K26   M35 =P24   N35 =P26   C36:N44 {=TABLE(,B2)}
```

图 5.12　BSM 模型希腊值的解析解与数值解的计算结果

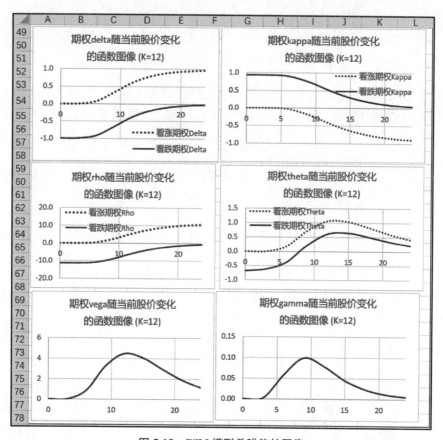

图 5.13　BSM 模型希腊值的图像

围为 $\Delta^p \in [-e^{-\delta T}, 0]$。从图像中可以看出，$\Delta^c \geqslant 0$，且 $\Delta^p \leqslant 0$。

第二幅图像表明，两个 Kappa 均随当前股价上升而下降，即 $\frac{\partial^2 c_0}{\partial S_0 \partial K} \leqslant 0$，且 $\frac{\partial^2 p_0}{\partial S_0 \partial K} \leqslant 0$。如前所述，看涨期权 Kappa 的取值范围为 $\kappa^c \in [-\mathrm{e}^{-r^f T}, 0]$，看跌期权 Kappa 的取值范围为 $\kappa^p \in [0, \mathrm{e}^{-r^f T}]$。从图像中可以看出，$\kappa^c \leqslant 0$，且 $\kappa^p \geqslant 0$。

接下来的图像说明，两个 Rho 均随当前股价上升而上升，即 $\frac{\partial^2 c_0}{\partial S_0 \partial r^f} \geqslant 0$，且 $\frac{\partial^2 p_0}{\partial S_0 \partial r^f} \geqslant 0$。从图像中可以看出，$\rho^c = \frac{\partial c_0}{\partial r^f} \geqslant 0$，且 $\rho^p = \frac{\partial p_0}{\partial r^f} \leqslant 0$。下一幅图像表明，在 $S_0 < K$ 时，两个 Theta 通常均随当前股价上升而上升；当 $S_0 > K$ 时，两个 Theta 通常随当前股价上升而下降。看涨期权与看跌期权均在股价接近于行权价时（即 S_0 接近于 $K = 12$ 时）对期权到期时间最为敏感。

最后两幅图像中均只有一条曲线。这是因为，对于这两幅图像而言，具有相同参数的看涨期权与看跌期权的比较静态分析结果相同。希腊值 Vega $\left(\nu = \frac{\partial c_0}{\partial \sigma} = \frac{\partial p_0}{\partial \sigma}\right)$ 满足 $\frac{\partial \nu}{\partial S_0} = \frac{\partial^2 c_0}{\partial S_0 \partial \sigma} = \frac{\partial^2 p_0}{\partial S_0 \partial \sigma} \geqslant 0$。类似地，Gamma $\left(\Gamma = \frac{\partial^2 c_0}{\partial S_0^2} = \frac{\partial^2 p_0}{\partial S_0^2} \geqslant 0\right)$ 通常首先随当前股价上升而上升 $\left(\text{即} \frac{\partial \Gamma^c}{\partial S_0} = \frac{\partial^3 c_0}{\partial S_0^3} = \frac{\partial \Gamma^p}{\partial S_0} = \frac{\partial^3 p_0}{\partial S_0^3} \geqslant 0\right)$，直到当前股价稍低于行权价为止。接下来，当股价达到较高水平后，Gamma 开始随当前股价上升而下降 $\left(\text{即} \frac{\partial^3 c_0}{\partial S_0^3} = \frac{\partial^3 p_0}{\partial S_0^3} < 0\right)$。

注意，各幅图像均在股价与行权价 $K = 12$ 接近时出现极端值。Delta、Kappa 和 Rho 的曲线斜率绝对值均在（或大致在）$S_0 = 12$ 时达到最大，也就是说，对应的二阶偏导数 $\left(\frac{\partial^2 c_0}{\partial S_0^2}、\frac{\partial^2 c_0}{\partial S_0 \partial K} \text{和} \frac{\partial^2 c_0}{\partial S_0 \partial r^f}\right)$ 计算结果均在 $S_0 = K = 12$ 附近达到最值。

对于 Theta 与 Vega 而言，二者均在（或大致在）$S_0 = 12$ 时达到峰值。因此，二者在 $S_0 = K = 12$ 附近对应的二阶偏导数计算结果 $\left(\frac{\partial^2 c_0}{\partial S_0 \partial T} \text{和} \frac{\partial^2 c_0}{\partial S_0 \partial \sigma}\right)$ 均接近于零。

最后，Gamma 本身是一个二阶希腊值。因此，它在 9 附近达到峰值，意味着三阶偏导数 $\left(\text{即} \frac{\partial^3 c_0}{\partial S_0^3}\right)$ 在略低于 $S_0 = K = 12$ 时接近于零。

图 5.14 绘制了三幅不同的图像，每幅图像都展示了其中一种希腊值关于到期时间 T 和行权价 K 二者的函数图像。三幅图像中，每幅图像的自变量坐标轴均为 T，三条函数曲线对应于三个不同的 K 的取值：7、11 和 15。图 5.14 中给出的三个模拟运算表均是二维的，展示了几种希腊值随 T 和 K 两个指标变化的函数关系。

5.5　希腊值函数的 VBA 代码

本节展示如何借助用户自定义的 VBA 函数来计算基于 BSM 模型的希腊值。VBA 是

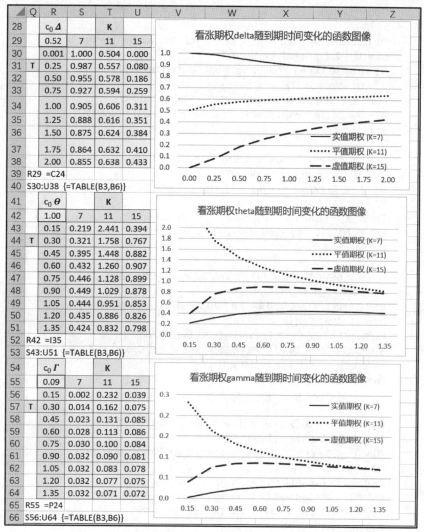

图 5.14　BSM 模型希腊值关于到期时间和行权价的敏感性

Excel 自带的一种编程语言。图 5.15 至图 5.18 展示了这些代码。图 5.15 给出了三段计算代码：看涨期权的 Delta（BSMCALLDELTA 函数，用于计算 Δ^c）、看跌期权的 Delta（BSMPUT-DELTA 函数，用于计算 Δ^p）、看涨期权的价值（BSMCALL 函数，用于计算 c_0）。我们完全可以像使用 Excel 预先定义的函数一样，在工作表中使用这里展示的所有函数。

图 5.16 给出了三个函数的 VBA 代码：看跌期权的价值（BSMPUT 函数，用于计算 p_0），以及两个计算期权 Gamma 的函数。如果给这两个计算 Gamma 的函数输入相同的参数，看涨期权的 Gamma 计算结果将与看跌期权相同。两个计算结果完全一致，因此略显多余。这两个函数分别是 BSMGAMMA1 和 BSMGAMMA2，均用于计算 $\Gamma^c=\Gamma^p$。

图 5.17 给出了三个函数的 VBA 代码：两个计算期权 Vega 的函数（若输入参数相同，则看涨期权的 Vega 与看跌期权相等），以及一个计算看涨期权 Theta 的函数（BSMCALLTHETA 函数，用于计算 Θ^c）。其中，两个 Vega 函数计算结果相同，略显多余。这两个函数分别是 BSMVEGA1 和 BSMVEGA2，均用于计算 $\nu^c=\nu^p$。

```
Option Explicit

Function BSMCALLDELTA(S0, K, RFR, T, Vol, Optional DivYld = 0)
Dim D1, D2, ExpNegRT, ExpNegDYT
D1 = (Log(S0 / K) + T * (RFR + Vol * Vol / 2 - DivYld)) / Vol / Sqr(T)
D2 = D1 - Vol * Sqr(T)
ExpNegRT = Exp(-RFR * T): ExpNegDYT = Exp(-DivYld * T)
BSMCALLDELTA = WorksheetFunction.NormSDist(D1) * ExpNegDYT
End Function

Function BSMPUTDELTA(S0, K, RFR, T, Vol, Optional DivYld = 0)
Dim D1, D2, ExpNegRT, ExpNegDYT
D1 = (Log(S0 / K) + T * (RFR + Vol * Vol / 2 - DivYld)) / Vol / Sqr(T)
D2 = D1 - Vol * Sqr(T)
ExpNegRT = Exp(-RFR * T): ExpNegDYT = Exp(-DivYld * T)
BSMPUTDELTA = -WorksheetFunction.NormSDist(-D1) * ExpNegDYT
End Function

Function BSMCALL(S0, K, RFR, T, Vol, Optional DivYld = 0)
Dim D1, D2, ExpNegRT, ExpNegDYT
D1 = (Log(S0 / K) + T * (RFR + Vol * Vol / 2 - DivYld)) / Vol / Sqr(T)
D2 = D1 - Vol * Sqr(T)
ExpNegRT = Exp(-RFR * T): ExpNegDYT = Exp(-DivYld * T)
BSMCALL = S0 * BSMCALLDELTA(S0, K, RFR, T, Vol, DivYld) - K * ExpNegRT
* WorksheetFunction.NormSDist(D2)
End Function
```

图 5.15　BSM 模型希腊值函数的 VBA 代码（第一部分）

```
Function BSMPUT(S0, K, RFR, T, Vol, Optional DivYld = 0)
Dim D1, D2, ExpNegRT, ExpNegDYT
D1 = (Log(S0 / K) + T * (RFR + Vol * Vol / 2 - DivYld)) / Vol / Sqr(T)
D2 = D1 - Vol * Sqr(T)
ExpNegRT = Exp(-RFR * T): ExpNegDYT = Exp(-DivYld * T)
BSMPUT = K * ExpNegRT * WorksheetFunction.NormSDist(-D2) + S0 *
BSMPUTDELTA(S0, K, RFR, T, Vol, DivYld)
End Function

Function BSMGAMMA1(S0, K, RFR, T, Vol, Optional DivYld = 0)
Dim D1, D2, ExpNegRT, ExpNegDYT
D1 = (Log(S0 / K) + T * (RFR + Vol * Vol / 2 - DivYld)) / Vol / Sqr(T)
D2 = D1 - Vol * Sqr(T)
ExpNegRT = Exp(-RFR * T): ExpNegDYT = Exp(-DivYld * T)
BSMGAMMA1 = ExpNegDYT * WorksheetFunction.Norm_S_Dist(D1, 0) /
S0 / Vol / Sqr(T)
End Function

Function BSMGAMMA2(S0, K, RFR, T, Vol, Optional DivYld = 0)
Dim D1, D2, ExpNegRT, ExpNegDYT
D1 = (Log(S0 / K) + T * (RFR + Vol * Vol / 2 - DivYld)) / Vol / Sqr(T)
D2 = D1 - Vol * Sqr(T)
ExpNegRT = Exp(-RFR * T): ExpNegDYT = Exp(-DivYld * T)
BSMGAMMA2 = K * ExpNegRT * WorksheetFunction.Norm_S_Dist(D2, 0)
/ S0 / S0 / Vol / Sqr(T)
End Function
```

图 5.16　BSM 模型希腊值函数的 VBA 代码（第二部分）

```
Function BSMVEGA1(S0, K, RFR, T, Vol, Optional DivYld = 0)
Dim D1, D2, ExpNegRT, ExpNegDYT
D1 = (Log(S0 / K) + T * (RFR + Vol * Vol / 2 - DivYld)) / Vol / Sqr(T)
D2 = D1 - Vol * Sqr(T)
ExpNegRT = Exp(-RFR * T): ExpNegDYT = Exp(-DivYld * T)
BSMVEGA1 = S0 * ExpNegDYT * WorksheetFunction.Norm_S_Dist(D1, 0)
* Sqr(T)
End Function

Function BSMVEGA2(S0, K, RFR, T, Vol, Optional DivYld = 0)
Dim D1, D2, ExpNegRT, ExpNegDYT
D1 = (Log(S0 / K) + T * (RFR + Vol * Vol / 2 - DivYld)) / Vol / Sqr(T)
D2 = D1 - Vol * Sqr(T)
ExpNegRT = Exp(-RFR * T): ExpNegDYT = Exp(-DivYld * T)
BSMVEGA2 = K * ExpNegRT * WorksheetFunction.Norm_S_Dist(D2, 0) *
Sqr(T)
End Function

Function BSMCALLTHETA(S0, K, RFR, T, Vol, Optional DivYld = 0)
Dim D1, D2, ExpNegRT, ExpNegDYT
D1 = (Log(S0 / K) + T * (RFR + Vol * Vol / 2 - DivYld)) / Vol / Sqr(T)
D2 = D1 - Vol * Sqr(T)
ExpNegRT = Exp(-RFR * T): ExpNegDYT = Exp(-DivYld * T)
BSMCALLTHETA = RFR * K * ExpNegRT *
WorksheetFunction.Norm_S_Dist(D2, 1) _
   - DivYld * S0 * ExpNegDYT * WorksheetFunction.Norm_S_Dist(D1, 1) _
   + WorksheetFunction.Norm_S_Dist(D1, 0) * ExpNegDYT * S0 * Vol / 2 /
Sqr(T)
End Function
```

图 5.17 BSM 模型希腊值函数的 VBA 代码（第三部分）

```
Function BSMPUTTHETA(S0, K, RFR, T, Vol, Optional DivYld = 0)
Dim D1, D2, ExpNegRT, ExpNegDYT
D1 = (Log(S0 / K) + T * (RFR + Vol * Vol / 2 - DivYld)) / Vol / Sqr(T)
D2 = D1 - Vol * Sqr(T)
ExpNegRT = Exp(-RFR * T): ExpNegDYT = Exp(-DivYld * T)
BSMPUTTHETA = -RFR * K * ExpNegRT *
WorksheetFunction.Norm_S_Dist(-D2, 1) _
   + WorksheetFunction.Norm_S_Dist(-D1, 0) * ExpNegDYT * S0 * Vol / 2
/ Sqr(T) _
   + DivYld * S0 * ExpNegDYT * WorksheetFunction.Norm_S_Dist(-D1, 1)
End Function

Function BSMCALLRHO(S0, K, RFR, T, Vol, Optional DivYld = 0)
Dim D1, D2, ExpNegRT, ExpNegDYT
D1 = (Log(S0 / K) + T * (RFR + Vol * Vol / 2 - DivYld)) / Vol / Sqr(T)
D2 = D1 - Vol * Sqr(T)
ExpNegRT = Exp(-RFR * T): ExpNegDYT = Exp(-DivYld * T)
BSMCALLRHO = T * K * ExpNegRT * WorksheetFunction.Norm_S_Dist(D2,
1)
End Function

Function BSMPUTRHO(S0, K, RFR, T, Vol, Optional DivYld = 0)
Dim D1, D2, ExpNegRT, ExpNegDYT
D1 = (Log(S0 / K) + T * (RFR + Vol * Vol / 2 - DivYld)) / Vol / Sqr(T)
D2 = D1 - Vol * Sqr(T)
ExpNegRT = Exp(-RFR * T): ExpNegDYT = Exp(-DivYld * T)
BSMPUTRHO = -T * K * ExpNegRT * WorksheetFunction.Norm_S_Dist(-D2, 1)
End Function
```

图 5.18 BSM 模型希腊值函数的 VBA 代码（第四部分）

图 5.18 给出了三个函数的 VBA 代码:看跌期权的 Theta(BSMPUTTHETA 函数,用于计算 Θ^p)、看涨期权的 Rho(BSMCALLRHO 函数,用于计算 ρ^c)、看跌期权的 Rho(BSMPU-TRHO 函数,用于计算 ρ^p)。

5.6 基于 VBA 函数的更多比较静态分析结果

在图 5.19 中,我们使用上一节的各种 VBA 函数计算了更多的希腊值(即比较静态分析结果)。B1:B6 单元格给出了 6 个输入参数。让我们着眼于一些有趣的计算。B9 单元格使

	A	B	C D E F G H I
1	s_0	5	
2	K	5.21	
3	f r	6%	
4	T	0.5	
5	σ	40%	
6	δ	4%	
7		0.0001	
8	c_0	0.4858	B8 =BSMCALL($B$1,$B$2,$B$3,$B$4,$B$5,$B$6)
9	Δ^C	0.5023	B9 =BSMCALLDELTA($B$1,$B$2,$B$3,$B$4,$B$5,$B$6)
10	Δ^C	0.5024	B10 =(BSMCALL((1+B$7)*B$1,B$2,B$3,B$4,B$5,B$6)-B8)/(B$7*B$1)
11	p_0	0.6408	B11 =BSMPUT($B$1,$B$2,$B$3,$B$4,$B$5,$B$6)
12	Δ^P	-0.4779	B12 =BSMPUTDELTA($B$1,$B$2,$B$3,$B$4,$B$5,$B$6)
13	Δ^P	-0.4778	B13 =(BSMPUT((1+B$7)*B$1,B$2,B$3,B$4,B$5,B$6)-B11)/(B$7*B$1)
14	Γ^C	0.2764	B14 =BSMGAMMA1($B$1,$B$2,$B$3,$B$4,$B$5,$B$6)
15	Γ^C	0.2764	B15 =BSMGAMMA2($B$1,$B$2,$B$3,$B$4,$B$5,$B$6)
16	Γ^C	0.2764	B16 =(BSMCALLDELTA((1+B$7)*B$1,B$2,B$3,B$4,B$5,B$6)-B9)/(B$7*B$1)
17	Γ^P	0.2764	B17 =BSMGAMMA1($B$1,$B$2,$B$3,$B$4,$B$5,$B$6)
18	Γ^P	0.2764	B18 =BSMGAMMA2($B$1,$B$2,$B$3,$B$4,$B$5,$B$6)
19	Γ^P	0.2764	B19 =(BSMPUTDELTA((1+B$7)*B$1,B$2,B$3,B$4,B$5,B$6)-B12)/(B$7*B$1)
20	υ^C	1.3819	B20 =BSMVEGA1($B$1,$B$2,$B$3,$B$4,$B$5,$B$6)
21	υ^C	1.3819	B21 =BSMVEGA2($B$1,$B$2,$B$3,$B$4,$B$5,$B$6)
22	υ^C	1.3819	B22 =(BSMCALL(B$1,B$2,B$3,B$4,(1+B7)*$B$5,B$6)-B8)/(B$7*B$5)
23	υ^P	1.3819	B23 =BSMVEGA1($B$1,$B$2,$B$3,$B$4,$B$5,$B$6)
24	υ^P	1.3819	B24 =BSMVEGA2($B$1,$B$2,$B$3,$B$4,$B$5,$B$6)
25	υ^P	1.3819	B25 =(BSMPUT(B$1,$B$2,$B$3,$B$4,(1+B7)*$B$5,B$6)-B11)/(B$7*B$5)
26	ρ^C	1.0130	B26 =BSMCALLRHO($B$1,$B$2,$B$3,$B$4,$B$5,$B$6)
27	ρ^C	1.0130	B27 =(BSMCALL(B$1,B$2,(1+B7)*$B$3,B$4,B$5,B$6)-B8)/(B$7*B$3)
28	ρ^P	-1.5150	B28 =BSMPUTRHO($B$1,$B$2,$B$3,$B$4,$B$5,$B$6)
29	ρ^P	-1.5150	B29 =(BSMPUT(B$1,B$2,(1+B7)*$B$3,B$4,B$5,B$6)-B11)/(B$7*B$3)
30	θ^C	0.5738	B30 =BSMCALLTHETA($B$1,$B$2,$B$3,$B$4,$B$5,$B$6)
31	θ^C	0.573821	B31 =(BSMCALL(B$1,B$2,B$3,(1+B$7)*$B$4,B$5,B$6)-B8)/(B$4*B$7)
32	θ^P	0.466515	B32 =BSMPUTTHETA($B$1,$B$2,$B$3,$B$4,$B$5,$B$6)
33	θ^P	0.4665	B33 =(BSMPUT(B$1,$B$2,B$3,(1+B$7)*$B$4,B$5,B$6)-B11)/(B$4*B$7)

图 5.19 基于 VBA 函数的更多比较静态分析结果

用 BSMCALLDELTA 函数计算看涨期权的 Delta。在 B10 单元格中,我们用如下公式对计算结果加以验证:

$$\Delta^c = \frac{\partial c_0}{\partial S_0} \sim \frac{c_+(S_+) - c_0(S_0)}{S_+ - S_0} = \frac{c_+(1.0001 S_0) - c_0(S_0)}{0.0001 S_0} \tag{5.13}$$

同样,我们用 BSMPUTDELTA 函数计算看跌期权的 Delta(B12 单元格),并在 B13 单元格中用如下公式加以验证:

$$\Delta^p = \frac{\partial p_0}{\partial S_0} \sim \frac{p_+(S_+) - p_0(S_0)}{S_+ - S_0} = \frac{p_+(1.0001 S_0) - p_0(S_0)}{0.0001 S_0} \tag{5.14}$$

B14:B16(B17:B19)单元格用三种不同方法计算看涨(看跌)期权的 Gamma。前两种即分别使用 BSMGAMMA1 和 BSMGAMMA2 函数,得到完全相同的解析解。第三种是利用如下公式计算数值解:

$$\Gamma^c = \frac{\partial^2 c_0}{\partial S_0^2} \sim \frac{\Delta_+^c(S_+) - \Delta_0^c(S_0)}{S_+ - S_0} = \frac{\Delta_+^c(1.0001 S_0) - \Delta_0^c(S_0)}{0.0001 S_0} \tag{5.15}$$

其中 $\Gamma^c = \frac{\partial^2 c_0}{\partial S_0^2} = \frac{\partial}{\partial S_0}\left(\frac{\partial c_0}{\partial S_0}\right) = \Gamma^p = \frac{\partial^2 p_0}{\partial S_0^2} = \frac{\partial}{\partial S_0}\left(\frac{\partial p_0}{\partial S_0}\right)$。同样,我们也可以用数值近似方法来计算 Γ^p。

B20:B22(B23:B25)单元格用三种不同方法计算看涨(看跌)期权的 Vega。前两种即分别使用 VBA 函数 BSMVEGA1 与 BSMVEGA2,得到完全相同的解析解。第三种是利用如下公式计算数值解:

$$\nu^c = \frac{\partial c_0}{\partial \sigma} \sim \frac{c_+(\sigma_+) - c_0(\sigma_0)}{\sigma_+ - \sigma_0} = \frac{c_+(1.0001 \sigma_0) - c_0(\sigma_0)}{0.0001 \sigma_0} \tag{5.16}$$

同样,我们也可以用数值近似方法来计算 ν^p。

B26:B27(B28:B29)单元格用两种不同方法计算看涨(看跌)期权的 Rho。第一种即使用 VBA 函数 BSMCALLRHO(BSMPUTRHO)得到解析解。第二种方法是利用如下公式计算数值解:

$$\rho^c = \frac{\partial c_0}{\partial \rho} \sim \frac{c_+(r_+^f) - c_0(r_0^f)}{r_+^f - r_0^f} = \frac{c_+(1.0001 r_0^f) - c_0(r_0^f)}{0.0001 r_0^f} \tag{5.17}$$

同样,我们也可以用数值近似方法来计算 ρ^p。

B30:B31(B32:B33)单元格用两种不同方法计算看涨(看跌)期权的 Theta。第一种即使用 VBA 函数 BSMCALLTHETA(BSMPUTTHETA)得到解析解。第二种方法是利用如下公式计算数值解:

$$\Theta^c = \frac{\partial c_0}{\partial T} \sim \frac{c_+(T_+) - c_0(T_0)}{T_+ - T_0} = \frac{c_+(1.0001 T_0) - c_0(T_0)}{0.0001 T_0} \tag{5.18}$$

同样,我们也可以用数值近似方法来计算 Θ^p。

图 5.20 分别对看涨与看跌期权的价值和它们的希腊值进行了关于当前股价 S_0 的敏感性分析。M40:V76 的模拟运算表进行了这些计算。接下来,我们将这 10 个关于 S_0 的函数

全部绘制成图像。定性来看，这些结果与图 5.13 的结果类似。读者可以回顾对图 5.13 的相关解读。

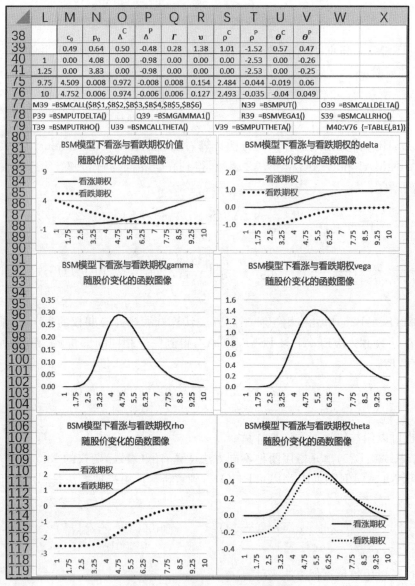

	L	M	N	O	P	Q	R	S	T	U	V	W	X
38		c_0	p_0	Δ^C	Δ^P	Γ	υ	ρ^C	ρ^P	θ^C	θ^P		
39		0.49	0.64	0.50	-0.48	0.28	1.38	1.01	-1.52	0.57	0.47		
40	1	0.00	4.08	0.00	-0.98	0.00	0.00	0.00	-2.53	0.00	-0.26		
41	1.25	0.00	3.83	0.00	-0.98	0.00	0.00	0.00	-2.53	0.00	-0.25		
75	9.75	4.509	0.008	0.972	-0.008	0.008	0.154	2.484	-0.044	-0.019	0.06		
76	10	4.752	0.006	0.974	-0.006	0.006	0.127	2.493	-0.035	-0.04	0.049		

77	M39 =BSMCALL($B$1,$B$2,$B$3,$B$4,$B$5,$B$6)	N39 =BSMPUT()	O39 =BSMCALLDELTA()
78	P39 =BSMPUTDELTA()	Q39 =BSMGAMMA1()	R39 =BSMVEGA1() S39 =BSMCALLRHO()
79	T39 =BSMPUTRHO()	U39 =BSMCALLTHETA()	V39 =BSMPUTTHETA() M40:V76 {=TABLE(,B1)}

图 5.20　比较静态分析结果的图像

第 6 章

前台风险管理

前台(front office)一词指代金融机构的交易部门。前台管理风险的方式是将全部风险分解到各个市场变量之上。我们还将在其他章节中探讨中台(middle office,即负责管理金融机构整体风险的部门)面对的风险。中台需要处理资本充足率、监管合规性等一系列问题。前台需要对风险进行分离拆解,但中台则与之不同,中台会通过汇总各部分风险的方式来降低总体风险。

我们首先回顾最重要的希腊值之一:Delta,即期权价值对于标的资产价格变化的敏感性。我们将探讨一种一阶风险缓释技术——Delta 对冲,并对比两种证券的对冲结果:回报与标的资产呈线性关系的证券(如远期合约)及呈非线性关系的证券(如期权)。[①]随后我们考虑基于 Delta 与 Gamma 两个希腊值的对冲方法,其中 Gamma 是期权的 Delta 对于标的资产价格的敏感性,也就是期权价值的二阶偏导数。这种二阶风险缓释技术对于线性产品来说是画蛇添足,但对于非线性证券而言则大有裨益。

接下来,我们用三个希腊值进行对冲:Delta、Gamma 和 Vega。如前所述,Vega 是期权价值对于标的资产收益率波动率的敏感性。与 Delta-Gamma 对冲相比,将 Vega 考虑在内可以提升对冲表现,但会提高对冲成本。本章将给出这三种对冲方式的示例,其中既涉及静态对冲,也包括动态对冲。

6.1 Delta 对冲

6.1.1 Delta 对冲原理

假设某公司持有一个投资组合,其当前价值为 90000 美元,Delta 等于 28000(即 $\Delta = \frac{\partial V}{\partial S} = 28000$)。也就是说,股价每增加(减少)1 美元,投资组合的价值就会增加(减少)

[①]　对于线性产品而言,Delta 对冲是一种可以完全对冲市场变量风险的对冲方式。

28000 美元。显然,股价下跌是该公司面临的风险之一。因此,若想实现完全对冲,应当找到一种股价每下跌 1 美元,价值就能增加 28000 美元的对冲方式,进而抵消风险。这 28000 美元的增加可以完全抵消掉投资组合价值的下跌,进而消除股价下跌的风险。一种显而易见的对冲方式是持有 28000 股该股票的空头。于是,股价每下跌 1 美元,这 28000 股股票空头的价值就会上涨 28000 美元,与投资组合下跌的 28000 美元完全抵消。由于 1 股股票的 Delta 为 1($即 \Delta^S = \dfrac{\partial S}{\partial S} = 1$),所以股票是一种理想的对冲工具。

一般地,我们记 V^{Po} 为某投资组合的价值,$\Delta^{Po} = \dfrac{\partial V^{Po}}{\partial S}$ 为该投资组合的 Delta(即股价或其他市场变量每变化一单位时投资组合价值的变化量)。若选定某种证券做对冲,记该证券的 Delta 为 Δ^H,使用该证券的数量为 N^H,并要求由此得到的对冲后投资组合的 Delta 为零,那么:

$$\Delta^{Po} + N^H \Delta^H = 0 \Rightarrow N^H = -\frac{\Delta^{Po}}{\Delta^H} \tag{6.1}$$

6.1.2 线性产品:Delta 对冲

若对任意的 S 的取值,待对冲投资组合的 Delta 均为常数(并非常数),我们就称其为线性(非线性)投资组合。线性产品可以进行静态对冲(static hedge),这种对冲方式只需在初始时刻建立头寸,此后不需要进行再调整。这种情况下,标的资产(例如股票 S)就是一种理想的对冲工具。由于 $\Delta^S = \Delta^H = 1$,则式(6.1)可化简为:

$$N^H = N^S = -\Delta^{Po} \tag{6.2}$$

远期合约(forward contract)就是一种线性产品。这种合约规定,合约多头(空头)将在未来的 T 时刻向空头(多头)支付(收取)预先商定的远期价格 F_0,同时收取(交付)标的资产。[①]显然,在 0 时刻,风险标的资产的未来价格 S_T 是未知的,因此双方未来的回报也是未知的。具体而言,多头与空头每份合约的回报将分别等于:

$$V_T = S_T - F_0 \ \text{和} \ -V_T = F_0 - S_T \tag{6.3}$$

举一个例子,假设某投资者有一笔资产:持有某股票共 3000 股,当前股价为 6.66 美元,总价值即 19980 美元。现在是 10 月,他现在想卖出这些股票,但考虑到税收,他决定等 3 个月后到 1 月再卖掉(从而推迟一年缴纳他的资本利得税)。由于担心接下来 3 个月股价可能下跌,他持有了一份远期合约空头(即卖出该股票的远期合约),远期价格为每股 $F_0 = 6.74$ 美元。因此,他借助这份远期合约将卖出价格锁定为每股 6.74 美元,一共即为 20220 美元。于是 3 个月后他的远期合约空头回报将等于:

$$-V_T = F_0 - S_T = 20220 - 3000S_T$$

将股票多头的回报($3000S_T$)与远期合约空头的回报($20220 - 3000S_T$)加总,得到该投资者对冲后投资组合的总回报为 $3000S_T + (20220 - 3000S_T) = 20220$ 美元。显然这是一个常数,并

---

① 注意,远期价格 F_0 是双方在 0 时刻签订远期合约之时敲定的,这一价格要保证 0 时刻双方不发生现金交换。

非 S_T 的函数。股价下跌的风险已被完全消除。简而言之,通过卖出远期合约,投资者在卖出股票前 3 个月就已经将卖出价锁定为每股 6.74 美元。[1]

与之类似,如果某投资者持有一笔负债,他可以通过买入远期合约(持有多头)来对冲标的资产价值上升的风险。这种情况下,他的对冲后投资组合的回报等于 $-S_T+(S_T-F_0)=-F_0$,与 S_T 无关。因此,股价上涨的风险也被完全消除。

线性产品的 Gamma 是零,即 $\Gamma=\dfrac{\partial^2 Po}{\partial S^2}=0$。这正是线性产品可以实现完全对冲的原因,因为标的资产的 Gamma 也是零。因此,资产价格变化带来的二阶影响是零。

6.1.3　非线性产品:Delta 对冲

若待对冲的投资组合是非线性的,则该投资组合的 Delta 并非常数,也就是说,$\Delta^{Po}(S)=\dfrac{\partial V^{Po}}{\partial S}$ 会随 S 的变化而变化。这种情况下,由于 $\Delta^s=1$ 是常数,因此随着股价变化,对冲所需的股票数也应当随之变化。换言之,如果利用股票来对冲,那么根据式(6.2)有 $N^H=N^S=-\Delta^{Po}$,于是 $N^H=N^S$ 必须随 Δ^{Po} 变化而变化。因此,在对冲非线性产品时,我们应当使用所谓的再平衡(rebalancing)操作来进行动态对冲(dynamic hedge)。每次再平衡后,对冲后投资组合的 Delta 应当为零,即 $\Delta^{Po}+\Delta^H=0$。然而,随着时间的流逝,许多市场变量(例如股价)会发生变化,Δ^{Po} 也会随之变化。因此,投资者应当定期进行再平衡,使对冲后投资组合的 Delta 恢复为零。

举个例子,假设某投资者有一笔资产:3000 份看涨期权,每个期权的当前价格为 1.11 美元,Delta 为 0.66,还有 3 个月到期。因此,这些看涨期权目前的总价值为 $3000\times1.11=3330$ 美元,$\Delta^{Po}=3000\times0.66=1980$。由于他担心股票(即标的资产)价格会在接下来 3 个月内下跌,因此他卖空了 1980 股股票,使得对冲后投资组合的 Delta 等于零(1980-1980)。

与具有线性回报的远期合约不同,期权具有非线性回报。因此,随着时间推移,期权的 Delta 会发生变化,于是投资者必须动态地调整对冲方式。继续考虑上例,假设 1 个月后期权的 Delta 从 1980 变成了 2122。这时,对冲后投资组合(hedged portfolio,HP)的 Delta 便不再是零,而是 $\Delta^{HP}=2122-1980=142$。因此,为使投资组合的 Delta 重新变成零,必须进一步卖空 142 股股票,使得对冲后投资组合的 Delta 经过再平衡重新回到零(即 2122-1980-142)。至此,投资者为了对冲,一共已经卖空了 $1980+142=2122$ 股股票。

这种对冲后投资组合的一个重要特征就是,它的价值并不恒定,而是取决于期权存续期内的股价情况。简而言之,我们无法为非线性产品建立一种完全静态对冲的方法,而是必须通过再平衡来进行动态对冲。线性产品的 Gamma 为零,但非线性产品的 Gamma 不是零,即 $\Gamma=\dfrac{\partial^2 Po}{\partial S^2}\neq0$。[2]

与本节的例子类似,如果某投资者持有看涨期权空头(持有看涨期权的负债),他可以通

[1]　该回报最重要的特征就是它是一个常数,即它与股票的未来价格 S_T 无关。也就是说,只要某持有资产的投资者签订一份远期合约空头,他就已经消除了股价在 0 时刻到 T 时刻之间向不利方向变化的风险。

[2]　因此,这种产品需要通过再平衡进行动态对冲。

过买入标的股票来对冲标的资产价值上涨的风险。但同样,由于期权是非线性证券,若想保持对冲的效果,需要进行再平衡。

6.1.4 案例:静态 Delta 对冲

现在我们通过一个数值示例来讲解上一小节的概念。具体而言,我们考虑一家银行此前曾卖出 100 份关于某股指基金的看涨期权,并且现在在希望对冲该标的资产价格上涨的风险。观察图 6.1。B5:B10 单元格给出了关于这 100 份看涨期权空头的输入数据。B11 与 B12 单元格分别计算了看涨期权多头的 Delta 和期权价值。B20 单元格利用式(6.2)对这 100 份看涨期权空头进行 Delta 对冲所需的标的资产数进行了计算。B23 单元格根据 $V_0^S = N_0^S \cdot S_0$ 计

	A	B	C	D	E	F	G	H	I	J	K
3						F6 =B12*B14		H6 =F6+G6		J6 =1*B21	
4							G6 =B5*B21		I6 =B11*B14		K6 =I6+J6
5	s_0	5				V^C	V^S	V^{HP}	Δ^C	Δ^S	Δ^{HP}
6	K	5.21				(49)	251	203	(50)	50	0
7	r^f	6%			1.0	0	50	50	0	50	50
8	T	0.5000		s_0	2.0	0	100	100	0	50	50
9	σ	40%			3.0	-1	151	150	-4	50	47
10	δ	4%			4.0	-13	201	188	-22	50	28
11	Δ^C	0.5023			4.5	-27	226	199	-36	50	14
12	c_0	0.4858			4.7	-35	236	201	-42	50	9
13					4.9	-44	246	202	-47	50	3
14	N	(100)			5.1	-54	256	202	-53	50	-3
15	收入	60			5.3	-65	266	201	-58	50	-8
16					5.5	-77	276	199	-63	50	-13
17	V^C	(48.6)			5.7	-90	286	196	-68	50	-17
18	Δ^C	(50.2)			5.9	-104	296	192	-72	50	-21
19					6.1	-119	306	188	-75	50	-25
20	股数^H	50.2			6.0	-111	301	190	-74	50	-23
21	股数^H	50.2			7.0	-192	352	159	-87	50	-37
22					8.0	-283	402	119	-94	50	-43
23	V^S	251.2			9.0	-378	452	74	-96	50	-46
24	Δ^S	50.2			F7:K23 {=TABLE(,B5)}		B17 =B12*B14			B18 =B11*B14	
25					B11 =BSMCALLDELTA(B5,B6,B7,B8,B9,B10)					B20 =-B18	
26	V^{HP}	202.6			B12 =BSMCALL(B5,B6,B7,B8,B9,B10)					B23 =B21*B5	
27	Δ^{HP}	0.00			B24 =B21*1		B26 =B17+B23			B27 =B18+B24	
28											
29		CF_0				V^C		(49)	H29 =B17		
30	收入	60.0			B30 =B15		净值	(240)	H30 =B32+H29		
31	股票	(251.2)			B31 =-B23						
32	CF_0	(191.2)			B32 =B30+B31						

图 6.1　100 份看涨期权空头的静态 Delta 初始对冲

算了这些标的资产总价值,B24 单元格根据 $\Delta_0^S = N_0^S \cdot 1$ 计算了这些标的资产的总 Delta。对冲后投资组合(100 份看涨期权空头,外加用于对冲的标的资产多头)的价值和 Delta 分别见 B26 与 B27 单元格。图 6.1 的 B30:B32 单元格计算了初始现金流。如 B15 与 B30 单元格所示,我们假设银行卖出这 100 份看涨期权时,共收获 60 美元。B31 单元格表示买入这些用于对冲的股票共花费 251.2 美元。

F6:K6 单元格是模拟运算表的表头。其中,F6:H6 单元格对应于各个价值,I6:K6 单元格对应于各个 Delta 值。该模拟运算表将这 6 个值作为当前股价的函数,进行敏感性分析。当前股价的取值见 E7:E23 单元格。最后,F7:K23 单元格展示了这 6 个关于当前股价的函数的数值计算结果。

图 6.2 以图像的形式呈现了图 6.1 中 F7:H23 单元格计算得到的 100 份看涨期权空头的价值、用于对冲的股票多头的价值,以及二者投资组合的总价值。图 6.2 中的两幅图像完全相同,只不过下方图像对上方图像进行了放大,绘制的股价取值范围更窄(上方图像从 1 美元到 9 美元,下方图像从 3 美元到 7 美元)。显然,看涨期权空头的价值随标的资产价值上升而下

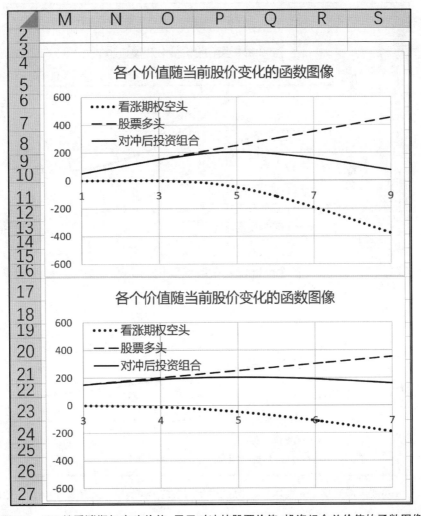

图 6.2 100 份看涨期权空头价值、用于对冲的股票价值、投资组合总价值的函数图像

降(变得更负)。股票多头的价值以 $N^S = 50.2$ 的速度增长。将二者相加,便可得到图像中的倒 U 形曲线。当股票基金的价格低于(高于)当前股价 5 美元(见图 6.1 的 B5 单元格)时,这条曲线会上升(下降)。因此,在当前股价 5 美元附近,曲线暂时保持水平。这正是对冲的目的所在。在基金价格发生微小变化时,我们希望被对冲的投资组合的价值变化越小越好。

图 6.3 以图像的形式呈现了图 6.1 中 I7:K23 单元格计算得到的 100 份看涨期权空头的 Delta、用于对冲的股票多头 Delta,以及二者加总得到的投资组合总 Delta 的取值。图 6.3 中的两幅图像完全相同,只不过下方图像对上方图像进行了放大,绘制的股价取值范围更窄(上方图像从 1 美元到 9 美元,下方图像从 4 美元到 6 美元)。显然,看涨期权空头的 Delta 随标的资产价值上升而下降(变得更负)。股票多头的 Delta 是恒正的常数。将二者相加,得到的投资组合 Delta 随股价上升而下降;而按我们预先的设定,在当前标的资产价格为 5 美元时,投资组合 Delta 取值为零。这正是对冲的目的所在。在基金价格发生微小变化时,我们希望被对冲的投资组合的 Delta 尽可能接近于零。

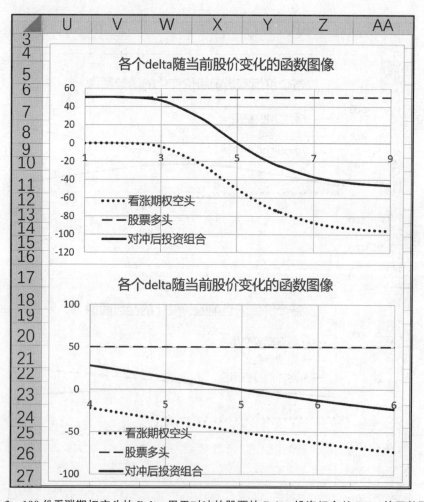

图 6.3　100 份看涨期权空头的 Delta、用于对冲的股票的 Delta、投资组合总 Delta 的函数图像

6.2 Delta 对冲实践

考虑一个投资组合 Po，我们希望用标的资产（股指基金）对其进行 Delta 对冲。我们将展示如何建立 Delta 对冲的初始头寸，如何在各个中间日用再平衡的方式更新头寸，以及如何计算到期日时的价值，并由此得出 Delta 对冲的成本。

6.2.1 初始对冲

根据式(6.1)，由于 $\Delta_0^S = 1$，因此初始时刻需要买入的股票数为 $N_0^S = -\dfrac{\Delta_0^{Po}}{\Delta_0^S} = -\Delta_0^{Po}$。为了买入这些股票，我们用无风险借贷($D$)来提供全部资金。称股票与无风险借贷组成的组合为对冲组合(H)，那么由于 $0 = CF_0^H = CF_0^S + CF_0^D$，应当有 $0 = -N_0^S S_0 - D_0 = +\Delta_0^{Po} S_0 - D_0$。因此，为对冲提供资金所需的初始借贷价值应当为 $D_0 = \Delta_0^{Po} S_0$。总结而言，由于 $N_0^S = -\Delta_0^{Po}$，则有：

$$D_0 = \Delta_0^{Po} S_0, CF_0^D = -\Delta_0^{Po} S_0$$
$$Eq_0 = -\Delta_0^{Po} S_0, \text{以及} CF_0^S = \Delta_0^{Po} S_0 \tag{6.4}$$

这里 Eq_0 表示用于对冲的股票总价值。如果投资组合的价值随标的资产价值增加而增加（即 $\Delta_0^{Po} > 0$），则投资者应当通过卖空股票、放出贷款来对冲，且放贷的资金正是卖空股票获得的资金。反之，如果投资组合的价值随标的资产价值增加而减少（即 $\Delta_0^{Po} < 0$），则投资者应当通过买入股票、借入资金来对冲，且买入所需股票时利用的资金正是借入的资金。

6.2.2 中期对冲：再平衡

假设投资者每隔 Δt 年对该投资组合进行再平衡，也就是再平衡的时刻为 $t \in \{\Delta t, 2\Delta t, 3\Delta t, \cdots, T - \Delta t, T\}$。除了如前所述的在初始时刻($t = 0$ 时刻)进行现金借贷以外，每到 t 时刻还需要重新进行借贷，这样才能保证投资者对冲的净现金流始终为零，直到 T 时刻对冲结束为止。我们将 t 时刻进行的无风险借贷记作 D_t，其可正（借出现金）可负（借入现金）。记 r^f 为连续复利无风险利率，记 δ 为股票基金的连续复利股息派发率。假设该投资者持续将所获股息再投资于该股指基金。[①]

每到再平衡日 t 时刻，对冲投资组合风险所需的步骤如下：
- 计算投资组合的 Delta：Δ_t^{Po}。
- 在 t 时刻将对冲所需的股票数再平衡为 $N_t^S = -\Delta_t^{Po}$。[②]

---

① 如果是以卖空股票的方式来对冲，则为了抵消股息负债，需要连续卖空更多股票。

② 若 N_t^S 为正（负），对冲的方式即为持有对应股数的股指基金多头（空头）。

- 进一步买入 ΔN_t^S 股股票，其中：[①]

$$\Delta N_t^S \equiv N_t^S - e^{\delta \Delta} N_{t-\Delta}^S \tag{6.5}$$

这里的因子 $e^{\delta \Delta} \geq 1$ 对应于从先前 $t-\Delta$ 时刻到当前 t 时刻支付的（连续）股息。（请注意，我们假设这些股息被连续地再投资于该股指基金。）

- 计算建立所需股票头寸对应的现金流：$CF_t^S = -(\Delta N_t^S)S_t$，这里 S_t 表示 t 时刻的股价。
- 最近一期需要偿还的利息为：

$$I_t = (e^{rf \Delta} - 1)D_{t-\Delta} \tag{6.6}$$

因此，新的借贷金额应当变成：

$$\begin{aligned} D_t &= D_{t-\Delta} + I_t + CF_t^S \\ &= D_{t-\Delta} + (e^{rf \Delta} - 1)D_{t-\Delta} - (\Delta N_t^S)S_t \\ &= e^{rf \Delta}D_{t-\Delta} - (\Delta N_t^S)S_t \end{aligned} \tag{6.7}$$

以保证投资者在对冲时的净现金流为零。

- 投资者在中间日 t 时刻借贷需要花费的现金为：

$$\begin{aligned} CF_t^D &= -[D_t - (D_{t-\Delta} + I_t)] = -CF_t^S \\ &= -[D_t - e^{rf \Delta}D_{t-\Delta}] = (\Delta N_t^S)S_t \end{aligned} \tag{6.8}$$

在 CF_t^D 为正的情况下，若对冲组合已经借出（借入）了现金，则需赎回（进一步借入）相应的现金；在 CF_t^D 为负的情况下，若对冲组合已经借出（借入）了现金，则需进一步借出（偿还）相应的现金。

- 在 t 时刻，对冲组合本身的价值即为 $V_t^H = D_t + (N_t^S)S_t$。
- 对冲后投资组合的总价值为 $V_t^{Po} + V_t^H = V_t^{Po} + D_t + (N_t^S)S_t$。

对冲的本质即为利用无风险借贷与股票来构造投资组合，以模仿待对冲投资组合的价值的相反数。换言之，要构造一个对冲组合，需要先合成复制出一个待对冲投资组合，再取其反向操作。

6.2.3 对冲成本

如前所述，对冲组合（H）在到期日 T 前始终保持净现金流为零。T 时刻将该对冲组合平仓，现金流即为：

$$CF_T^H = CF_T^S + CF_T^D = e^{\delta \Delta}(N_{T-\Delta}^S)S_T + e^{rf \Delta}D_{T-\Delta} \tag{6.9}$$

这正是对冲的成本，这些成本的现金流在 T 时刻发生。于是，对冲该投资组合所需的成本现值等于：

$$对冲成本：PV(CF_T^H) = e^{-rfT}CF_T^H$$

理论上，这一取值应当刚好等于投资组合初始价值的相反数，即 $-V_0^{Po}$。在实际操作中，对冲

---

① 若该值为负数，则需卖出 $|\Delta N_t^S|$ 股。

成本不会完全等于投资组合初始价值的相反数,这主要是因为再平衡操作是离散进行的。换言之,实际的对冲并非连续对冲,因为连续对冲成本过高,无法操作。[1]

再平衡越频繁,对冲成本的现值 $PV(CF_T^H)$ 就会越接近 $-V_0^{po}$。然而,投资者显然需要进行权衡。随着再平衡频率的提高(降低),对冲风险的能力通常会更强(差),但成本也会更高(低)。[2]

6.2.4 案例:动态 Delta 对冲

图 6.4 是一个动态对冲的示例。输入数据与图 6.1 静态对冲的数据相同。如 E5 单元格

	A	B	C	D	E	F	G	H	I	J	K	L
5	S_0	5		N	(100)					C15 =$B$8-A15*$D$8		
6	K	5.21		收入	60					E15 =-$E$5*D15		
7	f / r	6%		D15 =BSMCALLDELTA(B15,$B$6,$B$7,C15,$B$9,$B$10)								
8	T	0.5000	Δt	0.0250	D8 =B8/A35			F15 =E15-E14*EXP(D$8*B$10)				
9	σ	40%		B11 =BSMCALLDELTA(B5,B6,B7,B8,B9,B10)				G15 =-F15*B15				
10	δ	4%		B12 =BSMCALL(B5,B6,B7,B8,B9,B10)								
11	Δ^C	0.5023		H16 =I15*(EXP($B$7*$D$8)-1)					I15 =I14+G15+H15			
12	c_0	0.4858		J15 =$E$5*BSMCALL(B15,$B$6,$B$7,C15,$B$9,$B$10)+B15*E15+I15								
13	期数	S_t	T-t	Δ^C	股数	股数变化	股票CF_t	利息CF_t	借贷$_t$	投资组合$_t$		PV(利息)
14											L15 =H16/EXP($B$7*($B$8-C16))	
15	0	5.00	0.50	0.502	50.2	50.2	(251)		(251)	(48.6)		(0.4)
16	1	4.91	0.48	0.474	47.4	(2.9)	14	(0.38)	(237)	(47.4)		(0.4)
17	2	4.83	0.45	0.447	44.7	(2.7)	13	(0.36)	(225)	(46.2)		(0.3)
18	3	5.13	0.43	0.531	53.1	8.4	(43)	(0.34)	(268)	(46.0)		(0.4)
19	4	5.28	0.40	0.574	57.4	4.2	(22)	(0.40)	(291)	(44.8)		(0.4)
20	5	5.42	0.38	0.614	61.4	3.9	(21)	(0.44)	(312)	(43.5)		(0.5)
21	6	5.41	0.35	0.611	61.1	(0.3)	2	(0.47)	(311)	(41.9)		(0.4)
22	7	5.29	0.33	0.576	57.6	(3.6)	19	(0.47)	(293)	(40.4)		(0.4)
23	8	5.24	0.30	0.559	55.9	(1.8)	9	(0.44)	(284)	(38.7)		(0.4)
24	9	5.41	0.28	0.615	61.5	5.5	(30)	(0.43)	(314)	(37.3)		(0.5)
25	10	5.09	0.25	0.498	49.8	(11.7)	59	(0.47)	(255)	(37.2)		(0.4)
26	11	4.95	0.23	0.436	43.6	(6.3)	31	(0.38)	(224)	(35.6)		(0.3)
27	12	5.09	0.20	0.489	48.9	5.3	(27)	(0.34)	(251)	(33.9)		(0.4)
28	13	5.14	0.18	0.506	50.6	1.7	(9)	(0.38)	(260)	(31.6)		(0.4)
29	14	5.32	0.15	0.588	58.8	8.1	(43)	(0.39)	(304)	(29.8)		(0.4)
30	15	5.29	0.13	0.577	57.7	(1.1)	6	(0.46)	(298)	(27.1)		(0.4)
31	16	5.39	0.10	0.636	63.6	5.9	(32)	(0.45)	(330)	(24.4)		(0.5)
32	17	5.60	0.08	0.764	76.4	12.7	(71)	(0.50)	(402)	(22.5)		(0.6)
33	18	5.57	0.05	0.789	78.9	2.5	(14)	(0.60)	(416)	(19.2)		(0.6)
34	19	5.57	0.03	0.927	92.7	13.7	(78)	(0.62)	(495)	(16.8)		(0.7)
35	20	5.84	0.00					(0.74)	(496)			
36											L37 =SUM(L15:L34)	
37		CF_0	CF_T	利润	PV(CF_T)			(9.0)				(8.9)
38	看涨期权	60	(63)	(3)	-61	H37 =SUM(H16:H35)				B38 =$E$6		
39	股票	(251)	542	291	526	B39 =G15		B40 =-I15		B41 =SUM(B38:B40)		
40	借贷	251	(496)	(245)	-481	C38 =E5*MAX(B35-B6,0)						
41	加总	60	(17)	43	-16		净现值	43.8	H41 =E6+E41			
42			D42 =B41+C41	43	-16.2	E42 =SUM(E38:E40)				C39 =B35*E34*EXP(B10*D8)		
43	C40 =I35		C41 =SUM(C38:C40)		D38 =B38+C38			D39 =B39+C39				
44	D40 =B40+C40			D41 =SUM(D38:D40)		E38 =C38*EXP(-$B$7*$B$8)						
45	E39 =C39*EXP(-$B$7*$B$8)				E40 =C40*EXP(-$B$7*$B$8)			E41 =C41*EXP(-$B$7*$B$8)				

图 6.4 100 份看涨期权空头的动态 Delta 对冲

[1] 此外,我们还忽略了交易成本。实际操作中,连续再平衡成本过高,并不可行。

[2] 在我们的分析中,除了被忽略的交易成本以外,对冲投资者还会面临其他成本。许多成本是由于投资者需要在股价上升(下降)时买入(卖出)股票导致的,这与"低买高卖"的操作相反。

所示,我们仍然希望对冲 100 份看涨期权空头。我们建立一个 20 期(A35 单元格)的模型,即进行 20 次再平衡操作。因此,由于 B8 单元格给出到期时间为 $T=0.5$ 年,所以 D8 单元格得出每一期的持续时间长度为 $\Delta t = \dfrac{T}{N} = \dfrac{0.5}{20} = 0.025$ 年。

为了讲解对冲方法,图 6.4 的 B 列给出了任意选定的一条未来股价路径。C 列给出剩余到期时间,D 列给出当前单个看涨期权(多头)的 Delta 值。E 列计算了对冲 100 份看涨期权空头需要持有的更新后的股票数,这些股票可以使得投资组合的 Delta 恢复为零。F 列计算了股数的变化情况,G 列计算了持股数变化导致的现金流。[①]I 列计算了为保证净现金流为零所需的更新后的借贷金额。简而言之,更新后的借贷金额应当等于(1)上一期剩余借贷金额,加(2)当期应计利息,再加(3)更新用于对冲的股票数量所需的现金流。最后,J 列计算投资组合的最新价值,其等于 100 份看涨期权空头的价值、用于对冲的股票多头价值以及借款的负债价值之和。

第 15 行给出了初始计算过程,接下来每一行计算各期的新数值。第 34 行即为最后的更新结果。最后,第 35 行计算得出,最终的借款负债为 -496 美元。

B38:E42 单元格总结了这些计算过程。B38:B41 单元格给出初始现金流,C38:C41 单元格给出最终(T 时刻)现金流。D38:D42 单元格计算二者之和,即利润。如 D42 所示,最终利润为 43 美元。

6.3 非线性产品:Delta-Gamma 对冲

和上一节一样,考虑一个投资组合 Po,我们希望对其进行 Delta-Gamma 对冲。Delta 对冲只需使用一份标的资产(例如股指基金),但 Delta-Gamma 对冲则与之不同,还需另一种对冲工具。与上一节的讲解类似,本节我们将介绍如何建立 Delta-Gamma 对冲的初始头寸,如何在各个中间日用再平衡的方式更新头寸,以及如何计算到期日时的价值,其与对冲成本成比例。

如前所述,在初始对冲头寸建立后以及每次再平衡后,对冲后投资组合的 Delta 均等于零,即 $\Delta^{Po} + \Delta^{H} = 0$。随着时间推移,为使对冲后投资组合的 Delta 重新变为零,需要定期进行再平衡。然而,若投资组合的 Delta(Δ^{Po})本身对股价变化很敏感,投资者就需要频繁地进行再平衡处理。换言之,若 Γ^{Po} 的数值很大,Δ^{Po} 就会变化得很快,进而需要投资者频繁进行再平衡。为了降低这种风险,从业者可以使用 Delta-Gamma 对冲的方式,不但让投资组合满足 Delta 中性,还满足 Gamma 中性。综上所述,我们在上一小节探讨了非线性产品的 Delta 对冲。而如果产品的非线性程度(即 Γ)十分显著,那么从业者就会希望建立一个 Delta 与 Gamma 均为零的对冲组合。

6.3.1 初始对冲

由于动态 Delta-Gamma 对冲需要满足两个约束条件:Delta 中性和 Gamma 中性,因此我

---

① H 列计算的各期现金流表示当期初始时刻未偿还借贷的应计利息。

们至少需要使用两种对冲证券 $H1$ 和 $H2$。我们需要求解如下二阶线性方程组：

$$\Gamma_0^{Po} + N_0^{H1}\Gamma_0^{H1} + N_0^{H2}\Gamma_0^{H2} = 0 (\text{Gamma 中性})$$

$$\Delta_0^{Po} + N_0^{H1}\Delta_0^{H1} + N_0^{H2}\Delta_0^{H2} = 0 (\text{Delta 中性})$$

通常而言，我们会选取标的资产 S 作为对冲证券之一，其满足 $\Delta=1, \Gamma=0$。我们将其作为对冲证券 $H1$。于是，上述二阶线性方程组便可化简为：

$$\Gamma_0^{Po} + N_0^{H2}\Gamma_0^{H2} = 0，且$$

$$\Delta_0^{Po} + N_0^{H1} + N_0^{H2}\Delta_0^{H2} = 0$$

整理即得：[①]

$$N_0^{H2} = -\frac{\Gamma_0^{Po}}{\Gamma_0^{H2}}，且$$

$$N_0^{H1} = N_0^S = \left(\frac{\Gamma_0^{Po}}{\Gamma_0^{H2}}\right)\Delta_0^{H2} - \Delta_0^{Po}$$

$$Eq_0 = N_0^S S_0, \quad V_0^{H2} = N_0^{H2}P_0^{H2}$$

$$CF_0^S = -Eq_0, \quad CF_0^{H2} = -V_0^{H2} \tag{6.10}$$

$$D_0 = -(Eq_0 + V_0^{H2}) \text{以保证现金流中性} \tag{6.11}$$

$$\text{以及 } CF_0^D = -D_0 \tag{6.12}$$

这里 V_0^{H2} 表示 N_0^{H2} 份对冲证券 $H2$ 的价值，CF_0^{H2} 表示持有该头寸对应的初始现金流。显然，对冲证券 $H2$ 的 Gamma 必须非零，即 $\Gamma_0^{H2}\neq 0$。也就是说，它必须是诸如看涨期权或看跌期权这样的非线性产品。

6.3.2　中期对冲：再平衡

和前面类似，假设投资者每隔 Δt 年对该投资组合进行再平衡，即在 $t\in\{\Delta t, 2\Delta t, 3\Delta t, \cdots, T-\Delta t\}$ 时刻再平衡。每到再平衡时刻 t，投资者需要重新进行现金借贷，以能保证对冲的净现金流始终为零。我们仍假设该投资者将所获股息连续再投资于股指基金。

上一小节的诸多内容同样适用于中期再平衡时刻。除了式(6.10)、式(6.11)和式(6.12)以外，上一节的其他公式均适用于中期再平衡时刻，当然我们要将下标 0 替换为 t，这里 $t\in\{1\Delta t, 2\Delta t, \cdots, T-\Delta t\}$。

我们首先考虑对冲证券 $H2$。与上一小节的初始计算方法相同，$N_t^{H2} = -\frac{\Gamma_t^{Po}}{\Gamma_t^{H2}}$。下面我们定义：[②]

---

①　根据方程组的第一个方程，可以得到 $N_0^{H2} = -\frac{\Gamma_0^{Po}}{\Gamma_0^{H2}}$。根据第二个方程，即得 $N_0^{H1} = N_0^S = -(\Delta_0^{Po} + N_0^{H2}\Delta_0^{H2}) = -\left(\Delta_0^{Po} - \frac{\Gamma_0^{Po}}{\Gamma_0^{H2}}\Delta_0^{H2}\right)$。

②　该计算过程假定对冲证券 $H2$ 不产生股息。

$$\Delta N_t^{H2} \equiv N_t^{H2} - N_{t-\Delta t}^{H2}$$

经过整理,对冲证券 $H2$ 的再平衡满足:

$$N_t^{H2} = -\left(\frac{\Gamma_t^{Po}}{\Gamma_t^{H2}}\right), \ CF_t^{H2} = -\Delta N_t^{H2} P_t^{H2}, \ V_t^{H2} = N_t^{H2} P_t^{H2}$$

其中,P_t^{H2} 表示对冲证券 $H2$ 在 t 时刻的价格,V_t^{H2} 表示再平衡后该头寸的价值。

下面考虑用作对冲证券 $H1$ 的股指基金。式(6.5)同样给出了需要购买的股数,即 $\Delta N_t^S = N_t^S - e^{\delta \Delta t} N_{t-\Delta t}^S$。总结而言:

$$N_t^S = \left(\frac{\Gamma_t^{Po}}{\Gamma_t^{H2}}\right)\Delta_t^{H2} - \Delta^{Po}, \ CF_t^S = -\Delta N_t^S S_t, \ Eq_t = N_t^S S_t$$

这里 N_t^S 的计算方法来自上一小节的相应公式,只不过这里我们将下标 0 换成了 t。

现在我们探讨由于再平衡而更新的借贷金额及其相关现金流。与式(6.7)相似,每个中期日的借贷金额应当确保用于对冲的净现金流始终为零,即:

$$0 = CF_t^D + I_t + CF_t^S + CF_t^{H2} \Rightarrow D_t = D_{t-\Delta t} + I_t + CF_t^S + CF_t^{H2}$$

其中,根据式(6.6),$I_t = (e^{rf \Delta t} - 1)D_{t-\Delta t}$。将此式代入上式,即得:

$$D_t = e^{rf \Delta t} D_{t-\Delta t} + CF_t^S + CF_t^{H2} \tag{6.13}$$

因此:

$$CF_t^D = -[D_t - (D_{t-\Delta t} + I_t)] = -(CF_t^S + CF_t^{H2}) \tag{6.14}$$

$$= -[D_t - e^{rf \Delta t} D_{t-\Delta t}] = \Delta N_t^S S_t + \Delta N_t^{H2} P_t^{H2} \tag{6.15}$$

注意,这里 CF_t^D 表示 t 时刻需要借入的现金。[①]

6.3.3 案例:静态 Delta-Gamma 对冲

图 6.5 与图 6.1 较为类似。不同之处在于,图 6.1 只进行 Delta 对冲,而图 6.5 同时进行了 Delta 对冲与 Gamma 对冲。因此,我们重点关注二者的差异。在 B21:B23 单元格中,我们计算一份看涨期权(多头)的 Gamma。由于我们仍然希望对冲 100 份看涨期权空头,因此我们在 B24 单元格中计算它们的总 Gamma 值。

如前所述,除了对冲 Delta 以外,我们需要另一个对冲工具来对冲 Gamma。我们随意选取一个具有相同标的资产的看跌期权。B32 单元格给出该看跌期权的行权价为 $K^p = 6$ 美元,B33 单元格给出其到期时间为 1 年。B34:B35 单元格计算了该看跌期权的 Delta。B37 单元格计算了它的价值,B38:B39 单元格计算了它的 Gamma。B40 单元格计算需要持有的看跌

---

① 在 CF_t^D 为正的情况下,若对冲组合已经借出(借入)了现金,则需赎回(进一步借入)相应的现金;在 CF_t^D 为负的情况下,若对冲组合已经借出(借入)了现金,则需进一步借出(偿还)相应的现金。

	A	B	C	D	E	F	G	H	I	J	K	L	M
3						F6 =B12*B14	G6 =B37*B41		H6 =B5*K36				I6 =F6+G6+H6
4						J6 =B11*B14	K6 =B41*B34		L6 =K36*1				M6 =J6+K6+L6
5	S_0					V^C	V^P	V^S	V^{HP}	Δ^C	Δ^P	Δ^S	Δ^{HP}
6	K^C	5.21				(49)	194	663	808	(50.2)	-82.3	132.5	0
7	f	6%			1.0	0	691	133	823	0.0	-141.5	132.5	-8.986
8	T	0.5		S_0	2.0	0	549	265	815	-0.1	-140.6	132.5	-8.165
9	σ	40%			3.0	-1	412	398	809	-3.7	-131.7	132.5	-2.937
10	δ	4%			4.0	-13	290	530	808	-22.0	-110.0	132.5	0.516
11	Δ^C	0.502			4.5	-27	239	596	808	-35.9	-96.3	132.5	0.300
12	c_d	0.486			4.7	-35	220	623	808	-41.7	-90.7	132.5	0.129
13					4.9	-44	203	649	808	-47.4	-85.1	132.5	0.016
14	N	(100)			5.1	-54	186	676	808	-53.0	-79.5	132.5	0.018
15	收入	60			5.3	-65	171	702	808	-58.2	-74.2	132.5	0.175
16	v_0	11			5.5	-77	156	729	808	-63.1	-68.9	132.5	0.512
17	V^C	(49)			5.7	-90	143	755	808	-67.6	-63.9	132.5	1.040
18	Δ^C	(50)			5.9	-104	131	782	809	-71.7	-59.1	132.5	1.756
19					6.1	-119	119	808	809	-75.3	-54.5	132.5	2.648
20	0.0001				6.0	-111	125	795	809	-73.6	-56.8	132.5	2.181
21	r^C	0.276			7.0	-192	79	928	814	-87.1	-37.2	132.5	8.236
22	r^C	0.276			8.0	-283	49	1060	826	-93.6	-23.5	132.5	15.421
23	r^C	0.276			9.0	-378	30	1193	844	-96.3	-14.6	132.5	21.621

Row 24: 总 r^C | (27.6) | B16 =B15+B12*B14 | B17 =B14*B12 | B18 =B14*B11

B11 =BSMCALLDELTA(B5,B6,B7,B8,B9,B10)
B12 =BSMCALL(B5,B6,B7,B8,B9,B10)
B21 =BSMGAMMA1($B$5,$B$6,$B$7,$B$8,$B$9,$B$10)   F7:M23 {=TABLE(,B5)}
B22 =BSMGAMMA2($B$5,$B$6,$B$7,$B$8,$B$9,$B$10)
B23 =(BSMCALLDELTA((1+A20)*B5,B6,B7,B8,B9,B10)-BSMCALLDELTA(B5,B6,B7,B8,B9,B10))/(A20*B5)
B24 =B21*B14

	A	B	C	D/E	F..I	J	K	L	M
31	看跌期权		加总		B27 =B18+B24	Δ	Γ		
32	K^P	6			看涨期权	-50.2	-27.6 =B24		K32 =B18
33	T	1.000			看跌期权	-82.3	27.6 =C38		K33 =C34
34	Δ^P	-0.559	-82	C34 =B34*B41	加总	-132.5	0.00		K34 =K32+K33
35	Δ^P	-0.559			股数	132.5	L34 =L32+L33		
36					股数	132.53			
37	P_0	1.318	B37 =BSMPUT(B5,B32,B7,B33,B9,B10)						K32 =B18
38	r^P	0.188	27.64	B38 =BSMGAMMA1($B$5,$B32,$B$7,$B33,$B$9,$B$10)					K33 =C34
39	r^P	0.188	B39 =BSMGAMMA2($B$5,$B32,$B$7,$B33,$B$9,$B$10)						K34 =K32+K33
40	N^P	147.3	B40 =B24/B38	C38 =B38*B41					K35 =-K34
41	N^P	147.3	B34 =BSMPUTDELTA($B$5,$B32,$B$7,$B33,$B$9,$B$10)						
42		B35 =(BSMPUT((1+A20)*B5,B32,B7,B33,B9,B10)-BSMPUT(B5,B32,B7,B33,B9,B10))/(A20*B5)							

图 6.5　100 份看涨期权空头的静态 Delta-Gamma 对冲

期权数，以保证对冲后投资组合的初始 Gamma 为零。[1]

K32：L35 单元格用于计算此静态对冲所需使用的股票数。如前所述，看跌期权的数目应当保证其 Gamma 与 100 份看涨期权空头的 Gamma 相抵消，如 L32：L34 单元格所示。对冲

---

[1] 为了后续构建模拟运算表，我们将 B40 单元格的计算结果（不是公式）写入 B41 单元格中。

所需的股票数（K35 单元格）应当保证能抵消 100 份看涨期权空头和看跌期权多头的总Delta。[1]

F6:I6 单元格表示各个价值，J6:M6 单元格表示各个 Delta。F7:M23 单元格给出的模拟运算表分析了这 8 个函数关于当前股价的敏感性，假设当前股价从 1 美元到 9 美元变化（如 E7:E23 单元格）。

图 6.6 绘制了价值与 Delta 随当前股价 S_0 变化的函数图像（即图 6.5 中的模拟运算表）。两幅价值函数的图像的区别仅在于选定的当前股价的范围不同。上方图像的范围是 1 美元到 9 美元；下方图像对上方图像进行了放大，范围是 4 美元到 6 美元。回忆一下，当前的股价是 5 美元。按照我们的设定，对冲后投资组合的价值函数图像在 5 美元附近十分平坦。事实上，其在整个 1 美元到 9 美元的区间内都相当平坦。再观察图 6.6 右上角的 Delta 的函数图像。当前股价等于 5 美元时，对冲后投资组合的 Delta 等于零，且在整个 1 美元到 9 美元的区间内都接近于零。

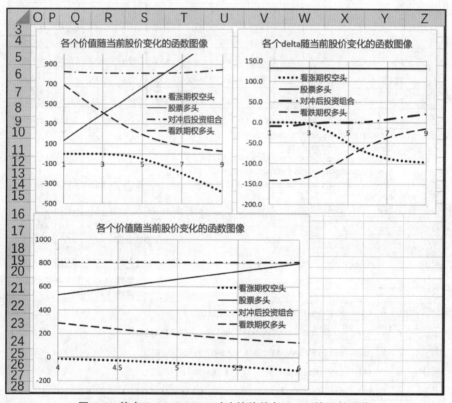

图 6.6　静态 Delta-Gamma 对冲的价值与 Delta 的函数图像

图 6.7 制作了 Gamma 的模拟运算表，并绘制了其函数图像。回忆一下，标的股指基金的 Gamma 为零，因此图中并未绘制其图像。如图所示，当股价为 5 美元时，对冲后投资组合的 Gamma 等于零（与我们的设定一致）。当前股价处于 4 美元到 6 美元之间时，其仍然接近于零。

---

[1]　为了后续构建模拟运算表，我们将 K35 单元格的计算结果（不是公式）写入 K36 单元格中。

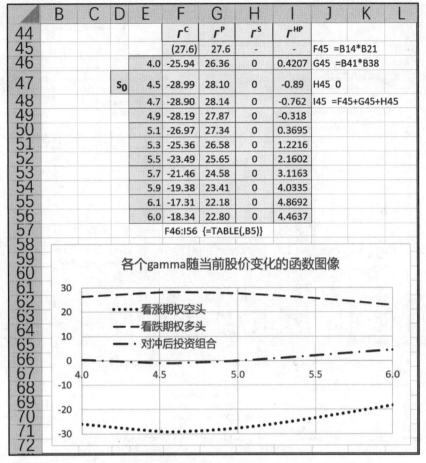

图 6.7 100 份看涨期权空头静态对冲的 Gamma 图像

6.3.4 案例：动态 Delta-Gamma 对冲

图 6.8 对相同的 100 份看涨期权空头进行了动态 Delta-Gamma 对冲。由于其计算过程与关于动态 Delta 对冲的图 6.4 十分相似，因此这里我们重点探讨在 Delta 对冲的基础之上进一步进行 Gamma 对冲所需添加的新内容。

D 列与 E 列分别计算了每份看涨期权（多头）与用于对冲的看跌期权的 Gamma 值。F 列计算了为使投资组合当前保持 Gamma 中性所需的看跌期权数量。第 15 行至第 35 行与图 6.4中的对应行类似。

6.3.5 动态对冲：Delta 对冲与 Delta-Gamma 对冲

由于我们的对冲方法满足初始净现金流为零，因此对冲后投资组合的初始总价值就等于被对冲的风险资产的初始价值。如果我们可以连续进行再平衡，那么理论上，被对冲投资组合的价值大小会按照无风险利率增长，投资组合将没有风险。然而，由于我们无法做到连续对冲，只能做到离散对冲（例如每日进行调仓），因此风险仍将存在，对冲后投资组合的价值增

	A	B	C	D	E	F	G	H	I	J	K	L	M	N	O	P
4	S_0	5		N	(100)		T^P	1.0				`D15 =BSMGAMMA1(B15,$B$5,$B$6,C15,$B$8,$B$9)`				
5	K^C	5.21		收入	60		K^P	6							`F15 =-$E$4*D15/E15`	
6	r^f	6%	`D7 =B7/$A$35`							`E15 =BSMGAMMA1(B15,$H$5,$B$6,C15+(H$4-B$7),$B$8,$B$9)`						
7	T^C	0.5	Δt^C	0.0250		`I15 =-($E$4*G15+F15*H15)`					`G15 =BSMCALLDELTA(B15,$B$5,$B$6,C15,$B$8,$B$9)`					
8	σ	40%	`B10 =BSMCALLDELTA(B4,B5,B6,B7,B8,B9)`							`H15 =BSMPUTDELTA(B15,$H$5,$B$6,C15+H$4-B$7,$B$8,$B$9)`						
9	δ	4%	`B11 =BSMCALL(B4,B5,B6,B7,B8,B9)`								`K15 =BSMPUT(B15,$H$5,$B$6,C15+H$4-B$7,$B$8,$B$9)`					
10	Δ^C	0.502					Δ^P	-0.56	`H10 =BSMPUTDELTA(B4,H5,B6,H4,B8,B9)`							
11	c_0	0.486	`J15 =-B15*(I15-I14*EXP(D$7*B$9))`				p_0	1.32	`H11 =BSMPUT(B4,H5,B6,H4,B8,B9)`						`L15 =-K15*(F15-F14)`	
12	`M16 =N15*(EXP($B$6*$D$7)-1)`					`N15 =N14+J15+L15+M15`							`P16 =M16/EXP($B$6*($B$7-C16))`			
13	期数	S_t	T^C-t	Γ^C	Γ^P	N^P	Δ^C	Δ^P	股数	股票CF_t	P_t	看跌期权CF_t	利息CF_t	借贷$_t$	投资组合$_t$	PV(利息)
14		`C15 =$B$7-A15*$D$7`					`O15 =$E$4*BSMCALL(B15,$B$5,$B$6,C15,$B$8,$B$9)+F15*K15+B15*I15+N15`									
15	0	5.00	0.50	0.28	0.19	147	0.50	-0.56	132.5	-663	1.32	-194		-857	**-48.6**	
16	1	4.91	0.48	0.29	0.19	151	0.47	-0.58	135.0	-11	1.36	-5	-1.3	-875	-48.6	(1.3)
17	2	4.83	0.45	0.30	0.19	155	0.45	-0.60	137.3	-11	1.40	-5	-1.3	-892	-48.7	(1.3)
18	3	5.13	0.43	0.29	0.19	152	0.53	-0.55	136.1	7	1.23	3	-1.3	-882	-48.8	(1.3)
19	4	5.28	0.40	0.29	0.19	150	0.57	-0.52	135.7	3	1.14	2	-1.3	-879	-48.9	(1.3)
20	5	5.42	0.38	0.28	0.19	148	0.61	-0.50	135.2	3	1.06	2	-1.3	-875	-49.0	(1.3)
21	6	5.41	0.35	0.29	0.19	152	0.61	-0.50	137.6	-12	1.06	-4	-1.3	-892	-49.0	(1.3)
22	7	5.29	0.33	0.32	0.20	160	0.58	-0.53	142.3	-25	1.11	-9	-1.3	-927	-49.0	(1.3)
23	8	5.24	0.30	0.34	0.20	166	0.56	-0.54	146.2	-20	1.13	-7	-1.4	-955	-49.1	(1.4)
24	9	5.41	0.28	0.33	0.20	164	0.61	-0.51	145.6	4	1.03	3	-1.4	-950	-49.2	(1.4)
25	10	5.09	0.25	0.39	0.21	183	0.50	-0.58	156.6	-55	1.20	-23	-1.4	-1029	-49.1	(1.4)
26	11	4.95	0.23	0.42	0.22	193	0.44	-0.62	162.9	-31	1.28	-13	-1.5	-1074	-49.2	(1.5)
27	12	5.09	0.20	0.43	0.22	199	0.49	-0.59	166.9	-19	1.18	-7	-1.6	-1102	-49.2	(1.6)
28	13	5.14	0.18	0.46	0.22	207	0.51	-0.59	172.7	-29	1.15	-10	-1.7	-1143	-49.2	(1.6)
29	14	5.32	0.15	0.47	0.22	210	0.59	-0.55	175.0	-11	1.03	-2	-1.7	-1158	-49.4	(1.7)
30	15	5.29	0.13	0.52	0.23	228	0.58	-0.56	186.3	-59	1.04	-19	-1.7	-1238	-49.3	(1.7)
31	16	5.39	0.10	0.55	0.23	237	0.64	-0.55	193.2	-36	0.97	-9	-1.9	-1285	-49.4	(1.8)
32	17	5.60	0.08	0.50	0.23	217	0.76	-0.50	185.8	43	0.85	17	-1.9	-1227	-49.8	(1.9)
33	18	5.57	0.05	0.58	0.24	244	0.79	-0.51	204.4	-103	0.85	-23	-1.8	-1355	-49.6	(1.8)
34	19	5.70	0.03	0.38	0.24	160	0.93	-0.49	170.9	192	0.78	65	-2.0	-1099	**-50.6**	(2.0)
35	20	5.84	0.00								0.70		-1.6	-1101		(1.6)
36																
37		CF_0	CF_T	利润	PV(CF_T)	`M37 =SUM(M16:M35)`					`P37 =SUM(P16:P35)`		(31.1)			(30.5)
38	看涨期权	60	(63)	(3)	-61	`B38 =$E$5`		`C38 =$E$4*MAX(B35-$B$5,0)`					`D38 =B38+C38`			
39	看跌期权	(194)	112	(82)	109	`B39 =L15`		`C39 =F34*K35`					`D39 =B39+C39`			
40	股票	(663)	999	337	970	`B40 =J15`		`C40 =B35*I34*EXP(B9*D7)`					`D40 =B40+C40`			
41	借贷	857	(1,101)	(244)	-1068	`B41 =-N15`		`C41 =N35`		`D41 =B41+C41`				`E41 =C41*EXP(-$B$6*$B$7)`		
42	加总	60	(53)	7	**-51.1**		**净现值**	**8.9**	`H42 =E$5+E43`					`E43 =C42*EXP(-$B$6*$B$7)`		
43				7	**-51.1**											
44	`B42 =SUM(B38:B41)`			`C42 =SUM(C38:C41)`			`D42 =SUM(D38:D41)`				`E42 =SUM(E38:E41)`			`D43 =B42+C42`		
45	`E38 =C38*EXP(-$B$6*$B$7)`				`E39 =C39*EXP(-$B$6*$B$7)`					`E40 =C40*EXP(-$B$6*$B$7)`						

图 6.8　100 份看涨期权空头的动态 Delta-Gamma 对冲

长速度会与无风险利率有一定偏差。

风险管理者应当使用 Delta 对冲还是 Delta-Gamma 对冲呢？相对于 Delta-Gamma 对冲而言，Delta 对冲的风险更高，但交易成本更低，投资者需要进行权衡。与 Delta 对冲相比，Delta-Gamma 对冲需要额外使用一种对冲证券。因此，虽然我们在分析过程和示例中都忽略了交易成本，但 Delta-Gamma 对冲的交易成本通常更高。然而，Delta-Gamma 对冲能比 Delta 对冲更好地防范标的资产价格大幅变动带来的风险。所以，与 Delta 对冲后投资组合的价值增长速率相比，Delta-Gamma 对冲后投资组合的价值增长速率会更接近于无风险利率。换句话说，对于某一给定的未来日期，Delta 对冲后的投资组合可行价值分布的方差比 Delta-Gamma 对冲后的价值方差更大。①综上所述，在其他条件相同的情况下，Delta-Gamma 对冲的风险通常较小（即对冲后投资组合的未来可行价值的方差更低），但具有比 Delta 对冲更高的交易成本。

① 对于某一给定的标的资产未来价格路径而言，Delta 对冲后投资组合的未来价值有可能高于 Delta-Gamma 对冲后投资组合的价值，当然反过来的情况也可能出现。

6.4　非线性产品：Delta-Gamma-Vega 对冲

在前几节中，我们探讨了标的资产（股指基金）的价格变动带来的风险。现在我们考虑股票收益波动率变化带来的风险。在上一小节中，我们研究了非线性产品的 Delta-Gamma 对冲方法。如果某投资者担心标的资产的波动率可能发生变化，他便可以使用动态对冲的方式来定期再平衡投资组合，在防范标的资产价格变化的风险的同时屏蔽波动率变动带来的风险。

6.4.1　Delta-Gamma-Vega 对冲

假设某投资者不但希望使对冲后投资组合的 Delta 与 Gamma 为零，还希望使其 Vega 也为零。若想实现这种动态对冲，至少需要三种对冲证券：$H1$、$H2$ 和 $H3$。为使对冲后投资组合能达到 Delta-Gamma-Vega 中性，再平衡时需要求解一个三阶线性方程组。

后文中，为简单起见，我们省略了下标，因为构建初始对冲头寸的方程与构建中间日对冲头寸的方程几乎相同。

三种对冲证券的持仓数量应当满足下列方程组：

$$\Gamma^{Po} + N^{H1}\Gamma^{H1} + N^{H2}\Gamma^{H2} + N^{H3}\Gamma^{H3} = 0 \text{（Gamma 中性）}$$
$$\Delta^{Po} + N^{H1}\Delta^{H1} + N^{H2}\Delta^{H2} + N^{H3}\Delta^{H3} = 0 \text{（Delta 中性）}$$
$$\nu^{Po} + N^{H1}\nu^{H1} + N^{H2}\nu^{H2} + N^{H3}\nu^{H3} = 0 \text{（Vega 中性）} \quad (6.16)$$

上面的原始方程组式（6.16）还可用矩阵形式简洁表示，即：

$$\widetilde{C}\widetilde{N} = \widetilde{k} \quad (6.17)$$

其中，

$$\widetilde{C} = \begin{bmatrix} \Gamma^{H1} & \Gamma^{H2} & \Gamma^{H3} \\ \Delta^{H1} & \Delta^{H2} & \Delta^{H3} \\ \nu^{H1} & \nu^{H2} & \nu^{H3} \end{bmatrix}, \ \widetilde{N} = \begin{bmatrix} N^{H1} \\ N^{H2} \\ N^{H3} \end{bmatrix}, \text{且 } \widetilde{k} = \begin{bmatrix} -\Gamma^{Po} \\ -\Delta^{Po} \\ -\nu^{Po} \end{bmatrix}$$

接下来求解对冲证券的数目 N^{H1}、N^{H2} 和 N^{H3}，即：

$$\begin{bmatrix} N^{H1} \\ N^{H2} \\ N^{H3} \end{bmatrix} = \widetilde{N} = \widetilde{C}^{-1}\widetilde{k} = \begin{bmatrix} \Gamma^{H1} & \Gamma^{H2} & \Gamma^{H3} \\ \Delta^{H1} & \Delta^{H2} & \Delta^{H3} \\ \nu^{H1} & \nu^{H2} & \nu^{H3} \end{bmatrix}^{-1} \begin{bmatrix} -\Gamma^{Po} \\ -\Delta^{Po} \\ -\nu^{Po} \end{bmatrix} \quad (6.18)$$

其中 $\widetilde{C}^{-1}$ 表示矩阵 $\widetilde{C}$ 的逆。

我们继续假设标的资产(股指基金)是用于对冲的证券之一,其满足 $\Delta=1$、$\Gamma=0$ 以及 $\nu=0$。[①]我们将其记作对冲证券 $H1$。于是,上述方程组式(6.16)可化简为:

$$\Gamma^{Po}+N^{H2}\Gamma^{H2}+N^{H3}\Gamma^{H3}=0$$
$$\Delta^{Po}+N^{H1}+N^{H2}\Delta^{H2}+N^{H3}\Delta^{H3}=0,且$$
$$\nu^{Po}+N^{H2}\nu^{H2}+N^{H3}\nu^{H3}=0 \tag{6.19}$$

由于第一个与第三个方程均不含 N^{H1},因此上述线性方程组可简化为只含有两个未知数(N^{H2} 与 N^{H3})的二阶线性方程组:

$$\Gamma^{Po}+N^{H2}\Gamma^{H2}+N^{H3}\Gamma^{H3}=0,且$$
$$\nu^{Po}+N^{H2}\nu^{H2}+N^{H3}\nu^{H3}=0 \tag{6.20}$$

求解对冲证券的数目(N^{H2} 与 N^{H3}),即得:

$$\begin{pmatrix} N^{H2} \\ N^{H3} \end{pmatrix} = \begin{bmatrix} \Gamma^{H2} & \Gamma^{H3} \\ \nu^{H2} & \nu^{H3} \end{bmatrix}^{-1} \begin{pmatrix} -\Gamma^{Po} \\ -\nu^{Po} \end{pmatrix} \tag{6.21}$$

确定好 N^{H2} 与 N^{H3} 之后,便可利用 Delta 中性的方程 $\Delta^{Po}+N^{H1}+N^{H2}\Delta^{H2}+N^{H3}\Delta^{H3}=0$ 求解出用于对冲的股票数 N^{H1},即:[②]

$$N^{H1}=N^S=-(\Delta^{Po}+N^{H2}\Delta^{H2}+N^{H3}\Delta^{H3}) \tag{6.22}$$

其他关于现金流和持仓价值的计算过程与前几节类似。此外,初始头寸与中期头寸的计算也与先前内容逻辑一致,是前几节的自然拓展。

6.4.2 案例:静态 Delta-Gamma-Vega 对冲

图 6.9 展示了 Delta-Gamma-Vega 对冲的过程,其与图 6.1(静态 Delta 对冲)和图 6.5(静态 Delta-Gamma 对冲)类似。因此,这里我们只强调新增的 Vega 对冲带来的新结果。由于我们现在希望对冲第三个希腊值,因此我们需要第三种对冲证券。和先前一样,第一种对冲证券是标的资产,其保证投资组合满足 Delta 中性。本例中,第二种与第三种证券均为看跌期权。E2 与 H2(E4 与 H4)单元格分别给出了两种看跌期权的行权价(到期日)。K3:L3 单元格和 N3 单元格分别计算了两种看跌期权的 Vega 以及 100 份看涨期权空头的 Vega。B8:B11 单元格分别计算了每份看涨期权(多头)的价值、Delta、Gamma 和 Vega。E8:E11 单元格与 H8:H11 单元格分别计算了两种用于对冲的看跌期权的相应数值。K9:N11 单元格总结了看涨期权(多头)、两种用于对冲的看跌期权以及标的股指基金的三种希腊值。最后,K14:K17 单元格计算了对冲后投资组合中每种证券的数目。[③]

---

① 这里假定希腊值 $\nu=\dfrac{\partial S}{\partial \sigma}$ 等于零。

② 我们通常不会对冲希腊值 Theta $\left(\Theta=\dfrac{\partial V}{\partial T}\right)$,因为我们无法控制时间。最后,希腊值 Rho $\left(\rho=\dfrac{\partial V}{\partial r^f}\right)$ 通常被用作风险指标,在对冲无风险利率变动带来的风险时使用。这一指标在涉及固定收益证券的情境中较为常见。

③ 为了后续构建模拟运算表,我们将 K14:K17 单元格的计算结果(不是公式)写入 L14:L17 单元格中。

	A	B	C	D	E	F	G	H	I	J	K	L	M	N	O	P	Q
1	S_0	5									P1	P2		看涨期权			个数
2	K^C	5.21	K^{P1}	4.5		K^{P2}	5.5			r	0.235	0.131		19.18		P1	54.3
3	r	6%								υ	1.177	2.623		191.8		P2	48.7
4	T^C	1		T^{P1}	0.5	T^{P2}	2		K2 =E10		K3 =E11		L2 =H10		L3 =H11		
5	σ	40%		K5 =B7*B9+E9*Q2+H9*Q3					Δ^{C+H}		-90.4		N2 =-B10*\$B\$7		N3 =-B11*\$B\$7		
6	δ	2%				K6 =-K5			股数		90.4						
7	N^C	-100		Q2:Q3 {=MMULT(MINVERSE(K2:L3),N2:N3)}													
8	c_0	0.77	p_0	0.28	p_0	1.12					C	P1	P2	S			
9	Δ^C	0.57	Δ^{P1}	-0.28	Δ^{P2}	-0.38			Δ		0.57	-0.28	-0.38	1			
10	Γ^C	0.19	Γ^{P1}	0.24	Γ^{P2}	0.13			Γ		0.19	0.24	0.13	0			
11	υ^C	1.92	υ^{P1}	1.18	υ^{P2}	2.62			υ		1.92	1.18	2.62	0			
12									N14:N16 {=MMULT(K9:N11,K14:K17)}								
13	K9 =B9		K10 =B10		K11 =B11						个数	个数		HP			
14	L9 =E9		L10 =E10		L11 =E11				C		-100	-100	Δ	0.000			
15	M9 =H9		M10 =H10		M11 =H11				P1		54.3	54.3	Γ	0.000			
16	N9 1		N10 0		N11 0				P2		48.7	48.7	υ	0.000			
17									S		90.4	90.4					
18	B8 =BSMCALL(\$B\$1,\$B\$2,\$B\$3,\$B\$4,\$B\$5,\$B\$6)													K14 =B7			
19	B9 =BSMCALLDELTA(\$B\$1,\$B\$2,\$B\$3,\$B\$4,\$B\$5,\$B\$6)													K15 =Q2			
20	B10 =BSMGAMMA1(\$B\$1,\$B\$2,\$B\$3,\$B\$4,\$B\$5,\$B\$6)													K16 =Q3			
21	B11 =BSMVEGA1(\$B\$1,\$B\$2,\$B\$3,\$B\$4,\$B\$5,\$B\$6)													K17 =K6			
22	E8 =BSMPUT(\$B\$1,\$E\$2,\$E\$3,\$E\$4,\$E\$5,\$E\$6)																
23	E9 =BSMPUTDELTA(\$B\$1,\$E\$2,\$E\$3,\$E\$4,\$E\$5,\$E\$6)																
24	E10 =BSMGAMMA1(\$B\$1,\$E\$2,\$E\$3,\$E\$4,\$E\$5,\$E\$6)																
25	E11 =BSMVEGA1(\$B\$1,\$E\$2,\$E\$3,\$E\$4,\$E\$5,\$E\$6)																
26	H8 =BSMPUT(\$B\$1,\$H\$2,\$H\$3,\$H\$4,\$H\$5,\$H\$6)																
27	H9 =BSMPUTDELTA(\$B\$1,\$H\$2,\$H\$3,\$H\$4,\$H\$5,\$H\$6)																
28	H10 =BSMGAMMA1(\$B\$1,\$H\$2,\$H\$3,\$H\$4,\$H\$5,\$H\$6)																
29	H11 =BSMVEGA1(\$B\$1,\$H\$2,\$H\$3,\$H\$4,\$H\$5,\$H\$6)																

图 6.9　100 份看涨期权空头的静态 Delta-Gamma-Vega 对冲

　　图 6.10 制作了对冲后投资组合的 Delta 的二维模拟运算表，将其同时作为标的资产价值与收益率波动率的函数。图中还用两幅函数图像呈现了这些结果。上方的图像是二维的，不同的函数曲线对应于不同的当前股价。下方的图像是一个三维曲面图。根据模拟运算表以及上方的图像，在当前股价 $S_0=5$ 美元且 $\sigma=40\%$ 时，按照我们的设定，投资组合的 Delta 为零。

　　图 6.11 制作了对冲后投资组合的价值的二维模拟运算表，将其同时作为标的资产价值与收益率波动率的函数。值得欣喜的是，对于图中展示的所有可能的股价，投资组合的价值在较大的波动率变动范围（20％至 60％）内都变化不大。由于当前股价是 5 美元，因此图中对应的短虚线的对冲效果最明显。

6.4.3　对冲实践

　　现实中，交易者通常只建立 Delta 中性对冲策略，并对 Gamma 与 Vega 加以监控。这是因为，保持投资组合 Gamma 与 Vega 中性的成本通常过高。因此，只有在 Gamma 与 Vega 的数值大小达到预先设定的阈值时，交易者才会对其加以处理。在达到阈值时，投资者可能会

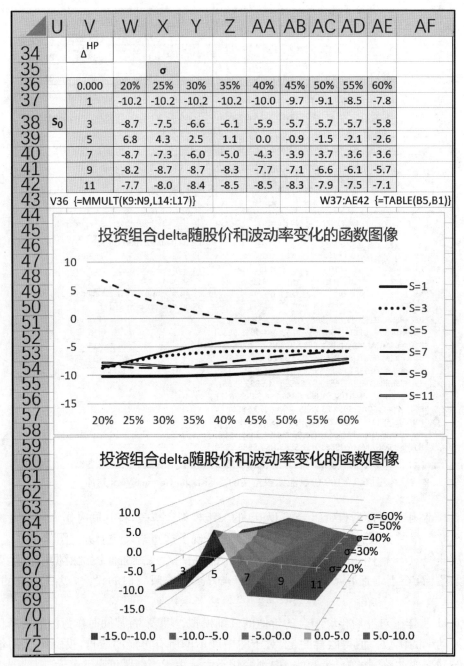

图 6.10　静态 Delta-Gamma-Vega 对冲的 Delta 的函数图像

试图对冲这些希腊值，也可能会直接平仓。

　　那么什么时候应当判定 Gamma 和 Vega 的数值过大呢？对于看涨期权与看跌期权而言，若股价与行权价较为接近（即期权接近于平值状态），那么 Gamma 与 Vega 将均为正数，且会剧烈增加。当期权快要到期且接近平值状态时，期权的 Gamma 会变得非常大。这种情况下，再平衡将变得非常频繁，投资者可能会进行 Gamma 对冲和（或）Vega 对冲。

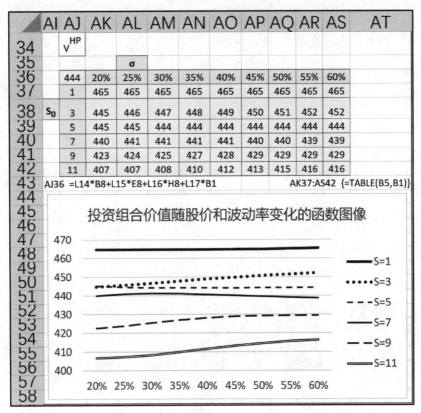

图 6.11　100 份看涨期权空头在 Delta-Gamma-Vega 对冲后的价值函数图像

6.5　多元泰勒级数

　　考虑某投资组合,其价值 $P(S, \sigma, t)$ 是股价 S、波动率 σ 和时间 t 的函数。由于我们希望对冲股价与收益率波动率带来的风险,因此我们忽略无风险利率与股息派发率变化带来的影响。对 $P(S, \sigma, t)$ 进行泰勒(Taylor)级数展开,即有:

$$\Delta P = \frac{\partial P}{\partial S}\Delta S + \frac{\partial P}{\partial \sigma}\Delta\sigma + \frac{\partial P}{\partial t}\Delta t$$
$$+ \frac{1}{2}\frac{\partial^2 P}{\partial S^2}(\Delta S)^2 + \frac{1}{2}\frac{\partial^2 P}{\partial \sigma^2}(\Delta\sigma)^2 + \frac{1}{2}\frac{\partial^2 P}{\partial t^2}(\Delta t)^2$$
$$+ \frac{\partial^2 P}{\partial S\partial\sigma}\Delta S\Delta\sigma + \frac{\partial^2 P}{\partial S\partial t}\Delta S\Delta t + \frac{\partial^2 P}{\partial \sigma\partial t}\Delta\sigma\Delta t + \cdots$$

其中,三阶及更高阶项均被省略。

　　我们还假设股价服从伊藤过程,若以离散时间形式表示即为:

$$\Delta S = S(\mu-\delta)\Delta t + S\sigma\epsilon\sqrt{\Delta t} \text{,其中 } \epsilon \sim N(0, 1)$$

从而 $(\Delta S)^2 = S^2\left[(\mu-\delta)^2(\Delta t)^2 + (\sigma\epsilon)^2\Delta t + 2(\mu-\delta)\sigma\epsilon(\Delta t)^{1.5}\right]$。接下来,在 Δt "较小"的情况

下，一切含有 Δt 且次数高于 1 的项均可被省略。于是，我们忽略 Δt 的高阶项，即有 $(\Delta S)^2 \sim$ $(S\sigma_\epsilon)^2 \Delta t$。[1]因此，若用希腊值表示，我们有：[2]

$$\Delta P \sim \Delta P \Delta S + \nu^P \Delta \sigma - \Theta^P \Delta t + \frac{1}{2}\Gamma^P (S\sigma_\epsilon)^2 \Delta t + \frac{1}{2}\frac{\partial^2 P}{\partial \sigma^2}(\Delta \sigma)^2$$
$$+ \frac{\partial^2 P}{\partial S \partial \sigma}\Delta S \Delta \sigma + \frac{\partial^2 P}{\partial \sigma \partial t}\Delta \sigma \Delta t + \cdots \tag{6.23}$$

投资组合价值的变化：不考虑波动率

我们考虑式(6.23)的特殊情形：不考虑波动率变化带来的影响，或者假设 $\Delta\sigma \sim 0$。于是式(6.23)可化为：

$$\Delta P \sim \Delta^P \Delta S - \Theta^P \Delta t + \frac{1}{2}\Gamma^P (S\sigma_\epsilon)^2 \Delta t$$

$$\Delta P \sim \Delta^P (S(\mu-\delta)\Delta t + S\sigma_\epsilon \sqrt{\Delta t}) - \Theta^P \Delta t + \frac{1}{2}\Gamma^P (S\sigma_\epsilon)^2 \Delta t$$

$$\Delta P \sim \Delta t (\Delta^P S(\mu-\delta) - \Theta^P + \frac{1}{2}\Gamma^P (S\sigma_\epsilon)^2) + \sqrt{\Delta t}(\Delta^P S\sigma_\epsilon) \tag{6.24}$$

Delta 中性投资组合价值的变化：不考虑波动率

除了忽略波动率带来的影响（$\Delta\sigma \sim 0$）之外，如果投资组合满足 Delta 中性（$\Delta^P \sim 0$），那么式(6.24)可化为：

$$\Delta P \sim -\Theta^P \Delta t + \frac{1}{2}\Gamma^P (S\sigma_\epsilon)^2 \Delta t$$

$$\Delta P \sim \Delta t \left(-\Theta^P + \frac{1}{2}\Gamma^P (S\sigma_\epsilon)^2\right) \tag{6.25}$$

Delta-Gamma 中性投资组合价值的变化：不考虑波动率

最后，除了忽略波动率带来的影响（$\Delta\sigma \sim 0$）之外，如果投资组合满足 Delta-Gamma 中性（$\Delta^P \sim 0$ 且 $\Gamma^P \sim 0$），那么：

$$\Delta P \sim -\Theta^P \Delta t \tag{6.26}$$

此时，如我们所料，这正是 Theta 的定义：在其他风险均被对冲的情况下，投资组合价值只会通过 Θ^P 来随时间变化。

---

[1] 此外，含有 $\Delta S \Delta t$ 的项亦可被忽略，因为其关于 Δt 的最小次数是 1.5。

[2] 注意，$\dfrac{\partial P}{\partial t} = -\dfrac{\partial P}{\partial T} = -\Theta^P$。

第7章

障碍期权的复制

本章我们探讨如何用静态复制的方式为障碍期权定价。静态复制是一种可用于对那些难以直接定价的期权进行定价的技术。这一技术的关键在于找到一篮子证券（即所谓的复制投资组合），使其在一系列边界条件下与原期权具有相同的回报。由于我们可以直接对这一篮子证券定价，因此我们可以直接将其视作障碍期权的价格。①

复制方法建立在强大的无套利原则之上。具体而言，如果两个资产投资组合在"世界上所有可能的状态"之下（也就是说，不论所选标的资产的价格如何）都具有相同的回报，那么它们现在一定具有相同的价值。

复制投资组合试图尽可能模仿待复制证券在到期日的价值（回报）以及在存续期内的价值。若使用静态复制方法，我们需要在最初建立一个期权投资组合，此后不再进行调整。②我们将用一篮子欧式期权进行静态复制，并要求这一篮子期权在选定的各个不同边界点的回报与待复制的障碍期权的回报相同。

在构造可作为复制投资组合的一篮子欧式期权时，我们不但需要确定期权的类型，还需确定每个期权的数量。前文说道，我们可以用复制投资组合来为某一给定的投资组合（例如某一特定的障碍期权）定价。而由于本书着眼于金融市场风险管理分析，因此请注意，若想对冲障碍期权的市场风险，投资者可以卖空复制投资组合。换句话说，如果我们找出了复制投资组合，那么只需构造其反向头寸，便可用其对冲障碍期权的市场风险。如果期权在到期之前已经作废（例如标的资产价格达到了敲出期权的障碍值），用于对冲的欧式期权投资组合就应当被平仓，进行清算交割。

---

① 例如，敲出（敲入）障碍期权是一种特殊的期权，这种期权规定，只有满足某种必要条件时才会在到期日时支付正回报。比如，这种期权可以要求标的资产价值在期权合约存续期间始终不穿过某一障碍值。

② 动态复制则与之不同。如果使用动态复制，需要在初始时刻建立由标的资产与现金借贷（不使用期权）组成的复制投资组合，随后还需定期调仓（再平衡），因为投资组合对各个指标的敏感性（希腊值）会随时间推移而变化。换言之，这种复制投资组合的动态性体现在它需要持续不断地再平衡，使各个证券之间达到最佳配比。

7.1　静态复制基础

我们考虑障碍期权的复制。这一过程是通过使待复制期权与复制投资组合在一系列边界条件下的价值（包括到期时回报）相匹配来实现的。每增加一个我们希望匹配的边界点，我们就需要在复制投资组合中添加一个期权。如此下来便可得到关于复制投资组合中 N 个期权的 N 阶线性方程组。匹配的边界回报点越多，就会有越来越多的期权被添加到复制期权投资组合中，复制投资组合的价值就会愈发接近于待复制期权的价值。

后文中，我们将为一个向上敲出看涨期权（up-and-out call option，UOC option）定价。这种期权的到期日回报为：

$$UOC_T(S_T, K) = \max(0, S_T - K) \mid (S^{\max} < B)$$

其中 B 表示障碍水平，K 为行权价，T 为到期日，$S^{\max}$ 表示在障碍期权存续期内观测到的股价最大值。简单来说，只有股价在期权存续期内始终位于 B 以下，向上敲出看涨期权才会支付回报；若不然，支付为零。

我们将用含有 N 个看涨期权的复制投资组合（replicating portfolio，RP）来复制向上敲出看涨期权。最简单的方法就是基于二维空间 (t, S_t) 上的边界条件来复制，其中 $t \in [0, T]$，$S_t \geqslant 0$。复制投资组合中的 N 个期权将直接由我们选定的 N 个边界点来决定。确定好每个边界点处的价值后，我们让复制投资组合的回报与向上敲出看涨期权的回报在选定的这些边界点上相等，进而得出复制投资组合中各个期权的数量 $q^1, q^2, \cdots, q^N$。

后文中，我们将复制组合中第 n 个看涨期权在 t 时刻的价值记作：

$$c_t^n(S_t, K^n, T^n - t), \, n \in \{1, 2, \cdots, N\}, \, t \in [0, T]$$

其中，K^n 为其行权价，T^n 为其到期日。随着时间 t 的推移，看涨期权的剩余到期时间 $T^n - t$ 是递减的。（显然，如果 $t > T^n$，则有 $c_t^n = 0$，因为期权在此时已经到期。）

记 $\Delta t = \dfrac{T}{N-1}$。（这与后续章节即将探讨的二叉树模型里定义的 $\Delta t = \dfrac{T}{N}$ 不同。）对于向上敲出看涨期权而言，我们考虑如下两类边界条件：

● 到期日边界条件。此时 $S_T \in [0, B)$ 意味着 $UOC_T(S_T, K) = \max(0, S_T - K)$。我们将用一个期权 $c_t^1(S_t, K, T - t)$ 来处理这一边界条件，该期权的行权价（K）和到期时间（T）均与向上敲出看涨期权的一致。

● 障碍 B 边界条件。此时 $t \in [0, T)$ 意味着 $UOC_t(B, K) = 0$。我们将用其他 $N-1$ 个期权 $c^2(S_t, B, T)$，$c^3(S_t, B, T - \Delta t)$，$\cdots$，$c^{N-1}(S_t, B, 2\Delta t)$，$c^N(S_t, B, \Delta t)$ 来处理这种边界条件。这些期权的行权价均为 B，到期日分别为 T，$T - \Delta t$，$\cdots$，$2\Delta t$，Δt。也就是说，对于 $n \in \{2, 3, \cdots, N\}$，有 $T^n = (N - n + 1)\Delta t$。

首先考虑到期日边界条件。因为看涨期权 c^2，c^3，$\cdots$，c^N 均被用于处理障碍边界条件（即处理 $S_t = B$ 的情形），所以它们的行权价均为 B。到了到期日 T 时刻，除了 c^2 以外，其余均已到期。由于期权 c^2 的行权价为 $K^2 = B$，因此其在边界 $S_T \in [0, B)$ 上的价值为零。从而，只有 c^1 可被用于匹配向上敲出看涨期权在边界 (T, S_T) 上的回报，$S_T \in [0, B]$。所以 c^1 的行权价和到期日必须与向上敲出看涨期权保持一致，也就是说，看涨期权 c^1 必须为 $c_0^1(S_0, K, T)$。根据 BSM 模型，其在到期日前的价值为：

$$c_t^1(S_t, K, T-t) = S_t e^{-\delta(T-t)} N(d_1(K)) - K e^{-rf(T-t)} N(d_2(K)) \tag{7.1}$$

于是其在初始 $t=0$ 时刻的价值即为 $c_0^1(S_0, K, T) = S_0 e^{-\delta T} N(d_1(K)) - K e^{-rfT} N(d_2(K))$。由于只有 c^1 这一期权被用于处理该边界条件，因此其在复制投资组合中的数量必须与向上敲出看涨期权的数量相等。我们假设二者数量均为 1，于是 $q^1 = 1$。

现在考虑障碍边界条件 $UOC_t(B, K) = 0$，其中 $t \in [0, T]$。由于一共有 N 个期权，并且我们已经确定了 c^1 的数量为 $q^1 = 1$，因此我们还需要选定 $N-1$ 个障碍水平边界点，借此确定其余 $N-1$ 个看涨期权的数量 $\{q^2, q^3, \cdots, q^N\}$。这 $N-1$ 个期权均被用于处理障碍边界条件，从而它们的行权价应当均为 B，即对于 $n \in \{2, 3, \cdots, N\}$，均有 $K^n = B$。因此，根据 BSM 模型，这些看涨期权在到期日前的价值为：

$$c_t^n(S_t, B, T^n - t) = S_t e^{-\delta(T^n - t)} N(d_1(B)) - B e^{-rf(T^n - t)} N(d_2(B))$$
$$\text{其中 } K^n = B, \text{且 } T^n = (N-n+1)\Delta t, \ n \in \{2, 3, \cdots, N\} \tag{7.2}$$

现在我们沿时间倒向递推。第一个需要处理的障碍边界点是 $(T-\Delta t, B)$。期权 $c^4, c^5, \cdots, c^N$ 在 $T-\Delta t$ 时刻前均已到期，因此在 $T-\Delta t$ 时刻我们可以忽略它们。而又因为在障碍边界上有 $S_{T-\Delta} = K^3 = B$，所以期权 c^3 在 $T-\Delta t$ 时刻到期平值作废。从而，在边界点 $(T-\Delta t, B)$ 处只有两个期权有价值：c^1 和 c^2。于是，含有 N 个看涨期权的复制投资组合在该点处的价值为：

$$UOC_{T-\Delta}(B, K) = q^1 c_{T-\Delta}^1(B, K, \Delta t) + q^2 c_{T-\Delta}^2(B, B, \Delta t) = 0$$

其中，在 $t = T-\Delta t$ 时刻，期权 c^1 和 c^2 均将在 Δt 年后的 T 时刻到期。因此，由于 $q^1 = 1$，则有 $q^2 = -\dfrac{c_{T-\Delta}^1(B, K, \Delta t)}{c_{T-\Delta}^2(B, B, \Delta t)} < 0$。

我们继续沿时间倒向递推。下一个障碍边界点是 $(T-2\Delta t, B)$。期权 $c^5, c^6, \cdots, c^N$ 在 $T-2\Delta t$ 时刻前均已到期，因此在 $T-2\Delta t$ 时刻我们可以忽略它们。而又因为在障碍边界上有 $S_{T-2\Delta} = K^4 = B$，所以期权 c^4 在 $T-2\Delta t$ 时刻到期平值作废。从而，在边界点 $(T-2\Delta t, B)$ 处只有三个期权有价值：c^1、c^2 和 c^3。因此，含有 N 个看涨期权的复制投资组合在该点处的价值为：

$$UOC_{T-2\Delta t}(B, K) = q^1 c_{T-2\Delta t}^1(B, K, 2\Delta t) + q^2 c_{T-2\Delta t}^2(B, B, 2\Delta t) + q^3 c_{T-2\Delta t}^3(B, B, \Delta t) = 0$$

在 $T-2\Delta t$ 时刻，期权 c^1 和 c^2 均将在 $2\Delta t$ 年后的 T 时刻到期；而 c^3 仅将在 Δt 年后的 $T-\Delta t$ 时刻到期。因此，由于 $q^1 = 1$，$q^2 = \dfrac{c_{T-\Delta}^1(B, K, \Delta t)}{c_{T-\Delta}^2(B, B, \Delta t)}$，则有 $q^3 = -\dfrac{q^1 c_{T-2\Delta t}^1(B, K, 2\Delta t) + q^2 c_{T-2\Delta t}^2(B, B, 2\Delta t)}{c_{T-2\Delta t}^3(B, B, \Delta t)}$，其取值可正可负。

按这种方式继续下去，最后一处障碍边界点为 $(t, S_t) = (0^+, B)$，其中 $t = 0^+$ 表示 $t = 0$ 之后的瞬间。因此，由于：

$$UOC_{0+}(B, K) = q^1 c_{0+}^1(B, K, T) + \sum_{n=2}^{N} q^n c_{0+}^n(B, B, T^n) = 0$$

则利用 $T^N = \Delta t$，有：

$$q^N = -\frac{q^1 c_{0+}^1(B, K, T) + \sum_{n=2}^{N-1} q^n c_{0+}^n(B, B, T^n)}{c_{0+}^N(B, B, \Delta t)}$$

为了通过 BSM 模型确定这 N 个看涨期权的价值，我们需要反复使用式(7.1)与式(7.2)共 $N + \frac{N(N-1)}{2} = \frac{N}{2}(N+1)$ 次。[①]

我们将复制投资组合中 N 个看涨期权的数量记作一个 $N \times 1$ 维列向量 $\hat{q}$，即：

$$\hat{q} = [q^1 \quad q^2 \quad \cdots \quad q^N]^T = [1 \quad q^2 \quad \cdots \quad q^N]^T$$

我们可以用前面的方法，简单地逐一求解 N 个方程，进而剥离出该向量中的各个数值。然而，如果 N 很大，更为简便的方法是用 Excel 来解一个方程组。该方程组可写为：

$$
\begin{aligned}
&q^1 c_0^1(S_0, K, T) &&+0 &&+\cdots+0 &&+0 &&=c_0^1(S_0, K, T)\\
&q^1 c_{T-\Delta t}^1(B, K, \Delta t) &&+q^2 c_{T-\Delta t}^2(B, B, \Delta t) &&+\cdots+0 &&+0 &&=0\\
&\quad\vdots &&\quad\vdots &&\quad\vdots &&\quad\vdots\\
&q^1 c_{\Delta t}^1(B, K, T-\Delta t) &&+q^2 c_{\Delta t}^2(B, B, T-\Delta t) &&+\cdots+q^{N-1} c_{\Delta t}^{N-1}(B, B, \Delta t) &&+0 &&=0\\
&q^1 c_{0+}^1(B, K, T) &&+q^2 c_{0+}^2(B, B, T) &&+\cdots+q^{N-1} c_{0+}^{N-1}(B, B, 2\Delta t) &&+q^N c_{0+}^N(B, B, \Delta t) &&=0
\end{aligned}
$$

将看涨期权的价值记作一个 $N \times N$ 维矩阵 $\hat{c}$，即 $\hat{c}$ 等于：

$$
\begin{bmatrix}
c_0^1(S_0, K, T) & 0 & \cdots & 0 & 0\\
c_{T-\Delta t}^1(B, K, \Delta t) & c_{T-\Delta t}^2(B, B, \Delta t) & \cdots & 0 & 0\\
\vdots & \vdots & \ddots & \vdots & \vdots\\
c_{\Delta t}^1(B, K, T-\Delta t) & c_{\Delta t}^2(B, B, T-\Delta t) & \cdots & c_{\Delta t}^{N-1}(B, B, \Delta t) & 0\\
c_{0+}^1(B, K, T) & c_{0+}^2(B, B, T) & \cdots & c_{0+}^{N-1}(B, B, 2\Delta t) & c_{0+}^N(B, B, \Delta t)
\end{bmatrix}
$$

向上敲出看涨期权的 $N-1$ 个障碍边界条件应当全部为零，于是由 N 个期权组成的复制投资组合也应当满足此边界条件。因此，根据：

$$\hat{c}\,\hat{q} = [c_0^1(S_0, K, T)\,0\,0\,\cdots\,0\,0]^T$$

即得：

$$\hat{q} = \hat{c}^{-1}[c_0^1(S_0, K, T)\,0\,0\,\cdots\,0\,0]^T \tag{7.3}$$

最后，由看涨期权组成的复制投资组合的价值即为：

$$
\begin{aligned}
UOC_0 &= \hat{q}^T[c_0^1(S_0, K, T)c_0^2(S_0, B, T)\cdots c_0^{N-1}(S_0, B, 2\Delta t)c_0^N(S_0, B, \Delta t)]^T\\
&= [c_0^1(S_0, K, T)c_0^2(S_0, B, T)\cdots c_0^{N-1}(S_0, B, 2\Delta t)c_0^N(S_0, B, \Delta t)]\hat{q}
\end{aligned}
$$

---

① 我们需要使用 N 次式(7.1)，使用 $\frac{N(N-1)}{2}$ 次式(7.2)。

$$= \sum_{n=1}^{N} q^n c_0^n (S_0, K^n, T^n) = c_0^1 (S_0, K, T) + \sum_{n=1}^{N} q^n c_0^n (S_0, B, T^n) \qquad (7.4)$$

这也就是我们希望得到的向上敲出看涨期权的价值。

7.2　案例:向上敲出看涨障碍期权的静态复制

现在我们来确定一个向上敲出看涨期权的价值。观察图 7.1。根据 F2 单元格,只有股价在期权存续期内未超过障碍水平 8 美元,向上敲出看涨期权才可以提供回报。F3:F8 单元格给出了计算该期权价值的其他必需信息。

	D/E	F (w)	G (x)	H (y)	I (z)	J K L M	O	P (a)	Q (b)	R (c)	AH (s)	AI (t)
2	B	8.00					B	8.00				
3	S_0	5	G4:I4 =$F$2				S_0	5.0			Q4:AI4 =$P$2	
4	K	5.21	8.0	8.0	8.0		K	5.21	8.0	8.0	8.0	8.0
5	r^f	6%	F7 =15/252			G7 =F7	r^f	6%			R7 =Q7-$P$11	
6	δ	4%	H7 =G7-$F$11			P7 =F7	δ	4%			AI7 =AH7-$P$11	
7	T	0.50	0.50	0.33	0.17	Q7 =P7	T	0.50	0.50	0.47	0.05	0.03
8	σ	40%	I7 =H7-$F$11				σ	40%				
9	c_0	0.49	0.04	0.01	0.00		c_0	0.49	0.04	0.03	0.00	0.00
10	p_0	0.64	2.90	2.92	2.95		p_0	0.64	2.90	2.90	2.99	2.99
11	Δt	0.167	F11 =F7/3				Δt	0.026	P11 =P7/19			
12	F9 =BSMoptPrice("call",$F$3,F$4,$F$5,F$7,$F$8,$F$6)								1	2	3	19	20
13	F10 =BSMoptPrice("put",$F$3,F$4,$F$5,F$7,$F$8,$F$6)											
14	I9 =BSMoptPrice("call",$F$3,I$4,$F$5,I$7,$F$8,$F$6)											
15	I10 =BSMoptPrice("put",$F$3,I$4,$F$5,I$7,$F$8,$F$6)											
16	P9 =BSMoptPrice("call",$P$3,P$4,$P$5,P$7,$P$8,$P$6)											
17	P10 =BSMoptPrice("put",$P$3,P$4,$P$5,P$7,$P$8,$P$6)											

图 7.1　向上敲出看涨期权的静态复制(第一部分)

在此例中,我们将进行两次复制。第一次(第二次)复制中,我们将在 4 个(20 个)边界点处对复制投资组合与被复制的向上敲出看涨期权的边界值加以匹配。因此,复制投资组合中应当共有 4 个(20 个)欧式看涨期权,我们将利用含有 4 个(20 个)方程的线性方程组来确定这 4 个(20 个)期权的数量。

现在我们稍作停顿,来探讨一下看涨期权价值的计算过程。如前所述,如果使用 N 个期权,我们就需要确定它们的初始价值以及在 $N-1$ 个不同的障碍边界点处的价值,共需 $\frac{N}{2}(N+1)$ 次计算。当 $N=20$ 时,一共需要计算 210 次看涨期权价值。为提高计算效率,我们将利用 Excel 自带的编程语言 VBA 来编写三段程序。程序代码如图 7.2 所示，分别为 BSMoptPrice（用于计算 BSM 模型下期权的价值）、BSMd1（用于计算 d_1）和 BSMd2（用于计算 d_2）。这些 VBA 程序可以极大地简化我们后续用静态复制方法为障碍期权定价的计算过程。[①]

```
Function BSMoptPrice(callPut As String, S0 As Single, X As Single, r
As Single, T As Single, sigma As Single, Optional k As Single = 0)
Dim expNegTr As Double, expNegTk As Double, CdnlNd1 As
Double, CdnlNd2 As Double, optType As Double
BSMoptPrice = 0
            Select Case callPut
            Case "call" ' Call Option
                 optType = 1
            Case "put" ' Put Option
                 optType = -1
            Case Else
                 Exit Function
            End Select
If S0 > 0 And X > 0 And T > 0 And sigma > 0 Then
expNegTr = Exp(-r * T)
expNegTk = Exp(-k * T)
CdnlNd1 = Application.NormSDist(optType * BSMd1(S0, X, r, T, sigma, k))
CdnlNd2 = Application.NormSDist(optType * BSMd2(S0, X, r, T, sigma, k))
BSMoptPrice = optType*(S0*expNegTk*CdnlNd1 - X*expNegTr*CdnlNd2)
End If
End Function


Function BSMd1(S0, X, r, T, sigma, k) As Double
BSMd1=(Log(S0 / X)+ (r - k + 0.5 * sigma ^ 2) * T) / (sigma * Sqr(T))
End Function


Function BSMd2(S0, X, r, T, sigma, k) As Double
BSMd2 = BSMd1(S0, X, r, T, sigma, k) - (sigma * Sqr(T))
End Function
```

图 7.2　向上敲出看涨期权的静态复制（基于 BSM 模型的 VBA 代码）

在探讨具体示例之前，我们有必要先阐述一些事实。障碍期权有无数个可能的边界点，但我们在使用"常规"期权（例如欧式看涨期权与欧式看跌期权）构造复制投资组合时，只对几个选定的边界点的回报进行了匹配。因此，这并不是一个完全复制。如果我们卖空由欧式期权组成的复制投资组合，我们只能不完全地对冲这一障碍期权。最后，在实际操作时，一旦股价达到敲出边界，投资者通常就会停止对冲。

---

① 我们还在图 7.1 的 F10：I10 单元格中利用 BSMoptPrice 函数计算了相应的欧式看跌期权的价值，虽然本例中并不需要这些计算。

7.2.1　含有 4 个看涨期权的静态复制投资组合

我们首先考虑第一种使用 4 个期权的复制方式。其中一个看涨期权 c^w 被用于处理向上敲出看涨期权的到期日边界条件，因此按照 F7 单元格，其到期日与被复制的向上敲出看涨期权的到期日相同，为 $T^w = T = 0.50$ 年。复制投资组合中还有其余三个看涨期权（c^x、c^y 和 c^z），它们与 c^w 一起，使一共含有这 4 个看涨期权的复制投资组合的障碍边界条件为零，与被复制的向上敲出看涨期权一致。于是这三个看涨期权的到期日分别为 $T^x = T = 0.50$ 年、$T^y = \frac{2}{3}T = 0.33$ 年，以及 $T^z = \frac{1}{3}T = 0.17$ 年，见图 7.1 G7:I7 单元格。三者的行权价均为 $K^x = K^y = K^z = B = 8.0$ 美元，与障碍水平相等，见图 7.1 G4:I4 单元格。

图 7.1 中 F9:I9 单元格根据式（7.1）和式（7.2）计算得出：

$$c_0^w(S_0, K, T^w) = c_0^w(5, 5.21, 0.50) = 0.49$$
$$c_0^x(S_0, B, T^x) = c_0^x(5, 8, 0.50) = 0.04$$
$$c_0^y(S_0, B, T^y) = c_0^y(5, 8, 0.33) = 0.01$$
$$c_0^z(S_0, B, T^z) = c_0^z(5, 8, 0.17) = 0.003$$

我们在 (t, S_t) 空间中选取的三个障碍边界点分别为：

- $(0^+, B) = (0^+, 8)$；

- $\left(\dfrac{T}{3}, B\right) = (0.17, 8)$；

- $\left(\dfrac{2T}{3}, B\right) = (0.33, 8)$。

这里障碍边界条件对应的时间点分别如图 7.3 的 D21:D23 单元格所示。

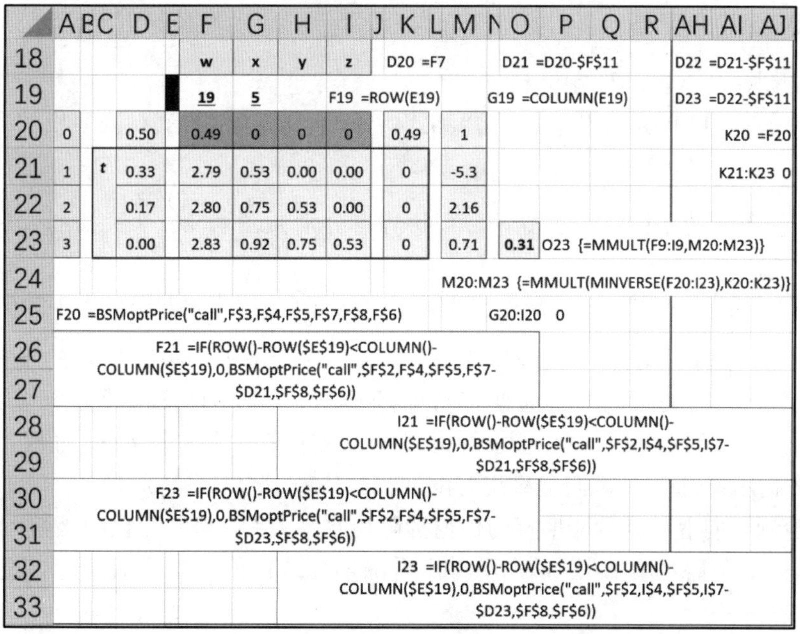

图 7.3　向上敲出看涨期权的静态复制（第二部分）

F20:I23 单元格给出的 4×4 维下三角矩阵即为第 7.1 节最后定义的记录看涨期权价值 $c_t^i(S_t, K^i, T^i)$ 的矩阵 $\hat{c}$，其中 $i \in \{w, x, y, z\}$，即 $\hat{c}$ 等于：

$$\begin{bmatrix} c_0^w(5, 5.21, 0.50) & 0 & 0 & 0 \\ c_{0.33}^w(8, 5.21, 0.17) & c_{0.33}^x(8, 8, 0.17) & 0 & 0 \\ c_{0.17}^w(8, 5.21, 0.33) & c_{0.17}^x(8, 8, 0.33) & c_{0.17}^y(8, 8, 0.17) & 0 \\ c_0^w(8, 5.21, 0.50) & c_0^x(8, 8, 0.50) & c_0^y(8, 8, 0.33) & c_0^z(8, 8, 0.17) \end{bmatrix}$$

接下来，K20:K23 单元格对应于向量 $[c_0^w \ 0 \ 0]^T$。M20:M23 单元格利用式(7.3)计算各个看涨期权的数量 $\hat{q}$。最后，O23 单元格利用式(7.4)计算向上敲出看涨期权的价值，为0.31美元。

7.2.2　含有 20 个看涨期权的静态复制投资组合

本小节的内容与上一小节一致，只不过上一小节我们只考虑 4 个边界点，而本小节中我们考虑 20 个边界点。投资者需要权衡是否应当添加更多的边界点，使欧式期权组成的复制投资组合的回报与障碍期权的回报在这些边界点上一致。这是因为，添加更多边界点将更为耗时耗力，但对障碍期权价格的估算结果将更为准确。

现在我们考虑第二种使用 20 个欧式看涨期权的复制方式。在这 20 个期权中，其中一个看涨期权 c^a 被用于处理向上敲出看涨期权的到期日边界条件，因此按照图 7.1 的 P7 单元格，其到期日与被复制的向上敲出看涨期权的到期日相同，为 $T^a = 0.50$ 年。复制投资组合中还有其余 19 个看涨期权(c^b, c^c, $\cdots$, c^s, 以及 c^t)，它们与 c^a 一起，使一共含有这 20 个看涨期权的复制投资组合的 19 个障碍边界条件为零，与被复制的向上敲出看涨期权一致。于是这 19 个看涨期权的到期日分别为 $T^b = T = 0.50$ 年，$T^c = \frac{18}{19}T$ 年，$\cdots$，$T^s = \frac{2}{19}T$ 年，以及 $T^t = \frac{1}{19}T$ 年，见 Q7:AI7 单元格。它们的行权价均为 $K^b = K^c = \cdots = K^s = K^t = B = 8.0$ 美元，与障碍水平相等，见图 7.1 Q4:AI4 单元格。

图 7.1 中 P9:AI9 单元格根据式(7.1)和式(7.2)计算得出 20 个看涨期权的 20 个初始价值：c_0^a, c_0^b, c_0^c, $\cdots$, c_0^s, 以及 c_0^t。

我们在 (t, S_t) 空间中选取的 19 个障碍边界点分别为 $(0^+, 8)$, $\left(\frac{1T}{19}, 8\right)$, $\left(\frac{2T}{19}, 8\right)$, $\cdots$, $\left(\frac{18T}{19}, 8\right)$，其中 $T = 0.5$。图 7.1 的 Q7:AI7 单元格与图 7.4 的 AO42:AO60 单元格均罗列了这 19 个时间点。接下来，图 7.4 的 AQ41:BJ60 单元格还给出了 20×20 维的下三角矩阵，对应于第 7.1 节最后定义的记录看涨期权价值的矩阵 $\hat{c}$。BM41:BM60 单元格对应于向量 $[c_0^a \ 0 \ 0 \ \cdots \ 0]^T$。BO41:BO60 单元格利用式(7.3)计算各个看涨期权的数量 $\hat{q}$。最后，BO63 单元格利用式(7.4)计算向上敲出看涨期权的价值，为 0.27 美元。[①]

图 7.5 绘制了向上敲出看涨期权的价值随障碍水平 $B = 8$ 美元变化的函数图像。从图像中可以看出，随着障碍水平 B 增加，向上敲出看涨期权的价值也会增加。这与直觉相符。请

---

① 这一计算结果比先前利用 4 个看涨期权复制的方法计算得到的结果(0.31 美元)更为精确。

	AL	AI	AO	AQ	AR	AS	AT	AU	AV	BF	BG	BH	BI	BJ	EE	BM	E	BO
				a	b	c	d	e	f	p	q	r	s	t				
39	AR41:BJ41		0														BM41 =AQ41	
40				40	42		AQ40 =ROW(AP40)				AR40 =COLUMN(AP40)							
41	0		0.50	0.49	0	0	0	0	0	0	0	0	0	0		0.49		1
42	1	t	0.47	2.8	0.2	0.0	0.0	0.0	0.0	0.0	0.0	0.0	0.0	0.0		0		-13.4
43	2		0.45	2.8	0.3	0.2	0.0	0.0	0.0	0.0	0.0	0.0	0.0	0.0		0		5.58
44	3		0.42	2.8	0.4	0.3	0.2	0.0	0.0	0.0	0.0	0.0	0.0	0.0		0		1.96
45	4		0.39	2.8	0.4	0.4	0.3	0.2	0.0	0.0	0.0	0.0	0.0	0.0		0		1.01
46	5		0.37	2.8	0.5	0.4	0.4	0.3	0.2	0.0	0.0	0.0	0.0	0.0		0		0.63
55	14		0.13	2.8	0.8	0.7	0.7	0.7								0		0.08
56	15		0.11	2.8	0.8	0.8	0.7	0.7	0.2							0		0.07
57	16		0.08	2.8	0.8	0.8	0.8	0.7	0.3	0.2						0		0.07
58	17		0.05	2.8	0.9	0.8	0.8	0.8	0.4	0.3	0.2					0		0.06
59	18		0.03	2.8	0.9	0.9	0.8	0.8	0.4	0.4	0.3	0.2				0		0.05
60	19		0.00	2.8	0.9	0.9	0.9	0.8	0.5	0.4	0.4	0.3	0.2			0		0.05

61	AQ41 =BSMoptPrice("call",$P$3,$P$4,$P$5,$P$7,$P$8,$P$6)　　　　BM42:BM60　0
62–63	AQ42 =IF(ROW()-ROW($AP$40)<COLUMN()-COLUMN($AP$40),0,BSMoptPrice("call",$P$2,P$4,$P$5,P$7-$AO42,$P$8,$P$6))　　0.27
64	BO63 {=MMULT(P9:AI9,BO41:BO60)}
65	BO41:BO60 {=MMULT(MINVERSE(AQ41:BJ60),BM41:BM60)}
66–67	BJ42 =IF(ROW()-ROW($AP$40)<COLUMN()-COLUMN($AP$40),0,BSMoptPrice("call",$P$2,AI$4,$P$5,AI$7-$AO42,$P$8,$P$6))

图 7.4 向上敲出看涨期权的静态复制(第三部分)

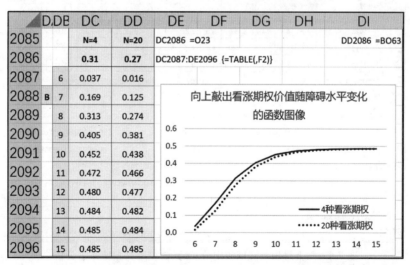

	D,DB	DC	DD	DE	DF	DG	DH	DI
2085		N=4	N=20	DC2086 =O23				DD2086 =BO63
2086		0.31	0.27	DC2087:DE2096 {=TABLE(,F2)}				
2087	6	0.037	0.016					
2088	B	7	0.169	0.125				
2089	8	0.313	0.274					
2090	9	0.405	0.381					
2091	10	0.452	0.438					
2092	11	0.472	0.466					
2093	12	0.480	0.477					
2094	13	0.484	0.482					
2095	14	0.485	0.484					
2096	15	0.485	0.485					

图 7.5 向上敲出看涨期权价值随障碍水平变化的函数图像

注意,只使用 4 个欧式看涨期权的复制投资组合得到的障碍看涨期权定价结果与使用 20 个看涨期权得到的结果十分相近。

7.2.3 向上敲出看涨期权定价:基于二叉树的蒙特卡洛分析

在结束本章之前,我们简单说明一下另一种可以用来为障碍期权定价的方法:基于二叉树模型的蒙特卡洛分析。本书第三部分将详细介绍二叉树模型。本小节不会对这种方法的具体细节加以展开介绍,读者可以选择跳过本节,并不会影响阅读的连贯性。

根据图 7.6 的计算,CW2075 单元格给出的定价结果与利用 20 个看涨期权构造的复制投资组合得到的结果 0.27 美元较为接近。为完整起见,我们还在图 7.6 的 CU2075 单元格计算了向上敲入看涨期权(up-and-in call option, UIC option)的价格。由于 CU72 与 CW72 单元格给出的向上敲入看涨期权与向上敲出看涨期权的障碍水平均为 8.0 美元,因此二者之和应当等于相应的欧式看涨期权的价值,即为 0.494 美元(BSM 模型给出的计算结果见 BU70 单元格,为 0.486 美元)。①

	BT	BU	BV	BW	BX	BY	CM	CN	CO	C	CQ	CR	CS	C	CU	C	CW
63	S_0	5		N	20												
64	K	5.21		Δt	0.025		BX64 =BU67/BX63										
65	r^f	6%		NR	1.0005		BX65 =EXP((BU65-BU66)*BX64)										
66	δ	4%		GR	1.0015		BX66 =EXP(BU65*BX64)										
67	T	0.5		U	1.065		BX67 =EXP(BU68*SQRT(BX64))										
68	σ	40%		D	0.939	0.939	BX68 =EXP(-BU68*SQRT(BX64))										BY68 =1/BX67
69				pr^U	0.488		BX69 =(BX65-BX68)/(BX67-BX68)										
70	BSM c_0	0.486		pr^D	0.512	0.512	BX70 =(BX67-BX65)/(BX67-BX68)										BY70 =1-BX69
71	BU70 =BSMoptPrice("call",$BU$63,$BU$64,$BU$65,$BU$67,$BU$68,$BU$66)														UIC		OUC
72			Δt												8		8
73	n	S_0	1	2	3	4	18	19	20		均值	最大值	最小值		B		B
74	1	5	5.3	5.7	6.0	6.4	8.3	7.8	8.3		7.0	8.3	5.0		3.08		0.00
75	2	5	4.7	5.0	5.3	5.0	7.3	6.9	7.3		6.1	8.3	4.7		2.10		0.00
2071	1998	5	4.7	4.4	4.7	5.0	3.0	2.8	3.0		4.0	5.0	2.8		0.00		0.00
2072	1999	5	5.3	5.0	4.7	5.0	4.4	4.7	5.0		4.8	5.3	4.4		0.00		0.00
2073	2000	5	5.3	5.0	5.3	5.7	3.9	3.6	3.4		4.6	5.7	3.4		0.00		0.00
2074	BU74:BU2073 =$BU$63						CU2075 =AVERAGE(CU74:CU2073)/EXP($BU$65*$BU$67)										
2075	BV74 =BU74*IF(RAND()<=$BX$69,$BX$67,$BX$68)														0.224		***0.301***
2076	BV2073 =BU2073*IF(RAND()<=$BX$69,$BX$67,$BX$68)																
2077		CO74 =CN74*IF(RAND()<=$BX$69,$BX$67,$BX$68)													二叉树模型c_0		0.525
2078	CO2073 =CN2073*IF(RAND()<=$BX$69,$BX$67,$BX$68)												CW2077 =CU2075+CW2075				
2079	CQ74 =AVERAGE($BU74:$CO74)						CS74 =MIN($BU74:$CO74)										
2080	CR74 =MAX($BU74:$CO74)						CW2075 =AVERAGE(CW74:CW2073)/EXP($BU$65*$BU$67)										
2081	CU74 =MAX(0,CO74-$BU$64)*(CR74>=$CU$72)																
2082	CW74 =MAX(0,CO74-$BU$64)*(CR74<$CW$72)																
2083							CW2075 =AVERAGE(CW74:CW2073)/EXP($BU$65*$BU$67)										

图 7.6 向上敲出看涨期权定价:二叉树模型与蒙特卡洛分析

① 当然,我们这里仅仅生成了 2000 条蒙特卡洛路径。我们在 CU2075、CW2075 和 CW2077 单元格得到的计算结果都很不稳定。每次我们在 Excel 中按下 F9 键来刷新所有随机变量时,这些计算结果都会变化,且其变化幅度已经超出业界工作者可以接受的程度。因此,业界工作者需要使用更多条蒙特卡洛路径。

第三部分
二叉树模型

本书第三部分介绍强有力的二叉树模型。第 8 章介绍单期二叉树模型。风险管理人员并不会直接使用单期模型，但了解单期模型可以帮助读者更好地理解多期模型的必备知识。多期二叉树模型适用于许多情境。我们还将借助重要的风险中性定价理论，使用多种定价方法为看涨期权与看跌期权定价。

　　第 9 章将第 8 章的结果拓展至多期模型。多期二叉树模型是金融从业者常用的强大工具，其既可用于期权定价，还可用于计算比较静态分析结果。多期二叉树模型适用于许多情形，非欧式期权的定价就可以使用该模型。

第 8 章

单期二叉树期权定价模型

　　我们已经学习了如何使用 BSM 模型为欧式期权定价。但遗憾的是，大多数期权并不是这样的期权。例如，美式期权就无法用 BSM 模型定价。本章希望讲解二叉树模型，其既可用于美式期权定价，还可为一些路径依赖期权等其他期权定价。

　　本章中，我们将介绍最简单的二叉树模型：单期二叉树模型。有真正实用价值的是下一章将探讨的多期二叉树模型，其为对单期模型的拓展。该模型建立在风险中性定价这一重要的理论基础之上。其基本思想是，在为风险厌恶世界中的衍生证券定价时，我们可以假装认为风险并不重要。[1]

8.1　二叉树模型基础

　　考虑一只当前价格为 S_0 的股票。如图 8.1 所示，它在一期之后的价值可能有两种：上涨状态价格 S_1^u 或下跌状态价格 S_1^d。这一模型乍一看似乎很愚蠢，它假设从现在开始经过一期以后，股价只有两种可能的价值。然而，若将一期的持续时间长度缩短至无限小，这一假设看上去就合理多了。[2]为简洁起见，下文中我们将使用如下定义：

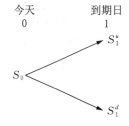

$$u \equiv \frac{S_1^u}{S_0}, \text{以及 } d \equiv \frac{S_1^d}{S_0} \tag{8.1}$$

这里我们假设：

$$S_1^d < S_1^u \Longleftrightarrow d < u$$

图 8.1　股价二叉树模型

---

　　[1]　在风险中性世界中，所有资产的期望价值均按照无风险利率增长，所有未来价值的贴现利率均为无风险利率。然而，根据 Girsanov 定理，不同世界虽然可能有不同的风险偏好，但均有相同的波动率。

　　[2]　实际上我们可以证明，在由该模型拓展成的多期二叉树模型中，通过增加模型期数使每一期的持续时间长度接近于零，得到的欧式看涨期权与看跌期权价值将收敛到 BSM 模型的结果。我们将在下一章介绍多期二叉树模型。

接下来,如果假设真实世界中两种状态的概率分别为 π^u 和 π^d,则一期以后的股票预期价格为:

$$E[S_1] = \pi^u S_1^u + \pi^d S_1^d \qquad (8.2)$$

最后,在真实世界中,股价在一期之后 $t=1$ 时刻的预期价格与当前价格的关系即为:

$$S_0 = E[S_1]\mathrm{e}^{-r^E} = \mathrm{e}^{-r^E}(\pi^u S_1^u + \pi^d S_1^d),\text{也就是}$$

$$1 = \mathrm{e}^{-r^E}(\pi^u u + \pi^d d) \qquad (8.3)$$

这里 r^E 表示股票持有者要求的年化连续复利收益率。将式(8.3)与 $\pi^u + \pi^d = 1$ 结合起来,即得:

$$\pi^u = \frac{\mathrm{e}^{r^E} - d}{u - d} > 0,\text{且 } \pi^d = \frac{u - \mathrm{e}^{r^E}}{u - d} > 0$$

8.2 利用 Delta 对冲得出看涨期权的价值

本节中,我们试图构造一个由一份看涨期权多头和一些标的资产(股票)组成的投资组合,使其在一期之后的回报总是一个常数。这里我们说的"总是",是指在这个世界的各种可能状态下取值均相同。在我们给定的简单股价二叉树模型中,世界上只有两种可能状态:上涨和下跌。如果我们能成功构建这种投资组合,它的回报一定是无风险的。因此,我们可以将一期之后的确定回报贴现到今天,进而得出该投资组合在今天的价值。而我们还知道当前股价为 S_0,于是我们便可推导出期权的价值。

在这个由一份期权和一系列股票组成的投资组合中,我们现在尚未敲定股票的买卖方向(多头还是空头)和买卖数量。我们将通过数学计算得出股票头寸的方向与大小。要想让模型成立,我们还必须假设行权价 K 满足:

$$S_1^d < K < S_1^u \qquad (8.4)$$

回忆一下,此前我们曾假设 $S_0 \in (S_1^d, S_1^u)$。接下来,看涨期权在上涨状态下的回报为 $c_1^u = \max(0, S_1^u - K) = S_1^u - K > 0$,在下跌状态下的回报即为 $c_1^d = \max(0, S_1^d - K) = 0$(因为 $S_1^d - K < 0$)。图 8.2 总结了该期权的初始价值与到期回报。

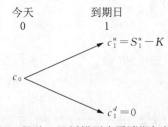

图 8.2 股价二叉树模型中看涨期权的价值

假设某投资组合持有 σ 股标的资产和一份看涨期权。若 σ 为正(负),则表示我们持有股票多头（空头），也就是我们在初始时刻买入（卖空）股票，且多头（空头）意味着初始现金流为负（正）。在 $t=0$ 时刻，投资组合的价值为 σS_0+c_0。到了 $t=1$ 时刻，其价值可能为 $\sigma S_1^u+c_1^u$ 或 $\sigma S_1^d+c_1^d$。图 8.3 总结了该投资组合的初始价值与到期回报。[1]

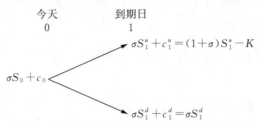

今天　　　　到期日
0　　　　　　1

$$\sigma S_1^u+c_1^u=(1+\sigma)S_1^u-K$$

σS_0+c_0

$$\sigma S_1^d+c_1^d=\sigma S_1^d$$

图 8.3　股价二叉树模型中复制投资组合的价值

令该投资组合在上涨状态与下跌状态下的回报相等，则有 $\sigma S_1^u+c_1^u=\sigma S_1^d+c_1^d$，从而 $\sigma=-\dfrac{c_1^u-c_1^d}{S_1^u-S_1^d}=-\dfrac{\Delta c}{\Delta S}$。由于 σ 等于看涨期权价值变动与股票价值变动之比的相反数，因此它可视作看涨期权价值关于股价的偏导数相反数 $-\dfrac{\partial c_0}{\partial S_0}$ 的离散近似。这一概念对于期权而言非常重要，我们称之为期权的 Delta，即：

$$\Delta^c\equiv\frac{\partial c_0}{\partial S_0}$$

因此在下文中，虽然 $\sigma=\dfrac{\Delta c}{\Delta S}$ 仅仅是 $\Delta^c=\dfrac{\partial c_0}{\partial S_0}$ 的离散近似，但我们仍然直接用 $-\Delta^c$ 来表示 σ。再代入 $c_1^u=S_1^u-K$ 和 $c_1^d=0$，即得：

$$\Delta^c=\frac{\Delta c}{\Delta S}=\frac{S_1^u-K}{S_1^u-S_1^d}>0$$

其中，由于 $K\in(S_1^d,\ S_1^u)$，则有 $\Delta^c\in(0,\ 1)$。$\Delta^c>0$ 的结果是符合直觉的。显然，股价上涨，看涨期权的价值也会上涨。若行权价保持不变，由于股票即为看涨期权行权时的资产，则股价上涨将导致期权价值上涨。从而，在这个 Delta 对冲投资组合中，为了消除股价对看涨期权价值带来的正向影响，我们必须应当卖空（Δ^c 股）股票。

选定持有 $\sigma=-\Delta^c<0$ 股股票和一份看涨期权，该投资组合在两种状态下的回报便会相等，其回报即为无风险回报。因此，我们利用连续复利年化无风险利率 r^f 来贴现，便可得到该投资组合的当前价值。于是，我们令投资组合的初始价值 σS_0+c_0 等于 $t=1$ 时刻的回报的贴现值 $(\sigma S_1^d+c_1^d)\mathrm{e}^{-1\cdot r^f}=\sigma S_1^d\mathrm{e}^{-rf}$（因为 $c_1^d=0$）。该等式即为 $\sigma S_0+c_0=\sigma S_1^d\mathrm{e}^{-rf}$。再将 σ 替换为 $-\Delta^c$，即得：

---

[1]　相反，倘若我们在图 8.3 中持有的是看涨期权空头，则该投资组合在 $t=0$ 时刻的价值即为 $\sigma S_0-c_0>0$。从而，$\sigma=+\Delta^c>0$，$CF_0=-(\sigma S_0-c_0)<0$。又由于 $\sigma=+\Delta^c>0$，则 $CF_1=\sigma S_1^d>0$。不管怎样，我们得到的看涨期权价值都相同。

$$c_0 = \Delta^c(S_0 - S_1^d e^{-rf}) = \frac{S_1^u - K}{S_1^u - S_1^d}(S_0 - S_1^d e^{-rf}) > 0 \qquad (8.5)$$

该不等式之所以成立,是因为:一个有正概率获得严格正回报,且在世界上所有可能状态下的回报均非负的证券,其价值必定为正。因此,由式(8.5),我们有:

$$S_1^d e^{-rf} < S_0,\text{也就是 } d < e^{rf} \qquad (8.6)$$

我们还可以尝试用预期回报贴现的方式为期权定价。[1][2]

8.2.1 利用 Delta 对冲得出看跌期权的价值

现在我们用和上一节看涨期权相同的分析框架来为看跌期权定价。我们仍然假设 $S_1^d < K < S_1^u$,即 $K \in (S_1^d, S_1^u)$。从而,由于 $K - S_1^u < 0$,则看跌期权在上涨状态的回报为 $p_1^u = \max(0, K - S_1^u) = 0$。下跌状态下,其回报为 $p_1^d = \max(0, K - S_1^d) = K - S_1^d > 0$。图 8.4 对此进行了总结。

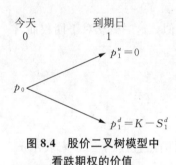

图 8.4 股价二叉树模型中看跌期权的价值

考虑一个含有 σ 股标的资产和一份看跌期权多头的投资组合。在 $t = 0$ 时刻,投资组合的价值为 $\sigma S_0 + p_0$。到了 $t = 1$ 时刻,如图 8.5 所示,其价值可能为 $\sigma S_1^u + p_1^u = \sigma S_1^u$ 或 $\sigma S_1^d + p_1^d = K - (1-\sigma)S_1^d$。令该投资组合在上涨状态与下跌状态下的回报相等,即得 $\sigma = -\dfrac{p_1^u - p_1^d}{S_1^u - S_1^d} = -\dfrac{\Delta p}{\Delta S}$。与看涨期权的情形类似:

$$\Delta^p \equiv \frac{\partial p_0}{\partial S_0} \approx \frac{\Delta p}{\Delta S} = -\frac{K - S_1^d}{S_1^u - S_1^d} \in (-1, 0)$$

其中,Δ^p 的范围由 $K \in (S_1^d, S_1^u)$ 决定。$\Delta^p < 0$ 的结果是符合直觉的。显然,股价上涨,看跌期权的价值会下跌。若行权价保持不变,由于股票可被视作看跌期权行权时的负债,则股价上涨将导致期权价值下跌。从而,在这个 Delta 对冲投资组合中,为了消除股价对看跌期权价值带来的反向影响,我们必须应当持有($-\Delta^p$ 股)股票。

---

[1] 例如,理论上,看涨期权可以用 $c_0 = e^{-rc}E[c_1] = e^{-rc}[\pi^u c_1^u + \pi^d c_1^d] = e^{-rc}\pi^u(S_1^u - K)$ 的方式来定价。其中,根据式(8.4)的假设,有 $c_1^u = S_1^u - K$,$c_1^d = 0$。表达式中 r^c 表示看涨期权预期现金流的适当的连续复利年化贴现利率。根据式(8.5),又有 $c_0 = \dfrac{S_0 - S_1^d e^{-rf}}{S_1^u - S_1^d}(S_1^u - K) = e^{-rc}\left[\dfrac{S_0 e^{rc} - S_1^d e^{rc - rf}}{S_1^u - S_1^d}\right](S_1^u - K)$。将该式与本脚注一开始的表达式作比较,我们可将 π^u 表示为 $\dfrac{S_0 e^{rc} - S_1^d e^{rc - rf}}{S_1^u - S_1^d}$。遗憾的是,我们很难直接知道 r^c 的确切取值。

[2] 后续我们将看到,在为期权定价时,我们可以假设投资者是风险中性的,即认为这些表达式中的适当的贴现利率均为 r^f,虽然这些期权具有风险。因此,在 $\pi^u = \dfrac{S_0 e^{rc} - S_1^d e^{rc - rf}}{S_1^u - S_1^d}$ 中用 r^f 代替 r^c,便可得出风险中性概率分别为 $pr^u = \dfrac{S_0 e^{rf} - S_1^d}{S_1^u - S_1^d}$ 和 $pr^d = 1 - pr^u$。

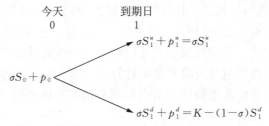

图 8.5 股价二叉树模型中复制投资组合的价值

通过选定持有 $\sigma = -\Delta^p > 0$ 股股票和一份看跌期权多头,我们可以保证该投资组合在 $t = 1$ 时刻具有确定的回报。因此,由于该投资组合的回报无风险,则 $\sigma S_0 + p_0$ 应当等于 $(\sigma S_1^u + p_1^u) e^{-1 \cdot rf} = \sigma S_1^u e^{-rf}$(因为 $p_1^u = 0$)。令二者相等,再将 σ 替换为 $-\Delta^p$,则:

$$p_0 = -\Delta^p (S_1^u e^{-rf} - S_0) = \frac{K - S_1^d}{S_1^u - S_1^d} (S_1^u e^{-rf} - S_0) > 0 \tag{8.7}$$

该不等式之所以成立,是因为:一个有正概率获得严格正回报,且在世界上所有可能状态下的回报均非负的证券,其价值必定为正。因此,由式(8.7),我们有 $S_0 < S_1^u e^{-rf}$,也就是 $e^{rf} < u$。将该式与式(8.6)结合,即得:

$$S_1^d < S_0 e^{rf} < S_1^u,\text{也就是 } d < e^{rf} < u \tag{8.8}$$

8.2.2 利用看跌—看涨期权平价公式得出看跌期权的价值

出于教学的目的,我们刚刚用 Delta 对冲的方式推导了看跌期权的价值。我们还可以按照如下方法,利用看跌—看涨期权平价公式推导出看跌期权的价值。将式(8.5)中的 $c_0 = \frac{S_1^u - K}{S_1^u - S_1^d} (S_0 - S_1^d e^{-rf})$ 代入由式(5.1)给出的看跌—看涨期权平价公式 $S_0 + p_0 = c_0 + K e^{-rf}$,再利用一些代数推导即可得出 $p_0 = -\Delta^p (S_1^u e^{-rf} - S_0)$。这使式(8.7)的结果得到了验证。①

8.3 看涨期权的复制投资组合

在本节和下一节中,我们将从一个稍有不同的视角来研究二叉树模型,并分别为看涨期权与看跌期权定价。这些内容可以深化读者对期权定价的理解,但为简洁起见,读者也可以选择跳过这两节。

本节中,我们试图构建一个由一系列证券组成的投资组合。该投资组合中的每种证券我们都知道如何定价,且该投资组合的回报总是能完全复制一期以后看涨期权在到期时的回报。如果我们可以完全匹配二者在上涨状态与下跌状态下的回报,我们便可用无套利原则为该看涨期权定价。具体而言,由于我们很容易为含有股票和债券的投资组合定价,因此我们

---

① 我们假设式(5.1)中的 $T = 1$。此外,我们还假设 $\delta = 0$,即标的资产在下一期不派发股息。

可以认为看涨期权的价值与之相同。其背后的逻辑是：如果两个不同的一篮子证券在未来具有完全相同的回报，则根据无套利原则，二者在今天一定具有相同的价值。

回忆一下，我们曾构造一个由股票和看涨期权组成的投资组合，并使其在 $t=1$ 时刻具有确定的回报。从而，我们可使用无风险利率来计算这一确定回报的贴现值，得出看涨期权的价值。现在则与之不同，我们希望构造一个由股票和债券组成的投资组合，使该投资组合的回报完全复制看涨期权的回报。如此操作下来，我们便可认为看涨期权的复制投资组合价值即为该看涨期权本身的价值。

我们考虑反证法。倘若看涨期权价格低于由股票和债券组成的投资组合价格，则投资者可以卖空后者、买入看涨期权，收获一笔正的初始现金流。在到期时，由于无论到期时股价是多少（S_1^u 或是 S_1^d），二者回报均相同，所以看涨期权多头在到期日收获的非负现金流将与卖空复制投资组合所欠的待偿还价值完全抵消。从而，投资者赚取了无风险、零成本的利润。在运转良好的资本市场中，这种机会不应存在。

类似地，我们仍然使用反证法。倘若看涨期权价值高于由股票和债券组成的投资组合价值，则投资者可以买入后者（持有多头），并卖出看涨期权（持有空头），得到一笔正的初始现金流。到期时的回报仍然为零，从而有套利机会。综上所述，由于套利机会不应当存在，所以我们可用无套利原则为看涨期权定价，其价格应当等于复制投资组合的价格。

我们仍然要求式(8.4)的假设成立，即 $S_1^d<K<S_1^u$，也就是 $K\in(S_1^d,S_1^u)$。由于股票（我们希望定价的看涨期权的标的资产）与债券均可由现金流贴现法定价，因此我们认为二者价格均已知。[1]于是，它们可作为我们希望构建的复制投资组合中的证券。考虑一个由 σ 股标的资产和一份面值为 F 的无风险零息债券组成的投资组合。[2]注意，我们并未假设持仓头寸的买卖方向（多头还是空头），其将由数学方法推导得出。若 $\sigma(F)$ 为正，则表示我们持有股票（债券）多头，也就是我们在初始时刻建立看涨期权的复制投资组合时买入了股票（债券），且多头意味着初始现金流为负。若 $\sigma(F)$ 为负，则表示我们持有股票（债券）空头，也就是我们在初始时刻建立看涨期权的复制投资组合时卖空了股票（债券），且空头意味着初始现金流为正。

在 $t=0$ 时刻，复制投资组合的价值为 $\sigma S_0+Fe^{-1\cdot r^f}$。[3]到 $t=1$ 时刻，如图 8.6 所示，其价值可能为 σS_1^u+F 或 σS_1^d+F。

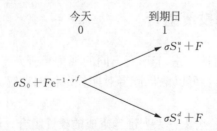

图 8.6　股价二叉树模型中复制投资组合的价值

---

[1]　我们假设现金流贴现法得到的价值即为市场价，也就是股票与债券均被合理定价。
[2]　零息票的假设并非必须，但可以简化模型。美国国债即可被视作一种无风险债券。
[3]　这里我们使用了关于衍生品定价的重要的风险中性定价方法。我们将一期之后的回报用无风险利率贴现到当前时刻。

如果令图 8.2 中看涨期权在上涨状态与下跌状态的回报之差等于图 8.6 中复制投资组合在两种状态下的回报之差,则 $c_1^u - c_1^d = (\sigma S_1^u + F) - (\sigma S_1^d + F) = \sigma(S_1^u - S_1^d)$。求解这一关于 σ 的方程,得到在该离散情形下有 $\sigma = \dfrac{c_1^u - c_1^d}{S_1^u - S_1^d} = \dfrac{\Delta c}{\Delta S} = \Delta^c$。

分别令图 8.2 中看涨期权在上涨状态与下跌状态的回报等于图 8.6 中复制投资组合在两种状态下的回报,即有 $S_1^u - K = \Delta^c S_1^u + F$, $0 = \Delta^c S_1^d + F$。求解该方程组,则有:

$$\Delta^c = \frac{\Delta c}{\Delta S} = \frac{S_1^u - K}{S_1^u - S_1^d} > 0, \text{且} F = -S_1^d \frac{S_1^u - K}{S_1^u - S_1^d} = -S_1^d \Delta^c < 0$$

由于 $S_1^u - K > 0$ 且 $S_1^u - S_1^d > 0$,则 $\sigma = \Delta^c > 0$,因此看涨期权的复制投资组合持有的是股票多头。如前所述,这与我们的直觉相符。

零息债券满足 $F = -S_1^d \Delta^c < 0$,因此该投资组合持有债券空头。也就是说,该复制投资组合通过持有债券空头(即发行零息债券)来为持有股票多头提供资金。显然,债券空头只提供了部分资金,这是因为看涨期权的价值为正,即 $c_0 = \Delta^c S_0 + F e^{-1 \cdot r^f} > 0$。

最后,我们得到 $c_0 = \Delta^c S_0 + F e^{-1 \cdot r^f}$。若用外生参数表示,即为:

$$c_0 = \Delta^c (S_0 - S_1^d e^{-r^f}) = \frac{S_1^u - K}{S_1^u - S_1^d}(S_0 - S_1^d e^{-r^f}) > 0$$

与此前式(8.5)的结果相同。

8.4 看跌期权的复制投资组合

同前一节看涨期权一样,现在我们用相同的方法复制看跌期权的回报。我们仍然假设 $S_1^d < K < S_1^u$,即 $K \in (S_1^d, S_1^u)$。

我们仍然考虑由 σ 股标的资产和一份面值为 F 的无风险零息债券组成的投资组合。在 $t = 0$ 时刻,该看跌期权的复制投资组合价值为 $\sigma S_0 + F e^{-1 \cdot r^f}$。[①]到 $t = 1$ 时刻,其价值可能为 $\sigma S_1^u + F$ 或 $\sigma S_1^d + F$。这与图 8.6 中的表达式完全一致。令图 8.4 中看跌期权在上涨状态与下跌状态的回报之差等于图 8.6 中复制投资组合在两种状态下的回报之差,则 $p_1^u - p_1^d = (\sigma S_1^u + F) - (\sigma S_1^d + F) = \sigma(S_1^u - S_1^d)$。求解这一关于 σ 的方程,得到在该离散情形下有 $\sigma = \dfrac{p_1^u - p_1^d}{S_1^u - S_1^d} = \dfrac{\Delta p}{\Delta S} = \Delta^p < 0$。

再分别令图 8.4 中看跌期权在上涨状态与下跌状态下的回报等于图 8.6 中复制投资组合在两种状态下的回报,则在上涨状态下有 $0 = \Delta^p S_1^u + F$,在下跌状态下有 $K - S_1^d = \Delta^p S_1^d + F$。求解该方程组,即得:

$$\Delta^p = \frac{\Delta p}{\Delta S} = -\frac{K - S_1^d}{S_1^u - S_1^d} < 0, \text{有} F = -S_1^u \Delta^p = S_1^u \frac{K - S_1^d}{S_1^u - S_1^d} > 0$$

---

① 见前页脚注③。

由于 $\sigma=\Delta^p<0$，看跌期权的复制投资组合持有的是股票空头。如前所述，这与我们的直觉相符。零息债券满足 $F=-S_1^u\Delta^p>0$，因此该看跌期权的复制投资组合持有的是债券多头。

由于 $p_0=\Delta^pS_0+Fe^{-1\cdot r^f}$，那么用外生参数表示即为：

$$p_0=-\Delta^p(S_1^ue^{-r^f}-S_0)=\frac{K-S_1^d}{S_1^u-S_1^d}(S_1^ue^{-r^f}-S_0)>0$$

与此前式(8.7)的结果相同。

最后请注意，具有相同标的资产和行权价的看涨期权与看跌期权的 Delta 具有如下关系：

$$\Delta^c-\Delta^p=\frac{S_1^u-K}{S_1^u-S_1^d}-\left(-\frac{K-S_1^d}{S_1^u-S_1^d}\right)=1，也即\ \Delta^c=1+\Delta^p$$

8.5　风险中性定价

Ross(1976)证明，期权可以进行风险中性定价(risk-neutral valuation)。也就是说，我们可以在假设投资者风险中性的基础之上使用二叉树模型。这种情况下，我们可以将所有未来现金流都使用无风险利率来贴现，同时也意味着所有资产的价值均将以相同的无风险利率的速度增长。如果我们的研究对象是以一种事先给定的资产为标的的期权，或是以多种具有相同收益率波动率 $\sigma(r)$ 的资产为标的的期权，那么使用单个二叉树模型足矣。然而，若某期权的标的资产与此前研究的资产具有不同的波动率，而投资者希望为该期权定价，那么我们就必须建立一个新的模型了。

这一重要模型的直觉来自先前的结论。我们可以构建一个由期权及其标的资产(在我们的例子中是股票)组成的投资组合，使其在世界的各个状态下的回报都相等，那么我们只需对这一确定的回报用无风险利率贴现，便可得到期权的价值。由于我们总能构建出这种无风险投资组合，因此为期权定价时，我们可以假设世界是无风险的。

图 8.7 在图 8.1 的基础之上添加了风险中性概率 pr^u 与 pr^d。接下来，用风险中性概率 pr^u 和 pr^d 来表示，即得：

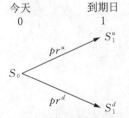

图 8.7　含有风险中性概率的股价二叉树模型

$$E[S_1]=pr^u(uS_0)+pr^d(dS_0)=S_0e^{1\cdot r^f} \tag{8.9}$$

其中第二个等式是因为，在风险中性世界中，无风险利率不仅是适用于所有现金流的贴现利率，还是所有资产(不论其实际风险如何)价值的预期增长率。注意 $pr^d=1-pr^u$，那么由式(8.9)可推出：

$$pr^u=\frac{e^{r^f}-d}{u-d}，以及\ pr^d=1-pr^u=\frac{u-e^{r^f}}{u-d}$$

我们假设两个概率均为正值，则又可推导出式(8.8)给出的关系：

$$S_1^d<S_0e^{r^f}<S_1^u，也就是\ d<e^{r^f}<u$$

8.5.1　看涨期权的风险中性定价

图 8.8 在图 8.2 的基础之上添加了风险中性概率 pr^u 与 pr^d。由于在风险中性的框架下,所有风险资产的定价方式均相同,因此这一做法是合适的。于是,$c_0 \mathrm{e}^{1 \cdot rf} = E[c_1] = pr^u(c_1^u) + pr^d(c_1^d) = pr^u(S_1^u - K) = \dfrac{\mathrm{e}^{rf} - d}{u - d}(S_1^u - K)$。从而有:

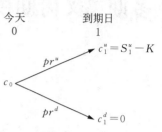

今天　　　　到期日
0　　　　　　1

$c_1^u = S_1^u - K$

c_0

$c_1^d = 0$

图 8.8　看涨期权的风险中性定价

$$c_0 = \Delta^c S_0(1 - d\mathrm{e}^{-rf}) = \Delta^c(S_0 - S_1^d \mathrm{e}^{-rf})$$

这与此前的结果式(8.5)相同。

下一章中,我们将把二叉树模型推广至多期情形。对于金融从业者而言,该模型将在许多应用场景中大放异彩。

8.5.2　看跌期权的风险中性定价

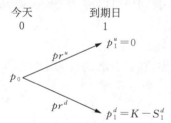

今天　　　　到期日
0　　　　　　1

$p_1^u = 0$

p_0

$p_1^d = K - S_1^d$

图 8.9　看跌期权的风险中性定价

与看涨期权一样,我们也可以为看跌期权进行风险中性定价。图 8.9 在图 8.4 的基础之上添加了风险中性概率 pr^u 与 pr^d。因此,$p_0 \mathrm{e}^{1 \cdot rf} = E[p_1] = pr^u(p_1^u) + pr^d(p_1^d) = pr^d(K - S_1^d) = \dfrac{u - \mathrm{e}^{rf}}{u - d}(K - S_1^d)$。解这一关于 p_0 的方程,即得:

$$p_0 = -\Delta^p S_0(u\mathrm{e}^{-rf} - 1) = -\Delta^p(S_1^u \mathrm{e}^{-rf} - S_0)$$

这与此前的结果式(8.7)相同。

第 9 章

多期二叉树期权定价模型

本章将探讨强大的多期二叉树期权定价模型。虽然大名鼎鼎的 BSM 模型极为重要,但其只适用于欧式期权及其相关应用。相比之下,二叉树模型则更为灵活。[①]它既可用于美式期权定价,还可用于路径依赖期权(这种期权的回报不仅仅取决于标的资产在到期日的价格,还与其在期权存续期内的价格走势有关)的定价。对于美式期权而言,我们还可以将期权在存续期内提前执行的概率表示为一个关于时间的函数。除此之外,我们还可以用这一模型研究比较静态分析结果,这对于对冲金融市场风险而言十分重要。

本章还将指出,随着二叉树模型的期数增加(各期的持续时间长度不断缩小),期权定价结果将收敛到其真实价值。例如,我们后面将看到,随着期数增加,欧式看涨期权的定价结果将收敛到 BSM 模型的定价结果。

9.1 二叉树模型基础回顾

让我们对上一章的单期模型加以回顾和拓展。回忆一下,衍生品定价理论的一个重要里程碑,就是人们意识到在为衍生品定价时,可以假设市场参与者是风险中性的。这一结论背后的直觉是:我们可以将期权与标的资产结合到一起,使得不论有风险的标的资产价格如何变化,该投资组合在下一时刻的回报都是定值。这种投资组合是无风险的,因此其收益率应当为无风险利率。

按照风险中性定价理论,我们假设:

- 所有资产的预期价值均按照无风险利率增长;
- 未来回报应当以无风险利率为贴现利率。

进而,在这些假设下:

---

① 当然,灵活性的提升是以计算量的增加为代价的。

- 标的资产在现实世界中的预期收益率不会影响期权定价,因为模型中不会使用$E[r]=\mu$;[1]
- 现实世界的概率不会出现在风险中性世界里。

考虑一个距离现在还有 T 年到期的期权。定义:

$$\Delta t = \frac{T}{N},\text{即 } N = \frac{T}{\Delta t} \tag{9.1}$$

其中,N 表示模型的期数,Δt(年)是每期的持续时间长度。于是,在使用该模型时,我们可以先选定 N 或 Δt 中的一个,再利用式(9.1)算出另一个。我们进一步令:

$$GR = e^{\Delta t \cdot r^f} \text{ 和 } NR = e^{\Delta t(r^f - \delta)}$$

分别表示毛无风险收益(gross risk-free return)和净无风险收益(net riskfree return),其中 r^f 表示无风险收益率,δ 是标的资产的股息派发率,二者均为连续复利形式。在多期二叉树模型中,我们将使用上涨状态的风险中性概率 pr^u 与下跌状态的风险中性概率 pr^d,二者满足:

$$pr^u + pr^d = 1$$

接下来,给定当前股价 S_t 的条件下,一期之后的上涨状态价格与下跌状态价格分别记作:

$$S_{t+\Delta}^u \mid S_t = uS_t \text{ 和 } S_{t+\Delta}^d \mid S_t = dS_t \tag{9.2}$$

其中 u 和 d 的选取我们将稍后探讨,这里 $u>d$。给定 t 时刻的某一节点,一期之后的两种未来股价 $S_{t+\Delta}^u$ 与 $S_{t+\Delta}^d$ 分别可由式(9.2)计算得出。

9.2　两期模型的建立

图 9.1 展示了两期二叉树模型,其中 pr^u 与 pr^d 两个概率将在之后进行更加细致的探讨。[2]
根据风险中性定价的原理,有:

$$E[S_{t+\Delta} \mid S_t] = S_t e^{(r^f - \delta)\Delta t} = S_t NR$$
$$= pr^u S_{t+\Delta}^u \mid S_t + pr^d S_{t+\Delta}^d \mid S_t$$

即:

$$\frac{E[S_{t+\Delta} \mid S_t]}{S_t} = e^{(r^f - \delta)\Delta t} = NR = pr^u u + pr^d d \tag{9.3}$$

---

[1]　也就是说,在模型中,投资者的风险偏好并非通过收益率来体现,而是通过风险厌恶世界中的标的资产当前股价来体现。

[2]　注意,二叉树模型的一个关键假设是,行权价 K 与 S_T^{dd} 和 S_T^{uu} 满足约束条件 $K \in (S_T^{dd}, S_T^{uu})$。从而,$c_T^{dd} = \max(0, S_T^{dd} - K) = 0$,且 $c_T^{uu} = \max(0, S_T^{uu} - K) = S_T^{uu} - K > 0$。看跌期权则满足 $p_T^{dd} = \max(0, K - S_T^{dd}) = K - S_T^{dd} > 0$,且 $p_T^{uu} = \max(0, K - S_T^{uu}) = 0$。更一般地,对于 N 期模型而言,$K \in (S_T^{dd\cdots d}, S_T^{uu\cdots u})$,从而 $c_T^{dd\cdots d} = \max(0, S_T^{dd\cdots d} - K) = 0$,且 $c_T^{uu\cdots u} = \max(0, S_T^{uu\cdots u} - K) = S_T^{uu\cdots u} - K > 0$;类似有 $p_T^{dd\cdots d} = \max(0, K - S_T^{dd\cdots d}) = K - S_T^{dd\cdots d} > 0$,且 $p_T^{uu\cdots u} = \max(0, K - S_T^{uu\cdots u}) = 0$。

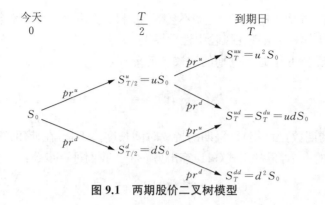

图 9.1　两期股价二叉树模型

也即：

$$e^{-r^f \Delta t} E[S_{t+\Delta t} \mid S_t] = S_t e^{-\delta \Delta t} \qquad (9.4)$$
$$= e^{-r^f \Delta t}(pr^u S_{t+\Delta t}^u \mid S_t + pr^d S_{t+\Delta t}^d \mid S_t)$$

观察式(9.3)。给定 NR 和参数 u 与 d（留待后续讨论）之后，因为 $pr^d = 1 - pr^u$，所以由式(9.3)可推出：

$$pr^u = \frac{NR - d}{u - d}, \text{以及 } pr^d = 1 - pr^u = \frac{u - NR}{u - d}$$

现在我们研究 u 和 d。考虑：

$$u = e^{dr\Delta t + \sigma\sqrt{\Delta t}} = e^{dr\Delta t} e^{\sigma\sqrt{\Delta t}} = \hat{d} e^{\sigma\sqrt{\Delta t}}, \text{且} \qquad (9.5)$$

$$d = e^{dr\Delta t - \sigma\sqrt{\Delta t}} = e^{dr\Delta t} e^{-\sigma\sqrt{\Delta t}} = \hat{d} e^{-\sigma\sqrt{\Delta t}} \qquad (9.6)$$

其中：

$$\hat{d} = e^{dr\Delta t}$$

是二叉树定价模型的漂移因子(drift factor)。可以证明，由式(9.5)与式(9.6)计算得到的 u 和 d 产生的年化连续复利收益率的标准差（波动率）将接近于 σ，这与 σ 的定义一致。

常见的 dr 与 $\hat{d}$ 的选取方式有：[1]

$$dr = r^f - \frac{\sigma^2}{2}, \text{从而} \hat{d} = e^{\Delta t\left(r^f - \frac{\sigma^2}{2}\right)}$$

$$dr = \mu - \frac{\sigma^2}{2}, \text{从而} \hat{d} = e^{\Delta t\left(\mu - \frac{\sigma^2}{2}\right)}$$

$$dr = 0, \text{从而} \hat{d} = e^{\Delta t \cdot 0} = 1$$

其中，最后一种假设由 Cox、Ross 和 Rubenstein(CRR)提出。虽然 dr 的选取可以影响模型随着期数增加收敛到极限值的速度，但不会改变极限值本身。[2]因此，下文中，为简单起见，我

---

① 　这里 μ 表示标的资产的年化连续复利瞬时平均收益率。

② 　这里所说的"极限值"是指，随着期数增加到无穷多（或是给定到期时间 T，每期持续时间长度趋于零），模型收敛到的数值。

们将使用 CRR 参数,即:

$$e^{\sigma\sqrt{\Delta t}}=u>d=e^{-\sigma\sqrt{\Delta t}}=\frac{1}{u}$$

现在我们已经拥有了用该模型为期权定价所需的全部参数。我们将不再探讨两期模型的情形,而将跳转到研究一般的 N 期模型,因为到目前为止我们掌握的知识背景已经足以探讨一般的二叉树模型。

本节余下的几部分将介绍几个技术要点。为了简洁起见,如果读者时间紧迫,可以选择可以跳过这些内容,继续阅读第 9.3 节。

9.2.1　选取与波动率参数相匹配的“u”和“d”

参数 u 和 d 应当选取得当,使其与二叉树模型中每一期的波动率参数 σ 相匹配。本节希望在二叉树模型的假设下确定股票波动率的取值。[①]

考虑一期之后股价的标准差。为使符号简洁,记 $\Delta t(r^f-\delta)\equiv D$。如前所述,我们有 $pr^d=1-pr^u$, $pr^u=\dfrac{e^D-d}{u-d}$, $E[S_{\Delta t}]=S_0e^{\Delta t(r^f-\delta)}=S_0e^D$, $S_{\Delta t}^u=uS_0$, 以及 $S_{\Delta t}^d=dS_0$。选定 $u=e^{\sigma\sqrt{\Delta t}}$ 和 $d=e^{-\sigma\sqrt{\Delta t}}$,则 $ud=1$。于是:

$$\frac{E[S_{\Delta t}]}{S_0}=e^D,\ \frac{S_{\Delta t}^u}{S_0}=u,\text{且}\frac{S_{\Delta t}^d}{S_0}=d$$

在给定初始股价为 S_0 的条件下,第一期股价的方差即为:

$$\begin{aligned}
\sigma^2\left(\frac{S_{\Delta t}}{S_0}\right)&=(pr^u)\left(\frac{S_{\Delta t}^u}{S_0}-\frac{E[S_{\Delta t}]}{S_0}\right)^2+(1-pr^u)\left(\frac{S_{\Delta t}^d}{S_0}-\frac{E[S_{\Delta t}]}{S_0}\right)^2\\
&=(pr^u)(u-e^D)^2+(1-pr^u)(d-e^D)^2\\
&=(d-e^D)^2+\frac{e^D-d}{u-d}[(u-e^D)^2-(d-e^D)^2]\\
&=d^2+e^{2D}-2de^D\\
&\quad+\frac{e^D-d}{u-d}[u^2+e^{2D}-2ue^D-(d^2+e^{2D}-2de^D)]\\
&=d^2+e^{2D}-2de^D+\frac{e^D-d}{u-d}[(u-d)(u+d-2e^D)]\\
&=(u+d)e^D-e^{2D}-ud
\end{aligned}\tag{9.7}$$

函数 e^x 在 $x=0$ 处的泰勒展开式为 $1+x+\dfrac{x^2}{2}+\sum_{n=3}^{\infty}\dfrac{x^n}{n!}$,其中 $n!=1\times2\times3\times\cdots\times n$。当 x 较小时,我们可以用 e^x 的 2 阶泰勒展开对其近似,即:

$$e^x\sim1+x+\frac{x^2}{2}$$

---

① 本部分内容只是证明 CRR 假设下的 u 与 d 计算得出的波动率是符合预期的。读者可以跳过本部分内容。

于是，$\mathrm{e}^{\Delta t(r^f-\delta)}\sim 1+\Delta t(r^f-\delta)+\dfrac{(\Delta t)^2(r^f-\delta)^2}{2}$。当 Δt 很小时，我们可以忽略 Δt 的高于 1 次的项，即 $\mathrm{e}^{\Delta t(r^f-\delta)}\sim 1+\Delta t(r^f-\delta)$，也就是 $\mathrm{e}^D\sim 1+D$。类似地，我们有 $\mathrm{e}^{2\Delta t(r^f-\delta)}\sim 1+2\Delta t(r^f-\delta)$，即 $\mathrm{e}^{2D}\sim 1+2D$。此外，$u=\mathrm{e}^{\sigma\sqrt{\Delta t}}\sim 1+\sigma\sqrt{\Delta t}+\dfrac{(\sigma\sqrt{\Delta t})^2}{2}$，且 $d=\mathrm{e}^{-\sigma\sqrt{\Delta t}}\sim 1-\sigma\sqrt{\Delta t}+\dfrac{\sigma^2\Delta t}{2}$。因此，$u+d\sim 2+\sigma^2\Delta t$。接下来，我们继续忽略 Δt 的高于 1 次的项，则 $ud\sim\left(1+\sigma\sqrt{\Delta t}+\dfrac{\sigma^2\Delta t}{2}\right)\left(1-\sigma\sqrt{\Delta t}+\dfrac{\sigma^2\Delta t}{2}\right)\sim 1-\sigma\sqrt{\Delta t}+\dfrac{\sigma^2\Delta t}{2}+\sigma\sqrt{\Delta t}-\sigma^2\Delta t+\dfrac{\sigma^2\Delta t}{2}=1$。

综上所述，$\mathrm{e}^D\sim 1+D$，$\mathrm{e}^{2D}\sim 1+2D$，$u+d\sim 2+\sigma^2\Delta t$，且 $ud=1$。将这些式子代入式(9.7)，则：[①]

$$\sigma^2\left(\frac{S_{\Delta t}}{S_0}\right)\sim(2+\sigma^2\Delta t)(1+D)-(1+2D)-1$$

$$\sim 2+2D+\sigma^2\Delta t-1-2D-1=\sigma^2\Delta t$$

因此，由于一期的时间长度是 Δt 年，且时间序列的方差与时间长度成正比，因此将 Δt 时刻的这一标准化之后的方差乘以 $\dfrac{1}{\Delta t}$，得到的即为年化方差。于是：

$$年化\ \sigma^2\left(\frac{S_{\Delta t}}{S_0}\right)\sim\left(\frac{1}{\Delta t}\right)\sigma^2\Delta t=\sigma^2 \tag{9.8}$$

这符合我们的预期。

我们对第二期股价的条件波动率进行类似的计算，即得：

$$\sigma^2\left(\frac{S_{2\Delta t}}{S_0}\right)=(pr^u)^2(u^2-\mathrm{e}^{2D})^2+(pr^d)^2(d^2-\mathrm{e}^{2D})^2$$

$$+2pr^u pr^d(ud-\mathrm{e}^{2D})^2$$

其中我们用到了 $S_{2\Delta t}^{uu}=u^2S_0$、$S_{2\Delta t}^{dd}=d^2S_0$、$S_{2\Delta t}^{ud}=S_{2\Delta t}^{du}=udS_0=duS_0$ 和 $E[S_{2\Delta t}]=S_0\mathrm{e}^{2D}$。运用和之前一样的手法，即可得到 $2\Delta t$ 时刻股价经过标准化后的条件方差的年化结果近似为 σ^2。对 $3\Delta t$、$4\Delta t$、$5\Delta t$ 等各个时刻重复上述操作，各期得到的近似结果均为 σ^2。

9.2.2 Girsanov 定理

上一小节中，我们将标的资产价值在每期的（连续复利）预期收益率 $\Delta t(r^f-\delta)$ 记作 D。因此，资产价格每期的毛收益即为 $\mathrm{e}^{\Delta t(r^f-\delta)}=\mathrm{e}^D$。倘若我们将 D 定义为 $\Delta t(\mu-\delta)$，这里 μ 表示现实世界（即风险厌恶的世界）中股票基金的预期收益率，结果将如何？观察上一节的推导过程可以发现，由于 $\mu>r^f$，所以 $pr^u=\dfrac{\mathrm{e}^D-d}{u-d}$ 将比先前有所增大（$pr^d=1-pr^u$ 也将相应减小）。此外，$E[S_{\Delta t}]=S_0\mathrm{e}^D$ 也会增大。然而，式(9.7)的形式保持不变，即：

---

① 其中，忽略 $\sigma^2\Delta t(D)=\sigma^2\Delta t(\Delta t(r^f-\delta))$ 项是因为其含有因式 $(\Delta t)^2$。

$$\sigma^2\left(\frac{S_{\Delta t}}{S_0}\right)=(u+d)\,\mathrm{e}^D-\mathrm{e}^{2D}-ud$$

只不过 $D=\Delta t(\mu-\delta)$ 已经按照现实世界中的参数重新定义。因此,式(9.8)仍成立,即:

$$年化\ \sigma^2\left(\frac{S_{\Delta t}}{S_0}\right)\sim\left(\frac{1}{\Delta t}\right)\sigma^2\Delta t=\sigma^2$$

上一小节中,我们首先假设的是 $u=\mathrm{e}^{\sigma\sqrt{\Delta t}}$ 且 $d=\mathrm{e}^{\sigma\sqrt{\Delta t}}$。因此,从风险中性世界(有股息派发的风险资产的收益率等于 r^f)到现实世界(有股息派发的风险资产的收益率等于 μ),$u(\sigma)$ 与 $d(\sigma)$ 的取值仍保持不变。这正是 Girsanov 定理的本质。[1]从一种风险偏好转向另一种风险偏好的过程中(例如从风险厌恶世界转向风险中性世界),含有股息派发的风险资产的预期增长率会发生变化,但收益率的波动率将保持不变。

综上所述,从风险厌恶世界到风险中性世界,标的资产的波动率不会发生变化。因此,$u=\mathrm{e}^{\sigma\sqrt{\Delta t}}$ 与 $d=\mathrm{e}^{\sigma\sqrt{\Delta t}}$ 也不会发生变化。换句话说,标的资产二叉树在每个节点处的价值都不会改变。然而,由于 $\mu>r^f$,因此上涨与下跌的概率会发生变化。从风险中性世界到风险厌恶世界,pr^u 将增加,pr^d 将减小。这必然是正确的,因为风险厌恶世界里的未来预期价格要高于风险中性世界里的未来预期价格。

9.3　期权定价的多期二叉树

虽然欧式期权可以使用 BSM 模型定价,但这里我们仍将首先用二叉树为欧式看涨与欧式看跌期权定价,以帮助读者更好理解逆向归纳(backward induction)的过程。与股价二叉树不同,期权定价二叉树是逆向构建的。我们将使用逆向归纳的方式构建这棵树,用最终价值反向推导出初始价值。

考虑一个 N 期模型。那么在二叉树的 $N+1$ 个最终节点处(即 $t=T=N\Delta t$ 时刻的所有节点),都有:

$$c_T=\max(0,\ S_T-K),\ 且\ p_T=\max(0,\ K-S_T) \tag{9.9}$$

利用式(9.9)计算得出 $N+1$ 个最终节点的价值后,我们逆向推导一期,得出 $T-\Delta t$ 时刻对应的倒数第二列的 N 个节点价值。我们将使用类似于式(9.4)的方式来计算期权价值。考虑 $T-\Delta t$ 时刻对应的倒数第二列的 N 个节点中的任意一个节点 x,我们可以利用看涨期权在一期之后的价值 c_T^{xu} 与 c_T^{xd},或利用看跌期权在一期之后的价值 p_T^{xu} 与 p_T^{xd},计算期权在此处的"预期"价值。于是:

$$c_{T-\Delta t}^{x}=\mathrm{e}^{-r^f\Delta t}(pr^u c_T^{xu}+pr^d c_T^{xd})\ 且 \tag{9.10}$$

$$p_{T-\Delta t}^{x}=\mathrm{e}^{-r^f\Delta t}(pr^u p_T^{xu}+pr^d p_T^{xd}) \tag{9.11}$$

---

[1]　这一定理的详细推导过程超出了本书范围。

这里,xu 表示随后的上涨状态最终($t=T$ 时刻)节点,xd 表示随后的下跌状态最终节点。欧式看涨与欧式看跌期权在倒数第二列的所有节点处的价值均可分别用式(9.10)与式(9.11)计算。

以此类推,我们可以再往前递推一期,用类似于式(9.10)和式(9.11)的表达式,计算出距离到期日还有 2 期(即 $T-2\Delta t$ 时刻)的全部 $N-1$ 个节点处取值。将这些公式一般化,那么在期权定价二叉树的其余每个节点 x 处,看涨期权与看跌期权的价值分别可由下式计算:

$$c_t^x = \mathrm{e}^{-rf\Delta t}(pr^u c_{t+\Delta}^{xu} + pr^d c_{t+\Delta}^{xd}) \tag{9.12}$$

$$p_t^x = \mathrm{e}^{-rf\Delta t}(pr^u p_{t+\Delta}^{xu} + pr^d p_{t+\Delta}^{xd}) \tag{9.13}$$

其中 xu 与 xd 分别表示在给定节点 x 的条件下,后续的"上涨"与"下跌"节点。

计算完 $T-2\Delta t$ 时刻对应的 $N-1$ 个节点处的 $c_{T-2\Delta t}^x$ 或 $p_{T-2\Delta t}^x$ 的取值后,我们继续逆向推导一期,用式(9.12)与式(9.13)计算期权在 $T-3\Delta t$ 时刻对应的 $N-2$ 个节点处的价值。继续沿着整棵期权定价二叉树进行逆向递推,直到推导出 $t=T-N\Delta t=0$ 时刻对应的唯一初始节点的取值。在 $t=0$ 时刻的节点处计算得到的取值即分别为欧式看涨期权与欧式看跌期权的价值。

总结来看,对于 N 期模型而言,我们首先用式(9.9)中适当的方程计算期权在全部 $N+1$ 个最终节点处的价值。接下来,我们沿着欧式期权价格二叉树,用式(9.12)或式(9.13)中对应的方程,逆向计算出期权在其他所有节点处(也就是到期日之前的所有节点,记作"当前"节点 x)的价值。最后,期权定价二叉树在 $t=0$ 时刻节点处的价值即为欧式期权的价值。

图 9.2 展示了一个简单的两期看涨期权定价二叉树。在定价时,我们需要从 T 时刻开始,逆向推导出 $\dfrac{T}{2}$ 时刻的值,再到 $t=0$ 时刻。两期看跌期权定价二叉树的构造方法与之类似,只不过需要将 $c_T = \max(0, S_T-K)$ 换成 $p_T = \max(0, K-S_T)$,将 c_t^x 换成 p_t^x,用式(9.13)计算即可。最后,用完全相同的方法即可将其延拓为 N 期期权定价二叉树。

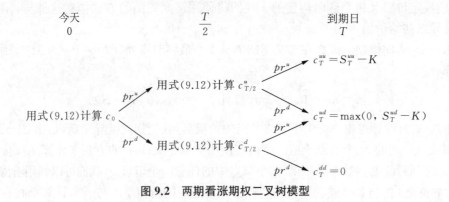

图 9.2　两期看涨期权二叉树模型

9.4　欧式期权二叉树定价模型:不使用二叉树

在我们具体探讨如何用期权定价二叉树为欧式期权定价之前,请读者注意,我们无需显式生成整棵二叉树就可以利用该模型为欧式期权定价。直观来看,由于欧式期权只能在到期日执行,因此我们无需知晓期权定价二叉树在中间节点处的取值,只需研究最终节点的情况即可。

理论上来看,根据绝对估值法,期权的价值应当等于未来预期现金流的现值之和。因此,如果希望为欧式期权定价,我们只需将每个节点处的回报乘以其发生概率,再将它们加总,即可得到期权在到期日的预期回报。最后,根据风险中性定价原理,我们再将预期回报用无风险利率贴现到今天,得到的就是期权的价值。

为简化记号,与本书其他大多数章节不同,本节的下标不表示距离今天的时间(年),而是表示距离今天有多少期。例如,下标 3 表示距离今天共有 3 期,下标 N 表示距离今天共有 N 期。因此,由于我们假设模型共有 N 期,所以下标 N 指代的就是到期日。

若 N 期中共有 nu 次上涨,则我们记到期日股价为:

$$S_N^{nu} = S_0 u^{nu} d^{nd} \tag{9.14}$$

这里 $nd = N - nu$ 表示 N 期中下跌的次数。因此,期权在到期日的回报为:

$$c_N^{nu} = \max(0,\ S_N^{nu} - K),\text{以及 } p_N^{nu} = \max(0,\ K - S_N^{nu}) \tag{9.15}$$

接下来我们考虑某一给定的最终节点(经过 N 期到达 T 时刻的节点),其一共经历过 nu 次上涨、$nd = N - nu$ 次下跌。每一条最终到达该状态(节点)的路径出现的概率以及到达该节点的可能路径数分别为:

$$(pr^u)^{nu}(pr^d)^{nd} \text{ 和} \frac{N!}{nu!(nd)!}$$

其中 $N! = 1 \times 2 \times 3 \times \cdots \times N$。因此,$N$ 期之后到达这一特定节点(共 nu 次上涨、$nd = N - nu$ 次下跌的节点)的概率即为:[1]

$$(pr^u)^{nu}(pr^d)^{nd} \frac{N!}{nu!(nd)!} \tag{9.16}$$

最后,综合式(9.14)、式(9.15)和式(9.16),并用无风险利率从支付回报的到期日 T 时刻贴现到 $t = 0$ 时刻(总时间长度为 T 年),即可用下式计算欧式期权的价值:

$$c_0 = e^{-r_f T} \sum_{nu=0}^{N} (pr^u)^{nu}(pr^d)^{nd} \frac{N!}{nu!nd!} \max(0,\ S_0 u^{nu} d^{nd} - K)$$

$$p_0 = e^{-r_f T} \sum_{nu=0}^{N} (pr^u)^{nu}(pr^d)^{nd} \frac{N!}{nu!nd!} \max(0,\ K - S_0 u^{nu} d^{nd})$$

因此,使用这两个 c_0 和 p_0 的表达式,我们便无需显式生成股价二叉树和期权定价二叉树。我们只需简单地分析这两棵二叉树在最终节点处的情况。

我们还可以用二叉树模型推导得出 BSM 模型的解,但这已超出本书范围。有兴趣的读者可以参阅 Hull(2015)的第 298—301 页。

---

[1]　这一概率可以使用 Excel 的二项分布函数 BINOM.DIST 来计算。

9.5 美式期权的价值

我们马上就将看到二叉树期权定价模型的强大之处。由于 BSM 模型无法处理美式期权,因此我们必须使用二叉树模型。注意,美式期权可在到期日之前行权。此外,美式期权的内在价值即为其"即时价值",也就是在给定当前节点 x 处,股价为 S_t^x 时,美式期权立刻执行得到的回报。因此,在当前节点 x 处,若当前股价为 S_t^x,则美式看涨期权与看跌期权的内在价值分别为 $\max(S_t^x - K, 0)$ 和 $\max(K - S_t^x, 0)$。

只有当美式期权的内在价值超出继续持有期权可以带来的预期价值时,美式期权持有者才会提前行权。预期价值的计算方法与我们之前计算欧式期权在所有非最终节点处的价值时的方法(即式(9.12)与式(9.13))完全相同。因此,在到期日前的任一节点 x,美式看涨期权(看跌期权)的价值即为用先前的式(9.12)(式(9.13))计算得到的结果与立刻执行的结果 $S_t^x - K(K - S_t^x)$ 二者之间的较大值。若将美式期权在到期日前任一节点 x 处的价值分别记作大写字母 C_t^x 和 P_t^x(欧式期权的价值记作小写字母 c_t^x 与 p_t^x),则有:

$$C_t^x = \max(S_t^x - K, e^{-r^f \Delta}(pr^u C_{t+\Delta}^{xu} + pr^d C_{t+\Delta}^{xd})) \tag{9.17}$$

$$P_t^x = \max(K - S_t^x, e^{-r^f \Delta}(pr^u P_{t+\Delta}^{xu} + pr^d P_{t+\Delta}^{xd})) \tag{9.18}$$

综上所述,借助期权定价二叉树,美式期权可由逆向归纳法定价。首先,美式期权在 $N+1$ 个最终节点 y 处的价值可由式(9.19)计算:

$$C_T^y = \max(0, S_T^y - K), \text{ 或 } P_T^y = \max(0, K - S_T^y) \tag{9.19}$$

接下来利用逆向归纳法,在每个非最终节点处反复使用式(9.17)或式(9.18),直到算出 $t = 0$ 时刻初始节点处的取值。初始节点的取值即为美式期权的价值。

9.6 案例:股票与期权的二叉树模型

下面我们给出一个用二叉树模型为期权定价的示例。我们将使用逆向归纳的过程为美式期权定价。图 9.3 给出了美式看跌期权的定价过程。B1:B6 单元格给出了期权的输入参数。根据 E1 单元格,我们建立一个 $N = 10$ 期的模型。E2:E8 单元格计算了模型参数。E2 单元格计算每一期的时间长度 $\Delta t = \dfrac{T}{N}$ 年。E3 与 E4 单元格分别计算每一期的净收益 $NR = e^{(r^f - \delta)\Delta}$ 与毛收益 $GR = e^{r^f \Delta}$。E5 与 E6 单元格分别计算 $u = e^{\sigma \sqrt{\Delta t}}$ 和 $d = \dfrac{1}{u} = e^{-\sigma \sqrt{\Delta t}}$。最后,E7 单元格计算 $pr^u = \dfrac{NR - d}{u - d}$,E8 单元格计算 $pr^d = \dfrac{u - NR}{u - d}$。

	A	B	C	D	E	F	G	H	I	J	K	L
1	S_0	5		N	10	E2 =B5/E1			B13 =B1		B5 =15/252	
2	K	5.21		Δt	0.05	E3 =EXP((B3-B4)*E2)					C13 =B13*$E$5	
3	r^f	6%		NR	1.0010	E4 =EXP(B3*E2)					D13 =C13*$E$5	
4	δ,q	4%		GR	1.0030	E5 =EXP(B6*SQRT(E2))					L13 =K13*$E$5	
5	T	0.5		u	1.094	E6 =EXP(-B6*SQRT(E2))					C14 =IF($A14>C$12,"",B13*$E$6)	
6	σ	40%		d	0.914	0.914	F6 =1/E5				C23 =IF($A23>C$12,"",B22*$E$6)	
7	BSM c_0	0.486		pr^U	0.483	E7 =(E3-E6)/(E5-E6)					L14 =IF($A14>L$12,"",K13*$E$6)	
8	BSM p_0	0.641		pr^D	0.517	0.517	F8 =1-E7				L23 =IF($A23>L$12,"",K22*$E$6)	
9					E8 =(E5-E3)/(E5-E6)							

	S_T	Δt									
nd	0	1	2	3	4	5	6	7	8	9	10
0	5	5.47	5.98	6.54	7.15	7.82	8.55	9.35	10.23	11.18	12.23
1		4.57	5.00	5.47	5.98	6.54	7.15	7.82	8.55	9.35	10.23
2			4.18	4.57	5.00	5.47	5.98	6.54	7.15	7.82	8.55
3				3.82	4.18	4.57	5.00	5.47	5.98	6.54	7.15
4					3.50	3.82	4.18	4.57	5.00	5.47	5.98
5						3.20	3.50	3.82	4.18	4.57	5.00
6							2.92	3.20	3.50	3.82	4.18
7								2.67	2.92	3.20	3.50
8									2.44	2.67	2.92
9										2.24	2.44
10											2.04

	P_T	Δt									
nd	0	1	2	3	4	5	6	7	8	9	10
0	0.657	0.43	0.25	0.12	0.04	0.01	0.00	0.00	0.00	0.00	0.00
1		0.87	0.61	0.37	0.19	0.07	0.01	0.00	0.00	0.00	0.00
2			1.12	0.83	0.55	0.31	0.13	0.03	0.00	0.00	0.00
3				1.41	1.09	0.77	0.48	0.22	0.06	0.00	0.00
4					1.71	1.39	1.06	0.71	0.38	0.11	0.00
5						2.01	1.71	1.39	1.03	0.64	0.21
6							2.29	2.01	1.71	1.39	1.03
7								2.54	2.29	2.01	1.71
8									2.77	2.54	2.29
9										2.97	2.77
10											3.17

B28 =IF($A28>B$27,"",MAX($B$2-B13,($E$7*C28+$E$8*C29)/EXP($B$3*$E$2)))

K28 =IF($A28>K$27,"",MAX($B$2-K13,($E$7*L28+$E$8*L29)/EXP($B$3*$E$2)))

L28 =MAX(0,$B$2-L13)   L38 =MAX(0,$B$2-L23)

图 9.3 股票和期权定价二叉树模型

　　B13:L23 单元格建立了 10 期股价二叉树模型。这些单元格中，我们只需编辑其中 3 个单元格，然后将其中两个单元格的公式复制到其他单元格，即可得到整棵树。B13 单元格即为 S_0。接下来，C13 单元格计算 $S_{\Delta}^u = uS_0$。再将 C13 单元格的内容复制粘贴到 D13:L13 单元格，即可构建出股价二叉树最上面一行。二叉树的各列对应于各个时刻，如 B12:L12 单元格所示。

　　完成初始股价以及最上面一行的股价之后，我们将按如下方法完成这棵树的其余部分。我们想使用一个适用于其余所有单元格（即股价二叉树的其余所有节点）的公式。注意，A13:A23 单元格分别对应于各行下跌的总次数。也就是说，第 13(14，15，…，23)行的所有单元格对应于股价二叉树中累计下跌 0 次（1 次，2 次，…，10 次）的各个节点。对于 C14：L23 中的各个单元格，我们首先要确定其是否可作为二叉树的一个节点，也就是其累计下跌次数不应超过其目前经过的期数。若累计下跌次数超过了目前经过的期数，该单元格应当显示为空。反之，我们就利用公式 $S_t^{xd} = S_{t-\Delta}^x d$ 来计算该二叉树节点处的股价，也就是用 d 乘以其上一行、左一列的单元格。例如，C14 单元格的计算公式为"＝IF（\$A14＞C\$12，""，B13＊\$E\$6）"。输入完该公式后，我们便可将其复制粘贴至 C14：L23 单元格，完成这棵二叉树。

沿时间正向完成股价二叉树的构建之后，我们现在利用逆向归纳法来为一个美式看跌期权定价。L28：L38 单元格用下式计算了 11 种可能的到期日回报：

$$P_T^{nd} = \max(0, K - S_T^{nd}) = \max(0, K - S_0 u^{10-nd} d^{nd})$$

接下来根据逆向归纳法，该美式看跌期权在二叉树所有到期前节点 x 处的价值可由下式计算：

$$P_t^x = \max(K - S_t^x, \ e^{-rf\Delta}(pr^u P_{t+\Delta}^{xu} + pr^d P_{t+\Delta}^{xd})) \tag{9.20}$$

例如，K28 单元格的计算公式为：

　＝IF（\$A28＞K\$27，""，MAX（\$B\$2－K13，（\$E\$7＊L28＋\$E\$8＊L29）/\$E\$4））

其中，K13 单元格即为股价二叉树在对应节点处的取值。通过将上述 K28 单元格中的公式复制粘贴至 B28：K37 的其余单元格中，即可完成此模型。最终，B28 单元格得出该美式看跌期权的价值为 0.657 美元。注意，这一结果大于 B8 单元格中用 BSM 模型计算出来的欧式看跌期权价值 0.641 美元。因此，可以提前执行的权利为该期权带来额外的 0.016 美元的价值。

9.6.1 美式期权提前执行的概率

由于美式期权的价值高于与之对应的欧式期权，因此在看跌期权定价二叉树中，至少有一个节点满足在此处提前执行是最优策略。虽然我们并未展示这一结果，但读者可以用如下方法确定这棵二叉树在何处提前执行是最优的。在每个节点 z 处，我们只需比较式（9.18）中的两个取值：

$$K - S_t^z \text{ 和 } e^{-rf\Delta}(pr^u P_{t+\Delta}^{zu} + pr^d P_{t+\Delta}^{zd})$$

若前者（后者）更大，说明提前执行是（不是）最优策略。随着到期日临近，当股价处于低位时，提前执行美式看跌期权是最优策略。

图 9.4 的上半部分计算了在给定某时刻的条件下到达各个节点处的概率。B45：L55 单元格展示的即为在每个特定时刻到达股价二叉树的各个节点的概率。第 57 行验证了该 10 期模型的 11 个时刻里每个时刻的概率之和均为 1。对于 t 时刻的一个给定节点 x，若该节点累计下跌了 nd 次，上涨了 nu 次，则到达该节点的概率为：

$$pr_t^x = (pr^u)^{nu}(pr^d)^{nd}\frac{(nd+nu)!}{nd!nu!}$$

	A	B	C	D	E	F	G	H	I	J	K	L
43	Pr(S_t|t)			Δt								
44	_nd_	_0_	_1_	_2_	_3_	_4_	_5_	_6_	_7_	_8_	_9_	_10_
45	_0_	1	0.4832	0.2335	0.1128	0.0545	0.0264	0.0127	0.0062	0.003	0.0014	0.0007
46	_1_		0.5168	0.499	0.362	0.2333	0.1409	0.0817	0.0461	0.0254	0.0138	0.0074
47	_2_			0.267	0.3871	0.3742	0.3013	0.2184	0.1478	0.0952	0.0592	0.0357
48	_3_				0.138	0.2667	0.3222	0.3114	0.2634	0.2036	0.1476	0.1019
49	_4_					0.0713	0.1723	0.2498	0.2817	0.2722	0.2368	0.1907
50	_5_						0.0369	0.1068	0.1807	0.2329	0.2532	0.2447
51	_6_							0.019	0.0644	0.1245	0.1805	0.2181
52	_7_								0.0098	0.038	0.0827	0.1333
53	_8_									0.0051	0.0221	0.0534
54	_9_										0.0026	0.0127
55	_10_											0.0014
56												
57	加总	100%	100%	100%	100%	100%	100%	100%	100%	100%	100%	100%
58	B45 =IF($A45>B$44,"",BINOM.DIST($A45,B$44,$E$8,0))									B57 =SUM(B45:B55)		
59	B55 =IF($A55>B$44,"",BINOM.DIST($A55,B$44,$E$8,0))									L57 =SUM(L45:L55)		
60												
61	E[S_t]	5.000	5.005	5.010	5.015	5.020	5.025	5.030	5.035	5.040	5.045	5.050
62	B61 =SUMPRODUCT(B45:B55,B13:B23)									L61 =SUMPRODUCT(L45:L55,L13:L23)		
63	E[S_t]	5.000	5.005	5.010	5.015	5.020	5.025	5.030	5.035	5.040	5.045	5.050
64	B63 =$B$1*EXP(($B$3-$B$4)*$E$2*B44)								L63 =$B$1*EXP(($B$3-$B$4)*$E$2*L44)			
65		0.000	0.104	0.219	0.262	0.248	0.206	0.158	0.115	0.080	0.054	0.036
66			0.097	0.000	0.074	0.215	0.323	0.367	0.357	0.314	0.256	0.199
67				0.184	0.076	0.000	0.059	0.197	0.334	0.424	0.455	0.438
68					0.196	0.188	0.066	0.000	0.049	0.180	0.329	0.450
69						0.166	0.249	0.180	0.060	0.000	0.042	0.165
70							0.123	0.251	0.265	0.172	0.057	0.001
71								0.085	0.218	0.297	0.270	0.165
72									0.055	0.170	0.283	0.322
73										0.034	0.124	0.242
74											0.021	0.086
75												0.012
76	B65 =IF($A45>B$44,"",B45*(B13-B$61)^2)								L65 =IF($A45>L$44,"",L45*(L13-L$61)^2)			
77												
78	σ/E[S_t]		40.0%	40.1%	40.2%	40.2%	40.3%	40.4%	40.5%	40.6%	40.6%	40.7%
79	C78 =SQRT(SUM(C65:C75)/(C44*$E$2))/C61								L78 =SQRT(SUM(L65:L75)/(L44*$E$2))/L61			
80												

图 9.4　二叉树模型各个节点的概率与波动率

其中，$\dfrac{(nd+nu)!}{nd!nu!}$ 可用 Excel 的组合数函数" = COMBIN（$nd + nu$，nd）"来计算。例如，B45 单元格的公式是：

$$=\text{IF}(\$\text{A}45>\text{B}\$44，""，\$\text{E}\$7^{\wedge}(\text{B}\$44-\$\text{A}45)*\$\text{E}\$8^{\wedge}$$
$$\$\text{A}45*\text{COMBIN}(\text{B}\$44，\text{B}\$44-\$\text{A}45))$$

将 B45 单元格的公式复制粘贴到 B45：L55 的其余单元格中，便可完成该模型。[①]接下来，对于某一给定时刻，只需将该时刻提前行权的各个节点处的概率加总，即可求出到该时刻为止已经行权的累积概率。这里我们并未展示这一计算过程。最后，将相邻两个时刻的累积概

[①] 这里的概率亦可直接用 Excel 的二项分布函数 BINOM.DIST 来计算。

率值作差，即可求出在某一日期提前行权的概率。[①]

9.6.2　预期股价和各期波动率

图 9.4 的第 61 行与第 63 行计算了各期的预期股价。在给定期数的条件下，第 61 行将到达各个节点的概率分别乘以对应的股价，再将这些乘积加总。第 63 行用 $E[S_{n\Delta}] = S_0 e^{(rf-\delta)n\Delta}$ 计算 n 期之后的预期股价，其中 $n \in \{1, 2, \cdots, 10\}$。观察这两行的计算结果便可发现，这两种方法计算得出的各个时刻的预期股价均相同。

第 65 行至第 75 行给出了一些初步结果，这些结果将用于计算每一期的股价波动率。对于 n 期之后（即 $n\Delta t$ 时刻）的任一节点 x，表格中计算的是 $pr_{n\Delta}^x (S_{n\Delta}^x - E[S_{n\Delta}])^2$。最后，第 78 行的单元格分别计算了各期的股价波动率，即：

$$s_n = \frac{1}{E[S_{n\Delta}]} \sqrt{\frac{\sum_{x=1}^{n+1} pr_{n\Delta}^x (S_{n\Delta}^x - E[S_{n\Delta}])^2}{n\Delta t}} \tag{9.21}$$

其中，期数 $n \in \{1, 2, \cdots, N\}$，节点 $x \in \{1, 2, \cdots, n, n+1\}$。参数 $pr_{n\Delta}^x$ 表示在 $n\Delta t$ 时刻的条件下到达各个节点 x 的概率，$S_{n\Delta}^x$ 表示对应节点的股价。因子 $\sqrt{\dfrac{1}{n\Delta t}}$ 仅仅用于将结果年化，因子 $\dfrac{1}{E[S_{n\Delta}]} = \dfrac{1}{S_0 e^{n\Delta t(rf-\delta)}}$ 将结果标准化。第 78 行的计算结果说明，该模型产生的波动率符合我们的预期，即符合图 9.3 的 B6 单元格输入的 $\sigma = 40\%$。

9.6.3　比较静态分析

本节中，我们将介绍如何运用二叉树模型计算比较静态分析结果。我们考虑三个指标，其中有两个是一阶统计量，即 Delta(Δ) 和 Theta(Θ)，另外一个是二阶统计量 Gamma(Γ)。

1. Delta

根据先前的结果，欧式期权满足：

$$\Delta^c = \frac{\partial c}{\partial S} = e^{-\delta T} N(d_1) \in [0, 1]，以及 \Delta^p = \frac{\partial p}{\partial S} = -e^{-\delta T} N(-d_1) \in [-1, 0]$$

对于二叉树的某一给定节点 xu，其对应的 Delta 取值可以用如下公式进行数值近似计算：

$$\Delta_t^{c, xu} \sim \frac{c_t^{xu} - c_t^{xd}}{S_t^{xu} - S_t^{xd}}，以及 \Delta_t^{p, xu} \sim \frac{p_t^{xu} - p_t^{xd}}{S_t^{xu} - S_t^{xd}}$$

其中节点 xd 与节点 xu 处于相同时刻，但位于节点 xu 的正下方。注意，计算公式中使用的

[①]　综上所述，读者可以首先建立一个含有"1"和"0"的二叉树，其中"1"表示期权被执行，"0"表示未被执行。将该二叉树各列的取值与概率二叉树的各列取值分别对应相乘，再将乘积求和，即可得出在对应时刻或该时刻之前已经行权的累积概率。随着时间的推移（随着到期日临近），在某一给定时刻或该时刻之前已经被行权的累积概率将不断增加。最后，将相邻两个累积概率值作差，即可得出在各个日期提前行权的概率。

四个值必须均处于同一时刻,因为每种比较静态分析结果仅考虑改变一个变量带来的影响,而我们现在讨论的是股价变化带来的影响。

例如,考虑图 9.5。AD42:AG45 单元格简单展示了看跌期权的输入参数。此外,第 42 行至第 45 行还给出了 BSM 模型的中间计算结果,AM45 单元格得出看跌期权的价值为 0.641 美元。

	AC	AD	AE	AF	AG	AH	AI	AJ	AK	AL	AM
42		s_0	5	T	0.5	d1	0.0313	d2	-0.2515	e^{-rf*T}	0.9704
43		K	5.21	σ	40%	-d1	-0.0313	-d2	0.2515	$e^{-\delta T}$	0.9802
44		r^f	6%			N(d1)	0.5125	N(d2)	0.4007	c_0	0.486
45		δ	4%			N(-d1)	0.4875	N(-d2)	0.5993	p_0	0.641
46		BSM Δ	-0.48	AE46 =-AM43*AI45							
47		Δ				AD49 =IF($AC49>AD$48,"",(C28-C29)/(C13-C14))					
48	nd	1	2	3	4	5	6	7	8	9	10
49	1	-0.49	-0.36	-0.24	-0.13	-0.05	-0.01	0.00	0.00	0.00	0.00
50	2		-0.63	-0.50	-0.36	-0.22	-0.10	-0.02	0.00	0.00	0.00
51	3			-0.78	-0.66	-0.52	-0.35	-0.18	-0.05	0.00	0.00
52	4				-0.91	-0.83	-0.71	-0.55	-0.33	-0.10	0.00
53	5					-0.99	-0.96	-0.90	-0.79	-0.59	-0.21
54	6						-1.00	-1.00	-1.00	-1.00	-1.00
55	7							-1.00	-1.00	-1.00	-1.00
56	8								-1.00	-1.00	-1.00
57	9									-1.00	-1.00
58	10										-1.00
59		BSM θ	0.47	AE59 =AE42*AG43*NORM.S.DIST(AI42,0)*AM43/2/SQRT(AG42)-							
60		θ		AE44*AE43*AM42*AK45+AE45*AE42*AI45*AM43							
61	nd	0	1	2	3	4	5	6	7	8	
62	0	0.51	0.58	0.57	0.46	0.27	0.08	0.00	0.00	0.00	
63	1		0.45	0.59	0.68	0.65	0.45	0.15	0.00	0.00	
64	2			0.33	0.51	0.72	0.84	0.73	0.29	0.00	
65	3			0.16	0.32	0.61	0.94	1.15	0.56		
66	4				0.00	0.06	0.29	0.76	1.71		
67	5					0.00	0.00	0.00	0.00		
68	6						0.00	0.00	0.00		
69	7							0.00	0.00		
70	8								0.00		
71		AD62 =IF($AC62>AD$61,"",(B28-D29)/2/$E$2)									
72		BSM Γ	0.28	AE72 =NORM.S.DIST(AI42,0)*AM43/AE42/AG43/SQRT(AG42)							
73		Γ									
74	nd		2	3	4	5	6	7	8	9	10
75	2		0.30	0.27	0.22	0.14	0.07	0.02	0.00	0.00	0.00
76	3			0.34	0.34	0.31	0.24	0.14	0.04	0.00	0.00
77	4				0.33	0.37	0.40	0.37	0.27	0.09	0.00
78	5					0.24	0.33	0.43	0.51	0.50	0.20
79	6						0.07	0.15	0.28	0.50	0.88
80	7							0.00	0.00	0.00	0.00
81	8								0.00	0.00	0.00
82	9									0.00	0.00
83	10										0.00
84		AE75 =IF($AC75>AE$74,"",(AE49-AE50)/(C13-C14))									

图 9.5 比较静态分析:Delta、Theta 与 Gamma

根据 AE46 单元格,与之等价的(即与我们研究的美式看跌期权的输入参数均完全相同的)欧式看跌期权在初始时刻(即 0 时刻)的 Delta 等于 $\Delta_0^p = \dfrac{\partial p}{\partial S} = -e^{-\delta T} N(-d_1) = -0.9802 \times 0.4875 = -0.48$。而对于美式看跌期权的二叉树而言,其在 $t = 0$ 时刻只有一个节点。因此,在使用二叉树模型进行数值近似计算时,我们将使用 Δt 时刻的两个节点的取值来计算。在 Δt 时刻(即一期以后),AD49 单元格的计算结果表明,Δ_0^p 的近似结果为 $\Delta_{\Delta}^p \sim \dfrac{P_{\Delta}^u - P_{\Delta}^d}{S_{\Delta}^u - S_{\Delta}^d} = \dfrac{0.43 - 0.87}{5.47 - 4.57} = -0.49$。这显然与 BSM 模型计算得到的与之等价的欧式看跌期权的结果 -0.48 十分接近。[①]

图 9.5 第 49 行至第 58 行的其余单元格的计算方法与之前相同,只需将 AD49 单元格的公式进行复制粘贴即可。(注意,以 AD50、AD58、AL58 单元格为顶点围成的下三角虽然看似为空,但里面也有公式。)首先,我们发现,所有计算结果均非正,这与 $\Delta^p \in [-1, 0]$ 的结论一致。其次,当股价较高(右上角时),Δ^p 的计算结果接近于零;当股价较低(二叉树最下方一侧,即对角线 AD49:AM58)时,计算结果接近于 -1。这与 Δ^p 关于 S_T 的函数图像形态一致。

2. Theta

图 9.5 还计算了 $\Theta^p = \dfrac{\partial p}{\partial T}$。由于 Theta 度量的是期权价值关于到期时间的敏感性,因此我们需要保持其他变量为常数(包括股价在内)。由于二叉树模型满足 $ud = 1$,因此,如果股价在两期内经历了一次上涨与一次下跌(顺序任意),那么两期之后的股价将回到当前股价,即 $S_t = S_{t+2\Delta}^{ud} = S_{t+2\Delta}^{du}$,其中 $t \in \{0, \Delta t, 2\Delta t, \cdots, T - 2\Delta t\}$。

给定二叉树的某一节点 x,我们可用如下公式来数值计算 Theta:

$$\Theta_t^{c \cdot x} \sim \frac{C_t^x - C_{t+2\Delta}^{xud}}{2\Delta t}, \text{以及} \quad \Theta_t^{p \cdot x} \sim \frac{P_t^x - P_{t+2\Delta}^{xud}}{2\Delta t}$$

其中节点 xud 位于节点 x 的两期之后,其经历了一次上涨与一次下跌(顺序任意)。也就是说,要想进行比较静态分析,每次只能剥离出其中一个变量带来的影响。由于我们现在想探究的是时间变化带来的影响,因此选定的两个节点必须具有相同的股价。

根据 AE59 单元格,与之等价的(即与我们研究的美式看跌期权的输入参数均完全相同的)欧式看跌期权在初始时刻(即 0 时刻)的 Theta 等于 $\Theta_0^p = \dfrac{\partial p}{\partial T} = 0.47$。再看我们的美式看跌期权,AD62 单元格的结果为 $\Theta_0^p \sim \dfrac{P_0 - P_{2\Delta}^{ud}}{2\Delta t} = \dfrac{0.657 - 0.61}{2 \times 0.05} = 0.51$,其中,图 9.3 的 B28 单元格表明 $P_0 = 0.657$,D29 单元格表明 $P_{2\Delta}^{ud} = P_{2\Delta}^{du} = 0.61$。我们再次发现,二叉树模型计算得出的美式看跌期权比较静态分析结果与 BSM 模型计算得出的相应的欧式看跌期权结果类似。第 62 行至第 70 行其余单元格的计算方法与之类似,只需将 AD62 单元格的公式复制粘贴至 AD62:AL70 中的其余单元格即可。

---

① 这一计算过程使用的数据来自图 9.3 中的单元格。C28 单元格对应于 $P_{\Delta}^u = 0.43$;C29 单元格对应于 $P_{\Delta}^d = 0.87$;C13 单元格对应于 $S_{\Delta}^u = 5.47$;C14 单元格对应于 $S_{\Delta}^d = 4.57$。

　　根据图 9.3 的第 13 行至第 23 行,B13、D14、F15、H16 以及 J17 单元格对应的股价均为 5 美元。行权价为 5.21 美元,因此在二叉树的各个节点中,这 5 个单元格的股价接近于行权价。图 9.5 中与之对应的 5 个单元格分别为 AD62、AF63、AH64、AJ65 和 AL66。事实上,如我们之前看到的结论一致,这些单元格分别在对应的时刻(即 $t \in \{0,\ 2\Delta t,\ 4\Delta t,\ 6\Delta t,\ 8\Delta t\}$)使 Theta 达到了最大。

　　3. Gamma

　　根据此前结论,欧式期权的 Gamma 满足:

$$\Gamma^c \equiv \frac{\partial^2 c}{\partial S^2} = \Gamma^p \equiv \frac{\partial^2 p}{\partial S^2} = \frac{e^{-\delta T} S_n(d_1)}{S_0 \sigma \sqrt{T}} > 0$$

给定二叉树的某一节点 xuu,我们可用如下公式来数值计算美式看跌期权的 Gamma:

$$\Gamma_t^{xuu} \sim \frac{\Delta_t^{xuu} - \Delta_t^{xud}}{S_{t-\Delta t}^{xu} - S_{t-\Delta t}^{xd}} \tag{9.22}$$

其中,节点 $xd(xud)$ 与节点 $xu(xuu)$ 处于相同时刻,但位于节点 $xu(xuu)$ 的正下方。

　　考虑图 9.5 最下方的部分。AE72 单元格计算得出,与之等价的欧式看跌期权在初始时刻(即 0 时刻)的 Gamma 等于 $\Gamma_0^p = 0.28$。根据式(9.22),我们需要用两个 Δ 的估计值来估计 Γ,因此我们从两期之后(即从 $2\Delta t$ 时刻)开始计算。于是我们用 $2\Delta t$ 时刻的两个节点来作为 $\Delta_{2\Delta t}^{p,\,uu}$ 与 $\Delta_{2\Delta t}^{p,\,ud}$ 的近似值。从而,AE75 单元格计算得出 $\Gamma_{2\Delta t}^p \sim \frac{\Delta_{2\Delta t}^{p,\,uu} - \Delta_{2\Delta t}^{p,\,ud}}{S_{\Delta t}^u - S_{\Delta t}^d} = \frac{-0.36 - (-0.63)}{5.47 - 4.57} = 0.30$。我们再次看到,二叉树模型计算得出的美式看跌期权比较静态分析结果与 BSM 模型计算得出的相应的欧式看跌期权结果类似。

　　第 75 行至第 83 行的其余单元格的计算方法与之前相同,只需将 AE75 单元格的公式进行复制粘贴即可。(注意,对角线下方的单元格虽然看似为空,但里面也有公式。)首先,注意所有单元格的计算结果均非负。其次,我们知道在其他条件不变的情况下,股价等于或接近于行权价时,Gamma 将达到峰值。图 9.5 中对应的这种情况下的 5 个单元格分别为 AE75、AG76、AI77、AK78 和 AM79。事实上,如我们之前看到的结论一致,这些单元格分别在对应的时刻(即 $t \in \{0,\ 2\Delta t,\ 4\Delta t,\ 6\Delta t,\ 8\Delta t\}$)使 Gamma 达到了最大。

9.7　二叉树期权定价模型收敛至 BSM 模型

　　现在我们来说明,随着期数增加,二叉树模型计算得出的期权价值将收敛至其真实价值。为了说明此事,我们知道欧式期权可以通过 BSM 模型定价。

　　考虑一个看涨期权,参数如下:$T = 0.5$ 年;$S_0 = K = 5$ 美元;连续复利年化无风险利率 $r^f = 5\%$;标的资产连续复利年化收益率的波动率为 $\sigma = 50\%$;$\delta = 0$。我们将使用 27 个模型来为该期权定价:其中 1 个是 BSM 模型,其余 26 个均为二叉树模型,模型的期数分别为 1 至 26。各个二叉树模型均使用 $u = e^{\sigma\sqrt{\Delta t}}$ 和 $d = e^{-\sigma\sqrt{\Delta t}}$。我们以 BSM 模型的定价结果为基准。

　　图 9.6 以图形的形式展示了计算结果。可以发现,随着二叉树模型的期数增加,看涨期权的

价值将接近 BSM 模型的计算结果。这一结果十分鼓舞人心,因为即使我们使用 26 期模型,每一期的持续时间长度仍大致为一星期,较为粗放。[1]

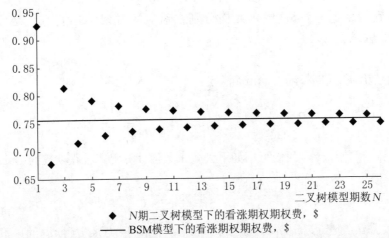

图 9.6　欧式期权价格关于二叉树模型期数(从 $N=1$ 期至 $N=26$ 期)的变化情况

我们还分别对这 26 个模型计算了到期日股价的相对波动率,虽然这里并未展示这些结果。具体地,我们计算:[2]

$$\frac{\sigma(S_T)}{E[S_T]}=\frac{\left(\sum_{n=0}^{N}(pr^u)^n(pr^d)^{N-n}\dfrac{N!}{n!(N-n)!}\{u^n d^{N-n}S_0-E[S_T]\}^2\right)^{\frac{1}{2}}}{E[S_T]}$$

其中 $E[S_T]=S_0 e^{T\cdot rf}=5.00e^{0.5\times 5\%}=5.13$。由于年化 $\sigma=50\%$,因此,$T=0.$ 年对应的半年波动率等于 $\sigma\sqrt{T}=50\%\sqrt{0.5}=35.4\%$。事实上,这 26 个模型的计算结果均与我们假设的值非常接近,它们从 $N=1$ 的计算结果 35.0% 单调上升至 $N=26$ 的计算结果 36.4%。[3]

9.8　用二叉树模型为期货期权定价

在结束本章前,我们还希望简单介绍如何用二叉树模型为以其他类型资产(除了股票和股票基金以外的资产)为标的资产的期权定价。例如,期货合约(futures contract)也可以作

---

[1]　该模型的一种拓展方式是,随着到期日临近,逐渐缩短每一期的持续时间长度。

[2]　在求和式中,n 表示全部 N 期里上涨的次数,$N-n$ 表示下跌的次数。

[3]　为便于读者阅读,这里我们再次列出相关参数:到期时间 $T=0.5$ 年;看跌期权平价发行,满足 $S_0=K=5$ 美元;连续复利年化无风险利率 $rf=5\%$;标的资产连续复利年化收益率的波动为 $\sigma=50\%$。对于期数为 $N=26$ 的二叉树模型,$\Delta t=\dfrac{T}{N}=\dfrac{0.5}{26}=0.01923$ 年(一星期),$u=e^{\sigma\sqrt{\Delta t}}=e^{50\%\times\sqrt{0.5/26}}=1.072$,$d=e^{-\sigma\sqrt{\Delta t}}=0.9330$,$e^{rf\Delta t}=e^{5\%\times(0.5/26)}=1.000962$,$pr^u=\dfrac{e^{rf\Delta t}-d}{u-d}=48.96\%$,$pr^d=51.04\%$。

为标的资产。

此前一些关于二叉树模型的公式可以修改如下。根据前面的结论,若标的资产是股指基金,则:

$$E[S_{t+\Delta}\,|\,S_t]=S_t\mathrm{e}^{\Delta t(rf-\delta)}=S_t(pr^u u+pr^d d)$$

其中股息派发率(δ)表示股指基金未来价值的流失速率。

对于期货合约,我们可以证明其价值的流失速率为 r^f,与股指基金的价值流失速率 δ 有所不同。因此,若标的资产是期货合约,则:

$$E[F_{t+\Delta}\,|\,F_t]=F_t\mathrm{e}^{\Delta t(rf-rf)}=F_t(pr^u u+pr^d d)=F_t$$

整理方程,即得:

$$pr^u=\frac{1-d}{u-d},\text{且}\ pr^d=1-pr^u=\frac{u-1}{u-d} \tag{9.23}$$

标的资产是期货合约的二叉树期权定价模型的其他方程,与先前的方程全部类似,例如 $u=\mathrm{e}^{\sigma_F\sqrt{T}}$,$d=\mathrm{e}^{-\sigma_F\sqrt{T}}$,这里 σ_F 仍然表示标的资产(此时为期货合约)收益率的波动率。最后说明一下,期货合约的价值流失速率之所以可视作 r_f,原因如下。我们知道一般的二叉树公式为 $pr^u=\dfrac{\mathrm{e}^{\Delta t(rf-\delta)}-d}{u-d}$。将此式与式(9.23)作比较,可以明显看出,由于 $\mathrm{e}^{\Delta t(rf-rf)}=1$,因此期货合约的价值流失速率就是 r^f。

我们还可以用另一种视角看待期货合约的价值流失速率。回忆一下看跌—看涨期权平价公式:

$$S_0\mathrm{e}^{-\delta T}+p_0=K\mathrm{e}^{-r^f T}+c_0$$

若忽略存储成本、便利收益率等因素,期货合约的价格即等于 $F_0=S_0\mathrm{e}^{(rf-\delta)T}$,因此 $S_0\mathrm{e}^{-\delta T}=F_0\mathrm{e}^{-r^f T}$。将此式代入看跌—看涨期权平价公式,即可得到含远期的看跌—看涨期权平价公式(put-call forward parity):

$$F_0\mathrm{e}^{-r^f T}+p_0=K\mathrm{e}^{-r^f T}+c_0$$

比较上面两个方程,我们可以发现,含远期的看跌—看涨期权平价公式中 r^f 对于 $F_0\mathrm{e}^{-r^f T}$ 的地位与原始的看跌—看涨期权平价公式中 δ 对于 $S_0\mathrm{e}^{-\delta T}$ 的地位相同。这也说明,期货合约的价值流失速率即为 r^f。

第四部分
债券：风险度量、免疫、主成分分析

本书第四部分讲解债券、利率风险和风险缓释技术。第 10 章回顾固定利率债券的现金流与时间节点等知识，并用承诺现金流来定义到期收益率。接下来我们定义即期利率和远期利率等利率指标，并讲解这些指标与贴现因子之间的关系。最后，我们将简单介绍零波动利差这一风险度量指标。

　　第 11 章讲解单因子风险度量指标，这些指标既可用于度量利率风险，还可用于缓释利率风险。我们将首先回顾一阶风险度量指标"久期"和二阶风险度量指标"凸性"，以及二者相应的经验值："有效久期"和"有效凸性"。本章还将介绍美元久期、美元凸性和 DV01。我们将基于这些风险度量指标来构建各种价格—收益率曲线。最后，我们将用杠铃型债券组合与子弹型债券组合的例子来讲解各种利率风险的概念。

　　第 12 章利用第 11 章介绍的风险度量指标来讲解各阶债券免疫方法，这些方法均可用于对冲固定收益证券的利率风险。一阶免疫方法利用久期这一风险度量来对冲，二阶免疫方法进一步将凸性考虑在内。我们将在从业者使用的各种简化假设之下介绍这两类方法。

　　第 13 章和第 14 章讲解各种多因子利率风险度量指标，例如关键利率久期和主成分分析。第 13 章中，我们将说明关键利率久期让风险管理者可以只关注于其所暴露的那些特定期限的利率风险，还可以让风险管理者深入理解利率期限结构的具体变化情况。最后，第 14 章介绍主成分分析。我们将介绍如何计算主成分，如何敲定使用的主成分数目，以及如何借助主成分来缓释利率风险。

第 10 章

利率与债券

本章我们探讨固定收益证券的世界里使用的各种利率。我们将给出在不同的每年复利换算期数之下年化百分比利率与有效利率之间的关系,并介绍固定利率债券的基础知识。接下来,本章将讲解用于计算到期收益率的承诺现金流与用于估值的预期现金流之间的区别。①到期收益率是使承诺现金流的现值之和刚好等于债券价格的贴现利率。

随后我们探讨即期利率,也就是单个基准现金流应当使用的贴现利率。利用各个即期利率,我们可以进一步计算得到单期与多期基准远期利率,也就是利用当前市场上的基准证券价格计算出的适用于未来某一给定时间段内的利率。最后我们引入零波动利差的概念,这是一种风险度量指标,其可度量风险债券相对于对应的基准债券的收益率增量。

10.1 年化百分比利率与有效利率

年化百分比利率(annual percentage rate,APr)是一种名义上的利率。将其除以假定的每年复利换算期数 m,即可把它转换为有效换算期利率。也就是说,$\dfrac{APr}{m}=EPr$ 才是真正可用于计算的有效换算期利率(effective periodic rate,EPr)。特别地,如果我们使用的换算期是一年,此时的有效换算期利率就叫有效年利率(effective annual rate,EAr)。如果不知道 m,那么 APr 就没有意义。有效年利率 EAr、年化百分比利率 APr 和有效换算期利率 EPr 之间的关系为:

$$1+EAr=\left(1+\frac{APr}{m}\right)^{m},\text{也即}$$

$$EAr=\left(1+\frac{APr}{m}\right)^{m}-1=(1+EPr)^{m}-1$$

---

① 在绝对估值法中,预期现金流应当使用债务持有人要求的收益率来贴现。

在金融中,我们经常假设 $m \to \infty$,这就是所谓的连续复利,此时:

$$\lim_{m \to \infty} EAr = \lim_{m \to \infty} \left(1 + \frac{APr}{m}\right)^m - 1 = e^{APr} - 1$$

这里的 APr 是以连续复利形式表示的收益率,通常记作 r^{cc}。若记 P_t 为资产在 t 时刻的价格,记 CF_t 为资产在 t 时刻支付的现金流(其中 t 以年为单位),那么根据:

$$EAr_t = \frac{P_t + CF_t}{P_{t-1}} - 1 = e^{r_t^{cc}} - 1$$

即得:

$$r_t^{cc} = \ln\left(\frac{P_t + CF_t}{P_{t-1}}\right)$$

下面给出一个简单的示例,这里我们假设年化百分比利率等于 15%。注意,对于给定的 APr,有效年利率将随着每年复利换算次数的增加而增加,即 $\frac{\partial EAr \mid APr}{\partial m} > 0$。

表 10.1　有效年利率随复利换算次数变化的情况

每年复利换算次数 m	有效年利率
1	$15.00\% = \left(1 + \frac{15\%}{1}\right)^1$
2	$15.56\% = \left(1 + \frac{15\%}{2}\right)^2$
4	$15.87\% = \left(1 + \frac{15\%}{4}\right)^4$
6	$15.97\% = \left(1 + \frac{15\%}{6}\right)^6$
12	$16.08\% = \left(1 + \frac{15\%}{12}\right)^{12}$
52	$16.16\% = \left(1 + \frac{15\%}{52}\right)^{52}$
365	$16.180\% = \left(1 + \frac{15\%}{365}\right)^{365}$
∞	$16.183\% = \lim_{m \to \infty} \left(1 + \frac{15\%}{m}\right)^m$

图 10.1 以图像的形式展示了表 10.1,其中 APr 和先前一样,仍假设为 15%。这里我们再一次看到,当 APr 变成连续复利收益率时,EAr 达到极限值 16.183%。

10.2　时间轴与基础知识

债券市场通常以半年为时间单位,如图 10.2 中的时间轴所示。在 $t = 0$ 时刻,投资者以

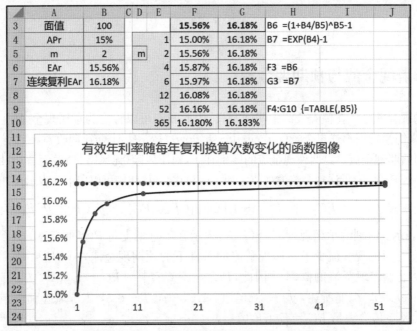

图 10.1 有效年利率随复利换算次数变化的情况

P_0^B 的价格买入一只债券,从而产生了一笔负现金流。债券持有人有权获得该债券随后支付的利息,这种利息每 6 个月支付一次,叫作息票(coupon),记作 C_t。息票的数额等于 $F\frac{r_t^C}{2}$,其中 r_t^C 叫作息票率(coupon rate),以年化百分比利率的形式表示,每半年复利换算一次。因此,$\frac{r_t^C}{2}$ 即为有效半年期息票率。F 表示债券的面值(face value)。债券在到期日(maturity date)$t=T$ 时刻支付的最后一笔现金流等于最后一笔息票 C_T 与面值 F 之和,即 $CF_T = F\left(\frac{1+r_T^C}{2}\right)$。

指标 t 有时指代某一期,一期的时间长度是 6 个月,也就是半年。(图 10.2 中,时间轴下方不同时刻之间标出了对应的时期。)现金流的下标 $\frac{t}{2}$ 则表示特定时刻,对应于时间轴的各个竖线刻度,以年为单位。于是,$CF_{t/2}$ 即表示第 $\frac{t}{2}$ 年发生的现金流。例如,$CF_{1/2}$ 表示距离今天 $\frac{1}{2}$ 年(即 6 个月)发生的现金流,CF_1 表示距离今天 1 年的现金流,等等。

图 10.2 债券现金流

10.3　承诺现金流与预期现金流

债券的现金流已经在债券合约中明确定义，因此我们可以称之为承诺现金流。[①]事实上，在债券界中，人们惯常用承诺现金流（promised cash flows）PC_t 来计算到期收益率（后续将介绍），而不是使用预期现金流。这两种现金流的区别在于，对于风险（无风险）债券而言，预期现金流的现值之和要小于（等于）承诺现金流的现值之和。为简化起见，我们可以用下式表示预期现金流：

$$E[CF_t]=PC_t \times p(PC_t)+E[CF_t|CF_t<PC_t] \times p(CF_t<PCt) \tag{10.1}$$

其中，PC_t 表示 t 时刻的承诺现金流，$p(PC_t)$ 表示在 t 时刻支付 PC_t 的概率，$E[CF_t|CF_t<PC_t]$ 表示在支付的现金流少于承诺现金流的条件下的预期现金流，$p(CF_t<PC_t)$ 表示支付的现金流少于承诺现金流的概率。[②]因此，$PC_t-E[CF_t]=(PC_t-E[CF_t|CF_t<PC_t]) \times p(CF_t<PC_t)>0$。综上所述，$\forall t \in \{0.5, 1, 1.5, \cdots, T-0.5, T\}$，风险债券满足 $PC_t>E[CF_t]$，无风险债券满足 $PC_t=E[CF_t]$。

本章其余内容里，除非另有说明，我们将始终使用承诺现金流。因此，为了简化符号，我们有可能直接用 CF 表示现金流，或用 C 来表示息票支付。若非特殊说明，这些均表示每份债券合约里规定的承诺现金流。

10.4　到期收益率

如前所述，按照债券界的惯例，在确定到期收益率 y 时，我们将对承诺现金流贴现，而不是对预期现金流。因此，本章将使用承诺现金流。到期收益率（yield-to-maturity, y）是使得债券价格 P 等于未来现金流贴现值之和的"贴现"利率。（我们将"贴现"打上引号，是因为 y 实际并非对现金流贴现时使用的利率，这里只是为了与下面的定义保持一致。）

若以半年为一期，以 F 为债券面值，则对于距离当前还有 T 年到期的债券而言，到期收益率 y 由下式定义：

$$P \equiv \sum_{t=1}^{2T} \frac{CF_{\frac{t}{2}}}{\left(1+\frac{y}{2}\right)^t} = \sum_{t=1}^{2T} CF_{\frac{t}{2}} \left(1+\frac{y}{2}\right)^{-2(t/2)}$$

$$= \sum_{t=1}^{2T} CF_{\frac{t}{2}} e^{-(t/2)ycc}$$

---

① 股票则与之不同，如何为股东派发股息完全由公司决定，因此购买股票本质上并不是签订合约，也就没有承诺现金流。

② 对于风险债券而言，$PC_t>E[CF_t|CF_t<PC_t]$ 且 $p(CF_t<PC_t)>0$，因此 $p(PC_t)<1$。对于无风险债券而言，$PC_t=E[CF_t|CF_t<PC_t]$ 且 $p(CF_t<PC_t)=0$，因此 $p(PC_t)=1$。当然，在发行方违约的情况下，实际现金流也可能会高于承诺现金流。然而，债券持有人回收的总金额要少于面值，所以与不发生违约的情况相比，债券的价值仍然有所降低。

其中,求和指标 t 以每半年为一期。于是,$\frac{t}{2}$ 表示相应的时刻,以年为单位。由于 y 是每半年复利换算一次的年化百分比利率,因此 $\frac{y}{2}$ 即为半年期有效利率。从而,$e^{y^{cc}}=\left(1+\frac{y}{2}\right)^2$,即 $y=2(e^{y^{cc}/2}-1)$。若假定息票率为固定常数 r^C,则债券每半年发放的现金流即为:

$$CF_{\frac{t}{2}}=\frac{r^C F}{2},\ t\in\{1,\ 2,\ \cdots,\ 2T-1\},\text{且 } CF_T=F\left(1+\frac{r^C}{2}\right)$$

这里 y 的计算过程的前提假设是,发行人一定会按期支付承诺现金流(即发行人不违约),且投资者一直持有债券直至 T 时刻到期。另一个并不明显的假设是,投资者必须将收到的所有息票按计算得出的利率 y 进行再投资,以保证最终实现的投资收益率为 y。

我们将债券投资者实现的投资收益率等于计算结果 y 的三条关键假设总结如下:
- 投资者可以收获承诺现金流;
- 债券持有至到期;
- 息票按计算得到的利率 y 再投资。

若到期时间 T 的取值较大,那么我们必须通过试错法(trial and error)来求解 y。我们将使用 Excel 的单变量求解(Goal Seek)功能来计算 y 的数值。因此,我们需要给出 y 的一个初始猜测值。单变量求解可以计算得出 y,使债券的价格等于未来现金流的现值之和。

现在我们稍作暂停,来看一个很重要的问题。上述讨论中,我们始终将价格"视作"y 的函数。但是请始终记住,债券的价格是市场决定的,而市场定价既取决于预期现金流,又取决于债券持有者基于对现金流风险的判断而要求的回报率。有了由市场决定的价格,我们便可根据市场价格来计算得出 y。总而言之,价格并非 y 的函数,实际上后者才是前者的函数。此外,y 是投资者的总体平均收益率,既取决于债券的价格,还取决于所有承诺现金流的数额和时间。[①]

10.5 即期利率

到期收益率是价格的函数,而非价格是到期收益率的函数。更明确地说,我们不会用 y 来对现金流贴现。由于在计算证券的内在价值时,我们需要使用真实的贴现利率,因此我们的目标是找出一系列合适的贴现利率,使得未来每个可能收到现金流的时刻都有对应的贴现利率。即期利率(spot rate)就是这里所说的基准现金流的真实贴现利率。即期利率可以根据一系列(无风险)基准证券(例如美国国债)来确定。

我们可以通过息票剥离法(bootstrapping),不断延长未来现金流的支付时间,一个接一个地确定出这些重要的基准贴现利率。这种方法所需的输入数据包括美国国债的价格、现金流和支付时刻。息票剥离法首先计算最短期限的即期利率(在我们的示例中是 0.5 年期),然

---

① 再次强调,只有(1)投资者可以收获全部承诺现金流,(2)债券持有至到期,且(3)息票按照计算得到的 y 进行再投资,投资者在持有债券的整个时间内实现的收益率才等于 y。

后不断延长未来的时间,一个接一个地计算出更长期的即期利率。

根据定义,即期利率 SR_t 即为适用于 t 时刻收获的一笔基准(无风险)现金流的贴现利率。后文中,我们用上标指代基准证券的到期时间,用下标指代收获现金流的时刻。按照定义:

$$P = \sum_{t=1}^{2T} CF_{\frac{t}{2}} \mathrm{e} - (t/2) \times SR_{t/2}$$

其中 $SR_{t/2}$ 即为在 $\dfrac{t}{2}$ 时刻收获的基准现金流的即期利率(贴现利率)。

首先考虑首个即期利率:0.5 年期即期利率,用符号 $SR_{0.5}$ 表示。考虑下式:

$$P^{0.5} = F^{0.5} \mathrm{e}^{-0.5 \times SR_{0.5}} = F^{0.5} \mathrm{e}^{-0.5 \times y_{0.5}}$$

其中,$SR_{0.5}$ 和到期收益率 $y_{0.5}$ 均以连续复利的形式表示,$F^{0.5}$ 表示半年期美国国债的面值。因此:

$$SR_{0.5} = y_{0.5} = \frac{1}{0.5} \ln\left(\frac{F^{0.5}}{P^{0.5}}\right) = 2\ln\left(\frac{F^{0.5}}{P^{0.5}}\right)$$

这里我们假设该债券在到期之前没有中间现金流,从而即期利率便等于首个短期(0.5 年)基准到期收益率 $y_{0.5}$。

接下来我们考虑下一个即期利率:1 年期即期利率 SR_1。考虑下述关于 1 年期基准证券的方程:

$$P^1 = F^1 \mathrm{e}^{-1 \times SR_1} = F^1 \mathrm{e}^{-1 \times y_1}$$

其中 F^1 表示该债券的面值。求解这一关于 SR_1 的方程,即得:

$$SR_1 = y_1 = \ln\left(\frac{F^1}{P^1}\right)$$

我们继续考虑下一个即期利率:1.5 年期即期利率 $SR_{1.5}$。考虑下述方程:

$$P^{1.5} = C_{0.5}^{1.5} \mathrm{e}^{-0.5 \times SR_{0.5}} + C_1^{1.5} \mathrm{e}^{-1 \times SR_1} + (C_{1.5}^{1.5} + F^{1.5}) \mathrm{e}^{-1.5 \times SR_{1.5}}$$

其中,$F^{1.5}$ 表示这只 1.5 年期债券的面值,$C_t^{1.5}$ 表示其息票,$t \in \{0.5, 1, 1.5\}$。求解这一关于 $SR_{1.5}$ 的方程,即得:

$$SR_{1.5} = \frac{1}{1.5} \ln\left[\frac{C_{1.5}^{1.5} + F^{1.5}}{P^{1.5} - (C_{0.5}^{1.5} \mathrm{e}^{-0.5 \times SR_{0.5}} + C_1^{1.5} \mathrm{e}^{-1 \times SR_1})}\right]$$

推而广之,我们可以计算 t 时刻的即期利率 SR_t,也就是适用于第 t 年年末收获到的基准现金流的贴现利率。其计算方法为:

$$SR_t = \frac{1}{t} \ln\left[\frac{C_t^t + F^t}{P_t - \left(\sum_{n=1}^{2t-1} C_{\frac{n}{2}}^t \mathrm{e}^{-\frac{n}{2} \times SR_{\frac{n}{2}}}\right)}\right] \tag{10.2}$$

若想在 Excel 中根据式(10.2)计算即期利率,我们可以借助一些中间过程来简化计算。首先,t 时刻收到的基准现金流对应的贴现因子(discount factor)DF_0^t 蕴含的信息与对应的即

期利率 SR_t 相同,其定义为:

$$DF_0^t \equiv e^{-t \times SR_t} \qquad (10.3)$$

其次,注意式(10.2)的分母使用了 $\sum_{n=1}^{2t-1} C_{\frac{n}{2}}^t e^{-\frac{n}{2} \times SR_{\frac{n}{2}}}$ 这一表达式。因此,我们可以定义累积贴现因子(cumulative discount factor)CDF_0^t,它等于到 t 时刻为止所有贴现因子之和,即:

$$CDF_0^t \equiv \sum_{n=1}^{2t} DF_0^{n/2} = \sum_{n=1}^{2t} e^{-\frac{n}{2} \times SR_{\frac{n}{2}}}$$

如果我们假定固定息票支付,那么 $\forall n \in \{1, 2, \cdots, 2t\}$,有 $C_{\frac{n}{2}}^t = C^t = F^t \cdot \dfrac{r^{C,t}}{2}$。这种情况下,我们可将式(10.2)中的常数 C^t 移到求和号外侧,即得:

$$SR_t = \frac{1}{t} \ln \left[\frac{C_t^t + F^t}{P^t - C^t \left(\sum_{n=1}^{2t-1} DF_0^{n/2} \right)} \right] \qquad (10.4)$$

其中,我们在求和式里运用了式(10.3)。最后,注意到上式不含 CDF_0^t,而是含有 $CDF_0^{t-0.5}$,因此:

$$SR_t = \frac{1}{t} \ln \left[\frac{C_t^t + F^t}{P^t - C^t \cdot CDF_0^{t-0.5}} \right] = \frac{1}{t} \ln \left[\frac{\dfrac{r^{C,t}}{2} + 1}{\dfrac{P^t}{F^t} - \dfrac{r^{C,t}}{2} \cdot CDF_0^{t-0.5}} \right] \qquad (10.5)$$

仔细观察上式可以发现,即期利率是一种以连续复利形式表示的特殊的几何平均收益率 GM^{cc}。由于 $GM^{cc} = \dfrac{1}{t} \ln \left(\dfrac{V_t}{V_0} \right)$,因此在我们目前考虑的式(10.5)中,$V_t = C^t + F^t$ 是"最终价值",即 t 时刻收获的现金流;$V_0 = P^t - C^t \cdot CDF_0^{t-0.5}$ 则是投资的"初始价值"。[①]在 V_0 的表达式中,P^t 表示投资的初始支付价格,而该式在 P^t 的基础之上又减去了 t 时刻之前所有现金流的现值之和 $C^t \cdot CDF_0^{t-0.5}$,得到"调整后的"初始价值。

综上所述,即期利率 SR_t 即为适用于对 t 时刻收获的基准现金流 CF_t 进行贴现的利率。具体而言,这笔现金流的现值即等于 $PV(CF_t) = CF_t e^{-t \times SR_t} = CF_t \cdot DF_0^t$。息票剥离法按照时间先后顺序,一个接一个地确定出全部即期利率。

10.6 远期利率

现在我们考虑多期远期利率(multi-period forward rate):$t1$ 时刻至 $t2$ 时刻隐含的年利率。注意,$t2$ 时刻的现金流对应的贴现因子可用多种形式表示,例如:

$$\begin{aligned} DF_0^{t2} &= e^{-t2 \times SR_{t2}} = e^{-t1 \times SR_{t1}} e^{-(t2-t1) \times t1 f t2} = DF_0^{t1} e^{-(t2-t1) \times t1 f t2} \\ &= e^{-t1 \times SR_{t1} - (t2-t1) \times t1 f t2} \end{aligned}$$

---

① 几何平均收益率通常被定义为 $GM = \left(\dfrac{V_t}{V_0} \right)^{1/t} - 1$。

从中求解 $t1$ 时刻至 $t2$ 时刻的年利率${}_{t1}f_{t2}$，即得：

$$_{t1}f_{t2}=\frac{t2\times SR_{t2}-t1\times SR_{t1}}{t2-t1}=\frac{1}{t2-t1}\ln\left(\frac{DF_0^{t1}}{DF_0^{t2}}\right)$$

图 10.3 以图像的形式同时展示了适用于单期与多期的贴现因子，这些贴现因子均由即期利率和远期利率表示。[1]

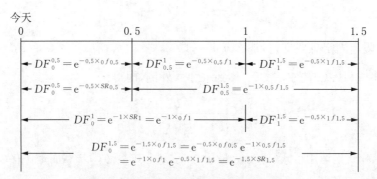

图 10.3　即期利率、远期利率和贴现因子

总而言之，即期利率就是一种可用于确定 t 时刻收获到的现金流 CF_t 的现值的基准利率，这笔现金流的风险程度与基准证券相同。借助息票剥离法，我们便可按时间先后顺序确定出各个即期利率。由此我们还可以得出适用于未来一段时间内的无风险年利率，也就是远期利率。

图 10.4 展示了某些基准证券的即期利率曲线与远期利率曲线。这幅图中呈现的利率曲线形态较为典型，曲线随期限 t 增加而上升。容易证明，如果远期利率增加，那么远期利率会大于即期利率，且即期利率也会随之增加。

利率随到期时间变化的函数图像

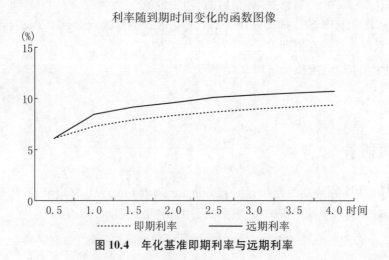

图 10.4　年化基准即期利率与远期利率

10.7　零波动利差

给定一只还有 T 年到期的无风险(risk-free, rf)证券,那么根据息票剥离法,按照前面的定义,即期利率应当满足:

$$P^{rf} \equiv \sum_{t=1}^{2T} CF_{t/2}^{rf} e^{-\frac{t}{2} \times SR\frac{t}{2}}$$

由于投资者会要求对风险进行补偿,因此风险债券的贴现利率会高于无风险债券的利率。

考虑具有相同到期日和承诺现金流的一只无风险债券与一只风险债券。于是,若用 P^r 表示风险债券的价格,那么必有 $P^r < P^{rf}$。因此,对于一只具有与之相同的现金流的风险债券而言,我们可以将所有基准即期利率同时上调某一利差,使风险债券的价格等于风险债券现金流的贴现值之和。上调的这一利差即可作为一种风险度量指标。这一特定的利差就叫作零波动利差(zero volatility spread, z-spread),记作 z^T,其应当满足:

$$P^r \equiv \sum_{t=1}^{2T} CF_{t/2} e^{-\frac{t}{2}\left(SR\frac{t}{2}+z^T\right)} \tag{10.6}$$

其中 z^T 以连续复利年利率的形式表示。对于有风险的不含权固定利率债券而言,z^T 应当为正,因此:

$$\sum_{t=1}^{2T} CF_{t/2} e^{-\frac{t}{2}\left(SR\frac{t}{2}+z^T\right)} = P^r < P^{rf} = \sum_{t=1}^{2T} CF_{t/2} e^{-\frac{t}{2} \times SR\frac{t}{2}} \tag{10.7}$$

零波动利差是用某一特定风险债券相对于一组选定的基准证券来计算得到的,它是根据某一给定债券和一组选定的基准证券(通常是美国国债)来计算得出的单一风险度量指标。[1]在其他条件不变的情况下,零波动利差随债券风险的提高而上升。[2]

从式(10.6)可以看出,我们显然无法得到零波动利差的解析解。求解零波动利差需要使用试错法,因此我们可以用 Excel 的规划求解(Solver)功能简单快速地求出其取值。

---

[1]　注意,这里的"单一"强调的是 z^T 与指标 t 无关,也就是说它并非 $t \in \{0, 1, 2, \cdots, 2T\}$ 的函数。它只是添加到所有即期利率之上的一个常数而已。

[2]　用多期二叉树模型对未来利率建模超出了本书范围。但对于一棵已经用一组基准债券校准过的二叉树而言,我们可以为二叉树中所有节点的利率取值加上同一个常数,使风险债券的价格等于其未来现金流的现值之和。加上的这一常数即为期权调整利差(option adjusted spread)。之所以叫"期权调整",是因为该模型适用于未来现金流依赖于未来利率取值的情形。

第 11 章

固定利率债券与单因子风险指标

利率风险是所有风险管理者都十分关心的话题,固定收益证券的管理者更是如此。管理利率风险颇具挑战,因为不同期限的利率并非完全相关。因此,许多情况下,风险管理者必须同时考虑一系列期限的利率风险。

我们首先探讨久期和凸性。这二者均为单因子风险度量指标,分别刻画了债券的价格—收益率曲线的一阶和二阶特征。使用这些指标的简化前提是假设利率曲线平行移动,也就是假设所有利率同步发生变化。我们还将介绍一些相关指标:有效久期、有效凸性、经验久期、美元久期,以及基点美元值 DV01。我们将考察这些概念对于平价债券、永续债券和零息债券等特殊类型的债券而言表现如何。

接下来我们探讨债券投资组合的这些概念。我们将用杠铃型债券组合和子弹型债券组合来进一步讲解凸性的影响。本章有许多示例和 Excel 模型截图。

11.1 固定利率债券基础知识

由于我们对债券的讲解与专门介绍固定收益证券的教材相比十分有限,因此我们现在假设债券现金流并非参考利率(即目前公认的市场利率)的函数。简单来说,我们将只考虑"固定"的现金流,也就是只研究息票不随参考利率变化而变化的固定息票支付情形,未来支付的数额都是事先已知的。这种情况下,息票支付就是一种年金。若将每半年支付一次息票的债券价格 $P = \sum_{t=1}^{2T} PC_{t/2} e^{-y^{cc}t/2}$ 关于连续复利到期收益率 y^{cc} 求偏导数,可得:

$$\frac{\partial P}{\partial y^{cc}} = -\sum_{t=1}^{2T} \left(\frac{t}{2}\right) PC_{\frac{t}{2}} e^{-y^{cc}t/2} < 0 \tag{11.1}$$

这说明固定利率债券的价格—收益率曲线是向下倾斜的。接下来再对式(11.1)关于到期收益率求偏导数,得到的二阶偏导数即等于:

$$\frac{\partial^2 P}{(\partial y^{cc})^2} = +\sum_{t=1}^{2T} \left(\frac{t}{2}\right)^2 PC_{\frac{t}{2}} e^{-y^{cc}t/2} > 0 \tag{11.2}$$

也就是说,价格—收益率曲线是凸的。将这两个结论结合到一起,便得出固定利率债券的价格—收益率曲线既是向下倾斜的 $\left(\dfrac{\partial P}{\partial y^{cc}}<0\right)$,又是凸的 $\left(\dfrac{\partial^2 P}{(\partial y^{cc})^2}>0\right)$。

由于债券支付的现金流包括一连串息票外加到期日支付的面值,因此债券的价值即为:

$$P = F\mathrm{e}^{-y^{cc}T} + \sum_{t=1}^{2T} C_{\frac{t}{2}}\,\mathrm{e}^{-y^{cc}t/2}$$

$$= F\left(\mathrm{e}^{-y^{cc}T} + \sum_{t=1}^{2T} \frac{r^C}{2}\,\mathrm{e}^{-y^{cc}t/2}\right)$$

有了这些概念,我们便可以绘制价格—收益率曲线(price-yield curve),即债券价格随到期收益率变化的函数图像。[1]图 11.1 给出了一只固定利率债券的示例,其固定息票率为 3%,到期日 $T=50$ 年,面值 $F=1000$ 美元,每年复利换算次数为 $m=2$ 次。[2]根据数学推导结果,图 11.1 中展示的固定利率债券的价格—收益率曲线确实是单调递减且凸的。

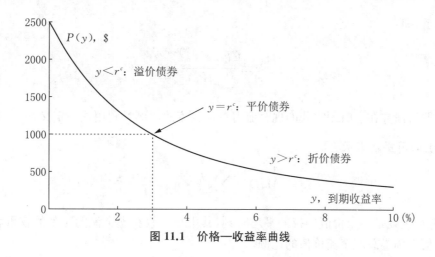

图 11.1　价格—收益率曲线

11.2　固定利率债券的久期和凸性

本节将引入一些重要的风险度量指标,这些指标在假设到期收益率曲线(即到期收益率随到期期限变化的函数图像)发生平行移动的情况下非常实用。久期(修正久期和麦考利久期)这一风险度量指标衡量的是收益率曲线发生微小的平行移动时的风险。凸性则可以衡量收益率曲线发生较大移动时的风险,因为凸性刻画了价格—收益率曲线的局部弯曲程度。[3]

---

①　再次提醒,实际上到期收益率是价格的函数,而并非价格是到期收益率的函数。

②　本书中,若非特殊说明,我们始终认为 $F=1000$ 美元,且每年复利换算次数 $m=2$。

③　然而,若曲线发生非平行移动,这些指标就不再具有重要价值了。

11.2.1 麦考利久期

半年付息的固定利率债券的麦考利久期（Macaulay duration，MaD）的定义是：

$$MaD \equiv \frac{1}{P} \sum_{t=1}^{2T} \frac{t}{2} CF_{\frac{t}{2}} e^{-\left(\frac{t}{2}\right) y^{cc}} = \sum_{t=1}^{2T} \frac{t}{2} \frac{CF_{\frac{t}{2}} e^{-\left(\frac{t}{2}\right) y^{cc}}}{P} \tag{11.3}$$

由于 $P = \sum_{t=1}^{2T} CF_{\frac{t}{2}} e^{-\left(\frac{t}{2}\right) y^{cc}}$，因此在等式两边同时除以 P，即得：

$$1 = \sum_{t=1}^{2T} \frac{CF_{\frac{t}{2}} e^{-\left(\frac{t}{2}\right) y^{cc}}}{P}$$

于是，对于 $t \in \{1, 2, \cdots, 2T\}$，$\dfrac{CF_{\frac{t}{2}} e^{-\left(\frac{t}{2}\right) y^{cc}}}{P}$ 这些因子的求和为 1，从而我们可以将其想象为一系列权重，即：

$$w_{\frac{t}{2}} \equiv \frac{CF_{\frac{t}{2}} e^{-\left(\frac{t}{2}\right) y^{cc}}}{P}$$

其中，$w_{\frac{t}{2}}$ 即为债券在 $\frac{t}{2}$ 时刻收获的现金流占总现金流的比例。利用这一定义，麦考利久期的定义式（11.3）可重新表示为：

$$MaD = \sum_{t=1}^{2T} \frac{t}{2} \cdot w_{\frac{t}{2}}$$

因此，麦考利久期是一个价值加权的平均时刻，其中每个收获现金流的时刻的权重就是这笔现金流价值占债券总现金流价值的比例。

那么麦考利久期是一个风险度量指标吗？是的，至少对于固定利率债券而言是这样。下面我们将通过固定利率债券的麦考利久期与修正久期之间的关系看出这一点。

11.2.2 修正久期

修正久期（modified duration，MD）的定义是：

$$MD \equiv -\frac{1}{P} \frac{dP}{dy^{cc}} = -\frac{d\ln(P)}{dy^{cc}}$$

其中 $d\ln(P)$ 表示价格的相对变化量（变化比例），dy^{cc} 表示收益率的绝对变化量。因此，修正久期显然是一种利率风险度量指标。在其他保持不变的情况下，修正久期越大，债券的利率风险就越高；也就是说，收益率 y^{cc} 绝对增加一单位导致的价格下降的相对幅度就越大。

固定利率债券满足 $\dfrac{dCF_t}{dy^{cc}} = 0$。因此，由式（11.1），我们有：

$$MD = -\frac{1}{P}\frac{\mathrm{d}P}{\mathrm{d}y^{cc}} = -\frac{1}{P}\left[-\sum_{t=1}^{2T}\frac{t}{2}CF_{\frac{t}{2}}\mathrm{e}^{-\left(\frac{t}{2}\right)y^{cc}}\right] = MaD$$

由于修正久期显然是一个利率风险度量指标，因此，麦考利久期也是固定利率债券的利率风险度量指标。[1]

11.2.3　凸性

凸性（convexity，$Conv$）的定义是：

$$Conv \equiv \frac{1}{P}\frac{\mathrm{d}^2 P}{(\mathrm{d}y^{cc})^2} = \frac{1}{P}\frac{\mathrm{d}}{\mathrm{d}y^{cc}}\left(\frac{\mathrm{d}P}{\mathrm{d}y^{cc}}\right)$$

如果我们考虑固定利率债券，那么由式（11.2）可得：

$$Conv = \frac{1}{P}\frac{\mathrm{d}^2 P}{(\mathrm{d}y^{cc})^2} = \frac{1}{P}\sum_{t=1}^{2T}\left(\frac{t}{2}\right)^2 CF_{\frac{t}{2}}\mathrm{e}^{-\left(\frac{t}{2}\right)y^{cc}} = \sum_{t=1}^{2T}\left(\frac{t}{2}\right)^2 w_{\frac{t}{2}}$$

11.3　价格—收益率曲线的近似

我们可用泰勒展开来对实际的价格—收益率曲线 $P(y)$ 加以近似。一般而言，若当前价格为 P_0，收益率为 y_0，那么如果收益率变成 y_1，则：

$$P(y_1) = P_0 + \sum_{n=1}^{\infty}\frac{\mathrm{d}^n P(y_0)}{\mathrm{d}y^n}\frac{(y_1-y_0)^n}{n!}$$

$$= P_0\left(1-(MD)\frac{\Delta y}{1!}+(Conv)\frac{(\Delta y)^2}{2!}\right)+\sum_{n=3}^{\infty}\frac{\mathrm{d}^n P(y_0)}{\mathrm{d}y^n}\frac{(\Delta y)^n}{n!}$$

其中，$\Delta y \equiv y_1 - y_0$，$\dfrac{\mathrm{d}^n P(y_0)}{\mathrm{d}y^n}$ 是 y_0 处计算得到的 n 阶导数。由于从业者通常考虑 Δy 较小的情形，因此上式中的高阶项会迅速变小。所以，从业者通常使用如下的一阶近似或二阶近似：

一阶近似：$P(y_1) \approx P_0[1-(MD)\Delta y]$ （11.4）

二阶近似：$P(y_1) \approx P_0\left[1-(MD)\Delta y+(Conv)\frac{(\Delta y)^2}{2}\right]$ （11.5）

---

[1]　一般而言，固定利率债券满足 $MaD = \dfrac{MD}{1+\frac{y}{m}}$，其中 m 表示每年的复利换算次数。在连续复利的情形下，$m \to \infty$，此时固定利率债券满足 $MaD = MD$。

11.3.1 有效久期

在使用式(11.4)和式(11.5)的过程中,我们需要知道修正久期(MD)和凸性($Conv$)的取值。对于某些债券(例如含权债)而言,这些数值可能较难计算。此外,如果债券的现金流是浮动的(并非固定的),我们就无法用 $\sum_{t=1}^{2T} \frac{t}{2} w_{\frac{t}{2}}$ 来计算修正久期,无法用 $\sum_{t=1}^{2T} \left(\frac{t}{2}\right)^2 w_{\frac{t}{2}}$ 来计算凸性,这里 $w_{\frac{t}{2}} = \frac{1}{P} CF_{\frac{t}{2}} e^{-ycct/2}$。因此,我们需要采取离散近似的方法。

首先考虑修正久期 $\left(MD = -\frac{1}{P}\frac{\partial P}{\partial y}\right)$ 的离散近似:有效久期(effective duration,ED)。其定义为:[1]

$$ED = -\frac{1}{P(y_0)} \frac{P(y_0 + \Delta_y) - P(y_0 - \Delta_y)}{(y_0 + \Delta y) - (y_0 - \Delta y)}$$

也即:

$$ED = \frac{1}{P(y_0)} \frac{P(y_0 - \Delta y) - P(y_0 + \Delta y)}{2\Delta y} \tag{11.6}$$

其中,与当前到期收益率 y_0 相比,$\Delta y > 0$ 通常取值"较小",例如 $\Delta y = 0.01\% = 1$ 个基点。固定利率债券当然满足 $ED > 0$。

图 11.2 以图像的形式展示了有效久期的含义。注意,图中向下倾斜的虚线即为点$(y_0, P(y_0))$处的切线。用这条虚线的斜率相反数除以 $P(y_0)$,即可得到修正久期。我们正是希望用有效久期来离散近似修正久期。

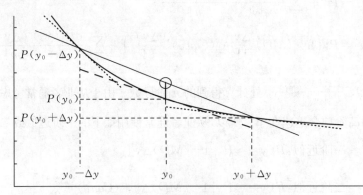

图 11.2   有效久期和有效凸性

---

[1]   我们也可用如下公式来近似计算修正久期:

$$ED \sim -\frac{1}{P(y_0)}\frac{\Delta P(y)}{\Delta y} = -\frac{1}{P(y_0)}\frac{P(y_0+\Delta y)-P(y_0)}{(y_0+\Delta y)-(y_0)} = -\frac{1}{P(y_0)}\frac{P(y_0+\Delta y)-P(y_0)}{\Delta y}$$

$$\sim -\frac{1}{P(y_0)}\frac{P(y_0)-P(y_0-\Delta y)}{y_0-(y_0-\Delta y)} = -\frac{1}{P(y_0)}\frac{P(y_0)-P(y_0-\Delta y)}{\Delta y}$$

当 Δy 取值很小时,用这三种不同的定义计算得出的有效久期几乎完全相同。

观察连接点 $(y_0+\Delta y,\ P(y_0+\Delta y))$ 和点 $(y_0-\Delta y,\ P(y_0-\Delta y))$ 的实线。用这条实线的斜率相反数除以 $P(y_0)$，即可得到有效久期。细心的读者可能发现，图 11.2 中虚线的斜率要稍大于实线的斜率(虚线斜率的绝对值更小)。这是因为价格—收益率曲线的凸性随到期收益率增加而降低。而我们还可以看出，当 $\Delta y\to 0$ 时，实线的斜率将接近于虚线的斜率。也就是说，有效久期在 $\Delta y\to 0$ 时的极限即为修正久期。因此，在计算有效久期时，我们应当使用很小的 Δy，例如可以使用 $\Delta y=0.0001=0.01\%=1$ 个基点。

11.3.2　有效凸性

凸性 $\left(Conv=\dfrac{1}{P}\dfrac{\partial^2 P}{\partial y^2}\right)$ 的离散近似即为有效凸性(effective convexity, EC)，其定义为：

$$EC=\frac{1}{P(y_0)}\frac{\Delta}{\Delta y}\left(\frac{\Delta P(y)}{\Delta y}\right) \tag{11.7}$$

$$=\frac{1}{P(y_0)}\frac{\dfrac{P(y_0+\Delta y)-P(y_0)}{(y_0+\Delta y)-y_0}-\dfrac{P(y_0)-P(y_0-\Delta y)}{y_0-(y_0-\Delta y)}}{\Delta y}$$

$$=\frac{1}{P(y_0)}\frac{P(y_0+\Delta y)+P(y_0-\Delta y)-2P(y_0)}{(\Delta y)^2}$$

也即：

$$EC=\frac{2}{P(y_0)(\Delta y)^2}\left[\frac{P(y_0+\Delta y)+P(y_0-\Delta y)}{2}-P(y_0)\right] \tag{11.8}$$

式(11.7)的前两行说明，用价格—收益率曲线在初始点 $(y_0,\ P(y_0))$ 处附近的左右两条割线的斜率之差除以初始股价，再除以左右两点处收益率差值的一半 $\left(\dfrac{2\Delta y}{2}=\Delta y\right)$，得到的即为有效凸性。式(11.7)的第三行或许是计算有效凸性的最简便的方法。然而，由式(11.7)的第三行改写得到的式(11.8)有很好的图像解释。注意图 11.2 中 y_0 上的竖直短线，其上端点处有一个圆。式(11.8)中由方括号括起来的表达式 $\dfrac{P(y_0+\Delta y)+P(y_0-\Delta y)}{2}-P(y_0)$ 表示的正是这一线段的长度。$P(y_0+\Delta y)$ 与 $P(y_0-\Delta y)$ 的平均值即为这条竖线的上端点取值，$P(y_0)$ 即为下端点取值。显然，在其他条件不变时，价格—收益率曲线的弯曲程度越大，两个端点之间的距离就越大，从而有效凸性也就越大。[1]

11.3.3　用有效久期与有效凸性近似价格—收益率曲线

有了有效久期与有效凸性的估计值，我们便可用二者分别替代修正久期和凸性，对价格—收益率曲线进行近似。因此，根据式(11.5)，二阶近似计算公式将变成：

---

[1]　考虑一种特殊情况。如果价格—收益率曲线是一条直线，那么 $\dfrac{P(y_0+\Delta y)+P(y_0-\Delta y)}{2}-P(y_0)$ 就等于零。

$$P^B(y_1) \approx P^B(y_0)\left[1-(ED)\Delta y+(EC)\frac{(\Delta y)^2}{2}\right] \tag{11.9}$$

接下来根据式(11.4),价格—收益率曲线的一阶近似将变为:

$$P^B(y_1) \approx P^B(y_0)[1-(ED)\Delta y] \tag{11.10}$$

11.3.4　经验久期与价格—收益率曲线近似

对于特别复杂的投资组合,我们可能会发现难以计算其修正久期和凸性,甚至难以计算相应的有效久期和有效凸性。这时我们可以采用经验方法来计算。

考察价格—收益率曲线的一阶近似式,即式(11.4),我们需要找出 $MD=-\frac{1}{P}\frac{\partial P}{\partial y}=-\frac{\partial \ln(P)}{\partial y}$ 的估计值。我们可以用历史对数价格关于收益率做普通最小二乘线性回归,即:

$$\ln(P_t)=\alpha+\beta y_t+\epsilon_t, \text{其中 } \epsilon_t \sim N(0, \sigma_\epsilon^2) \tag{11.11}$$

这里的斜率系数即可表示为 $\beta=\frac{\partial \ln(P)}{\partial y}$。因此,把这一结果与 $MD=-\frac{\partial \ln(P)}{\partial y}$ 对应起来,便可将经验久期(empirical duration,EmD)定义为 $-\beta$,也就是回归模型式(11.11)中斜率系数的相反数。

在一阶近似式(11.4)中用经验久期替代修正久期,即得:

$$P(y_1) \approx P(y_0)[1-(EmD)\Delta y]=P(y_0)[1+\beta\Delta y] \tag{11.12}$$

11.4　美元久期、美元凸性和 DV01

本节将探讨三个与此前内容密切相关的风险度量指标。美元久期(dollar duration,DD)表示收益率每变化一单位,债券价值变化量的相反数。这一指标刻画了每单位收益率变化导致的价格一阶(线性)变化程度,即:

$$DD=-\frac{\partial P}{\partial y}=P\times MD$$

类似地,美元凸性(dollar convexity)刻画了价格—收益率曲线的弯曲程度,其与价格的二阶导数相关,即:

$$DC=\frac{\partial^2 P}{\partial y^2}=P\times Conv$$

最后,1 个基点(basis point,bps)表示百分之一的百分之一,即 $1\% \times 1\%=0.0001$。基点美元值(dollar value of an 01)也叫 DV01,表示的是收益率增加 1 个基点导致的债券价格变化量的

相反数,即:

$$DV01 = 0.0001 \times DD = -0.0001\frac{\partial P}{\partial y} = 0.0001 \times P \times MD$$

11.5　半年付息固定利率债券与连续复利收益率

固定利率债券的息票就是一种年金现金流。让我们暂时岔开话题,考虑用连续复利年化"贴现"利率 y^{cc} 来计算每半年支付一次息票的年金的现值(present value of annuity, PVA)。假设该年金持续 T 年(共 $2T$ 个半年),每期现金流均为 $C = \frac{Fr^C}{2}$,其中 r^C 为每半年复利换算一次的年息票率。从而:

$$\begin{aligned} PVA &= \sum_{t=1}^{2T} Ce^{-ycc\,t/2} = C\sum_{t=1}^{2T} e^{-(ycc/2)\cdot t} = C\sum_{t=1}^{2T} x^t \\ &= C(x + x^2 + x^3 + \cdots + x^{2T-2} + x^{2T-1} + x^{2T}) \end{aligned}$$

其中 $x \equiv e^{-ycc/2}$。在等式两侧同时除以 x,即得:

$$\begin{aligned} \frac{PVA}{x} &= C(1 + x + x^2 \cdots + x^{2T-3} + x^{2T-2} + x^{2T-1}) + C(x^{2T} - x^{2T}) \\ &= PVA + C(1 - x^{2T}) \end{aligned}$$

这里在第一行中,我们在 $\frac{PVA}{x}$ 等式右侧加上又减去了一项 Cx^{2T}。求解 PVA,即得:①

$$PVA = C\frac{1-x^{2T}}{\frac{1}{x}-1} = C\frac{1-e^{-(ycc/2)\cdot 2T}}{e^{ycc/2}-1} = C\frac{1-e^{-ycc T}}{e^{ycc/2}-1} \tag{11.13}$$

这里我们用到了 $\frac{1}{x} = e^{ycc/2}$。因此,若一只半年付息的固定利率债券每次发放息票为 $C = \frac{Fr^C}{2}$,则:

$$\begin{aligned} P &= C\frac{1-e^{-ycc T}}{e^{ycc/2}-1} + Fe^{-ycc T} = F\left[\frac{r^C/2}{e^{ycc/2}-1}(1-e^{-ycc T}) + e^{-ycc T}\right] \\ &= F\left[e^{-ycc T}\left(1-\frac{r^C/2}{e^{ycc/2}-1}\right) + \frac{r^C/2}{e^{ycc/2}-1}\right] \end{aligned} \tag{11.14}$$

---

① 每笔现金流 CF 取值均相等的 T 年期年金的现值计算公式为 $PVA = CF\frac{1-(1+r)^{-T}}{r}$,其中 r 表示有效年利率。由于 $1+r = e^{rcc} \Rightarrow r = e^{rcc}-1$,因此 $PVA = CF\frac{1-e^{-rcc T}}{e^{rcc}-1}$,这与式(11.13)一致。

根据固定利率债券的结论式(11.14),我们可以定义:

$$固定利率平价债券(par\ bond) \Leftrightarrow 1+\frac{r^C}{2}=e^{y^{cc}/2} \Leftrightarrow P=F$$

$$固定利率折价债券(discount\ bond) \Leftrightarrow 1+\frac{r^C}{2}<e^{y^{cc}/2} \Leftrightarrow P<F$$

$$固定利率溢价债券(premium\ bond) \Leftrightarrow 1+\frac{r^C}{2}>e^{y^{cc}/2} \Leftrightarrow P>F$$

图 11.1 与数学推导的结果一致。给定 $r^C=3\%$,那么当 $y^{cc}>\ln\left[\left(1+\frac{r^C}{2}\right)^2\right]$ 时,有 $P<F=$ 1000 美元,此时债券为折价债券,其价格相对于面值 F 而言有一定"折价"。另外,图 11.1 还说明,当 $y^{cc}<\ln\left[\left(1+\frac{r^C}{2}\right)^2\right]$ 时,$P>F$,此时债券为溢价债券,其价格相对于面值 F 而言有一定"溢价"。最后,图 11.1 也证实了当 $y^{cc}=\ln\left[\left(1+\frac{r^C}{2}\right)^2\right]$ 时,有 $P=F$,此时债券为平价债券,其价格与面值 F 相等。

若用 FC 表示固定利率债券,那么基于式(11.14),可以计算得出 $\frac{\partial P^{FC}}{\partial y^{cc}}$ 等于:

$$-F\left[Te^{-y^{cc}T}\left(1-\frac{r^c/2}{e^{y^{cc}/2}-1}\right)+e^{y^{cc}/2}(1-e^{-y^{cc}T})\frac{r^c/4}{(e^{y^{cc}/2}-1)^2}\right]$$

接下来,固定利率债券的修正久期即为 $MD^{FC}=-\frac{1}{P^{FC}}\frac{\partial P^{FC}}{\partial y^{cc}}$,等于:

$$\frac{F}{P}\left[Te^{-y^{cc}T}\left(1-\frac{r^c/2}{e^{y^{cc}/2}-1}\right)+e^{y^{cc}/2}(1-e^{-y^{cc}T})\frac{r^c/4}{(e^{y^{cc}/2}-1)^2}\right] \tag{11.15}$$

与此前一致,固定利率债券的美元久期满足 $DD^{FC}=P^{FC}\times MD^{FC}$,基点美元值为 $DV01^{FC}=0.0001\times DD^{FC}$。

11.5.1 特殊情形:平价债券

平价债券满足 $\frac{r^C}{2}=e^{y^{cc}/2}-1$。将此式代入式(11.14),即得 $P=F$,这与平价债券的定义相吻合。接下来,由于 $P=F$,那么式(11.15)可化简为:

$$MD^{FC}\,|\,(P=F)=\frac{e^{y^{cc}/2}(1-e^{-y^{cc}T})}{2(e^{y^{cc}/2}-1)}$$

由于 $DD=P\times MD$ 且 $DV01=0.0001\times DD$,则:

$$DD^{FC}\,|\,(P=F)=F\cdot\frac{e^{y^{cc}/2}(1-e^{-y^{cc}T})}{2(e^{y^{cc}/2}-1)},且$$

$$DV01^{FC} \mid (P = F) = \frac{F}{10000} \cdot \frac{e^{y^{cc}/2}(1 - e^{-y^{cc}T})}{2(e^{y^{cc}/2} - 1)}$$

11.5.2　特殊情形：永续债券

永续债券满足 $T \to \infty$。将此式代入式(11.14)，即得：

$$P^{FC}(T \to \infty) = F \frac{r^c/2}{e^{y^{cc}/2} - 1} \tag{11.16}$$

从而：

$$MD^{FC} \mid (T \to \infty) = -\frac{1}{P}(-F)e^{y^{cc}/2}\frac{r^c/4}{(e^{y^{cc}/2} - 1)^2} = \frac{e^{y^{cc}/2}}{2(e^{y^{cc}/2} - 1)}$$

由于 $DD = P \times MD$ 且 $DV01 = 0.0001 \times DD$，则：

$$DD^{FC} \mid (T \to \infty) = F \cdot \frac{e^{y^{cc}/2}r^c}{4(e^{y^{cc}/2} - 1)^2}，\text{且}$$

$$DV01^{FC} \mid (T \to \infty) = \frac{F}{10000} \cdot \frac{e^{y^{cc}/2}r^c}{4(e^{y^{cc}/2} - 1)^2}$$

11.5.3　特殊情形：零息债券

零息债券满足 $r^C = 0$。将此式代入式(11.14)，即得：

$$P^{FC}(r^C = 0) = Fe^{-y^{cc}T} \tag{11.17}$$

从而：

$$MD^{FC} \mid (r^C = 0) = -\frac{1}{P}\frac{\partial P}{\partial y} = -\frac{-TFe^{-y^{cc}T}}{Fe^{-y^{cc}T}} = T$$

由于 $DD = P \times MD$ 且 $DV01 = 0.0001 \times DD$，则：

$$DD^{FC} \mid (r^C = 0) = TP = FTe^{-y^{cc}T}，\text{且}$$

$$DV01^{FC} \mid (r^C = 0) = \frac{F}{10000} \cdot Te^{-y^{cc}T}$$

11.6　投资组合的单因子风险度量指标

在回顾了单只债券的利率风险指标后，现在我们把它们拓展至固定收益证券投资组合。考虑一个由 I 个可投资资产组成的投资组合,每个资产的价值、修正久期和凸性分别记作 V^i、MD^i 和 $Conv^i$。该投资组合的总价值等于 $V^P = \sum_{i=1}^{I} V^i$。 两边同时除以 V^P,即得:

$$1 = \sum_{i=1}^{I} \frac{V^i}{V^P} = \sum_{i=1}^{I} w^i,\ \text{其中}\ w^i \equiv \frac{V^i}{V^P} \tag{11.18}$$

接下来:

$$MD^P = -\frac{1}{V^P} \frac{\partial V^P}{\partial y} = -\frac{1}{V^P} \frac{\partial \sum_{i=1}^{I} V^i}{\partial y} = -\frac{1}{V^P} \sum_{i=1}^{I} \frac{\partial V^i}{\partial y} \tag{11.19}$$

其中最后一个等式假定每个价值函数都具有"良好的"性质,进而每个函数都有连续的一阶导数。另外,$MD^i = -\frac{1}{V^i} \frac{\partial V^i}{\partial y} \Rightarrow \frac{\partial V^i}{\partial y} = -V^i MD^i$。将这一结果代入式(11.19),则有 $MD^P = -\frac{1}{V^P} \sum_{i=1}^{I} (-V^i MD^i) = \sum_{i=1}^{I} \frac{V^i}{V^P} MD^i$。 又由于 $w^i = \frac{V^i}{V^P}$,则:

$$MD^P = \sum_{i=1}^{I} w^i MD^i \tag{11.20}$$

简言之,投资组合的修正久期即等于各个资产修正久期的加权平均值,且每个资产的权重就是该资产价值占投资组合总价值的比例。

将前面推导过程中的一阶导数替换为二阶导数 $\left(\frac{\partial^2 V^i}{\partial y^2}\right)$,即可类似地得出投资组合的凸性等于单个资产凸性的加权平均值,且每个资产的权重就是该资产价值占投资组合总价值的比例,也就是:

$$Conv^P = \sum_{i=1}^{I} w^i Conv^i \tag{11.21}$$

与前面的定义一致,投资组合的美元久期即为收益率每变化一单位,投资组合价值变化量的相反数,其刻画的是每单位收益率变化导致的投资组合价值一阶(线性)变化程度,即:

$$DD^P = -\frac{\partial V^P}{\partial y} = V^P \times MD^P \tag{11.22}$$

类似地,投资组合的美元凸性刻画的是价值—收益率曲线的弯曲程度,与二阶导数相关,即:

$$DC^P = \frac{\partial^2 V^P}{\partial y^2} = V^P \times Conv^P \tag{11.23}$$

最后,投资组合的基点美元值即为收益率增加一个基点导致的总价值变化量的相反数,即:

$$DV01^P = 0.0001 \times DD^P = -0.0001 \frac{\partial V^P}{\partial y} = 0.0001 \times V^P \times MD^P \tag{11.24}$$

11.7 案例：价格—收益率曲线及其近似

为了让读者接触到更多种计算方式，本章的插图均基于每半年复利换算的有效年利率进行计算。先前按照连续复利讲解的各个公式均可自然推广至每半年复利换算的情形。为便于读者学习，我们在这些插图中使用这些公式。

图 11.3 展示了债券定价模型以及价格—收益率曲线的一阶和二阶近似计算。B7 单元格

	A	B	C	D	E	F	G	H	I
1	y_1	8%		t	CF_t	$PV(CF_t)$	w_t	$t*w_t$	$t(t+0.5)w_t$
2	y_0	8%		0	-415.14	E2 =-B76			
3	T	35		0.5	15.00	14.42	3.5%	0.02	0.02
4	r^c	3%		1	15.00	13.87	3.3%	0.03	0.05
5	F	1000		1.5	15.00	13.33	3.2%	0.05	0.10
6	m	2		2	15.00	12.82	3.1%	0.06	0.15
7	P_0	415.14		2.5	15.00	12.33	3.0%	0.07	0.22
8	B1 =8%			3	15.00	11.85	2.9%	0.09	0.30
9	B2 =8%			3.5	15.00	11.40	2.7%	0.10	0.38
70				34	15.00	1.04	0.3%	0.09	2.94
71	MaD	14.373		34.5	15.00	1.00	0.2%	0.08	2.91
72	MaD	14.373		35	1015.00	65.18	15.7%	5.50	195.09
73	MD	13.82		y_1	8.000%				
74	MD	13.82			加总 =	415.14	100%	14.37	353.05
75	Conv	326.42							
76	P_0	415.14		B7 =-PV(B1/B6,B6*B3,B5*B4/B6,B5)					
77	MD	13.82		E3 =($B$3>=D3)*$B$5*(($B$3=D3)+$B$4/$B$6)					
78	Conv	326.42		F3 =E3/(1+$B$1/$B$6)^($B$6*D3)		G3 =F3/$F$74			
79	P_0(1阶)	415.14		H3 =G3*D3		I3 =H3*(D3+0.5)			
80	P_0(2阶)	415.14		E73 =2*IRR(E2:E72)		F74 =SUM(F3:F72)			

81 B71 =H74   B72 =DURATION(DATE(2000,1,1),DATE(2000+B3,1,1),B4,B1,B6)
82 B73 =MDURATION(DATE(2000,1,1),DATE(2000+B3,1,1),B4,B1,B6)
83 B74 =B71/(1+B1/B6)
84 B75 =I74/(1+B1/B6)^2
85 B76 415.137125502459   B77 13.8201087134881
86 B78 326.417993410759   B79 =B76*(1-B77*(B1-B2))
87 B80 =B76*(1-B77*(B1-B2)+B78*(B1-B2)^2/2)

	A	B	C	D
89		P(y_1)	P(y_1|1阶)	P(y_1|2阶)
90	y_1	$415	$415	$415
91	0%	2045	874	1306
92	2%	1248	759	1002
93	4%	811	644	752
94	6%	562	529	556
95	8%	415	415	415
96	10%	323	300	327
97	12%	262	185	294
98	14%	221	70	315
99	16%	191	-44	390

100 B90 =B7   C90 =B79   D90 =B80
101 B91:D99 {=TABLE(,B1)}

（图表：纵轴 0~2000，横轴 0%~15%，图例：P(y)、P(y|1阶)、P(y|2阶)）

图 11.3 债券价格—收益率曲线的近似

用 Excel 的 PV 函数计算出债券的价格为 415.14 美元。聪明的读者可能会发现,图中的 B1 与 B2 单元格均表示收益率。B1 单元格中的 y_1 将是我们稍后用于进行敏感性分析的收益率,而 B2 单元格中的 y_0 是定值,表示原始的当前到期收益率。

D2:I74 单元格中的一些中间公式用于计算债券的凸性 $Conv = \frac{1}{P_0}\frac{\partial^2 P_0}{\partial y^2}$,B75 单元格计算得出凸性为 326.42。基于 D2:I74 单元格的计算结果,我们在 F74 单元格中又重新手动验证了债券的价格。此外,我们还可借助 D2:I74 单元格来手动计算麦考利久期,计算结果为 H74 单元格中的 14.37 年。B71 单元格引用了这一结果。B72 单元格使用 Excel 的 DURATION 函数验证了麦考利久期的计算结果。B73 单元格使用 MDURATION 函数计算了修正久期 $MD = -\frac{1}{P_0}\frac{\partial P_0}{\partial y}$,B74 单元格通过手动计算验证了修正久期的值为 13.82。

在进行价格—收益率曲线的近似计算时,我们不但需要使用之前讨论过的 B2 单元格中收益率的初始取值 $y_0 = 8\%$,还需要(1)价格、(2)修正久期以及(3)凸性的初始值。因此我们将这三者的数值分别复制粘贴至 B76、B77 和 B78 单元格。基于这些数值,我们在 B80 单元格中用式(11.5)对价格—收益率曲线进行二阶近似计算;B79 单元格则忽略含有 $Conv$ 的一项,用式(11.4)进行一阶近似计算。

下面我们分别对三个函数制作关于 B1 单元格中的 y_1 的一维模拟运算表:(1)B90 单元格中的实际价格—收益率曲线;(2)C90 单元格中的一阶近似结果;(3)D90 单元格中的二阶近似结果。图 11.3 中绘制了这三幅图像。注意,在图中绘制的整个收益率区间 $y_1 \in [0\%, 16\%]$ 内,二阶近似的误差始终小于一阶近似的误差。

图 11.4 中的工作表是图 11.3 中工作表的后续内容。图 11.4 展示的是不同因素对债券价格的影响。第 105 行至第 116 行(包括其中绘制的图像)展示了四只债券的价格—收益率曲线。除了 B105:E105 单元格展示的不同息票率以外,这些债券的其余所有参数均与图 11.3 中的基本情形的债券一致。我们在 B107 单元格中用 Excel 的 PV 函数计算了第一只债券的价格。如果读者采用我们的公式,就可以直接将该单元格中的公式复制粘贴至 C107:E107 单元格。B108:E116 单元格制作了这四只债券的价格随 B1 单元格中 y_1 的取值变化的一维模拟运算表。对应的图像表明,在其他条件保持不变的情况下,债券价格随息票率上升而上升。

第 119 行至第 130 行考虑了到期时间对债券价值的影响。做法与第 105 行至第 116 行探讨的到期收益率对债券价值的影响完全相同。

图 11.4 的第 105 行至第 130 行均绘制了价格—收益率曲线 $P(y)$,但第 133 行至第 144 行则并未绘制。在第 133 行至第 144 行中,我们固定 $y = 8\%$,并研究 $P(T|y = 8\%)$ 这一函数。如图 11.4 中右下角的图像所示,在其他保持不变的情况下,溢价债券($r^C = 13\%$)的到期时间越长,与平价债券相比其溢价程度就越大;折价债券($r^C = 3\%$)的到期时间越长,与平价债券相比其折价程度就越大。平价债券($r^C = 8\%$)的价格则与到期时间无关,始终与面值相等,即 $P(T|r^C = y = 8\%) = F = 1000$ 美元。[①]

---

① 这里我们只考虑到期时间为整数的情形。若到期时间为分数,结果将有所不同。

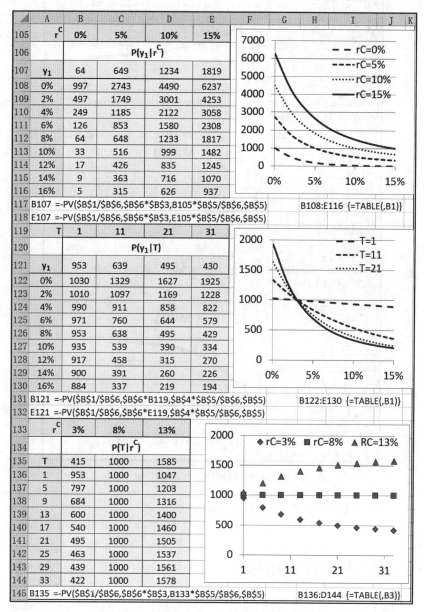

图 11.4　影响固定利率债券价值的因素

图 11.5 展示了各个因素对修正久期(衡量债券价值对利率敏感程度的指标)的影响。修正久期随到期收益率上升而减小(最上方图像),随息票率上升而减小(中间的图像),随到期时间增加而增加(最下方图像)。这些图像均由修正久期关于各个输入变量的模拟运算表绘制得到。

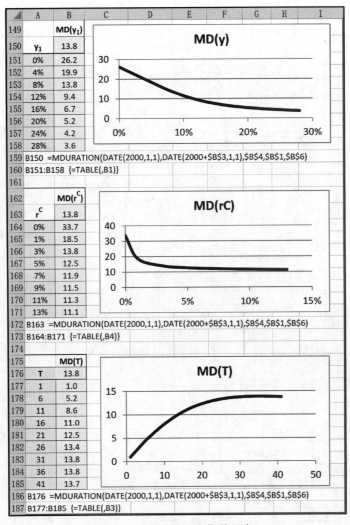

图 11.5　影响修正久期的因素

11.8　案例:其他风险度量指标

图 11.6 与图 11.3 较为相似。图 11.6 中上半部分的计算过程与之前完全类似。与前面不同的是,B8 单元格计算了有效久期,其计算结果与 B7 单元格中的修正久期十分接近。类似地,B11 单元格计算了有效凸性,其计算结果与 B10 单元格中计算的凸性十分接近。B62 单元格计算了美元久期,B63 单元格计算了 DV01。

图 11.6 的下半部分展示了价格、凸性和修正久期随收益率变化的函数关系。如前所述,价格—收益率曲线是向下倾斜的。注意,事实上凸性和修正久期均随收益率上升而下降。因此,在其他条件不变的情况下,债券对利率风险的敏感度随利率上升而降低。也就是说,虽然债券会面临利率上升的风险,但随着利率增加,风险增加的程度会有所减少。

	A	B	C	D	E	F	G	H	J
1	r^{c}	8%	— D4 =(C4>0)*$B$4*((C4=$B$3)+$B$1/$B$5)						E4 =D4*EXP(-C4*$B$2)
2	y^{cc}	9%	t	CF_t	$PVCF_t$	w_t	$t*w_t$	t^2*w_t	F4 =E4/$B$6
3	T	30	0.0	-87.78	D3 =E65				G4 =C4*F4
4	F	100	0.5	4.00	3.82	4.4%	0.022	0.011	H4 =C4^2*F4
5	m	2	1.0	4.00	3.66	4.2%	0.042	0.042	
6	P	87.78	1.5	4.00	3.49	4.0%	0.060	0.090	D65 =EXP(B2)-1
7	MD	10.7938	2.0	4.00	3.34	3.8%	0.076	0.152	E65 =SUM(E4:E63)
8	ED	10.795	2.5	4.00	3.19	3.6%	0.091	0.227	F65 =SUM(F4:F63)
9	MD	10.7938	3.0	4.00	3.05	3.5%	0.104	0.313	G65 =SUM(G4:G63)
10	Conv	196.88	3.5	4.00	2.92	3.3%	0.116	0.407	H65 =SUM(H4:H63)
11	EC	196.88	4.0	4.00	2.79	3.2%	0.127	0.509	
12	B6 =E65		4.5	4.00	2.67	3.0%	0.137	0.615	
61	B7 =G65		29.0	4.00	0.29	0.3%	0.097	2.818	
62	DD	947.5	29.5	4.00	0.28	0.3%	0.094	2.788	
63	DV01	0.09475	30.0	104.00	6.99	8.0%	2.389	71.658	
64	B62 =B7*B6			9.21%	IRR, m=2				D64 =2*IRR(D3:D63)
65	B63 =B62/10000		IRR, cc	9.42%	87.78	100.0%	10.79	196.88	

B8 =(C76-C77)/(B77-B76)/B6

B9 =B4*((1-EXP(-B2*B3))*B1/B5^2*EXP(B2/B5)/(EXP(B2/B5)-1)^2+B3*EXP(-B2*B3)*(1-B1/B5/(EXP(B2/B5)-1)))/B6

B10 =H65　　　B11 =(C76+C78-2*C77)/(B78-B77)^2/B6

	A	B	C	D
70	0.001%			
71			P	Conv
72			87.8	196.88
73		1%	280.9	447
74	y^{cc}	3%	197.7	377
75		5%	145.1	310
76		7%	110.8	249
77		8.999%	87.793	197
78		9%	87.784	197
79		9.001%	87.775	197
80		11%	71.8	154
81		13%	60.4	121
82		15%	51.9	95
83		17%	45.4	76

价格、凸性随连续复利到期收益率变化的函数图像（图例：价格、凸性；纵轴 500、400、300、200、100；横轴 1%、6%、11%、16%）

C71 =B6　　D71 =B10　　C72:D82 {=TABLE(,B2)}

	A	B	C	D
84			手动计算	函数计算
85			MD	MD
86			10.79	10.79
87		1%	18.59	18.59
88	y^{cc}	3%	16.52	16.52
89		5%	14.46	14.46
90		7%	12.52	12.52
91		9%	10.79	10.79
92		11%	9.31	9.31
93		13%	8.09	8.09
94		15%	7.08	7.08
95		17%	6.27	6.27

修正久期随连续复利到期收益率变化的函数图像（纵轴 20、15、10、5、0；横轴 1%、6%、11%、16%）

C86 =B7　　D86 =B9　　C87:D95 {=TABLE(,B2)}

图 11.6　价格、修正久期和凸性随收益率变化的函数关系

图 11.7 计算了四种不同债券的修正久期，计算结果分别见 Y108：AA108 单元格和 AC108 单元格。Y114：AB114 单元格引用了这四种债券的久期，随后 X115：AB120 单元格对这四种债券的久期进行了关于到期时间的敏感性分析，最后我们将模拟运算表绘制成图像。到期时间为 T 年的零息债券满足 $MD=T$，因此其久期随到期时间 T 线性增长。对于两只到期时间有限的附息债券（息票率分别为 4% 和 8%），其久期均随到期时间增加而增加，但关于到期时间是凹函数。简而言之，债券的利率风险随到期时间增加而增加，但增加的幅度越来越小。最后，我们还计算了息票率为 8% 的债券的修正久期在到期时间趋于无穷大时的极限值，也就是永不到期的 8% 永续债券的修正久期取值。计算结果为常数 25。

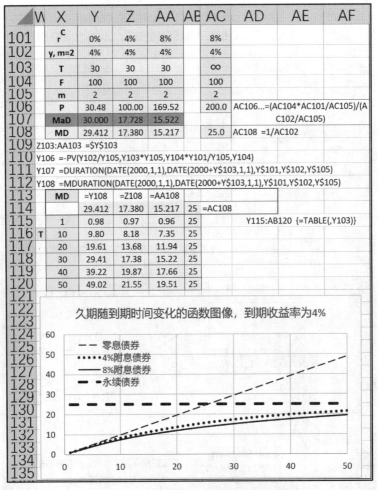

图 11.7　久期随到期时间变化的函数关系

11.9　杠铃型与子弹型债券投资组合

　　杠铃型（barbell）债券投资组合是一种含有至少两个债券的投资组合，其中一个到期时间较短，另一个到期时间较长。子弹型（bullet）债券投资组合则具有一个"集中的"（单一的）中等长度的到期时间。这两种投资组合的重要区别就在于凸性。在其他条件保持不变的情况下，杠铃型债券投资组合往往具有比子弹型债券投资组合更大的凸性。一种典型的应用方式是，用杠铃型资产来对冲子弹型负债。

　　回顾一下，零息债券的久期随到期时间线性增长。除此之外，还有一个我们没有推导的重要结论：零息债券的凸性是到期时间的平方的函数。因此，具有相同久期的杠铃型与子弹型债券投资组合的凸性并不相同。由于凸性是到期时间的凸函数，因此根据 Jensen 不等式，杠铃型债券投资组合的凸性应当大于子弹型债券投资组合的凸性。所以，如果一个金融从业者试图对子弹型负债与杠铃型资产进行久期匹配，那么这笔资产将具有比负债更大的凸性。

因此,若利率发生大幅上升或大幅下降,其投资组合的净价值将会上升。具体来说,如果利率下降,资产价值增长的幅度会超过负债规模增长的幅度;如果利率上升,则资产价值下跌的幅度会小于负债规模降低的幅度。不论何种情形,投资者的所有权益都会增加。[1]一般而言,对现金流加以分散(集中)往往可以增加(减小)现金流的凸性。

图 11.8 对比了杠铃型债券投资组合与子弹型债券投资组合。如 AM232 单元格与

	AK	AL	AM	AN	AO	AP	AQ	AR	AS	AT	AU	AV	AW
142	$	1000			AQ144 =AL150		AR144 =AN150			AT144 =AM150*AL142			
143		A	B	C			A	C		B		$	
144	r^C	2.50%	3.38%	4.38%		MD	4.69	16.80		8438		690.3	A
145	y, m=2	2.025%	3.288%	4.221%			1	1		1000		309.7	C
146	T	5	10	30	AV144:AV145 {=MMULT(MINVERSE(AQ144:AR145),AT144:AT145)}								
147	F	100	100	100	AQ145:AR145 1				AT145 =AL142				
148	m	2	2	2									
149	P	102.25	100.74	102.61	AL149 =-PV(AL145/AL148,AL146*AL148,AL147*AV144/AL148,AL147)								
150	MD	4.6874	8.4376	16.798	AL150...=MDURATION(DATE(2000,1,1),DATE(2								
151	MD	4.6874	8.4376	16.798	000+AL146,1,1),AL144,AL145,AL148)								
152	Conv	22.73	78.4	391.3	AL151 =AR227/(1+AL145/AL148)		AL152 =AU227/(1+AL145/AL148)^2						
153	N	6.75	9.93	3.02	AL153 =AV144/AL149		AM153 =AL142/AM149						
154	N	6.75	9.93	3.02				AC	B	AN153 =AV145/AN149			
155	权重_{AC}	69.03%		30.97%		Conv	136.9	78.4	AQ155 =AL152*AL155+AM152*AN155				
156	$y^i{-}y^A$	0.00%	1.26%	2.20%		y	2.71%	3.3%	AQ156 =AL145*AL155+AN145*AN155				
157	$y^i{-}y^A$	0.00%	1.26%	2.20%	ARR155 =AM152			0.583%	AR156 =AM145				
158	$P(y^A)$	102.25	100.74	102.61		V	1000	1000	AQ158 =AL154*AL158+AN154*AN158				
159	AL155 =AV144/AL142				AM156 =AM145-$AL$145				AN155 =AV145/AL142				
160	AL156 =AL145-$AL$145				AR157 =AR156-AQ156				AN156 =AN145-$AL$145				
161	AL158 =-PV(($AL145+AL157)/AL148,AL146*AL148,AL147*AV144/AL148,AL147)							AR158 =AM154*AM158					
162	AM158 =-PV(($AL145+AM157)/AM148,AM146*AM148,AM147*AV144/AM148,AM147)												
163	IRR	2.025%	3.288%	4.221%	A	B	C	A	B	C	A²*wt	B²*wt	C²*wt
164	t	CFt	CFt	CFt	wt	wt	wt	t*wt	t*wt	t*wt	t²*wt	t²*wt	t²*wt
165	0.0	-102.25	-100.74	-102.61	AL163 =AL148*IRR(AL165:AL225)								
166	0.5	1.25	1.69	2.19	1.2%	1.6%	2.1%	0.006	0.008	0.010	0.003	0.004	0.005
167	1.0	1.25	1.69	2.19	1.2%	1.6%	2.0%	0.012	0.016	0.020	0.012	0.016	0.020
224	29.5	0.00	0.00	2.19	0.0%	0.0%	0.6%	0.000	0.000	0.183	0.000	0.000	5.411
225	30.0	0.00	0.00	102.19	0.0%	0.0%	28.4%	0.000	0.000	8.53	0.000	0.000	256.0
226	AL165 =-AL$149												
227	AM165 =-AM$149					1.00	1.00	1.00	4.7	8.6	17.2	23.2	81.0
228	AN165 =-AN$149				AL166 =($AK166<=AL$146)*AL$147*(($AK166=AL$146)+AL$144/AL$148)								
229	AO166 =AL166/(1+AL$145/AL$148)^(AL$148*$AK166)/AL$149							AR166 =$AK166*AO166					
230	AO227 =SUM(AO166:AO225)				AW227 =SUM(AW166:AW225)					AU166 =$AK166^2*AO166			
231			"AC"			B							
232			1000			1000							
233		0%	1322.49		0.0%	1327.723							
234		2.705%	1000		3.288%	1000							
235		5%	807.459		5%	866.9543							
236		10%	542.02		10%	582.8972							
237		15%	393.525		15%	404.4669							
238		20%	303.711		20%	290.1734							
239		25%	245.437		25%	215.4423							
240		30%	205.282		30%	165.5078							
241		35%	176.193		35%	131.3704							
242		40%	154.245		40%	107.4669							
243	AM232 =AZ161*AZ157				AP232 =AM149*AM154								
244	AM233:AM242 {=TABLE(,AZ153)}				AP233:AP242 {=TABLE(,AM145)}								

价值随到期收益率变化的函数图像 （图例：杠铃型、子弹型；纵轴 0–1400，横轴 0%–40%）

图 11.8　杠铃型与子弹型债券投资组合

---

[1]　相反,如果利率在一段时间内保持稳定,那么负债的规模可能会超出资产的价值。综上所述,利率的大幅(小幅)变化往往对杠铃型(子弹型)债券投资组合有利。

AP232 单元格所示，在基本情形下，两种投资组合的价值均为 1000 美元。根据 AL146：AN146 单元格，债券 A、B、C 的到期时间分别为 5 年、10 年和 30 年。三种债券的面值均为 100 美元（见 AL147：AN147 单元格），价格均稍高于 100 美元（见 AL149：AN149 单元格）。子弹型债券投资组合持有 9.93 份债券 B（见 AM153 单元格），杠铃型债券投资组合持有 6.75 份债券 A（见 AL153 单元格）和 3.02 份债券 C（见 AN153 单元格）。在基本情形下，杠铃型与子弹型债券投资组合的收益率分别为 2.705% 和 3.288%，此时两种投资组合的价值均为 1000 美元，如第 234 行所示。三种债券的凸性分别见 AL152：AN152 单元格。杠铃型债券投资组合的凸性大约为 137（＝69.03%×22.73＋30.97%×391.3），子弹型债券投资组合的凸性为 78.4。第 232 行至第 242 行制作了两张模拟运算表，展示了投资组合价值随到期收益率变化的函数关系。从对应的图像中可以明显看出，杠铃型债券投资组合的价格—收益率曲线具有比子弹型债券投资组合的曲线更大的凸性。①

---

① 注意，本例与前文中提到的资产和负债的例子并不完全一致，因为本例中两个投资组合的初始久期并不完全相同。尽管如此，我们探讨的概念仍然是一致的。

第 12 章

债券免疫投资组合

本章我们介绍"免疫"这一重要的风险管理技术,这种技术可用于缓释利率风险。一阶免疫可以对冲利率小幅变化带来的风险;二阶免疫将价格—收益率曲线的弯曲程度考虑在内,可以对冲利率大幅变动带来的风险。

本章将探讨几种简化假设及其带来的影响,并给出一些示例。

12.1 免疫基础知识

负债意味着风险,因为机构必须保证在负债到期时有足够的资产可用于偿还。本章我们探讨如何对负债进行免疫,即如何构建一个债券投资组合,使 L 年之后负债到期时,整个债券投资组合的净价值(净资产)足以还清被免疫的负债。简言之,债券免疫投资组合 P 的目标是保证在 $t=L$ 时刻清算时可以收获正的未来价值(future value, FV) $FV^P>0$,使之足以偿还具有负的未来价值 $FV^L<0$ 的被免疫的负债,且二者满足:

$$FV^L+FV^P=0 \tag{12.1}$$

这一过程就叫负债免疫(immunization)。虽然债券免疫投资组合中的 I 个债券有可能有空头头寸,但免疫债券的净价值为正,也就是说整体来看,免疫投资组合是一笔净资产。因此,虽然:

$$FV^P=\sum_{i=1}^{I}FV^i>0$$

但其中仍可能存在某些免疫债券 i 满足 $FV^i<0$,这里 $i\in\{1,2,\cdots,I\}$。

我们希望通过免疫,使 I 个免疫债券在 L 时刻的未来预期价值 $E[FV^1]$, $E[FV^2]$, …,

$E[FV^I]$ 的总和能与负债的未来预期价值 $E[FV^L]$ 的相反数相匹配。因此：[1][2]

$$-E[FV^L] = -PV^L \cdot \left(1+\frac{y^L}{2}\right)^{2L} = E[FV^P] = \sum_{i=1}^{I} E[FV^i]$$

$$= \sum_{i=1}^{I} PV^i \cdot \left(1+\frac{y^i}{2}\right)^{2L}$$

$$= \sum_{i=1}^{I} N^i \left[P^i(y^i)\left(1+\frac{y^i}{2}\right)^{2L}\right] \tag{12.2}$$

其中对于 $i \in \{1, 2, \cdots, I\}$，$N^i$ 表示资产 i 对应的债券数，$P^i(y^i)$ 表示单只债券 i 的价格，y^i 为其到期收益率，y^L 是负债的到期收益率。如前所述，N^i 可正（持有资产 i 的多头）可负（持有资产 i 的空头），但 $\sum_{i=1}^{I} N^i \left[P^i(y^i)\left(1+\frac{y^i}{2}\right)^{2L}\right] > 0$。

为保证债券免疫投资组合在 L 时刻的未来价值大小尽可能与负债的未来价值大小相匹配，我们希望由收益率变化导致的未来负债价值变化均可被我们的债券免疫投资组合抵消掉。因此，我们试图考虑预期未来价值关于被免疫负债的收益率变化的一阶敏感性。由式（12.1），我们希望有：[3]

$$\frac{\mathrm{d}}{\mathrm{d}y^L}(E[FV^L] + E[FV^P]) = 0 \Rightarrow -\frac{\mathrm{d}E[FV^L]}{\mathrm{d}y^L} = \sum_{i=1}^{I} \frac{\mathrm{d}E[FV^i]}{\mathrm{d}y^L} = \sum_{i=1}^{I} \frac{\mathrm{d}E[FV^i]}{dy^i}\frac{dy^i}{dy^L} \tag{12.3}$$

接下来，将式（12.3）展开，有：

$$-\frac{\mathrm{d}E[FV^L]}{\mathrm{d}y^L} = -\frac{\mathrm{d}\left[PV^L \cdot \left(1+\frac{y^L}{2}\right)^{2L}\right]}{\mathrm{d}y^L} = \sum_{i=1}^{I} \frac{\mathrm{d}E[FV^i]}{dy^i}\frac{dy^i}{dy^L}$$

$$= \sum_{i=1}^{I} \frac{dy^i}{dy^L}\frac{\mathrm{d}\left[N^i P^i(y^i)\left(1+\frac{y^i}{2}\right)^{2L}\right]}{dy^i}$$

$$= \sum_{i=1}^{I} \frac{dy^i}{dy^L} N^i \left[\left(1+\frac{y^i}{2}\right)^{2L}\frac{dP^i(y^i)}{dy^i} + P^i(y^i)L\left(1+\frac{y^i}{2}\right)^{2L-1}\right]$$

$$= \sum_{i=1}^{I} N^i \frac{dy^i}{dy^L}P^i(y^i)\left(1+\frac{y^i}{2}\right)^{2L-1}\left[L - \left(1+\frac{y^i}{2}\right)MD^i\right] \tag{12.4}$$

为进一步保证债券免疫投资组合的未来价值能与负债的未来价值尽可能保持一致，金融

---

[1]　显然，要想令 $E[FV^L] = PV^L \cdot \left(1+\frac{y^L}{2}\right)^{2L}$ 与 $\sum_{i=1}^{I} E[FV^i] = \sum_{i=1}^{I} PV^i \cdot \left(1+\frac{y^i}{2}\right)^{2L}$ 相等，我们需要添加许多假设条件。我们需要假设所有承诺现金流均可实现，还要假设所有中间现金流均能按照计算得到的收益率进行再投资。

[2]　若负债是已发行的债券，那么 $E[FV^L] = N^L P^L(y^L)\left(1+\frac{y^L}{2}\right)^{2L} < 0$，其中 $N^L < 0$ 表示这笔负债发行的债券数，$P^L(y^L)$ 表示单只债券的价格，y^L 表示到期收益率。这与免疫债券的计算过程类似。

[3]　若负债是已发行的债券，则：

$$\frac{\mathrm{d}E[FV^L]}{\mathrm{d}y^L} = N^L P^L(y^L)\left(1+\frac{y^L}{2}\right)^{2L-1}\left[L - \left(1+\frac{y^L}{2}\right)MD^L\right]$$

从业者通常还会考虑收益率对预期未来价值的二阶影响。与式(12.1)和式(12.3)对应的二阶方程为：

$$\frac{\mathrm{d}^2}{(\mathrm{d}yL)^2}(E[FV^L]+E[FV^p])=0\Rightarrow -\frac{\mathrm{d}^2E[FV^L]}{(\mathrm{d}y^L)^2}=\sum_{i=1}^{I}\frac{\mathrm{d}^2E[FV^i]}{(\mathrm{d}y^L)^2} \qquad (12.5)$$

展开此式即得：

$$\begin{aligned}
-\frac{\mathrm{d}^2E[FV^L]}{(\mathrm{d}y^L)^2} &= -\frac{\mathrm{d}^2\left[PV^L\cdot\left(1+\frac{y^L}{2}\right)^{2L}\right]}{(\mathrm{d}y^L)^2}\\
&= \sum_{i=1}^{I}\frac{\mathrm{d}}{\mathrm{d}y^L}\left(\frac{\mathrm{d}E[FV^i]}{\mathrm{d}y^i}\frac{\mathrm{d}y^i}{\mathrm{d}y^L}\right)\\
&= \sum_{i=1}^{I}\frac{\mathrm{d}E[FV^i]}{\mathrm{d}y^i}\frac{\mathrm{d}}{\mathrm{d}y^L}\left(\frac{\mathrm{d}y^i}{\mathrm{d}y^L}\right)+\frac{\mathrm{d}y^i}{\mathrm{d}y^L}\frac{\mathrm{d}}{\mathrm{d}y^L}\left(\frac{\mathrm{d}E[FV^i]}{\mathrm{d}y^i}\right)\\
&= \sum_{i=1}^{I}\frac{\mathrm{d}E[FV^i]}{\mathrm{d}y^i}\frac{\mathrm{d}^2y^i}{(\mathrm{d}y^L)^2}+\frac{\mathrm{d}y^i}{\mathrm{d}y^L}\frac{\mathrm{d}y^i}{\mathrm{d}y^L}\frac{\mathrm{d}}{\mathrm{d}y^i}\left(\frac{\mathrm{d}E[FV^i]}{\mathrm{d}y^i}\right)\\
&= \sum_{i=1}^{I}\frac{\mathrm{d}E[FV^i]}{\mathrm{d}y^i}\frac{\mathrm{d}^2y^i}{(\mathrm{d}y^L)^2}+\left(\frac{\mathrm{d}y^i}{\mathrm{d}y^L}\right)^2\frac{\mathrm{d}^2E[FV^i]}{(\mathrm{d}y^i)^2} \qquad (12.6)
\end{aligned}$$

用 $N^iP^i(y^i)\left(1+\frac{y^i}{2}\right)^{2L}$ 代替 $E[FV^i]$，那么式(12.6)的右侧即等于：[①]

$$\sum_{i=1}^{I}N^i\left[\frac{\mathrm{d}\left[P^i(y^i)\left(1+\frac{y^i}{2}\right)^{2L}\right]}{\mathrm{d}y^i}\frac{\mathrm{d}^2y^i}{(\mathrm{d}y^L)^2}+\left(\frac{\mathrm{d}y^i}{\mathrm{d}y^L}\right)^2\frac{\mathrm{d}^2\left[P^i(y^i)\left(1+\frac{y^i}{2}\right)^{2L}\right]}{(\mathrm{d}y^i)^2}\right] \qquad (12.7)$$

12.2　免疫与相应的现金流

本节介绍实务中常用的两种免疫方法：一阶免疫与二阶免疫，并分析构建免疫投资组合时产生的现金流。

12.2.1　一阶免疫

一阶免疫（first order immunization）不但要求式(12.2)成立，即负债的预期未来价值与免疫债券的预期未来价值之和为零，还要求式(12.4)成立，即二者关于负债收益率变化的敏感度之和为零。一阶免疫至少需要两种债券（债券 1 与债券 2）。注意，式(12.2)要求债券免疫

---

① 若负债是已发行的债券，则 $\dfrac{\mathrm{d}^2E[FV^L]}{(\mathrm{d}y^L)^2}=N^L\dfrac{\mathrm{d}^2\left[P^L(y^L)\left(1+\frac{y^L}{2}\right)^{2L}\right]}{(\mathrm{d}y^L)^2}$。

投资组合与负债在到期日时的预期价值大小相等，进而建立了两种免疫债券的数目 N^1 与
N^2 之间的一种线性关系。式(12.4)要求债券免疫投资组合与负债在到期日时的预期价值大小
关于负债收益率的敏感度相等，进而建立了 N^1 与 N^2 之间的第二个线性关系。综上所述：[①]

$$-E[FV^L] = N^1 A + N^2 B \tag{12.8}$$

$$-\frac{\mathrm{d}E[FV^L]}{\mathrm{d}y^L} = N^1 X + N^2 Y \tag{12.9}$$

其中，根据式(12.2)有：

$$A = P^1(y^1)\left(1+\frac{y^1}{2}\right)^{2L}, \text{且 } B = P^2(y^2)\left(1+\frac{y^2}{2}\right)^{2L} \tag{12.10}$$

并且根据式(12.4)有：

$$X = \frac{\mathrm{d}y^1}{\mathrm{d}y^L}P^1(y^1)\left(1+\frac{y^1}{2}\right)^{2L-1}\left[L-\left(1+\frac{y^1}{2}\right)MD^1\right], \text{且} \tag{12.11}$$

$$Y = \frac{\mathrm{d}y^2}{\mathrm{d}y^L}P^2(y^2)\left(1+\frac{y^2}{2}\right)^{2L-1}\left[L-\left(1+\frac{y^2}{2}\right)MD^2\right] \tag{12.12}$$

因此，将式(12.8)与式(12.9)整理为矩阵形式，即得：

$$\begin{bmatrix} -E[FV^L] \\ -\dfrac{\mathrm{d}E[FV^L]}{\mathrm{d}y^L} \end{bmatrix} = \begin{bmatrix} A & B \\ X & Y \end{bmatrix}\begin{bmatrix} N^1 \\ N^2 \end{bmatrix}$$

从而我们便可用下式解出两种债券的数量 N^1 与 N^2：

$$\begin{bmatrix} N^1 \\ N^2 \end{bmatrix} = \begin{bmatrix} A & B \\ X & Y \end{bmatrix}^{-1}\begin{bmatrix} -E[FV^L] \\ -\dfrac{\mathrm{d}E[FV^L]}{\mathrm{d}y^L} \end{bmatrix} \tag{12.13}$$

12.2.2 二阶免疫

回顾上节，一阶免疫要求式(12.2)成立，即负债与免疫债券的预期未来价值之和为零；同时
要求式(12.4)成立，即二者预期未来价值关于负债收益率变化的敏感度之和也为零。二阶免疫
(second order immunization)不但要求这两条成立，还添加了第三条约束：要求二者的一阶敏
感度关于负债收益率变化的敏感度之和也为零。也就是说，二阶免疫添加了由式(12.5)给出
的二阶敏感度的约束条件。

二阶免疫至少需要三种免疫债券(债券1、债券2和债券3)。与一阶免疫类似，式(12.2)与
式(12.4)仍然给出了三种债券数量 N^1、N^2 和 N^3 之间的两个线性关系。因此：[②]

---

① 若 $E[FV^L]=K<0$ 为定值，则式(12.8)的左侧即为 $-K>0$，式(12.9)中 $\frac{\mathrm{d}E[FV^L]}{\mathrm{d}y^L}=0$。

② 若 $E[FV^L]=K<0$ 为定值，则式(12.14)的左侧即为 $-K>0$，式(12.15)中 $\frac{\mathrm{d}E[FV^L]}{\mathrm{d}y^L}=0$，式(12.16)中 $\frac{\mathrm{d}^2E[FV^L]}{(\mathrm{d}y^L)^2}=0$。

$$-E[FV^L]=N^1A+N^2B+N^3C \tag{12.14}$$

$$\frac{-\mathrm{d}E[FV^L]}{\mathrm{d}y^L}=N^1X+N^2Y+N^3Z \tag{12.15}$$

$$\frac{-\mathrm{d}^2E[FV^L]}{(\mathrm{d}y^L)^2}=N^1Q+N^2R+N^3S \tag{12.16}$$

其中,根据式(12.7),有:

$$Q=\frac{\mathrm{d}\left[P^1(y^1)\left(1+\dfrac{y^1}{2}\right)^{2L}\right]}{\mathrm{d}y^1}\frac{\mathrm{d}^2y^1}{(\mathrm{d}y^L)^2}+\left(\frac{\mathrm{d}y^1}{\mathrm{d}y^L}\right)^2\frac{\mathrm{d}^2\left[P^1(y^1)\left(1+\dfrac{y^1}{2}\right)^{2L}\right]}{(\mathrm{d}y^1)^2} \tag{12.17}$$

债券 2 与债券 3 分别对应的 R 与 S 的定义与之类似。[①]因此,我们将式(12.14)、式(12.15)和式(12.16)改写为矩阵形式,即得:

$$\begin{bmatrix} -E[FV^L] \\ -\dfrac{\mathrm{d}E[FV^L]}{\mathrm{d}y^L} \\ -\dfrac{\mathrm{d}^2E[FV^L]}{(\mathrm{d}y^L)^2} \end{bmatrix}=\begin{bmatrix} A & B & C \\ X & Y & Z \\ Q & R & S \end{bmatrix}\begin{bmatrix} N^1 \\ N^2 \\ N^3 \end{bmatrix} \tag{12.18}$$

从而我们可以用下式求出三种债券的数目 N^1、N^2 和 N^3:

$$\begin{bmatrix} N^1 \\ N^2 \\ N^3 \end{bmatrix}=\begin{bmatrix} A & B & C \\ X & Y & Z \\ Q & R & S \end{bmatrix}^{-1}\begin{bmatrix} -E[FV^L] \\ -\dfrac{\mathrm{d}E[FV^L]}{\mathrm{d}y^L} \\ -\dfrac{\mathrm{d}^2E[FV^L]}{(\mathrm{d}y^L)^2} \end{bmatrix} \tag{12.19}$$

12.2.3 相应的现金流

计算得出 N^1, N^2, $\cdots$, N^I 之后,为了使负债免疫,我们在初始时刻建立由这 I 个债券组成的投资组合时所需的负现金流为[②]:

$$CF_0^P=-\sum_{i=1}^{I}N^iP^i<0 \tag{12.20}$$

虽然其中可能有一个或多个债券 i 满足 $CF_0^i=-N^iP^i>0$,其中 $i\in\{1, 2, \cdots, I\}$,但总现金流仍然为负。换言之,债券免疫投资组合中可能有一个或多个空头头寸($N^i<0$),但投资组

---

① 系数 A、B、X、Y 的定义与之前考虑两种资产的情形一致,分别见式(12.10)、式(12.11)和式(12.12)。此外,$C=P^3(y^3)\left(1+\dfrac{y^3}{2}\right)^{2L}$,$Z=\dfrac{\mathrm{d}y^3}{\mathrm{d}y^L}P^3(y^3)\left(1+\dfrac{y^3}{2}\right)^{2L-1}\left[L-\left(1+\dfrac{y^3}{2}\right)MD^3\right]$。

② 若负债也在 $t=0$ 时刻建立,则 $CF_0^L=-PV^L=-\dfrac{E[FV^L]}{\left(1+\dfrac{y^L}{2}\right)^{2L}}>0$。

合整体的净头寸仍是多头,并且与被免疫负债的空头头寸相抵消。

在负债到期日 L 时刻,我们希望卖出债券投资组合带来的正现金流能足以偿还负债。这正是免疫的目标。因此,$t=L$ 时刻的净现金流即为:

$$CF_L = CF_L^P + CF_L^L = FV^P + FV^L = \sum_{i=1}^I N^i FV^i - |FV^L| \sim 0 \qquad (12.21)$$

其中,债券免疫投资组合满足 $CF_L^P = FV^P = \sum_{i=1}^I N^i FV^i > 0$,负债满足 $CF_L^L = FV^L < 0$。持有空头的免疫债券($N^i < 0$)在 $t=L$ 时刻将带来负现金流,因为到期时必须将空头平仓。

中期现金流

如果由免疫债券组成的投资组合能产生一系列现金流,那么为使先前的计算过程成立,我们需要假设每笔现金流 CF^i($i \in \{1, 2, \cdots, I\}$,$t \in \{0.5, 1, 1.5, \cdots, L-0.5\}$)均按照对应的收益率 y^i 进行再投资。从而,对于 $t=0$ 到 $t=L$ 之间的所有时刻 $t \in \{0.5, 1, 1.5, \cdots, L-0.5\}$,净现金流均是中性的,也就是 $\forall t \in \{0.5, 1, 1.5, \cdots, L-0.5\}$,都有 $CF_t = 0$。

在初始时刻 $t=0$ 之后、负债到期时刻 $t=L$ 之前,投资者也可能会对由免疫债券组成的投资组合加以调仓。这种情况下,有可能产生中期现金流,也有可能不产生。若中期现金流始终保持中性(即 $\forall t \in \{1, 2, \cdots, T-1\}$,都有 $CF_t = 0$),那么投资者在调仓的同时,还需根据当前头寸来调整总价值关于负债收益率的敏感度。

如果允许产生中期现金流,那么调仓后的 N_t^1,N_t^2,$\cdots$,N_t^I 的计算方法与我们在初始时刻 $t=0$ 求解的方程组式(12.13)或式(12.19)完全一致,只不过此时我们需要把各个参数更新为 t 时刻的参数取值。[1]如此操作下来,债券免疫投资组合的净中期现金流即为:

$$CF_t^P = -\sum_{i=1}^I P_t^i(y_t^i)(N_t^i - N_{t-0.5}^i) \qquad (12.22)$$

其可正可负,也可能为零。

12.3 应用:简化假设

前面的公式中含有 $\dfrac{\mathrm{d}y^i}{\mathrm{d}y^L}$ 一项,这是从业者必须解决的问题。为简单起见,从业者可能会假定对于 $i \in \{1, 2, \cdots, I\}$,有 $\dfrac{\mathrm{d}y^i}{\mathrm{d}y^L}=1$,从而 $\forall i$,都有 $\dfrac{\mathrm{d}^2 y^i}{(\mathrm{d}y^L)^2}=0$。因此,式(12.4)可化简为:

$$-\frac{\mathrm{d}E[FV^L]}{\mathrm{d}y^L} = \frac{\mathrm{d}}{\mathrm{d}y^L}\sum_{i=1}^I E[FV^i] = \sum_{i=1}^I N^i P^i(y^i)\left(1+\frac{y^i}{2}\right)^{2L-1}\left[L - \left(1+\frac{y^i}{2}\right)MD^i\right]$$

$$(12.23)$$

---

① 这里所说的"参数"是指式(12.13)与式(12.19)右侧的内容。

注意,在每半年进行复利换算的情况下,固定利率债券 i 的麦考利久期等于 $MaD^i = \left(1 + \dfrac{y^i}{2}\right) MD^i$。因此,在这种特殊情形下,式(12.23)刻画了 L 时刻与麦考利久期之间的差距。

再考虑另一种特殊情形,考虑一只 L 时刻到期的零息债券。其满足 $MaD^i = L$,因此在式(12.23)中,$L - MaD^i = L - \left(1 + \dfrac{y^i}{2}\right) MD^i = 0$。

现在我们考虑未来价值的二阶敏感性。首先,对于 $i \in \{1, 2, \cdots, I\}$,$\dfrac{\mathrm{d}y^i}{\mathrm{d}y^L} = 1$ 意味着 $\dfrac{\mathrm{d}^2 y^i}{(\mathrm{d}y^L)^2} = 0$。因此,式(12.7)可化简为:

$$
\begin{aligned}
-\frac{\mathrm{d}^2 E[FV^L]}{(\mathrm{d}y^L)^2} &= \frac{\mathrm{d}^2}{(\mathrm{d}y^L)^2} \sum_{i=1}^{I} E[FV^i] \\
&= \sum_{i=1}^{I} N^i \cdot \frac{\mathrm{d}^2 \left[P^i(y^i)\left(1 + \dfrac{y^i}{2}\right)^{2L} \right]}{(\mathrm{d}y^i)^2} \\
&= \sum_{i=1}^{I} N^i \frac{\mathrm{d}}{\mathrm{d}y^i}\left[P^i(y^i) L \left(1 + \frac{y^i}{2}\right)^{2L-1} + \frac{\mathrm{d}P^i(y^i)}{\mathrm{d}y^i}\left(1 + \frac{y^i}{2}\right)^{2L} \right] \\
&= \sum_{i=1}^{I} N^i P^i(y^i)\left(1 + \frac{y^i}{2}\right)^{2L-2}\left[L\left(L - \frac{1}{2}\right) + \frac{1}{P^i(y^i)}\frac{\mathrm{d}^2 P^i(y^i)}{(\mathrm{d}y^i)^2}\left(1 + \frac{y^i}{2}\right)^2 \right] \\
&\quad + 2\sum_{i=1}^{I} N^i \left(1 + \frac{y^i}{2}\right)^{2L-2} P^i(y^i)\left[L\left(1 + \frac{y^i}{2}\right)\frac{1}{P^i(y^i)}\frac{\mathrm{d}P^i(y^i)}{\mathrm{d}y^i} \right] \quad (12.24)
\end{aligned}
$$

注意,由于 $MD^i \equiv -\dfrac{1}{P^i(y^i)}\dfrac{\mathrm{d}P^i(y^i)}{\mathrm{d}y^i}$,且 $Conv^i \equiv \dfrac{1}{P^i(y^i)}\dfrac{\mathrm{d}^2 P^i(y^i)}{(\mathrm{d}y^i)^2}$,因此,$-\dfrac{\mathrm{d}^2 E[FV^L]}{(\mathrm{d}y^L)^2} = \dfrac{\mathrm{d}^2}{(\mathrm{d}y^L)^2}\sum_{i=1}^{I} E[FV^i]$ 等于:[1]

$$
\sum_{i=1}^{I} N^i \left(1 + \frac{y^i}{2}\right)^{2L-2} P^i(y^i)\left[L\left(L - \frac{1}{2}\right) + \left(1 + \frac{y^i}{2}\right)^2 Conv^i - 2L\left(1 + \frac{y^i}{2}\right) MD^i \right]
$$

$$(12.25)$$

基于 $\dfrac{\mathrm{d}y^i}{\mathrm{d}y^L} = 1 (i \in \{1, 2, \cdots, I\})$ 这一简化假设,由式(12.11)与式(12.17)定义的 X 和 Q 也将分别变成:[2]

● $X = P^1(y^1)\left(1 + \dfrac{y^1}{2}\right)^{2L-1}\left[L - \left(1 + \dfrac{y^1}{2}\right) MD^1 \right]$,对应于债券 1。债券 2 对应的 Y 和债券 3 对应的 Z 也可类似求得。

---

[1] 若负债是已经发行的债券,那么 $\dfrac{\mathrm{d}^2 E[FV^L]}{(\mathrm{d}y^L)^2}$ 等于:

$$
N^L \left(1 + \frac{y^L}{2}\right)^{2L-2} P^L(y^L)\left[L\left(L - \frac{1}{2}\right) + \left(1 + \frac{y^L}{2}\right)^2 Conv^L - 2L\left(1 + \frac{y^L}{2}\right) MD^L \right]
$$

[2] 系数 A 与 B 的定义见(12.10)。债券 3 满足 $C = P^3(y^3)\left(1 + \dfrac{y^3}{2}\right)^{2L}$。

- $Q=\left(1+\dfrac{y^1}{2}\right)^{2L-2}P^1\left(y^1\right)\left[L\left(L-\dfrac{1}{2}\right)+\left(1+\dfrac{y^1}{2}\right)^2 Conv^1-2L\left(1+\dfrac{y^1}{2}\right)MD^1\right]$，对应于债券 1。债券 2 对应的 R 和债券 3 对应的 S 也可类似求得。

如何处理预期未来负债是定值的情形？

通常情况下，我们面对的被免疫负债的预期价值是一个定值。例如，保险公司在未来几年的预期支付就通常是固定的常数。严格来说，一个确定的收益率不应当发生变化，因此 $\dfrac{\mathrm{d}y^i}{\mathrm{d}y^L}$ 未必等于 1。然而，如果我们将这笔定值负债视作一个到期日仍为 L、面值为 FV^L 的零息债券，那么我们就可以认为 $\mathrm{d}y^L$ 有可能非零。[1]

还可以考虑另一种解决方法。如果我们将债券价值的敏感性视作关于另一种免疫债券的收益率的敏感性，则我们的研究对象就变为 $\dfrac{\mathrm{d}y^i}{\mathrm{d}y^j}$，其中 $i,j\in\{1,2,\cdots,I,L\}$，$i\neq j$。若令每对免疫债券的这一变量均等于零，我们仍然可以得出相同的简化结果式（12.23）和式（12.25）。注意，由于此时我们是在试图对一笔未来 L 时刻的固定负债 FV^L 进行免疫，因此：

$$\frac{\mathrm{d}E\left[FV^L\right]}{\mathrm{d}y^L}=0,\text{且}\frac{\mathrm{d}^2E\left[FV^L\right]}{(\mathrm{d}y^L)^2}=0$$

12.4 应用：更强的简化假设

我们已经讲到，为解决 $\dfrac{\mathrm{d}y^i}{\mathrm{d}y^L}$ 的问题，从业者可能会假设所有收益率均同步变化，即所有收益率的绝对变化量总是相等。从而对于 $i\in\{1,2,\cdots,I\}$，有 $\dfrac{\mathrm{d}y^i}{\mathrm{d}y^L}=1$。而一个比 $\dfrac{\mathrm{d}y^i}{\mathrm{d}y^L}=1$ 更强的假设是假定各个收益率本身全部相等，即：[2]

$$y^L=y^1=y^2=\cdots=y^I \tag{12.26}$$

如果从业者使用后者这一更强的假设（可能在一开始粗略计算时使用这一假设），那么式（12.13）与式（12.19）将变得更为简洁。令负债和债券免疫投资组合的未来价值大小相同的等式（12.2）将简化为 $-PV^L=PV^P$，即：

---

① 因此，我们可以想象该公司发行了这只假想债券，然后我们估计这种情况下的债券收益率，即可得出适用于该债券的收益率假设值 y^L。

② 更强的假设可以推出更有针对性的结论，更弱的假设可以推出更普适的结论。这里我们所说的"更强"，是指这种假设可以推出"更弱"的假设，而反之不成立。若 $\dfrac{\mathrm{d}y^i}{\mathrm{d}y^L}=1$，显然可能有 $y^i\neq y^L$，$\forall i\in\{1,2,\cdots,I\}$；但如果 $y^L=y^1=y^2=\cdots=y^I$，那么一定有 $\dfrac{\mathrm{d}y^i}{\mathrm{d}y^L}=1$，$\forall i\in\{1,2,\cdots,I\}$。

$$-N^L P^L(y) = \sum_{i=1}^{I} N^i P^i(y) \tag{12.27}$$

其中 y 表示式（12.26）中假设的唯一收益率。如果所有收益率都相同，那么令负债和免疫投资组合的预期未来价值相等，就等价于令二者的当前价值相等。

像之前一样，我们对式（12.27）两侧关于 y 求导数，使两侧的敏感性相匹配，再将每一项都乘以 -1（即乘以 $\dfrac{P^L}{-P^L}$ 或 $\dfrac{P^i}{-P^i}$），即得：

$$-N^L \cdot \frac{P^L(y)}{-P^L(y)} \cdot \frac{\mathrm{d}P^L(y)}{\mathrm{d}y} = \sum_{i=1}^{I} N^i \cdot \frac{P^i(y)}{-P^i(y)} \cdot \frac{\mathrm{d}P^i(y)}{\mathrm{d}y}$$

$$-N^L P^L(y) MD^L(y) = \sum_{i=1}^{I} N^i P^i(y) MD^i(y) \tag{12.28}$$

其中，根据修正久期的定义，有 $MD^i(y) \equiv -\dfrac{1}{P^i(y)} \dfrac{\mathrm{d}P^i(y)}{\mathrm{d}y}$，$i \in \{1, 2, \cdots, I, L\}$。

和之前一样，我们再对式（12.27）两侧关于 y 求两次导数，使两侧的二阶敏感性相匹配，再将每一项都乘以 $+1$（即乘以 $\dfrac{P^L}{P^L}$ 或 $\dfrac{P^i}{P^i}$），最后代入 $Conv(y) \equiv \dfrac{1}{P(y)} \dfrac{\mathrm{d}^2 P(y)}{\mathrm{d}y^2}$，即得：[①]

$$-N^L P^L(y) Conv^L(y) = \sum_{i=1}^{I} N^i P^i(y) Conv^i(y) \tag{12.29}$$

联立式（12.27）与式（12.28），一阶免疫的方程组式（12.13）即可化简为：

$$\begin{bmatrix} N^1 \\ N^2 \end{bmatrix} = \begin{bmatrix} P^1 & P^2 \\ P^1 MD^1 & P^2 MD^2 \end{bmatrix}^{-1} \begin{bmatrix} -N^L P^L \\ -N^L P^L MD^L \end{bmatrix} \tag{12.30}$$

类似地，联立式（12.27）、式（12.28）和式（12.29），二阶免疫的方程组式（12.19）即可化简为：

$$\begin{bmatrix} N^1 \\ N^2 \\ N^3 \end{bmatrix} = \begin{bmatrix} P^1 & P^2 & P^3 \\ P^1 MD^1 & P^2 MD^2 & P^3 MD^3 \\ P^1 Conv^1 & P^2 Conv^2 & P^3 Conv^3 \end{bmatrix}^{-1} \begin{bmatrix} -N^L P^L \\ -N^L P^L MD^L \\ -N^L P^L Conv^L \end{bmatrix} \tag{12.31}$$

我们再次强调，式（12.31）给出的简单方程组建立在大量的假设之上，其假设所有时间点 $t \in [0, L]$ 的所有收益率都相同。虽然如此，从业者还是经常使用这一假设，尤其是在对免疫投资组合所需头寸进行初步估计时经常使用。

用免疫投资组合的权重表示

我们还可以将上述简化结果式（12.27）、式（12.28）和式（12.29）两侧均除以 $-N^L P^L =$

---

① 显然，令式（12.2）与式（12.4）的所有收益率都相等，也可以推导出式（12.27）和式（12.28）。这是一个很好的练习，读者可以尝试进行验证。

$\sum_{i=1}^{I} N^i P^i$，使其标准化。于是我们得出：

$$1 = \sum_{i=1}^{I} w^i$$

$$MD^L = \sum_{i=1}^{I} w^i MD^i$$

$$Conv^L = \sum_{i=1}^{I} w^i Conv^i \qquad (12.32)$$

其中：

$$w^i = -\frac{N^i P^i}{N^L P^L} = \frac{N^i P^i}{\sum_{i=1}^{I} N^i P^i}, \; i \in \{1, 2, \cdots, I\}$$

若给定 $N^L < 0$ 且 $\sum_{i=1}^{I} N^i P^i > 0$，则在免疫投资组合中，持有多头（空头）头寸的免疫债券对应的 w^i 为正值（负值）。

根据方程组式(12.32)，简化后的一阶免疫方程组式(12.30)可改写为：

$$\begin{bmatrix} w^1 \\ w^2 \end{bmatrix} = \begin{bmatrix} 1 & 1 \\ MD^1 & MD^2 \end{bmatrix}^{-1} \begin{bmatrix} 1 \\ MD^L \end{bmatrix} \qquad (12.33)$$

类似地，简化后的二阶免疫方程组式(12.31)可改写为：

$$\begin{bmatrix} w^1 \\ w^2 \\ w^3 \end{bmatrix} = \begin{bmatrix} 1 & 1 & 1 \\ MD^1 & MD^2 & MD^3 \\ Conv^1 & Conv^2 & Conv^3 \end{bmatrix}^{-1} \begin{bmatrix} 1 \\ MD^L \\ Conv^L \end{bmatrix} \qquad (12.34)$$

再次注意，方程组式(12.34)假定所有时间点 $t \in [0, L]$ 的所有收益率均相同。

12.5 小结和示例

本节我们总结先前讲解的一阶免疫与二阶免疫技术，并给出具体的免疫示例。

12.5.1 一阶免疫小结

一阶免疫的一般形式方程组如式(12.13)所示。方程的系数 X 与 Y 均含有表达式 $\dfrac{\mathrm{d}y^i}{\mathrm{d}y^L}$，$i \in \{1, 2\}$，因此一种处理方式是假定 $\dfrac{\mathrm{d}y^1}{\mathrm{d}y^L} = \dfrac{\mathrm{d}y^2}{\mathrm{d}y^L} = 1$。在此假设之下，方程组式(12.13)可以简化为一组可在 Excel 中直接求解的方程组。

第二种处理 $\dfrac{\mathrm{d}y^1}{\mathrm{d}y^L}$ 和 $\dfrac{\mathrm{d}y^2}{\mathrm{d}y^L}$ 的方式是使用一种更强的简化假设,假定所有收益率均相等,即 $y^L=y^1=y^2$。在此假设下可以得出进一步简化的方程组式(12.30)。若将待定变量 N^1 与 N^2(免疫投资组合中的债券数)替换为 w^1 和 w^2(免疫投资组合中债券的权重,其中 $w^1=\dfrac{N^1P^1}{N^1P^1+N^2P^2}$, $w^2=1-w^1=\dfrac{N^2P^2}{N^1P^1+N^2P^2}$),我们还可以将进一步简化后的方程组式(12.30)改写为与之等价的式(12.33)。

12.5.2　二阶免疫小结

二阶免疫的一般形式方程组如式(12.19)所示。方程的系数 X、Y、Z、Q、R、S 中含有表达式 $\dfrac{\mathrm{d}y^i}{\mathrm{d}y^L}$, $i\in\{1,\,2,\,3\}$;系数 Q、R、S 中还含有表达式 $\dfrac{\mathrm{d}^2y^i}{(\mathrm{d}y^L)^2}$。因此,一种处理方式是假定 $\dfrac{\mathrm{d}y^1}{\mathrm{d}y^L}=\dfrac{\mathrm{d}y^2}{\mathrm{d}y^L}=\dfrac{\mathrm{d}y^3}{\mathrm{d}y^L}=1$,进而有 $\dfrac{\mathrm{d}^2y^i}{(\mathrm{d}y^L)^2}=0$, $\forall i$。在此假设之下,方程组式(12.19)可以得到简化,不再含有 $\dfrac{\mathrm{d}^2y^1}{(\mathrm{d}y^L)^2}$、$\dfrac{\mathrm{d}^2y^2}{(\mathrm{d}y^L)^2}$ 和 $\dfrac{\mathrm{d}y^3}{(\mathrm{d}y^L)^2}$,从而变成一组可在 Excel 中直接求解的方程组。

第二种处理 $\dfrac{\mathrm{d}y^1}{\mathrm{d}y^L}$、$\dfrac{\mathrm{d}y^2}{\mathrm{d}y^L}$ 和 $\dfrac{\mathrm{d}y^3}{\mathrm{d}y^L}$ 的方式是使用一种更强的简化假设,假定所有收益率均相等,即 $y^L=y^1=y^2=y^3$。在此假设下可以得出进一步简化的方程组式(12.31)。若将待定变量 N^1、N^2 和 N^3(免疫投资组合中的债券数)替换为 w^1、w^2 和 w^3(免疫投资组合中债券的权重,其中 $w^1=\dfrac{N^1P^1}{N^1P^1+N^2P^2+N^3P^3}$, $w^2=\dfrac{N^2P^2}{N^1P^1+N^2P^2+N^3P^3}$, $w^3=\dfrac{N^3P^3}{N^1P^1+N^2P^2+N^3P^3}$),我们还可以将进一步简化的方程组式(12.31)改写为与之等价的式(12.34)。

12.5.3　案例:负债的免疫

图 12.1、图 12.2 与图 12.3 三张截图均来自同一工作表,用于展示如何构建一笔负债的债券免疫投资组合。我们首先看图 12.1。B14 单元格给出当前的一笔负债 82500 美元,这笔负债是一份还有 $L=15$ 年到期(B5 单元格)的零息债券空头,其余参数如 B3:B7 单元格所示。C3:E7 单元格给出了三种可用于配置免疫投资组合的债券 1、2、3 的输入参数。后续我们将研究这些债券的未来价值关于负债的到期收益率的敏感性,所以我们选择用各个收益率与 B3 单元格给出的负债到期收益率之间的差值来计算得出第 3 行给出的三种债券的到期收益率。[①]

---

① 从而,我们这里相当于明确假设所有收益率都平行变化,也就是各个债券的收益率相对于基本情形的变化幅度均相同。

	A	B	C	D	E	F–K (公式/备注)
1		B^L	B^1	B^2	B^3	C3 =$B$3+C2 D3 =$B$3+D2 E3 =$B$3+E2
2	$y^i - y^L$	0%	-4%	0%	4%	E8 =-PV(E3/E7,E7*E5,E6*E4/E7,E6) E9 =V156
3	y	6%	2%	6%	10%	E11 =-PV((E3+$B$10)/E7,E7*E5,E4*E6/E7,E6)
4	r^c	0%	3%	6%	9%	E12 =-PV((E3-$B$10)/E7,E7*E5,E6*E4/E7,E6)
5	L,T	15	30	25	20	E13 =E8*(1+E3/E7)^(E7*$B$5) E17 =Z159
6	F	1,000	1,000	1,000	100	E16=MDURATION(DATE(2000,1,1),DATE(2000+
7	m	2	2	2	2	E5,1,1),E4,E3,E7)
8	P	412.0	1224.8	1000.0	91.4	E18 =AD158
9	P	412.0	1224.8	1000.0	91.4	E19 =E8*(1+E3/E7)^(E7*$B$5-1)*($B$5-E16*(1+E3/E7))
10	Δy	0.0001				E20 =E11*(1+(E3+$B$10)/E7)^(E7*$B$5)
11	$P(y + \Delta y)$	411.4	1222.2	998.7	91.3	E21 =E12*(1+(E3-$B$10)/E7)^(E7*$B$5)
12	$P(y - dy)$	412.6	1227.3	1001.3	91.5	E22 =(E20-E21)/$B$10/2 E23 =E19-E22
13	$FV(y\|L)$	1000.0	1650.8	2427.3	395.1	E24 =E8*(1+E3/E7)^(E7*$B$5-2)*$B$5*($B$5-
14	L	(82,500)				0.5)+(1+E3/E7)^2*E18-2*$B$5*(1+E3/E7)*E16)
15	N^L	-82.50	B15 =B14/B13			E25 =(E20+E21-2*E13)/$B$10^2 E26 =E24-E25
16	MD	14.563	20.9	12.9	8.7	B28 =B15*B13 E29 =E19 E30 =E24
17	MD	14.563	20.9	12.9	8.7	C28 =C13 B32 =B15 C33 =-C32*C8
18	Conv	219.15	549	244	121	B29 =B15*B19 B33 =-B32*B8 D33 =D32*D8
19	$dFV(L)/dy$	0.00	-9909	4122	2190	$P(1+y/2)^{2L-1}[L - MD(1+y/2)]$ F33 =SUM(C33:E33)
20	$FV(y+\Delta y\|L)$	1000.00	1650	2428	395	$P(y+\Delta y)[1+(y+\Delta y)/2]^{2L}$ G33 =B33+F33
21	$FV(y-\Delta y\|L)$	1000.00	1652	2427	395	$P(y-\Delta y)[1+(y-\Delta y)/2]^{2L}$ C34 =C33/$F$33
22	$\Delta FV(L)/\Delta y$	0.00	-9909	4122	2190	$[FV(y+\Delta y)-FV(y-\Delta y)]/(2\Delta y)$ D34 =D33/$F$33
23	Δ	0.00	0.00	0.00	0.00	$dFV(L)/dy^L - \Delta FV(L)/\Delta yL$ F34 =SUM(C34:E34)
24	$d^2 FV(L)/dy^2$	0.00	235535	181040	27236	$P(1+y/2)^{2L-2}\{L(L-0.5)+(1+y/2)^2 Conv-2L(1+y/2)MD\}$
25	$\Delta[\Delta FV(L)/\Delta y]/\Delta y$	0.00	235535	181040	27236	$[FV(y+\Delta y)+FV(y-\Delta y)-2FV(y)]/(\Delta y)^2$
26	Δ	0.00	-0.04	-0.02	0.00	C32:D32{=TRANSPOSE(MMULT(MINVERSE(C28
27		负债	B^1	B^2	B^3	:D29),-B28:B29)}}
28	$FV(y\|L)$	-82500	1651	2427	395	C36:E36{=TRANSPOSE(MMULT(MINVERSE(C28
29	$dFV(L)/dy$	0	-9909	4122	2190	:E30),-B28:B30)}}
30	$d^2 FV(L)/dy^2$	0	235535	181040	27236	B32,B36 =B15 B37 =-B36*B8 C37 =-C36*C8
31		B^L	B^1	B^2		CF^{IP} ΔCF_0 y^{IP} D37 =-D36*D8
32	N	-82.50	11.021	26.493		C38 =C37/$F$37 E37 =-E36*E8
33	CF_0	33989	-13498	-26493		-39992 -6003 4.89% F37 =SUM(C37:E37)
34	w_0	33.8%	66.2%			100.0% G37 =B37+F37
35		B^L	B^1	B^2	B^3	H33 =2*((-$B$14/-F33)^(1/(2*$B$5))-1)
36	N	-82.50	-67.855	187.57	-659.959	H37 =2*((-$B$14/-F37)^(1/(2*$B$5))-1)
37	CF_0	33989	83107	-187567	60334	-44126 -10137 4.22% E38 =E37/$F$38
38	w_0	-188.3%	425.1%	-136.7%	100.0%	F38 =SUM(C38:E38)

图 12.1　用债券投资组合使负债免疫(第一部分)

我们用两种方式计算了四只债券的价格。第一种方式是使用 Excel 的 PV 函数,如第 8 行所示;第二种方式是手动计算所有现金流的现值之和(把现金流用到期收益率来"贴现"),如第 9 行所示。第 9 行引用的是图 12.3 中第 156 行的计算结果。第 13 行用 $FV^i_{15} = P^i_0\left(1+\dfrac{y^i}{m}\right)^{15m}$ 计算了各个债券在负债到期日 $L=15$ 年时的未来价值,其中 $i \in \{L, 1, 2, 3\}$。

B15 单元格计算了负债中的债券数 $\dfrac{82500}{1000}=82.5$,等于负债总价值除以单张债券的面值。

第 16 行至第 18 行的计算过程与此前图 11.3 中的计算类似。第 19 行计算了 $\dfrac{dFV^i(y^i)\mid T=L}{dy^i}$,$i \in \{L, 1, 2, 3\}$,计算公式在本章开头已经推导过,见 F19:H19 单元格中的公式。

第 10 行至第 12 行、第 20 行至第 23 行以及第 25 行至第 26 行的背景色是深色,这些单元格使用离散近似的方法来计算。这些计算过程略显冗余,我们只是借助其展示免疫的过程。

第 20 行与第 21 行分别计算了 $FV^i(y^i+\Delta y^i)\,|\,T=L$ 和 $FV^i(y^i-\Delta y^i)\,|\,T=L$,其中 $\Delta y^i=0.0001$(B10 单元格),$i\in\{L,1,2,3\}$。第 22 行利用这些结果计算离散近似值 $\dfrac{\Delta FV^i(y^i)\,|\,T=L}{\Delta y^i}$。第 23 行验证了 $\dfrac{\mathrm{d}FV^i(y^i)\,|\,T=L}{\mathrm{d}y^i}$ 与 $\dfrac{\Delta FV^i(y^i)\,|\,T=L}{\Delta y^i}$ 的计算结果相同,因为我们使用了非常小的 Δy^i。第 24 行的单元格计算了负债到期日 $L=15$ 年时的未来价值的二阶导数 $\dfrac{\mathrm{d}^2FV^i(y^i)\,|\,T=L}{(\mathrm{d}y^i)^2}$,第 25 行计算相应的离散近似结果 $\dfrac{\Delta}{\Delta y^i}\left(\dfrac{\Delta FV^i(y^i)\,|\,T=L}{\Delta y^i}\right)$。由于 B10 单元格选取的 $\Delta y^i=0.0001$ 非常小,所以我们再次看到第 24 行与第 25 行的计算结果近似相同,即 $\dfrac{\mathrm{d}^2FV^i(y^i)\,|\,T=L}{(\mathrm{d}y^i)^2}\approx\dfrac{\Delta^2FV^i(y^i)\,|\,T=L}{(\Delta y^i)^2}$。

为了用矩阵形式计算免疫投资组合应当持有的头寸,我们将这些债券未来价值的各阶导数整理在相邻的单元格中。第 28 行至第 30 行汇总了这四只债券的未来价值以及一阶与二阶导数。第 28 行给出的是负债在 $T=L$ 时刻到期时债券未来价值的零阶导数 $FV^i(y^i)\,|\,T=L$;第 29 行给出的是各只债券的一阶导数 $\dfrac{\mathrm{d}FV^i(y^i)\,|\,T=L}{\mathrm{d}y^i}$;第 30 行给出的是各只债券的二阶导数 $\dfrac{\mathrm{d}^2FV^i(y^i)\,|\,T=L}{(\mathrm{d}y^i)^2}$。

C32:D32 单元格利用一阶免疫计算了需要持有的各只债券的数量 N^1 与 N^2,使用的 Excel 数组函数为:

$$\{=\mathrm{TRANSPOSE(MMULT(MINVERSE(C28:D29),-B28:B29))}\}$$

C36:E36 单元格利用二阶免疫计算了需要持有的各只债券的数量 N^1、N^2 与 N^3,使用的 Excel 数组函数为:

$$\{=\mathrm{TRANSPOSE(MMULT(MINVERSE(C28:E30),-B28:B30))}\}$$

B33:D33 单元格与 B37:E37 单元格分别计算了两种方式对应的现金流,C34:D34 单元格与 C38:E38 单元格分别计算了相应的权重。F33 单元格通过计算"=SUM(C33:E33)"得出了免疫投资组合的初始现金流,F37 单元格用"=SUM(C37:E37)"进行了类似的计算。G33 与 G37 单元格分别计算了相应的初始净现金流,即负债的现金流与持有免疫投资组合的现金流之和。

H33 与 H37 单元格分别计算了在接下来 15 年内持有两种不同的免疫投资组合(immunization portfolio, IP)对应的事前持有期收益率:

$$y^{IP}=2\left[\left(\frac{FV^{IP}}{-CF_0^{IP}}\right)^{\frac{1}{2L}}-1\right]=2\left[\left(\frac{82500}{-CF_0^{IP}}\right)^{\frac{1}{2\times15}}-1\right] \tag{12.35}$$

其中,由于是事前收益率,因此我们认为 $FV^{IP}=FV^L$。H33 单元格计算了一阶免疫投资组合的事前持有期收益率(4.89%),计算公式为:

$$=2*((-\$\mathrm{B}\$14/-\mathrm{F}33)\wedge(1/(2*\$\mathrm{B}\$5))-1)$$

H37 单元格相应计算了二阶免疫投资组合的 y^{IP}(4.22%),计算公式为:

$$=2*((-\$B\$14/-F37)\wedge(1/(2*\$B\$5)))-1$$

图 12.1 的第 32 行计算得出一阶免疫应当持有的两种债券数目分别为 $N^1=11.021$ 和 $N^2=26.493$;第 36 行计算得出二阶免疫应当持有的三种债券数目分别为 $N^1=-67.855$、$N^2=187.567$ 和 $N^3=-659.959$。[①]

接下来我们看图 12.2。我们希望研究收益率曲线变化对我们的免疫投资组合偿还负债的能力的影响,毕竟构建免疫投资组合的目的就是让我们在到期时可以偿清负债。图 12.2 与图 12.1 来自同一张工作表。第 43 行与第 44 行只是重复给出了最优一阶与二阶免疫投资组合中的债券数量。注意,这些单元格中并非公式,而是复制粘贴的先前计算得出的具体数值。

图 12.2　用债券投资组合使负债免疫(第二部分)

---

① B32 和 B36 单元格表示负债的初始债券数为 −82.5。

第 47 行计算了由单个资产组成的"投资组合"的"零阶"头寸,也就是分别能使 $FV_{15}^L(y^L)=FV_{15}^i(y^i)$ 成立的可用免疫债券 i 的数量,其中 $i\in\{1,2,3\}$。由于我们之后希望分析这些单个资产"投资组合"的未来价值对收益率变化的敏感性,因此我们将第 47 行计算出的具体数值复制粘贴至第 48 行。虽然我们在计算免疫投资组合时无需使用这些数值,但我们可以用这些结果来研究单个资产在负债到期日 $T=L$ 时的未来价值 $FV^i(y^i)|T=L$ 随各自到期收益率 y^i 变化的函数关系。

第 52 行中的单元格填写的是一维模拟运算表的表头函数。这一行的各个值表示基本情形下负债到期日 $T=L$ 时刻的各个不同的未来价值。C52 单元格给出的是负债的价值。D52、E52 和 F52 单元格分别给出只含有债券 1、只含有债券 2 和只含有债券 3 的假想的"免疫"投资组合的价值。接下来,G52 单元格与 H52 单元格分别给出了一阶与二阶免疫投资组合的价值。最后,I52 单元格和 J52 单元格分别计算了负债与一阶和二阶免疫投资组合的价值之和。C53:J68 单元格制作了一维模拟运算表,将这 8 个值表示成了各自到期收益率的函数。这里的隐含假设是所有收益率均同步变动(即收益率曲线平行移动)。[1]

图 12.2 中左上方的图像给出了负债的未来价值(常数,-82500 美元)以及三种假想的"免疫"投资组合的未来价值,这三种"免疫"投资组合分别只含有债券 1、只含有债券 2,以及只含有债券 3。注意,债券 3 的未来价值均随收益率上升而上升,而债券 1 和债券 2 的未来价值关于 y^L 的图像则为 U 形曲线。

右侧的图像绘制的是如下三者的未来价值的图像:(1)负债 $FV^L(y^L|T=L=15)=-85000$,是一个定值;(2)一阶免疫投资组合 $FV^{1阶}(y^L|L=15)$;(3)二阶免疫投资组合 $FV^{2阶}(y^L|L=15)$。

左下方的图像绘制的是免疫后的投资组合总价值。如我们所料,不论未来收益率($y^L\in[0\%,15\%]$)是多少,二阶免疫投资组合在 $T=L$ 时刻的未来价值始终比一阶免疫投资组合的未来价值更接近负债水平(的绝对值)82500 美元。二阶免疫投资组合在很广的收益率取值范围内(与基本情形收益率相差大致 3% 的范围内)都能很好地免疫负债。也就是说,使用二阶免疫的免疫后投资组合比使用一阶免疫的免疫后投资组合未来价值更接近于零。

当收益率较低时,二阶免疫投资组合的未来价值会略低于负债水平。这是因为该投资组合持有的是债券 1 的空头($N^1=-67.855$),而当收益率较低时,债券 1 的未来价值将非常高,如图 12.2 中左上方的函数图像所示。因此,持有此债券空头导致我们可能出现资金短缺。[2]

图 12.3 与前两张图也来自同一工作簿。这张图仅仅展示了各个债券的现金流、现值、麦考利久期和凸性的计算过程,与此前的图 11.3 类似。由于我们需要计算债券的凸性($Conv$),因此需要这些计算过程。我们还可使用这些计算过程来手动验证价格(若将其视作到期收益率的"函数")、麦考利久期与修正久期的计算结果。

---

① 这是因为三种免疫债券的收益率是利用图 12.1 的第 2 行计算得出的,它们的收益率与负债收益率之间的差距均被设为定值。

② 二阶免疫投资组合还持有了债券 3 的空头($N^3=-659.959$)。而左上方的图像表明,当收益率较低时,债券 3 的价值也较低。因此,在其他条件不变的情况下,若收益率较低,持有该债券的空头会提高免疫投资组合的未来价值。

M	N	O	P	Q	R	S	T	U	V	W	X	Y	Z	AA	AB	AC	AD	AE
91		CF$_t$				PV(CF$_t$)				t*w$_t$				t(t+0.5)w$_t$				
92		B^L	B^1	B^2	B^3	B^L	B^1	B^2	B^3	B^L	B^1	B^2	B^3	B^L	B^1	B^2	B^3	
93						PV	PV	PV	PV	t*	t*	t*	t*	(t+.5)*	(t+.5)*	(t+.5)*	(t+.5)*	
94	t	CF$_t^L$	CF$_t^2$	CF$_t^3$	CF$_t^4$	CF$_t^L$	CF$_t^2$	CF$_t^3$	CF$_t^4$	w$_t^L$	w$_t^2$	w$_t^3$	w$_t^4$	t*w$_t^L$	t*w$_t^2$	t*w$_t^3$	t*w$_t^4$	
95	0.5	0	15	30	4.5	0.0	14.9	29.1	4.3	0.0	0.0	0.0	0.0	0.0	0.0	0.0	0.0	
96	1	0	15	30	4.5	0.0	14.7	28.3	4.1	0.0	0.0	0.0	0.0	0.0	0.0	0.0	0.1	
123	14.5	0	15	30	4.5	0.0	11.2	12.7	1.1	0.0	0.2	0.2	0.2	0.0	2.0	2.8	2.6	
124	15	1000	15	30	4.5	412.0	11.1	12.4	1.0	15.0	0.1	0.2	0.2	232.5	2.1	2.9	2.6	
125	15.5	0	15	30	4.5	0.0	11.0	12.0	1.0	0.0	0.1	0.2	0.2	0.0	2.2	3.0	2.7	
133	19.5	0	15	30	4.5	0.0	10.2	9.5	0.7	0.0	0.2	0.2	0.1	0.0	3.2	3.7	2.9	
134	20	0	15	30	104.5	0.0	10.1	9.2	14.8	0.0	0.2	0.2	3.2	0.0	3.4	3.8	66.6	
135	20.5	0	15	30	0	0.0	10.0	8.9	0.0	0.0	0.2	0.2	0.0	0.0	3.5	3.8	0.0	
143	24.5	0	15	30	0	0.0	9.2	7.0	0.0	0.0	0.2	0.2	0.0	0.0	4.6	4.3	0.0	
144	25	0	15	1030	0	0.0	9.1	235.0	0.0	0.0	0.2	5.9	0.0	0.0	4.7	149.8	0.0	
145	25.5	0	15	0	0	0.0	9.0	0.0	0.0	0.0	0.2	0.0	0.0	0.0	4.9	0.0	0.0	
153	29.5	0	15	0	0	0.0	8.3	0.0	0.0	0.0	0.2	0.0	0.0	0.0	6.0	0.0	0.0	
154	30	0	1015	0	0	0.0	558.7	0.0	0.0	0.0	13.7	0.0	0.0	0.0	417.4	0.0	0.0	
155																		
156					加总	412.0	1225	1000	91.4	15.0	21.1	13.3	9.2	232.5	559.9	259.2	133.9	
157																		
158									MaD	15.0	21.1	13.3	9.2	219.2	548.9	244.3	121.4	Conv
159									MD	14.6	20.9	12.9	8.7					

160	O95 =($N95<=B$5)*B$6*(($N95=B$5)+B$4/B$7)	R154 =($N154<=E$5)*E$6*(($N154=E$5)+E$4/E$7)
161	S95 =O95/(1+B$3/B$7)^(B$7*$N95)	V154 =R154/(1+E$3/E$7)^(E$7*$N154)
162	W95 =$N95*S95/S$156	Z154 =$N154*V154/V$156 AA95 =W95*($N95+0.5)
163	AD154 =Z154*($N154+0.5)	S156 =SUM(S95:S154) AD156 =SUM(AD95:AD154)
164	W158 =W156 X158 =X156	Y158 =Y156 Z158 =Z156
165	AA158 =AA156/((1+B3/B7)^B7)	AD158 =AD156/((1+E3/E7)^E7)
166	W159 =W156/(1+B3/B7)	Z159 =Z156/(1+E3/E7)

图 12.3　负债免疫过程中使用的凸性计算过程

第 13 章

关键利率与关键利率久期

先前章节中我们已经介绍，每个债券都有自身的到期收益率 y，它是使债券价格等于承诺现金流的现值之和的"贴现"利率。先前提到的利率风险度量指标（修正久期、凸性、美元久期、美元凸性和 DV01）都用到了 y，但这里的 y 是从国债即期利率（即零息债券利率）曲线、LIBOR 曲线等各种有实际意义的利率曲线中抽象出来的一个 y。因此，从某种意义上说，这些单因子利率风险度量指标均对应于收益率曲线"平行移动"（parallel shift）的情形，因为这些指标均是某一选定的常数 Δy 的函数。

风险管理者还需考虑即期利率曲线、LIBOR 曲线或其他基准利率曲线发生其他类型的变动的情形，因为这些曲线本身很少会平行地向上或向下移动。此外，即使这些曲线真的发生平行移动，收益率曲线也不会平行移动。[1]因此，要对具有各种不同期限的利率敞口的投资组合进行利率风险管理，需要同时考虑多种利率，而不应当仅仅考虑到期收益率这一汇总指标。[2]

本章和下一章探讨利率曲线发生非平行移动的情形。本章将重点讲解关键利率与局部久期，二者反映了某一特定期限的利率变化带来的风险。下一章将重点讨论主成分分析。

13.1 关键利率与关键利率久期基础知识

由于我们现在希望考虑与市场即期利率曲线变化相关的利率风险，因此使用即期利率将比使用到期收益率更为方便。和之前一样，记 SR_t 为适用于（无风险）基准证券在 t 时刻收获或支付的一笔现金流的即期利率。局部久期（partial duration）与先前定义的久期类似，区别

---

① 类似地，如果某一特定的收益率曲线（例如国债收益率曲线）平行地上下移动，单个现金流的市场利率曲线也不会平行移动。

② 到期收益率 y 是一种汇总后的收益率。对于投资者而言，要想最终实现 y 的收益率，必须将债券持有至到期，必须以相同的利率对息票进行再投资，并且所有承诺现金流必须能按时支付。

在于：(1)局部久期并不考虑将整条收益率曲线平行移动$\left(\text{例如 1 个基点，即 } 1\%_0 \times 1\%_0 = \frac{1}{10000}\right)$，而只考虑将曲线局部提升 1 个基点；(2)局部久期考虑的是即期利率曲线，而非收益率曲线。[①]再次说明，本章将使用即期利率。[②]沿整条利率曲线对所有局部久期求和，得到的即为全局久期。

为了实现目标，我们每次只考虑单个即期利率对应的局部久期。桶形久期或片段久期也可以类似处理。如果我们希望研究债券或投资组合价值关于某一利率发生变化的敏感性，我们就称该利率为关键利率（key rate，KR）。关键利率久期（key rate duration，KRD）可视作一种特殊的局部久期，是一种专门考虑某一特定关键利率的风险度量指标。例如，5 年期关键利率久期的定义即为：

$$KRD_5 = -\frac{1}{P}\frac{\Delta P}{\Delta SR_5} \tag{13.1}$$

要想计算关键利率久期，我们需要决定如下内容：
- 使用的利率类型；
- 关键利率的数量；
- 关键利率的期限；
- 关键利率发生变化时，周围其他利率的变化规则。

我们假定关键利率增加 1 个基点。对于上述第一点，要想实现我们的目标，最直截了当的做法就是使用（零息债券的）即期利率。[③]对于第二点和第三点，我们在后续讲解的过程中将使用 7 种利率：0.5 年期、1 年期、3 年期、5 年期、10 年期、15 年期和 30 年期即期利率。对于最后一点，我们假设关键利率上升 1 个基点、相邻的关键利率保持不变，二者之间的即期利率线性递减。也就是说，发生改变的关键利率及其相邻两个保持不变的关键利率之间的利率在这些端点之间线性变化。

图 13.1 总结了上述几点内容。例如，考虑 5 年期关键利率，它夹在 3 年期利率与 10 年期利率之间。图 13.1 的 E15 单元格表明，我们假设 5 年期即期利率上涨 1 个基点。根据我们的规则，相邻两个即期利率（3 年期与 10 年期）的增量均为零，如 E11 单元格与 E25 单元格所示。按照线性插值的方式，3.5 年期、4.0 年期和 4.5 年期的即期利率增量分别为 0.25 个基点（E12 单元格）、0.5 个基点（E13 单元格）和 0.75 个基点（E14 单元格）。E16:E25 单元格表明，5 年期至 10 年期之间的利率增量每增长半年就线性减少 0.1 个基点。其他关键利率的处理方式与之类似（例如，C 列对应于 1 年期，D 列对应于 3 年期，F 列对应于 10 年期，G 列与 P 列对应于 15 年期，H 列与 Q 列对应于 30 年期）。

---

① 如果同时提升相邻的一段利率，得到的结果就叫桶形久期（bucket duration）或片段久期（segment duration）。

② 其他常用的利率曲线还有平价收益率曲线和远期利率曲线。

③ 人们也常常使用平价收益率。在某些应用场景下，使用平价收益率可能特别方便。有时也使用到期收益率。

t	SR0.5	SR1	SR3	SR5	SR10	SR15	SR30	t	SR0.5	SR1	SR3	SR5	SR10	SR15	SR30
0															
0.5	1	0													
1	0	1	0												
1.5		0.75	0.25												
2		0.50	0.50												
2.5		0.25	0.75												
3		0	1	0											
3.5			0.75	0.25											
4			0.50	0.50				17.5						0.83	0.17
4.5			0.25	0.75				18						0.8	0.2
5			0	1	0			18.5						0.77	0.23
5.5				0.9	0.1			19						0.73	0.27
6				0.8	0.2			19.5						0.7	0.3
6.5				0.7	0.3			20						0.67	0.33
7				0.6	0.4			20.5						0.63	0.37
7.5				0.5	0.5			21						0.6	0.4
8				0.4	0.6			21.5						0.57	0.43
8.5				0.3	0.7			22						0.53	0.47
9				0.2	0.8			22.5						0.5	0.5
9.5				0.1	0.9			23						0.47	0.53
10				0	1	0		23.5						0.43	0.57
10.5					0.9	0.1		24						0.4	0.6
11					0.8	0.2		24.5						0.37	0.63
11.5					0.7	0.3		25						0.33	0.67
12					0.6	0.4		25.5						0.3	0.7
12.5					0.5	0.5		26						0.27	0.73
13					0.4	0.6		26.5						0.23	0.77
13.5					0.3	0.7		27						0.2	0.8
14					0.2	0.8		27.5						0.17	0.83
14.5					0.1	0.9		28						0.13	0.87
15					0	1	0	28.5						0.1	0.9
15.5						0.97	0.03	29						0.07	0.93
16						0.93	0.07	29.5						0.03	0.97
16.5						0.90	0.10	30						0	1
17						0.87	0.13								

图 13.1 关键利率的规则

有了关键利率和相关规则，现在我们考虑多因子利率风险度量指标。关键利率久期的定义与前文中的定义一致：

$$KRD_t = -\frac{1}{P} \sum_{n=1}^{N} \frac{\Delta P}{\Delta SR_t^n} \tag{13.2}$$

其中 N 个离散"偏导数"计算公式 $\frac{\Delta P}{\Delta SR_t^n}$ 与前文中探讨的关键利率相关规则一致。我们继续考虑上例，5 年期关键利率久期即为：

$$KRD_5 = -\frac{1}{P} \sum_{n=0}^{3} \left[\frac{P\left(SR_{5-n/2} + (4-n)\dfrac{0.25}{10000}\right) - P\left(SR_{5-n/2}\right)}{0.0001} \right]$$

$$-\frac{1}{P} \sum_{n=1}^{9} \left[\frac{P\left(SR_{5+n/2} + (10-n)\dfrac{0.10}{10000}\right) - P\left(SR_{5+n/2}\right)}{0.0001} \right]$$

其他关键利率久期也可类似定义。所有关键利率久期之和即为"修正久期"，只不过这里我们用的是即期利率，而非到期收益率。

与美元久期类似，局部美元久期（partial dollar duration）表示某特定利率（或一段利率）变化一单位所带来的美元变化量。关键利率美元久期（key rate dollar duration，KRDD）是一种特

殊的美元久期,即:

$$KRDD_t = P \times KRD_t \qquad\qquad (13.3)$$

例如,5 年期关键利率美元久期的定义即为 $KRDD_5 = P \times KRD_5$。其他关键利率美元久期亦可类似定义。所有关键利率美元久期之和即等于全局美元久期。

局部基点美元值(partial 01)或局部 DV01(partial DV01)与 DV01 类似,表示某特定利率(或一段利率)变化 1 个基点所带来的美元变化量。特别地,关键利率美元值,即 KR01 的定义即为

$$KR01_t = 1 \text{ 个基点} \times KRDD_t = \frac{P \times KRD_t}{10000} \qquad\qquad (13.4)$$

例如,5 年期关键利率美元值的定义即为 $KR01_5 = 1 \text{ 个基点} \times KRDD_5 = \frac{P \times KRD_5}{10000}$。所有关键利率美元值之和即等于债券的 DV01,只不过这里的 DV01 也以即期利率来表示。

13.2 案例:关键利率久期与 KR01

图 13.2 考虑对一笔由 12993 只债券(B15 单元格)组成的总价值为 100 万美元(B14 单元格)的资产进行对冲。债券的输入参数与价格如 E4:E9 单元格所示。B5:B11 单元格给出了相关的即期利率假定值,C7:C11 单元格计算了相邻两个利率之间的增量,其数值将用于计算关键利率久期。F 列给出了一系列日期,其中背景色较深的单元格即为我们选取的 7 个关键利率对应的期限(第 7 个关键利率期限 30 年期并未在图中展示)。G 列给出了单只债券的现金流。H8:H67 单元格对 B5:B11 单元格中给定的 7 个即期利率进行了线性插值,用来构造基本情形下的即期利率曲线。最后,I 列给出了相应现金流的现值。

J 列和 K 列计算了 $KRD_{0.5}$ 以及 $KR01_{0.5} = \frac{P \times KRD_{0.5}}{10000}$。让我们暂时回到图 13.1,在计算 $KRD_{0.5}$ 与 $KR01_{0.5}$ 时,我们只需按照 B6 单元格改变 $SR_{0.5}$ 的取值。因此,在图 13.2 的 J 列中,只有 $SR_{0.5}$ 的取值需要改变。我们将其增加 1 个基点,就得到 J8 单元格的 3.02%,比基本情形下 $SR_{0.5}$ 的取值 3.01%(见 H8 单元格与 B5 单元格)高了 1 个基点。K8 单元格计算了新的 $PV(CF_{0.5})$。从而,单只债券的价格从 E9 单元格给出的基本情形变成了 K1 单元格的取值。[①]接下来,K2 单元格计算得到 $KRD_{0.5} = -\frac{1}{P} \times \frac{\Delta P}{\Delta SR0.5} = -\frac{1}{76.96} \times \frac{-0.0001941}{1 \text{ 个基点}} = 0.025$。K3 单元格计算得出单只债券的 $KR01_{0.5} = 0.0002$。进而,K4 单元格计算了 12993 只债券的总 $KR01$。总结而言,对于这笔 100 万美元的资产,0.5 年期即期利率上升 1 个基点(且所有其他即期利率均保持不变),总价值会损失 2.52 美元。

在图 13.3 中,我们继续借助关键利率久期来对冲资产,其计算过程与图 13.2 的 J 列与 K

---

① 二者虽然看似都是 76.96 美元,但具体数值略有不同,二者相差 $4 \times \left(\frac{1}{1+3.02\%/2} - \frac{1}{1+3.01\%/2}\right) = -0.0001941$ 美元。

列类似。L:N 列(O:Q 列,R:T 列,U:W 列)分别计算了 KRD_1(KRD_3，KRD_5，KRD_{10})与 $KR01_1$($KR01_3$，$KR01_5$，$KR01_{10}$)的取值。[1]M9:M12、P10:P16、S14:S26、V18:V36 单元格均展示了按照我们的关键利率规则调整后的即期利率。N 列、Q 列、T 列、W 列的对应行计算了调整后的现金流现值。因此,单只债券的价值从图 13.2 中 E9 单元格给出的基本情形分别变成了图 13.3 中 N1、Q1、T1、W1 单元格中的取值。N2、Q2、T2、W2 单元格分别计算了相应的 KRD，N3、Q3、T3、W3 单元格分别计算了相应的单只债券的 $KR01$。最终,N4、Q4、T4、W4 单元格计算了 12993 只债券的总 $KR01$。

	A	B	C	D	E	F	G	H	I	J	K
1									P_1		76.96
2									$KRD_{0.5}$		0.025
3								单个债券	KR01		0.0002
4	t	SR_t		r^c	8%			全部	KR01		2.52
5	0.5	3.01%		y(m=2)	10.55%	G7 =-SUM(I8:I67)					
6	1	3.68%	ΔSR_t	T	30	t	CF_t	SR_t			
7	3	5.69%	2.01%	F	100	0.0	-76.96				
8	5	7.19%	1.51%	m	2	0.5	4.0	3.01%	3.9	3.02%	3.9
9	10	10.12%	2.93%	P	76.96	1.0	4.0	3.7%	3.9		
10	15	11.63%	1.51%			1.5	4.0	4.2%	3.8		
11	30	12.88%	1.25%			2.0	4.0	4.7%	3.6		
12						2.5	4.0	5.2%	3.5		
13	1 bps	0.01%				3.0	4.0	5.7%	3.4		
14	V	1,000,000				3.5	4.0	6.1%	3.2		
15	N	12,993	B15 =B14/E9			4.0	4.0	6.4%	3.1		
16	C7 =B7-B6			E5 =2*IRR(G7:G67)		4.5	4.0	6.8%	3.0		
17	E9 =-PV(E5/E8,E8*E6,E7*E4/E8,E7)					5.0	4.0	7.2%	2.8		
18	G8 =(F8<=E$6)*E$7*((F8=E$6)+E$4/E$8)					5.5	4.0	7.5%	2.7		
19	H8 =B5			H9 =B6		6.0	4.0	7.8%	2.5		
20	H10 =B$6+C$7*(F10-A$6)/(A$7-A$6)					6.5	4.0	8.1%	2.4		
21	H14 =B$7+C$8*(F14-A$7)/(A$8-A$7)					7.0	4.0	8.4%	2.3		
22	H18 =B$8+C$9*(F18-A$8)/(A$9-A$8)					7.5	4.0	8.7%	2.1		
23	H28 =B$9+C$10*(F28-A$9)/(A$10-A$9)					8.0	4.0	8.9%	2.0		
24	H38 =B$10+C$11*(F38-A$10)/(A$11-A$10)					8.5	4.0	9.2%	1.9		
25						9.0	4.0	9.5%	1.7		
26	I8 =G8/(1+H8/E$8)^(E$8*F8)					9.5	4.0	9.8%	1.6		
27						10.0	4.0	10.1%	1.5		
28	K1 =E9+(K8-I8)					10.5	4.0	10.3%	1.4		
29	K2 =-(K1-E$9)/$B$13/E$9					11.0	4.0	10.4%	1.3		
30	K3 =K2*E$9*$B$13					11.5	4.0	10.6%	1.2		
31	K4 =K3*$B$15					12.0	4.0	10.7%	1.1		
32						12.5	4.0	10.9%	1.1		
33	J8 =H8+B13					13.0	4.0	11.0%	1.0		
34	K8 =$G$8/(1+J8/$E$8)^($E$8*F8)					13.5	4.0	11.2%	0.9		
35						14.0	4.0	11.3%	0.9		
36	M9 =$H$9+$B$13*L9					14.5	4.0	11.5%	0.8		
37	N9 =$G$9/(1+M9/$E$8)^($E$8*F9)					15.0	4.0	11.6%	0.7		
38						15.5	4.0	11.7%	0.7		
39	P10 =$H$10+$B$13*O10					16.0	4.0	11.7%	0.6		
40	Q10 =$G$10/(1+P10/$E$8)^($E$8*F10)					16.5	4.0	11.8%	0.6		
41						17.0	4.0	11.8%	0.6		
42	S14 =$H$14+$B$13*R14					17.5	4.0	11.8%	0.5		
43	T14 =$G$14/(1+S14/$E$8)^($E$8*F14)					18.0	4.0	11.9%	0.5		
44						18.5	4.0	11.9%	0.5		

图 13.2　即期利率、0.5 年期关键利率久期与 KR01

---

[1]　注意,图 13.1 展示了如何提升即期利率的值,进而计算关键利率久期。图 13.1 的 C、D、E、F 列分别展示了在计算 KRD_1、KRD_3、KRD_5、KRD_{10} 时应当如何调整即期利率的取值。

	L	M	N	O	P	Q	R	S	T	U	V	W
1			76.96			76.96			76.95			76.95
2		KRD$_1$	0.177		KRD$_3$	0.503		KRD$_5$	1.281		KRD$_{10}$	1.820
3		KR01	0.0014		KR01	0.004		KR01	0.010		KR01	0.014
4		KR01	17.72		KR01	50.33		KR01	128		KR01	182
5					T1 =$E9+(SUM(T14:T26)-SUM($I$14:$I$26))							
6						T2 =-(T1-$E9)/$B$13/$E9						
7							T3 =T2*$E$9*$B$13					
8								T4 =T3*$B$15				
9	1	3.7%	3.9			W1 =$E9+(SUM(W18:W36)-SUM($I$18:$I$36))						
10	0.75	4.2%	3.8	0.25	4.2%	3.8			W2 =-(W1-$E9)/$B$13/$E9			
11	0.50	4.7%	3.6	0.50	4.7%	3.6			W3 =W2*$E$9*$B$13			
12	0.25	5.2%	3.5	0.75	5.2%	3.5			W4 =W3*$B$15			
13				1	5.7%	3.4						
14	L10 =L9-0.25			0.75	6.1%	3.2	0.25	6.1%	3.2			
15				0.50	6.4%	3.1	0.50	6.4%	3.1			
16				0.25	6.8%	3.0	0.75	6.8%	3.0			
17							1	7.2%	2.8			
18	N1 =$E9+(SUM(N9:N12)-SUM($I9:$I12))						0.90	7.5%	2.7	0.1	7.5%	2.7
19	N2 =-(N1-$E9)/$B$13/$E9						0.80	7.8%	2.5	0.2	7.8%	2.5
20	N3 =N2*$E$9*$B$13			O12 =O13-0.25			0.70	8.1%	2.4	0.3	8.1%	2.4
21	N4 =N3*$B$15			O14 =O13-0.25			0.60	8.4%	2.3	0.4	8.4%	2.3
22							0.50	8.7%	2.1	0.5	8.7%	2.1
23	Q1 =$E9+(SUM(Q10:Q16)-SUM($I$10:$I$16))						0.40	9.0%	2.0	0.6	9.0%	2.0
24			Q2 =-(Q1-$E9)/$B$13/$E9				0.30	9.2%	1.9	0.7	9.2%	1.9
25			Q3 =Q2*$E$9*$B$13				0.20	9.5%	1.7	0.8	9.5%	1.7
26			Q4 =Q3*$B$15				0.10	9.8%	1.6	0.9	9.8%	1.6
27							1	10.1%	1.5			
28							R16 =R17-0.25			0.9	10.3%	1.4
29							R18 =R17-0.1			0.8	10.4%	1.3
30										0.7	10.6%	1.2
31										0.6	10.7%	1.1
32										0.5	10.9%	1.1
33										0.4	11.0%	1.0
34										0.3	11.2%	0.9
35										0.2	11.3%	0.9
36										0.1	11.5%	0.8
37												
38										U26 =U27-0.1		
39										U28 =U27-0.1		

图 13.3　1 年期、3 年期、5 年期、10 年期关键利率久期与 KR01

图 13.4 继续通过关键利率久期来对冲资产。第 X:Z 列与第 AA:AC 列分别研究 15 年期与 30 年期关键利率,计算过程与先前的图 13.2 和图 13.3 类似。

AF2 单元格(7.831)将 7 个关键利率久期加和,AF3 单元格(0.060)将单只债券的 7 个 KR01 加和,AF4 单元格(783.1)将价值 100 万美元的资产的 7 个总 KR01 加和。

AH8:AH67 单元格将即期利率曲线整体上调 1 个基点。接下来,AI8:AI67 单元格计算了调整后的单只债券现金流现值,AI1 单元格计算了全部现值之和。为便于比较,我们在 AI2 单元格中计算了单只债券的"修正久期",但这里使用的是即期利率,而非到期收益率,也就是:

$$-\frac{1}{P}\frac{\Delta P}{\Delta SR}=-\frac{1}{P_0}\frac{P(SR_+)-P_0}{1 \text{个基点}} \tag{13.5}$$

	X	Y	Z	AA	AB	AC	A	AE	AF	A	AH	AI
1			76.95			76.95					P_1	76.90
2		KRD₁₅	2.213		KRD₃₀	1.811		ΣKRD	7.831		MD(SR)	7.829
3		KR01	0.017		KR01	0.014		ΣKR01	0.060			
4		KR01	221.3		KR01	181.1		ΣKR01	783.1		MD(ytm)	9.3
5			AI4 =MDURATION(DATE(2000,1,1),DATE(2000+E6,1,1),E4,E5,E8)									
6	Z1 =$E9+(SUM(Z28:Z66)-SUM($I$28:$I$66))											
7	Z2 =(Z1-$E$9)/$B$13/$E9								AF2=SUM(K2:AC2)		SR$_t$+1bp	PVCF$_t$
8		Z3 =Z2*$E$9*$B$13							AF3=SUM(K3:AC3)		3.02%	3.94
9			Z4 =Z3*$B$15						AF4=SUM(K4:AC4)		3.69%	3.86
10											4.19%	3.76
11											4.69%	3.65
12											5.19%	3.52
13											5.70%	3.38
14	AC1 =$E9+(SUM(AC38:AC67)-SUM($I$38:$I$67))										6.07%	3.24
15		AC2 =(AC1-$E$9)/$B$13/$E9									6.45%	3.10
16			AC3 =AC2*$E$9*$B$13								6.83%	2.96
17			AC4 =AC3*$B$15								7.20%	2.81
18											7.49%	2.67
19								AI1 =SUM(AI8:AI67)			7.79%	2.53
20								AI2 =(AI1-$E$9)/$B$13/$E$9			8.08%	2.39
21											8.37%	2.25
22											8.67%	2.12
23								AH8 =H8+$B$13			8.96%	1.98
24								AI8 =G8/(1+AH8/E$8)^(E$8*F8)			9.25%	1.85
25	X36 =X37-0.1										9.54%	1.73
26	X38 =X37-0.1/3										9.84%	1.61
27											10.13%	1.49
28	0.1	10.3%	1.4								10.28%	1.40
29	0.2	10.4%	1.3								10.43%	1.31
30	0.3	10.6%	1.2								10.58%	1.22
31	0.4	10.7%	1.1								10.73%	1.14
32	0.5	10.9%	1.1								10.88%	1.06
33	0.6	11.0%	1.0								11.03%	0.99
34	0.7	11.2%	0.9								11.18%	0.92
35	0.8	11.3%	0.9								11.33%	0.85
36	0.9	11.5%	0.8	AA66 =AA67-0.1/3							11.48%	0.79
37	1	11.6%	0.7								11.64%	0.73
38	0.967	11.7%	0.7	0.03	11.7%	0.7					11.68%	0.69
39	0.933	11.7%	0.6	0.07	11.7%	0.6					11.72%	0.65
40	0.900	11.8%	0.6	0.10	11.8%	0.6					11.76%	0.61
41	0.867	11.8%	0.6	0.13	11.8%	0.6					11.80%	0.57
42	0.833	11.8%	0.5	0.17	11.8%	0.5					11.84%	0.53
43	0.800	11.9%	0.5	0.20	11.9%	0.5					11.89%	0.50
44	0.767	11.9%	0.5	0.23	11.9%	0.5					11.93%	0.47
64	0.100	12.8%	0.1	0.90	12.8%	0.1					12.76%	0.12
65	0.067	12.8%	0.1	0.93	12.8%	0.1					12.81%	0.11
66	0.033	12.8%	0.1	0.97	12.8%	0.1					12.85%	0.10
67				1	12.9%	2.5					12.89%	2.45

图 13.4　15 年期、30 年期关键利率久期与 KR01；修正久期

其中 $P(SR_+)$ 表示 AI1 单元格计算得到的价格，也就是假设即期利率曲线平行上调 1 个基点后的结果。AI4 单元格用定义 $\left(MD = -\dfrac{1}{P}\dfrac{\mathrm{d}P}{\mathrm{d}y}\right)$ 计算了单只债券的修正久期，计算结果为 9.3，与将即期利率曲线平行移动得到的结果 7.8 较为接近。然而，更有趣的比较结果是，7 个关键利率久期之和（即 AF2 单元格计算得出的 7.831）刚好约等于 AI2 单元格中用式（13.5）计算得出的"即期利率久期"。

　　图 13.5 总结了资产对冲的相关计算结果。AN：AP 列重复给出了 KR01、相应的期限以及基本情形的即期利率取值。AQ：AW 列展示了可用于对冲这笔 100 万美元资产的工具。

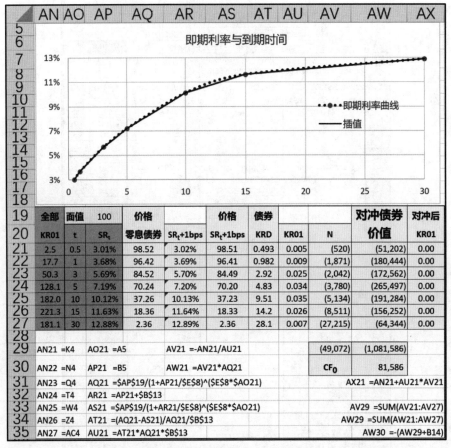

我们将使用 7 种基准零息债券来对冲，每种债券的期限见 AO 列。

图表标题：即期利率与到期时间

图例：即期利率曲线 / 插值

全部	面值	100	价格		价格	债券			对冲债券价值	对冲后
KR01	t	SR_t	零息债券	SR_t+1bps	SR_t+1bps	KRD	KR01	N		KR01
2.5	0.5	3.01%	98.52	3.02%	98.51	0.493	0.005	(520)	(51,202)	0.00
17.7	1	3.68%	96.42	3.69%	96.41	0.982	0.009	(1,871)	(180,444)	0.00
50.3	3	5.69%	84.52	5.70%	84.49	2.92	0.025	(2,042)	(172,562)	0.00
128.1	5	7.19%	70.24	7.20%	70.20	4.83	0.034	(3,780)	(265,497)	0.00
182.0	10	10.12%	37.26	10.13%	37.23	9.51	0.035	(5,134)	(191,284)	0.00
221.3	15	11.63%	18.36	11.64%	18.33	14.2	0.026	(8,511)	(156,252)	0.00
181.1	30	12.88%	2.36	12.89%	2.36	28.1	0.007	(27,215)	(64,344)	0.00

| | | | | | | | | (49,072) | (1,081,586) |
| | | | | | | | | CF_0 | 81,586 |

AN21 =K4　　AO21 =A5　　　　　　AV21 =-AN21/AU21　　　　(49,072)　(1,081,586)

AN22 =N4　　AP21 =B5　　　　　　AW21 =AV21*AQ21　　　　CF_0　81,586

AN23 =Q4　　AQ21 =$AP$19/(1+AP21/$E$8)^($E$8*$AO21)　　AX21 =AN21+AU21*AV21

AN24 =T4　　AR21 =AP21+$B$13

AN25 =W4　　AS21 =$AP$19/(1+AR21/$E$8)^($E$8*$AO21)　　AV29 =SUM(AV21:AV27)

AN26 =Z4　　AT21 =(AQ21-AS21)/AQ21/$B$13　　　　　　AW29 =SUM(AW21:AW27)

AN27 =AC4　AU21 =AT21*AQ21*$B$13　　　　　　　　　AW30 =-(AW29+B14)

图 13.5　利用关键利率久期对冲资产

根据 AP19 单元格，我们假定 7 种用于对冲的零息基准债券的面值均为 100 美元。AQ 列计算了它们的价格，也就是在各自到期日将收获的 100 美元的现值 $100 \times \left(1+\frac{SR_t}{2}\right)^{-2t}$。AR：AU 列与先前三张图的计算过程类似，只不过现在我们是在对 7 种对冲工具进行计算。AR 列将相应的即期利率分别上调 1 个基点，AS 列计算调整后的各个对冲工具的价格。AT 列与 AU 列分别计算了 7 种对冲证券的 KRD 与 KR01。[1]

AV21：AV27 单元格计算了 7 种对冲证券的所需数量。为了缓释利率风险，我们在确定对冲证券数量时，应当保证对冲后总资产关于每个关键利率的 KR01 均为中性。因此，我们需要满足下面的方程：

$$0 = N^t \times \text{对冲债券的 } KR01_t + \text{总资产的 } KR01_t \tag{13.6}$$

其中，N^t 表示所需的 t 时刻到期的对冲零息债券数量，"对冲债券的 $KR01_t$"表示用于对冲的

---

① 使用一组零息债券来对冲的好处在于，零息债券的 KRD 只受相应期限的即期利率变化影响，而不受任何其他即期利率影响。

单只债券的 KR01$_t$，"总资产的 KR01$_t$"表示 100 万美元总资产的 t 年期 KR01。因此，求解每种对冲证券的数量，即得：

$$N^t = -\frac{\text{总资产的 } KR01_t}{\text{对冲债券的 } KR01_t}$$

由于计算得出的 7 种债券的数量（AV21：AV27 单元格）均为负数，因此它们均被卖空，产生正的初始现金流。

计算完 AV21：AV27 单元格中的对冲证券数量之后，AW21：AW27 单元格计算了它们的价值。由于所有对冲债券均被卖空，因此所有价值均为负数。AW29 单元格计算得到价值之和为－1081586 美元。由于持有这些对冲证券的空头将相应产生等量的正现金流，因此根据 AW30 单元格计算出的剩余资金 81586 美元，卖空这些债券足以为买入这 100 万美元的资产提供资金。最后，AX21：AX27 单元格用式（13.6）验证，通过静态对冲，待对冲资产的关键利率敞口已被成功消除。

第 14 章

主成分分析

随着市场即期利率曲线的变化,固定收益证券的收益率通常会以不同的形式变动。收益率的变动取决于多个因子,例如债券的到期时间。此外,曲线通常也并非平行移动。例如,曲线可能会发生旋转:如果利率随到期时间变化的曲线的斜率普遍提升,曲线会变得更陡峭;如果普遍下降,曲线会变得更平坦。另一种常见的变化是"驼峰形"变动,这种变动是指中期利率在某一方向上的变化比短期利率与长期利率更为显著。我们希望研究能够度量这些不同类型的利率风险的指标。

主成分分析方法不但可以放宽曲线平行移动的假设,还可以避免对不同期限的利率变化情况彼此分开建模。这种方法可以从本质上刻画不同期限的利率之间的相关性。我们将给出如何寻找主成分因子以及如何用它们来缓释利率风险的示例。

14.1 主成分分析基础知识

我们之前简要回顾了经验久期的概念,这是一种试图寻找价格随利率变化的关系的经验方法。主成分分析(principal components analysis,PCA)也是一种经验方法,但它试图将市场利率的变化情况与一系列公共因子联系起来,这些因子可以刻画出一系列基本度量(也就是选定的一系列利率)之间的关系。PCA 常被用于各种风险管理情境之中。这种方法可以找出不同期限的利率之间的历史关系,其优势在于无需使用各种不同期限的利率,只需用两三个主成分便可对冲希望缓释的风险。

考虑从 1 年期至 30 年期的共 30 个不同期限的互换利率(swap rate)。我们可以像之前一样对每种期限计算局部久期。而 PCA 则与之不同,这种方法试图利用全部 30 个利率的历史数据来找出一系列因子(factor),且这些因子能够刻画互换利率曲线的"典型"变化形式。我们知道,收益率的 30×30 维协方差矩阵可以描述这 30 个利率的时间序列运动状态。PCA 与之类似,其使用 30 个因子来刻画这 30×30 维矩阵的结构,并且各个因子描述的这 30 个利率之间的关系不尽相同。然而,PCA 只需用这 30 个因子中的两三个因子便可刻画收益率的绝大多数相关关系。PCA 的目标在于,要想研究这 30 个利率及其相互关系,无需对它们分别逐个进行研究,只需用两三个因子就足够了。这两三个因子足以捕获到历史数据计算得出的大部分波动状况。

利用 PCA 方法,我们可以构造出如下 N 个(在我们现在的情形下,$N=30$)主成分因子:

$$S = \begin{pmatrix} s_1^1 & s_1^2 & \cdots & s_1^N \\ s_2^1 & s_2^2 & \cdots & s_2^N \\ \vdots & \vdots & \ddots & \vdots \\ s_N^1 & s_N^2 & \cdots & s_N^N \end{pmatrix} = \begin{pmatrix} PC_1 \\ PC_2 \\ \vdots \\ PC_N \end{pmatrix} \tag{14.1}$$

其中第 n 个主成分 $PC_n = (s_n^1 \, s_n^2 \cdots s_n^N)$ 是一个 $1 \times N$ 维行向量。也就是说,矩阵 S 中这 N 行(30 行)中的每一行都表示一个不同的主成分,N 列(30 列)中的每一列都对应一个不同的利率。每个 s_n^i 都表示第 i 个利率关于第 n 个主成分(后面将给出主成分的定义)增加 1"单位"(1 个标准差)的敏感度(sensitivity),也就是:

$$s_n^i = \frac{\partial r^i}{\partial PC_n}, \; i \in \{1, 2, 3, \cdots, N\}, \; n \in \{1, 2, 3, \cdots, N\} \tag{14.2}$$

给定第 i 个利率(r^i)的 T 个观测值,其历史时间序列的平均值和波动率(即标准差)分别等于:

$$\bar{r}^i = \frac{1}{T} \sum_{t=1}^{T} r_t^i = \frac{1}{T} \hat{r}^{i\,T} \hat{1} = \frac{1}{T} \hat{1}^T \hat{r}^i$$

$$\sigma^2(r^i) = \frac{1}{T-1} \sum_{t=1}^{T} (r_t^i - \bar{r}^i)^2 = \frac{e\hat{r}^{i\,T} e\hat{r}^i}{T-1} = \frac{\hat{r}^{i\,T} e\hat{r}^i}{T-1} = \frac{e\hat{r}^{i\,T} \hat{r}^i}{T-1} \tag{14.3}$$

其中 $1 \times T$ 维收益率行向量 $\hat{r}^{i\,T} = (r_1^i \, r_2^i \cdots r_T^i)$ 是由第 i 个资产的收益率排成的 $T \times 1$ 维列向量的转置;$1 \times T$ 维行向量 $\hat{1}^T$ 是 $T \times 1$ 维全 1 列向量的转置;$1 \times T$ 维超额收益率行向量 $e\hat{r}^{i\,T} = (er_1^i \, er_2^i \cdots er_T^i)$ 是由资产 i 超出其平均值的超额收益率(即 $er_t^i = r_t^i - \bar{r}^i$,$t \in \{1, 2, \cdots, T\}$)排成的 $T \times 1$ 维列向量的转置。

下文中,我们将 N 个(30 个)不同利率的历史波动率的平方和的平方根称作整体波动率(total volatility),即:

$$整体波动率 = \sigma^T \equiv \sqrt{\sum_{i=1}^{N} \sigma^2(r^i)} \tag{14.4}$$

我们称 $(\sigma^T)^2 = \sum_{i=1}^{N} \sigma^2(r^i)$ 为整体方差(total variance)。接下来,我们用下面两式分别定义第 n 个主成分(PC_n)的方差和波动率:

$$\sigma^2(PC_n) \equiv \sum_{i=1}^{N} (s_n^i)^2 = (PC_n)(PC_n)^T = (s_n^1 \, s_n^2 \cdots s_n^N) \begin{pmatrix} s_n^1 \\ s_n^2 \\ \vdots \\ s_n^N \end{pmatrix}$$

以及

$$\sigma(PC_n) \equiv \sqrt{\sigma^2(PC_n)} \tag{14.5}$$

PCA 试图用特定的构造方法实现如下特征：

• 各个主成分都试图刻画利率的一部分波动率，且整体波动率的平方（即整体方差）要等于 N 个主成分的方差之和，即：

$$(\sigma^T)^2 = \sum_{n=1}^N \sigma^2(PC_n) = \sum_{n=1}^N \sum_{i=1}^N (s_n^i)^2$$

$$= (1\ 1\ \cdots\ 1) \begin{pmatrix} (s_1^1)^2 & (s_1^2)^2 & \cdots & (s_1^N)^2 \\ (s_2^1)^2 & (s_2^2)^2 & \cdots & (s_2^N)^2 \\ \vdots & \vdots & \ddots & \vdots \\ (s_N^1)^2 & (s_N^2)^2 & \cdots & (s_N^N)^2 \end{pmatrix} \begin{pmatrix} 1 \\ 1 \\ \vdots \\ 1 \end{pmatrix} \tag{14.6}$$

且 $\sigma^T = \sqrt{(\sigma^T)^2}$。

• 每个主成分都与其他所有主成分互不相关，也就是说，在 N 维空间中，每个主成分都与其他主成分正交，即：[1]

$$\sum_{n=1}^N s_i^n s_j^n = (PC_i)(PC_j)^T = (s_i^1\ s_i^2\ \cdots\ s_i^N) \begin{pmatrix} s_j^1 \\ s_j^2 \\ \vdots \\ s_j^N \end{pmatrix} = 0 \tag{14.7}$$

其中，$\forall i \in \{1, 2, 3, \cdots, N\}$，$\forall j \in \{1, 2, 3, \cdots, N\}$，$j \neq i$。

• 由于主成分之间互不相关，因此任何一种利率的历史波动率均可用如下方法基于主成分来计算。对于 $i \in \{1, 2, \cdots, N\}$，第 i 个利率的波动应当等于：

$$\sigma(r^i) = \sqrt{\sum_{n=1}^N (s_n^i)^2} = \sqrt{((s_1^i)^2 (s_2^i)^2 \cdots (s_N^i)^2) \begin{pmatrix} 1 \\ 1 \\ \vdots \\ 1 \end{pmatrix}} \tag{14.8}$$

• 每个主成分的相对重要性与找出该主成分的顺序相同。主成分分析找出的第一个（第二个，第三个，……）主成分就是最重要（第二重要，第三重要，……）的因子，因为它对利率整体波动率（σ^T）的解释程度最强（第二强，第三强，……）。

• 利率整体波动率的绝大部分均可由前两三个因子解释。PCA 的优势主要就在于此，它让我们可以只用两三个因子就能度量并管理大多数风险。也就是说，金融从业者只需将两三个主成分作为风险因子即可，无需同时处理 N 个（30 个）不同的利率。

简而言之，N 个主成分含有的历史信息与协方差矩阵相同。然而，由于前两三个主成分已经包含了绝大部分信息，因此从业者可以简单地使用这两三个因子，进而提高风险管理的效率。

---

① 同样，虽然我们研究的 30 个利率往往高度相关，但各个主成分之间是互不相关的。

14.2　主成分的构造

如前所述,PCA 方法最终希望构造出式(14.1)的矩阵 S,该矩阵蕴含的信息与利率变化的协方差矩阵相同。

14.2.1　第一主成分

第一主成分 PC_1 可通过求解如下最大值优化问题得出:

$$\max_{\alpha^1,\ \alpha^2,\ \cdots,\ \alpha^N} \hat{\alpha}^T \Sigma \hat{\alpha}$$
$$\text{s.t. } \hat{\alpha}^T \hat{\alpha} = 1 \tag{14.9}$$

其中,Σ 是利率的历史协方差矩阵;$1 \times N$ 维行向量 $\hat{\alpha}^T = (\alpha^1 \alpha^2 \cdots \alpha^N)$ 表示 $N \times 1$ 维列向量的转置。约束条件 $\hat{\alpha}^T \hat{\alpha} = 1$ 保证 PC_1 是一个单位向量,也就是向量的长度为 1。这是我们后续对 PC_1 进行放缩的关键所在,我们后面需要保证各个主成分的总方差等于原始数据的"整体方差"。

广义而言,表达式 $\hat{\alpha}^T \Sigma \hat{\alpha}$ 计算的是当某投资组合在各个利率上的美元敞口为 $\hat{\alpha}$ 时该投资组合的方差。上述最大值优化问题计算的就是这种"投资组合"的方差,也就是第一主成分的方差。换言之,上述优化问题保证第一主成分能够在最大程度上解释一部分数据方差。因此,第一主成分解释的数据整体方差占比为:

$$\frac{\hat{\alpha}^T \Sigma \hat{\alpha}}{(\sigma^T)^2} = \frac{\hat{\alpha}^T \Sigma \hat{\alpha}}{\sum_{i=1}^{N} \sigma^2(r^i)} \tag{14.10}$$

其中,式(14.4)保证上式中两个分母相等。再次说明,第一主成分是 PCA 方法最先确定的主成分,其优势在于对数据波动的解释能力最强。

直觉上,我们可以用上述最大值优化问题的结果来对第一主成分表达的敏感度进行放缩。后续我们会更清楚地解释这一点。因此,我们可以用计算得到的方差($\hat{\alpha}^T \Sigma \hat{\alpha}$)对应的标准差来对计算结果放缩,进而得出敏感度 s_1^i,即:

$$s_1^i = \alpha^i \cdot \sqrt{\hat{\alpha}^T \Sigma \hat{\alpha}}, \ i \in \{1,\ 2,\ 3,\ \cdots,\ N\} \tag{14.11}$$

这样一来,就有 $s_1^i = \dfrac{\partial r^i}{\partial PC_1}$。也就是说,每个 s_1^i 都等于第一主成分每增加一单位(一个标准差),利率 r^i 随之变动的敏感度(以基点为单位)。[①]

---

① 我们可以从下述推导过程中看出这一点。回顾一下,$\hat{\alpha}$ 是单位向量,即 $\hat{\alpha}^T \hat{\alpha} = 1$。因此,将 $\hat{\alpha}$ 的每个元素乘以 $\sqrt{\hat{\alpha}^T \Sigma \hat{\alpha}}$,得到的向量 PC_1 的长度即为 $1 \times \sqrt{(\hat{\alpha}^T \Sigma \hat{\alpha})^2} = \sqrt{\hat{\alpha}^T \Sigma \hat{\alpha}} = \sigma(PC_1)$,也就是第一主成分的波动率。

14.2.2 第二主成分

第二主成分 PC_2 的计算过程与第一主成分的最大值优化问题类似,只不过这里我们要添加一个额外的约束条件,以保证两个主成分在 N 维空间中相互正交:

$$\max_{\beta^1,\ \beta^2,\ \cdots,\ \beta^N} \hat{\beta}^T \Sigma \hat{\beta}$$
$$\text{s.t.} \quad \hat{\beta}^T \hat{\beta} = 1 \tag{14.12}$$
$$\text{s.t.} \quad \hat{\alpha}^T \hat{\beta} = \hat{\beta}^T \hat{\alpha} = 0$$

其中,$1 \times N$ 维行向量 $\hat{\beta}^T = (\beta^1\ \beta^2\ \cdots\ \beta^N)$ 是 $N \times 1$ 维列向量 $\hat{\beta}$ 的转置。约束条件 $\hat{\beta}^T\hat{\beta}=1$ 保证 PC_2 是一个单位向量。这是我们后续对 PC_2 进行放缩的关键所在,我们后面需要保证各个主成分的总方差等于原始数据的"整体方差"。上面的第二条约束条件保证第二主成分与第一主成分不相关,也就是 PC_2 与 PC_1 在 N 维空间中相互正交。

与第一主成分的优化问题类似,表达式 $\hat{\beta}^T \Sigma \hat{\beta}$ 计算的是当某投资组合在各个利率上的美元敞口为 $\hat{\beta}$ 时该投资组合的方差。接下来,第二主成分解释的方差占数据整体方差的比例等于:

$$\frac{\hat{\beta}^T \Sigma \hat{\beta}}{(\sigma^T)^2} = \frac{\hat{\beta}^T \Sigma \hat{\beta}}{\sum_{i=1}^N \sigma^2(r^i)} \tag{14.13}$$

第二主成分解释的数据波动性要少于第一主成分,因为它只有"机会"解释第一主成分没有解释的剩余的波动性。[1]

前两个主成分解释的方差占数据整体方差的比例即为:

$$\frac{\hat{\alpha}^T \Sigma \hat{\alpha} + \hat{\beta}^T \Sigma \hat{\beta}}{(\sigma^T)^2} = \frac{\hat{\alpha}^T \Sigma \hat{\alpha} + \hat{\beta}^T \Sigma \hat{\beta}}{\sum_{i=1}^N \sigma^2(r^i)} \tag{14.14}$$

与 PC_1 的做法类似,我们用波动率对 PC_2 进行放缩,即:

$$s_2^i = \beta^i \cdot \sqrt{\hat{\beta}^T \Sigma \hat{\beta}}\ ,\ i \in \{1,\ 2,\ 3,\ \cdots,\ N\} \tag{14.15}$$

这样一来,就有 $s_2^i = \dfrac{\partial r^i}{\partial PC_2}$。也就是说,每个 s_2^i 都等于第二主成分每增加一单位(一个标准差),利率 r^i 随之变动的敏感度(以基点为单位)。

14.2.3 第三主成分

我们继续重复前面的过程,每次添加一个正交性约束条件,以保证所有主成分相互正交。

---

[1] 第一主成分则与之不同,它的计算要先于其他主成分,因此它有机会试图解释所有的波动性。由于我们一个接一个地确定各个主成分,并且要求每个主成分均与先前所有主成分正交,因此每个主成分可解释的部分都会少于先前已经确定的各个主成分。

第三主成分 PC_3 可通过如下最大值优化问题求解得到：

$$\max_{\gamma^1,\ \gamma^2,\ \cdots,\ \gamma^N} \hat{\gamma}^T \Sigma \hat{\gamma}$$

$$\text{s.t.} \quad \hat{\gamma}^T \hat{\gamma} = 1 \tag{14.16}$$

$$\text{s.t.} \quad \hat{\gamma}^T \hat{\alpha} = \hat{\alpha}^T \hat{\gamma} = 0$$

$$\text{s.t.} \quad \hat{\gamma}^T \hat{\beta} = \hat{\beta}^T \hat{\gamma} = 0$$

其中，$1 \times N$ 维行向量 $\hat{\gamma}^T = (\gamma^1\ \gamma^2 \cdots \gamma^N)$ 是 $N \times 1$ 维列向量 $\hat{\gamma}$ 的转置。约束条件 $\hat{\gamma}^T\hat{\gamma}=1$ 保证 PC_3 是一个单位向量。第二条约束条件保证第三主成分与第一主成分不相关，第三条约束条件保证第三主成分与第二主成分不相关。与前面类似，第三主成分解释的方差占数据整体方差的比例等于：

$$\frac{\hat{\gamma}^T \Sigma \hat{\gamma}}{(\sigma^T)^2} = \frac{\hat{\gamma}^T \Sigma \hat{\gamma}}{\sum_{i=1}^N \sigma^2(r^i)} \tag{14.17}$$

前三个主成分解释的方差占数据整体方差的比例为：

$$\frac{\hat{\alpha}^T \Sigma \hat{\alpha} + \hat{\beta}^T \Sigma \hat{\beta} + \hat{\gamma}^T \Sigma \hat{\gamma}}{(\sigma^T)^2} = \frac{\hat{\alpha}^T \Sigma \hat{\alpha} + \hat{\beta}^T \Sigma \hat{\beta} + \hat{\gamma}^T \Sigma \hat{\gamma}}{\sum_{i=1}^N \sigma^2(r^i)} \tag{14.18}$$

与 PC_1 和 PC_2 的做法类似，我们用波动率对 PC_3 进行放缩，即：

$$s_3^i = \gamma^i \cdot \sqrt{\hat{\gamma}^T \Sigma \hat{\gamma}}\ ,\ i \in \{1,\ 2,\ 3,\ \cdots,\ N\} \tag{14.19}$$

这样一来，就有 $s_3^i = \frac{\partial r^i}{\partial PC_3}$。也就是说，每个 s_3^i 都等于第三主成分每增加一单位（一个标准差），利率 r^i 随之变动的敏感度（以基点为单位）。

14.2.4　需要使用多少个主成分？

如前所述，如果我们有 N 个主成分，那么这些主成分可以解释数据中蕴含的全部波动。然而，按照我们的构造过程，每个主成分解释的波动性都少于前一个主成分。实践表明，通常情况下，使用两三个主成分就足以解释整体波动率的 90% 以上。因此，从业者在进行利率风险管理时无需计算并使用 N 个（30 个）主成分，而是只需用两三个主成分就可以高效地管理风险。

我们在此分别重复列出使用一个主成分（只使用 PC_1）、两个主成分（PC_1 和 PC_2）和三个主成分（PC_1、PC_2 和 PC_3）可以解释的方差占整体方差比例的表达式：

$$\frac{\hat{\alpha}^T \Sigma \hat{\alpha}}{(\sigma^T)^2}\ ;\ \frac{\hat{\alpha}^T \Sigma \hat{\alpha} + \hat{\beta}^T \Sigma \hat{\beta}}{(\sigma^T)^2}\ ;\ \frac{\hat{\alpha}^T \Sigma \hat{\alpha} + \hat{\beta}^T \Sigma \hat{\beta} + \hat{\gamma}^T \Sigma \hat{\gamma}}{(\sigma^T)^2} \tag{14.20}$$

从业者需要决定使用多少个主成分。他们通常以目前使用的主成分解释的方差占整体方差的比例为准则。例如，假定他希望以 95% 为阈值，那么如果：

- $95\% \leqslant \frac{\hat{\alpha}^T \Sigma \hat{\alpha}}{(\sigma^T)^2}$，他在对冲时就会只使用第一主成分。

- $\dfrac{\hat{\alpha}^{T}\Sigma\,\hat{\alpha}}{(\sigma^{T})^{2}}<95\%\leqslant\dfrac{\hat{\alpha}^{T}\Sigma\,\hat{\alpha}+\hat{\beta}^{T}\Sigma\,\hat{\beta}}{(\sigma^{T})^{2}}$，他就会使用前两个主成分。

- $\dfrac{\hat{\alpha}^{T}\Sigma\,\hat{\alpha}+\hat{\beta}^{T}\Sigma\,\hat{\beta}}{(\sigma^{T})^{2}}<95\%\leqslant\dfrac{\hat{\alpha}^{T}\Sigma\,\hat{\alpha}+\hat{\beta}^{T}\Sigma\,\hat{\beta}+\hat{\gamma}^{T}\Sigma\,\hat{\gamma}}{(\sigma^{T})^{2}}$，他就会使用前三个主成分。

- $\dfrac{\hat{\alpha}^{T}\Sigma\,\hat{\alpha}+\hat{\beta}^{T}\Sigma\,\hat{\beta}+\hat{\gamma}^{T}\Sigma\,\hat{\gamma}}{(\sigma^{T})^{2}}<95\%$，他在对冲时就会使用三个以上的主成分。

除了以与整体方差相关的指标为准则以外，从业者还会考量具体应用场景。例如，倘若 $95\%\leqslant\dfrac{\hat{\alpha}^{T}\Sigma\,\hat{\alpha}}{(\sigma^{T})^{2}}$，那么绝大多数波动都可由第一主成分来解释。进一步，我们假设待对冲的投资组合对短期利率变动尤为敏感。如果与：

（1）PC_2 中较大的 i 对应的 s_i^2 的取值，和（或）

（2）PC_1 中较小的 i 对应的 s_i^1 的取值

相比，PC_2 中较小的 i（也即较短期的利率）的敏感度 s_i^2 的取值相对较大，那么从业者在对冲时可能也会将 PC_2 考虑在内，因为 PC_2 将更着眼于短期利率的变动。

14.3　案例：主成分的确定

我们首先看图 14.1，这张图给出了从 2017 年 9 月到 2020 年 10 月共 773 天的互换利率数据。图中的 6 组时间序列数据分别对应于 F6:K6 单元格给出的期限。

	D	E	F	G	H	I	J	K
6		日期	1年期	2年期	5年期	10年期	15年期	30年期
7	1	2020/10/23	0.213	0.239	0.446	0.873	1.109	1.300
8	2	2020/10/22	0.210	0.238	0.446	0.883	1.129	1.328
9	3	2020/10/21	0.206	0.231	0.430	0.852	1.093	1.290
777	771	2017/10/3	1.573	1.736	1.998	2.282	2.433	2.542
778	772	2017/10/2	1.569	1.742	2.014	2.300	2.447	2.553
779	773	2017/9/29	1.566	1.742	2.014	2.290	2.432	2.533

图 14.1　互换利率数据

我们在图 14.2 中计算了相关的描述性统计量。第 7 行至第 778 行将互换利率转换为相对的（比例的）连续复利日收益率。例如，1 年期互换利率的最后一个日收益率（对应于 2020 年 10 月 23 日）等于 $1.4\%=\ln\left(\dfrac{0.213\%}{0.210\%}\right)$（见 N7 单元格），其中 0.213% 与 0.210% 分别对应于 2020 年 10 月 23 日与 2020 年 10 月 22 日的 1 年期互换利率。接下来，第 781 行计算了日收益率的平均值。计算结果均为负数，因为互换利率在大致这三年内集体大幅下滑。N783:S788 单元格计算了互换利率日收益率的协方差矩阵。第 790 行与第 791 行分别计算了日收益率的波动率与方差。N793：S798 单元格计算了互换利率日收益率的相关系数矩阵；N800：S805 单元格计算了以基点为单位的协方差矩阵。

	M	N	O	P	Q	R	S	T
6		1年期	2年期	5年期	10年期	15年期	30年期	
7		1.4%	0.5%	0.2%	-1.1%	-1.7%	-2.2%	
8		2.1%	3.0%	3.6%	3.6%	3.2%	2.9%	
9		-1.5%	-0.4%	3.4%	4.3%	4.0%	3.8%	
777		0.3%	-0.3%	-0.8%	-0.8%	-0.6%	-0.4%	
778		0.2%	0.0%	0.0%	0.4%	0.6%	0.8%	
779		N7 =LN(F7/F8)				S778 =LN(K778/K779)		
780		N781 =AVERAGE(N7:N778)						
781	μ	-0.3%	-0.3%	-0.2%	-0.1%	-0.1%	-0.1%	
782		N783:S788 {=MMULT(TRANSPOSE(N7:S778),N7:S778)/(COUNT(N7:N778)-1)}						
783	Σ	0.00068	0.00078	0.00074	0.00065	0.00061	0.00060	1年期
784		0.00078	0.00105	0.00116	0.00101	0.00094	0.00091	2年期
785		0.00074	0.00116	0.00166	0.00149	0.00139	0.00134	5年期
786		0.00065	0.00101	0.00149	0.00149	0.00143	0.00142	10年期
787		0.00061	0.00094	0.00139	0.00143	0.00140	0.00141	15年期
788		0.00060	0.00091	0.00134	0.00142	0.00141	0.00145	30年期
789		N790 {=SUM(IF(N6=$T783:$T788,SQRT(N783:N788),0))}					N791 =N790^2	
790	σ	2.61%	3.24%	4.07%	3.86%	3.74%	3.80%	
791	σ²	0.00068	0.00105	0.00166	0.00149	0.00140	0.00145	
792		N793:S798 {=N783:S788/N790:S790/TRANSPOSE(N790:S790)}						
793	ρ	1.00	0.93	0.70	0.64	0.63	0.60	1年期
794		0.93	1.00	0.88	0.80	0.77	0.74	2年期
795		0.70	0.88	1.00	0.95	0.91	0.87	5年期
796		0.64	0.80	0.95	1.00	0.99	0.97	10年期
797		0.63	0.77	0.91	0.99	1.00	0.99	15年期
798		0.60	0.74	0.87	0.97	0.99	1.00	30年期
799		N800 =10000*N783					S800 =10000*S783	
800	Σ	6.82	7.83	7.41	6.46	6.10	5.98	1年期
801	bps	7.83	10.48	11.58	10.06	9.37	9.06	2年期
802		7.41	11.58	16.59	14.92	13.89	13.43	5年期
803		6.46	10.06	14.92	14.92	14.31	14.20	10年期
804		6.10	9.37	13.89	14.31	13.97	14.10	15年期
805		5.98	9.06	13.43	14.20	14.10	14.45	30年期

图 14.2　互换利率收益率的协方差矩阵

　　接下来我们讲解 10 年期、15 年期和 30 年期互换利率的主成分计算过程。（因此我们在此澄清，尽管我们刚刚计算了 6 种互换利率的描述性统计量，但为简单起见，下面我们只考虑其中 3 个互换利率。）图 14.3 首先提取出这 3 种互换利率的协方差矩阵，也就是 B7：D9 单元格中的 3×3 维协方差矩阵（以基点为单位），其与图 14.2 的 Q803：S805 单元格相等。接下来，G7：I9 单元格中的 3×3 维相关系数矩阵引用自图 14.2 的 Q796：S798 单元格。

	A	B	C	D	E	F	G	H	I	J	K
5											投资组合
6	Σ	10	15	30		ρ	10	15	30		DV01
7	10	14.92	14.31	14.20		10	1	0.99	0.97		0.5
8	15	14.31	13.97	14.10		15	0.99	1	0.99		-1
9	30	14.20	14.10	14.45		30	0.97	0.99	1		0.6
10						G7:I9 {=B7:D9/TRANSPOSE(B11:D11)/B11:D11}					
11	σ	3.86	3.74	3.80	B11 =SQRT(B7)		C11 =SQRT(C8)				
12	B13 {=SQRT(MMULT(MMULT(TRANSPOSE(K7:K9),B7:D9),K7:K9))}							D11 =SQRT(D9)			
13	σ^P	0.447	$(\sigma^T)^2=\Sigma\sigma^2$	43.35	43.35	D13 =B7+C8+D9					
14	$\sigma^T=$	$\sqrt{(\Sigma\sigma^2)}$	6.58	D14 =SQRT(D13)		E13 {=SUM(B11:D11^2)}					
16		"PC1"		"PC2"		"PC3"					
17		α		β		γ					
18	10	0.585		-0.713		0.387					
19	15	0.571		0.023		-0.821					
20	30	0.576		0.701		0.420					
21	B25 {=MMULT(MMULT(TRANSPOSE(B$18:B$20),$B$7:$D$9),B$18:B$20)}										
22	D25 {=MMULT(MMULT(TRANSPOSE(D$18:D$20),$B$7:$D$9),D$18:D$20)}										
23	F25 {=MMULT(MMULT(TRANSPOSE(F$18:F$20),$B$7:$D$9),F$18:F$20)}										
24		$\alpha^T\Sigma\alpha$		$\beta^T\Sigma\beta$		$\gamma^T\Sigma\gamma$	B27...{=MMULT(TRANSPOSE(B$18:B$20),B$18:B$20)}				
25		42.86		0.49		0.004					
26		$\alpha^T\alpha$		$\beta^T\beta$		$\gamma^T\gamma$	D27...{=MMULT(TRANSPOSE(D$18:D$20),D$18:D$20)}				
27		1.00		1.00		1.00					
28				$\beta^T\alpha$		$\gamma^T\alpha$	F27...{=MMULT(TRANSPOSE(F$18:F$20),F$18:F$20)}				
29				0.00		0.00					
30						$\beta^T\gamma$	F31...{=MMULT(TRANSPOSE(D$18:D$20),F$18:F$20)}				
31	D29...{=MMULT(TRANSPOSE(B$18:B$20),D$18:D$20)}					0.00					

图 14.3　计算 3 个主成分（第一部分）

B18:B27 单元格用于计算第一主成分。B18:B20 单元格最初填写的是一些猜测值，这些值后续将通过 Excel 的约束优化程序"规划求解"来确定。为了刻画数据的波动性，每个主成分后续都需要被标准化，因此我们首先计算与之等价的长度为 1 的向量，也就是相应的单位向量 $\hat{\alpha}=(\alpha^1\alpha^2\alpha^3)^T$。我们首先猜测 $\alpha^1=\alpha^2=\alpha^3$，那么由于 $(\alpha^1)^2+(\alpha^2)^2+(\alpha^3)^2=1$，我们首先将三个元素均赋值为 $\sqrt{\dfrac{1}{3}}$，大致等于 0.5773。[①]接下来，B25 单元格计算的是优化问题式 (14.9) 中的目标函数 $\hat{\alpha}^T\Sigma\hat{\alpha}$，B27 单元格则对应于优化问题式 (14.9) 中的单位向量约束 $\hat{\alpha}^T\hat{\alpha}=1$。随后我们使用 Excel 的规划求解功能，最大化 B25 单元格，同时要求满足 B27 单元格等于 1 的约束条件。求解这一带约束的优化问题最终得出的单位向量 $\hat{\alpha}$ 如 B18:B20 单元格所示。

类似地，第二主成分对应的单位向量 $\hat{\beta}$ 的计算过程见 D18:D29 单元格。D18:D20 单元格中首先填写第二主成分对应的单位向量 $\hat{\beta}$ 中三个元素的初始猜测值 0.5773。D25 单元格计算的是优化问题式 (14.12) 中的目标函数 $\hat{\beta}^T\Sigma\hat{\beta}$；D27 单元格对应于优化问题式 (14.12) 中的单位向量约束 $\hat{\beta}^T\hat{\beta}$，我们在使用规划求解时要求它等于 1。接下来，D29 单元格对应于优化问题

---

① 初始猜测值并不关键，它们只是 Excel 的规划求解功能进行"试错法"求解时的初始值而已。

式(14.12)中的正交约束$\hat{\beta}^T\hat{\alpha}$,我们在使用规划求解时要求它等于零。综上所述,我们随后要使用 Excel 的规划求解功能,最大化 D25 单元格,同时要求满足 D27 单元格等于 1,且 D29 单元格等于 0。求解这一带约束的优化问题最终得出的单位向量$\hat{\beta}$如 D18:D20 单元格所示。

第三主成分对应的单位向量$\hat{\gamma}$的计算过程见 F18:F31 单元格。F18:F20 单元格中首先填写初始猜测值 0.5773,这些值后续将通过 Excel 的规划求解功能来确定。F25 单元格计算的是优化问题式(14.16)中的目标函数$\hat{\gamma}^T\Sigma\hat{\gamma}$。F27 单元格对应于优化问题式(14.16)中的单位向量约束$\hat{\gamma}^T\hat{\gamma}$,我们在使用规划求解时要求它等于 1。接下来,F29 与 F31 单元格分别对应于优化问题式(14.16)中的两个正交约束$\hat{\gamma}^T\hat{\alpha}$与$\hat{\beta}^T\hat{\gamma}$,我们在使用规划求解时要求二者均等于零。综上所述,我们随后要使用 Excel 的规划求解功能,最大化 F25 单元格,同时要求满足 F27 单元格等于 1,F29 单元格等于 0,且 F31 单元格等于 0。求解这一带约束的优化问题最终得出的单位向量$\hat{\gamma}$如 F18:F20 单元格所示。

如前所述,根据式(14.4),整体波动率等于$\sigma^T \equiv \sqrt{\sum_{i=1}^{N}\sigma^2(r^i)}$。对于目前使用的数据集而言,D14 单元格计算得出整体波动率为 6.58。

14.3.1　投资组合波动率

假设某一给定的投资组合关于我们选取的三种互换利率(10 年期、15 年期和 30 年期)的 DV 01 组成的向量如图 14.3 中 K7:K9 单元格所示。令$D\hat{V}01=(DV01_1\,DV01_2\,DV01_3)^T$,那么:[①]

$$\sigma^P = \sqrt{D\hat{V}01^T\Sigma D\hat{V}01} \tag{14.21}$$

其中Σ是 B7:D9 单元格给出的 3×3 维协方差矩阵。因此,B13 单元格计算得出该投资组合的波动率等于 0.447。最后,根据式(14.4),D13 单元格计算得出整体方差为 43.35,D14 单元格进而计算得出整体标准差为 6.58($=\sqrt{43.35}$)。

我们后续将看到,给定 N 个互换利率和 J 个主成分,投资组合的波动率还等于:

$$\sigma^P = \sqrt{\sum_{j=1}^{J}\left(\sum_{n=1}^{N}DV01_n PC_n^j\right)^2} \tag{14.22}$$

在现在的例子中,$N=J=3$。图 14.4 继续展示了上例相关结果。回顾图 14.3,我们的数据集的"整体方差"为 43.35(见 D13 单元格),而前三个主成分解释的整体方差分别等于 42.86(B25 单元格)、0.49(D25 单元格)和 0.004(F25 单元格)。图 14.4 中 B33、D33 和 F33 单元格的计算结果表明,这三个主成分分别解释了整体方差的 98.87%$\left(\frac{42.86}{43.35}\right)$、1.13%$\left(\frac{0.49}{43.35}\right)$ 和 0.01%$\left(\frac{0.004}{43.35}\right)$。

---

① 其中,$D\hat{V}01$ 表示由 DV01 组成的向量;Σ 表示三种互换利率日收益率的协方差矩阵。

	A	B	C	D	E	F	G	H	I	J	K
32	B33 =B25/$D$13			D33 =D25/$D$13		F33 =F25/$D$13					
33	%(σ^T)²	98.87%		1.13%		0.01%	100%	G33 =SUM(B33:F33)			
34	$\sqrt{\alpha^T\Sigma\alpha}$	6.546	$\sqrt{\beta^T\Sigma\beta}$	0.699	$\sqrt{\gamma^T\Sigma\gamma}$	0.060	F34 =SQRT(F25)				
35	B34 =SQRT(B25)			D34 =SQRT(D25)			F37 =F18*F$34				
36		PC1		PC2		PC3	F38 =F19*F$34				
37	10	3.831		-0.498		0.023			σ_{10}	3.86	
38	15	3.737		0.016		-0.049			σ_{15}	3.74	
39	30	3.771		0.490		0.025			σ_{30}	3.80	
40	B37 =B18*B$34			D37 =D18*D$34				$\sigma^T=\sqrt{(\Sigma\sigma^2)}$		6.58	
41	B38 =B19*B$34			D38 =D19*D$34				J40 {=SQRT(SUM(J37:J39^2))}			
42	σ^{PC1}	6.546	σ^{PC2}	0.699	σ^{PC3}	0.060		$\sigma^T=\sqrt{(\Sigma\sigma^2)}$		6.58	
43	B42 {=SQRT(SUM(B37:B39^2))}							J42 =SQRT(B42^2+D42^2+F42^2)			
44	D42 {=SQRT(SUM(D37:D39^2))}							σ^p		0.449	0.447
45	F42 {=SQRT(SUM(F37:F39^2))}							J37 {=SQRT(SUM(B37:F37^2))}			
46					K44 =B13			J38 {=SQRT(SUM(B38:F38^2))}			
47	I44...=SQRT(SUMPRODUCT(K7:K9,B37:B39)^2+SUMPRODUCT(K7:K9,D37:D39)^2										
48	+SUMPRODUCT(K7:K9,F37:F39)^2)										

图 14.4　计算 3 个主成分(第二部分)

接下来,我们将先前计算得出的三个单位向量用各自解释的波动率加以缩放。每个主成分向量的长度都等于各自的目标函数(即该主成分解释的那部分整体方差)的平方根。第 34 行计算了三个向量的长度,分别为 B34 单元格计算的$\sqrt{\hat{\alpha}^T\Sigma\hat{\alpha}}$、D34 单元格计算的 $\sqrt{\hat{\beta}^T\Sigma\hat{\beta}}$ 以及 F34 单元格计算的$\sqrt{\hat{\gamma}^T\Sigma\hat{\gamma}}$。因此,我们只需将各个单位向量乘以其解释的波动率即可。

B37:B39 单元格、D37:D39 单元格和 F37:F39 单元格分别计算了第一、第二和第三主成分标准化后的敏感度。在 B42、D42 和 F42 单元格中,我们分别验证了三个主成分向量的长度均等于它们各自解释的那部分整体波动率,即 B34、D34 与 F34 单元格的值。根据式 (14.8),应当有 $\sigma(r^i)=\sqrt{\sum_{n=1}^{N}(s_n^i)^2}$,于是我们在 J37:J39 单元格中用三个主成分计算了图 14.1 中的三个互换利率的收益率波动率,计算结果与图 14.3 的 B11:D11 单元格一致。通过计算利率波动率的平方和的平方根,我们验证了 J42 单元格中计算的整体波动率。最后, I44 单元格用式(14.22)计算得出 0.449,其与图 14.3 中 B13 单元格利用式(14.21)计算得出的结果基本一致。

观察图 14.4 中最下方绘制的三个主成分的图像。第一主成分最为重要，它解释了这三种互换利率(10 年期、15 年期和 30 年期)的整体方差的 98.87%。由于第一主成分中三种互换利率的敏感度取值较为接近(如 B37:B39 单元格所示，均略低于 4)，因此我们称其为"水平"(level)因子。该因子几乎解释了互换利率的所有波动性，说明各个利率之间是高度相关的，这与图 14.3 中的相关系数矩阵一致。因此，三种利率整体上移(下移)将对这一主成分带来正向(负向)影响。最后请注意，与其他两个主成分相比，这一主成分的取值与零的差距较大。主成分与零之间的差距直接关系到该主成分在解释利率整体方差时的相对重要性。

第二主成分的重要性位居其次。D33 单元格表明，它解释了三种互换利率整体方差的 1.13%。根据它的形状，我们称之为"斜率"(slope)因子。这一主成分每增加 1 个单位，10 年期互换利率就相对降低 0.498%，15 年期利率则几乎不变(增加 0.016%，见 D38 单元格)，30 年期互换利率将相对提升 0.490%(见 D39 单元格)。因此，该因子刻画了 10 年期至 30 年期互换利率曲线的斜率的变化情况。从而，10 年期至 30 年期互换利率曲线斜率的整体提升(下降)将对这一主成分带来正向(负向)影响。

第三主成分在 3 个主成分中的重要性位居末位。F33 单元格表明，它只能解释三种互换利率整体方差的 0.01%。根据它的形状，我们称之为"曲率"(bow)因子。这一主成分每增加 1 个单位，位于两侧的 10 年期互换利率(上升 0.023%，见 F37 单元格)和 30 年期互换利率(上升 0.025%，见 F39 单元格)均会相对提升，而位于中间的 15 年期利率则会下降(降低 0.049%，见 F38 单元格)。因此，该因子刻画了 10 年期至 30 年期互换利率曲线的曲率。从而，10 年期至 30 年期互换利率曲线整体呈现出 U 型弯曲(倒 U 型弯曲)将对这一主成分带来正向(负向)影响。最后请注意，该主成分的三个敏感度均十分接近零。由于主成分与零之间的差距直接关系到该主成分在解释利率整体方差时的相对重要性，因此我们得以验证，该主成分对这三种互换利率变化情况的解释能力非常微弱。

在结束本例之前，我们应当意识到，从业者很可能会只使用第一主成分(水平因子)，因为它几乎可以解释整体方差的 99%。

14.3.2 用 3 个主成分解释 6 个利率的变动

图 14.5 展示了第二个例子。我们仍然希望找出能够刻画多种互换利率的波动性的 3 个主成分，但这次的主成分将涉及 6 个不同期限的互换利率的敏感度。B58:G58 单元格展示了这 6 个期限。B59:G64 单元格重复给出了图 14.2 中 6 个利率的收益率的 6×6 维协方差矩阵。B66:G66 单元格与 B67:G67 单元格分别计算了各个利率的波动率和方差。

我们用与前一个例子类似的方式找出 6 个主成分。第 69 行将这 6 个主成分分别记作 a、b、c、d、e、f。B70:G75 单元格分别给出了与这 6 个主成分成比例的单位向量。B79:G79 单元格计算了这 6 个带约束的优化问题的目标函数。这些目标函数表示各个主成分解释的那部分整体方差，因此从主成分 a 到主成分 f，这些取值单调递减。第 80 行计算了每个主成分解释的方差占整体方差的比例，第 81 行计算了累积方差解释比例。D81 单元格表明，前 3 个主成分的解释力达到了 99.5%。

第 83 行表示单位向量约束，说明在使用各个主成分的波动率进行标准化之前，每个向量的

	A	B	C	D	E	F	G	H	I
58		1年期	2年期	5年期	10年期	15年期	30年期		
59	Σ	6.82	7.83	7.41	6.46	6.10	5.98	1年期	
60	bps	7.83	10.48	11.58	10.06	9.37	9.06	2年期	
61		7.41	11.58	16.59	14.92	13.89	13.43	5年期	
62		6.46	10.06	14.92	14.92	14.31	14.20	10年期	
63		6.10	9.37	13.89	14.31	13.97	14.10	15年期	
64		5.98	9.06	13.43	14.20	14.10	14.45	30年期	
65		B66 {=SUM(IF($H59:$H64=B58,SQRT(B59:B64),0))}							
66	σ	2.61	3.24	4.07	3.86	3.74	3.80		8.788705
67	σ²	6.82	10.48	16.59	14.92	13.97	14.45		
68		B67 =B66^2					I66 =SQRT(SUM(B67:G67))			
69		a	b	c	d	e	f		
70		0.2356	0.628872	0.44732	0.57044	0.1533	-0.0021	1年期	
71		0.3463	0.576593	-0.0204	-0.6936	-0.2573	-0.0014	2年期	
72		0.4750	0.087337	-0.7382	0.16848	0.4392	0.02419	5年期	
73		0.4602	-0.22294	-0.0803	0.29996	-0.6802	-0.4236	10年期	
74		0.4414	-0.29219	0.20369	0.01751	-0.1285	0.8133	15年期	
75		0.4386	-0.35966	0.45452	-0.2737	0.4882	-0.3981	30年期	
76									
77		B79 {=MMULT(MMULT(TRANSPOSE(B70:B75),$B$59:$G$64),B70:B75)}							
78		B80 =B79/SUM($B$79:$G79)			B81 =B80		C81 =B81+C80		
79	wΣw	68.46	6.49	1.94	0.21	0.15	0.003		
80		88.6%	8.4%	2.5%	0.3%	0.2%	0.0%		
81	累积值	88.6%	97.0%	99.5%	99.8%	100%	100%		
82		B83 {=SQRT(MMULT(TRANSPOSE(B70:B75),B70:B75))}							
83	|w|	1.00	1.00	1.00	1.00	1.00	1.00		
84		C85 {=MMULT(TRANSPOSE($B$70:$B$75),C70:C75)}							
85			0.00	0.00	0.00	0.00	0.00		
86				0.00	0.00	0.00	0.00		
87					0.00	0.00	0.00		
88						0.00	0.00		
89							0.00		
90		G89 {=MMULT(TRANSPOSE($F$70:$F$75),G70:G75)}							
91	√wΣw	8.27	2.55	1.39	0.45	0.39	0.06		8.788708
92		B91 =SQRT(B79)					I91 =SQRT(SUM(B79:G79))			

图 14.5　计算 6 个主成分（第一部分）

长度均为 1。第 85 行至第 89 行表示正交约束，求解后的取值均等于零。B91:G91 单元格计算各个主成分的长度，也就是各个主成分的目标函数的平方根。

I66 单元格利用式（14.4），计算了协方差矩阵中给出的 6 种互换利率的方差之和的平方根，得到整体波动率约为 8.789。最后，I91 单元格计算了 6 个主成分各自解释的方差之和的平方根，验证了整体波动率约为 8.789。

图 14.6 结束本例。B 列至 G 列的各个主成分是通过将各个单位向量乘以其解释的整体波动率大小得到的。有趣的是，计算结果与上例相似。主成分 a 中的 6 个敏感度均为正，且取值相近。因此，我们在图像中称其为"水平"因子。由于该因子解释了互换利率波动性的 88.6%（见图 14.5 的 B80 单元格），因此各个利率之间是高度相关的，这与图 14.2 中的相关系数矩阵一致。从而，互换利率曲线整体上移（下移）将对这一主成分带来正向（负向）影响。与其他 5 个主成分相比，这一"水平"因子的 6 个敏感度取值均与零有较大差距，说明"水平"因子在解释这 6 个利率的整体方差时相对来说较为重要。

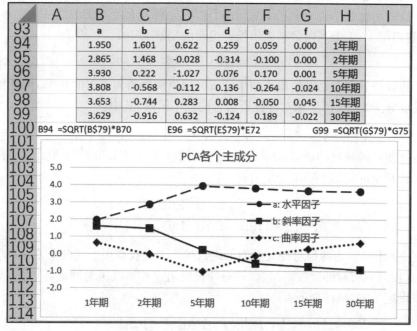

图 14.6　计算 6 个主成分（第二部分）

　　第二主成分的重要性位居其次，它解释了 6 种互换利率整体方差的 8.4%（见图 14.5 的 C80 单元格）。根据它的形状，我们在图像中称之为"斜率"因子。这一主成分每增加 1 个单位，3 个短期互换利率（1 年期、2 年期、5 年期）就会相对上升，3 个长期互换利率（10 年期、15 年期、30 年期）则会相对下降。事实上，每一个利率的敏感度都比前一个期限更短的利率的敏感度要更小，也就是说"斜率"因子的图像随期限增加而严格递减。从而，互换利率曲线斜率的整体提升（下降）将对这一主成分带来负向（正向）影响。

　　第三主成分在前 3 个主成分中的重要性位居末位，它只解释了 6 种互换利率整体方差的 2.5%（见图 14.5 的 D80 单元格）。根据它的形状，我们在图像中称之为"曲率"因子。这一主成分每增加 1 个单位，位于两侧的互换利率（1 年期、15 年期、30 年期互换利率，见 D70、D74 和 D75 单元格）会相对提升，而位于中间的互换利率（2 年期、5 年期、10 年期互换利率，见 D71：D73 单元格）则会相对下降。因此，该因子刻画了互换利率曲线的曲率。从而，互换利率曲线整体呈现出 U 型弯曲（倒 U 型弯曲）将对这一主成分带来正向（负向）影响。最后请注意，从图像中可以看出，该主成分的 6 个敏感度均十分接近于零。由于主成分与零之间的差距直接关系到该主成分在解释利率整体方差时的相对重要性，因此我们得以验证，该主成分对这 6 种互换利率变化情况的解释能力弱于前两个主成分。

14.4　对冲利率风险：主成分分析

　　计算完主成分之后，从业者便可用这些主成分来管理利率风险。举个例子，我们考虑一个投资组合,该投资组合管理者对 4 个不同期限的利率 r^1、r^2、r^3 和 r^4 的变化情况尤为关注。假设该投资组合关于这 4 个利率的局部 DV01 分别为 $P01_P^1$、$P01_P^2$、$P01_P^3$ 和 $P01_P^4$。为简化记号,我们用 4×1 维列向量来表示投资组合的局部 DV01:

$$P01_P \equiv (P01_P^1\ P01_P^2\ P01_P^3\ P01_P^4)^T$$

我们进一步假设该管理者已经得出前两个主成分可以解释整体方差的 99%,因此他愿意只使用这两个主成分 PC_1 和 PC_2 来对冲投资组合的利率风险,其中:

$$PC_1 \equiv (s_1^1\ \ s_1^2\ \ s_1^3\ \ s_1^4)^T,\text{且}\ PC_2 \equiv (s_2^1\ \ s_2^2\ \ s_2^3\ \ s_2^4)^T$$

该管理者打算使用两种对冲证券 $h1$ 与 $h2$,二者面值分别为 $F1$ 和 $F2$。他计算得出两种对冲证券关于 4 种利率的局部 DV01 分别为:

$$P01_{h1} \equiv (P01_{h1}^1\ P01_{h1}^2\ P01_{h1}^3\ P01_{h1}^4)^T$$
$$P01_{h2} \equiv (P01_{h2}^1\ P01_{h2}^2\ P01_{h2}^3\ P01_{h2}^4)^T \tag{14.23}$$

分别记 N_{h1} 和 N_{h2} 为两种对冲证券的最优数量。于是我们用下述两个方程来求解这两个数,这两个方程分别将对冲后投资组合(待对冲投资组合外加两组对冲证券)关于两个主成分的风险敞口设定为零,具体如下:

$$0 = s_1^1 P01_P^1 + s_1^2 P01_P^2 + s_1^3 P01_P^3 + s_1^4 P01_P^4$$
$$+ (s_1^1 P01_{h1}^1 + s_1^2 P01_{h1}^2 + s_1^3 P01_{h1}^3 + s_1^4 P01_{h1}^4) N_{h1}$$
$$+ (s_1^1 P01_{h2}^1 + s_1^2 P01_{h2}^2 + s_1^3 P01_{h2}^3 + s_1^4 P01_{h2}^4) N_{h2} \tag{14.24}$$

$$0 = s_2^1 P01_P^1 + s_2^2 P01_P^2 + s_2^3 P01_P^3 + s_2^4 P01_P^4$$
$$+ (s_2^1 P01_{h1}^1 + s_2^2 P01_{h1}^2 + s_2^3 P01_{h1}^3 + s_2^4 P01_{h1}^4) N_{h1}$$
$$+ (s_2^1 P01_{h2}^1 + s_2^2 P01_{h2}^2 + s_2^3 P01_{h2}^3 + s_2^4 P01_{h2}^4) N_{h2} \tag{14.25}$$

其中,第一个和第二个方程分别试图消除第一主成分与第二主成分变动带来的风险。我们将上面两个方程中表示投资组合风险的表达式移至左侧,并用先前定义的向量来书写成更简洁的形式,便可得出:

$$-(PC_1)^T P01_P = ((PC_1)^T P01_{h1}) N_{h1} + ((PC_1)^T P01_{h2}) N_{h2}$$
$$-(PC_2)^T P01_P = ((PC_2)^T P01_{h1}) N_{h1} + ((PC_2)^T P01_{h2}) N_{h2}$$

进一步写成矩阵形式即为:

$$\begin{pmatrix} -(PC_1)^T P01_P \\ -(PC_2)^T P01_P \end{pmatrix} = \begin{pmatrix} (PC_1)^T P01_{h1} & (PC_1)^T P01_{h2} \\ (PC_2)^T P01_{h1} & (PC_2)^T P01_{h2} \end{pmatrix} \begin{pmatrix} N_{h1} \\ N_{h2} \end{pmatrix} \tag{14.26}$$

因此,我们可以用下式解出对冲证券的数量 N_{h1} 与 N_{h2}:[①]

$$\begin{pmatrix} N_{h1} \\ N_{h2} \end{pmatrix} = \begin{pmatrix} (PC_1)^T P01_{h1} & (PC_1)^T P01_{h2} \\ (PC_2)^T P01_{h1} & (PC_2)^T P01_{h2} \end{pmatrix}^{-1} \begin{pmatrix} -(PC_1)^T P01_P \\ -(PC_2)^T P01_P \end{pmatrix} \tag{14.27}$$

其中$(\cdot)^{-1}$表示矩阵的逆。

---

① 在线性代数中,这就相当于在表达式两侧同时左乘系数矩阵的逆。

推而广之,如果一个管理者想通过三个对冲证券来对冲三个主成分变动带来的风险,那么:

$$\begin{bmatrix} N_{h1} \\ N_{h2} \\ N_{h3} \end{bmatrix} = \begin{bmatrix} (PC_1)^T P01_{h1} & (PC_1)^T P01_{h2} & (PC_1)^T P01_{h3} \\ (PC_2)^T P01_{h1} & (PC_2)^T P01_{h2} & (PC_2)^T P01_{h3} \\ (PC_3)^T P01_{h1} & (PC_3)^T P01_{h2} & (PC_3)^T P01_{h3} \end{bmatrix}^{-1} \begin{bmatrix} -(PC_1)^T P01_P \\ -(PC_2)^T P01_P \\ -(PC_3)^T P01_P \end{bmatrix}$$

我们还可用类似的方式拓展至其他情形。

14.5　投资组合的方差

我们可以将投资组合的"方差"定义为当该投资组合对各个利率的"美元敞口"等于对应的局部 DV01 时的方差。换句话说,这里我们探讨的是一种"类似于方差"的表达式,其风险敞口即为"基准利率改变 1 个基点"。

假设我们关心 N 个利率,我们将投资组合 P 的局部 DV01 组成的 $N \times 1$ 维列向量的转置记作 $1 \times N$ 维行向量 $\hat{P}01^T = (P01^1 \ P01^2 \cdots P01^N)$,其中 $P01^i = 1$ 个基点 $\times \dfrac{\Delta V^P}{\Delta r^i}$,$i \in \{1, 2, \cdots, N\}$。于是:

$$\sigma^2(V^P) = \hat{P}01^T \Sigma \hat{P}01 \tag{14.28}$$

$$= (P01^1 \ P01^2 \cdots P01^N) \begin{bmatrix} \sigma_1^2 & \sigma_{1,2}^2 & \cdots & \sigma_{1,N}^2 \\ \sigma_{2,1}^2 & \sigma_2^2 & \cdots & \sigma_{2,N}^2 \\ \vdots & \vdots & \ddots & \vdots \\ \sigma_{N,1}^2 & \sigma_{N,2}^2 & \cdots & \sigma_N^2 \end{bmatrix} \begin{bmatrix} P01^1 \\ P01^2 \\ \vdots \\ P01^N \end{bmatrix}$$

其中 Σ 即为我们关心的 N 个关键利率的历史收益率协方差矩阵。[1]

回顾一下,根据主成分分析方法的原理,投资组合的方差还等于其关于各个主成分的方差之和。[2]假设我们用 J 个主成分来解释 N 个利率的波动性,其中 $J \leqslant N$。如果当前投资组合价值为 V^P,那么投资组合关于主成分 PC_j 的方差即为:

$$\sigma_j^2(V^P) = \left[\sum_{i=1}^N (P01^i) s_j^i \right]^2 = [(\hat{P}01)^T PC_j]^2$$

$$= \left[(P01^1 \ P01^2 \cdots P01^N) \begin{bmatrix} s_j^1 \\ s_j^2 \\ \vdots \\ s_j^N \end{bmatrix} \right]^2$$

---

① 这里 $\sigma^2(V^P)$ 的时间尺度与 Σ 相同,可能为日、月或年。

② 该等式在主成分数目 J 等于利率个数 N 时严格成立。如果 $J < N$,那么用 J 个主成分计算得出的 $\sigma^2(V^P)$ 会略小于式(14.28)得到的投资组合方差。

最后,将投资组合对于 J 个主成分的方差加和,即可算出投资组合的方差,即:[1]

$$\sigma^2(V^P) = \sum_{j=1}^{J}\sigma_j^2(V^P) = \sum_{j=1}^{J}\big[\sum_{i=1}^{N}(P01^i)s_j^i\big]^2 = \sum_{j=1}^{J}\big[(\hat{P01})^T PC_j\big]^2$$

14.6　案例:用主成分分析对冲资产与负债的利率风险

考虑一个例子,假设一个管理者希望对冲其资产未来价值可能降低的风险。我们假设该资产具有 5 年期互换利率变动的风险敞口。考虑两种对冲方式,其中第一种(第二种)对冲方式使用 2 种(3 种)对冲证券来对冲 2 个(3 个)主成分带来的风险。

图 14.7 展示了第一种对冲方式的输入数据与计算过程。B9:D18 单元格给出了图 14.6 中 B94:D99 单元格对应的 3 个最重要的主成分 a、b 和 c。图 14.7 的 E9 单元格用 $\sigma(r^1) = \sqrt{\sum_{n=1}^{3}(s_n^1)^2}$ 计算了全部 6 个主成分中由前 3 个主成分解释的那部分 1 年期即期利率波动率。(该公式之所以成立,是因为我们要求各个主成分相互正交。)E10:E18 单元格用同样方法对其余 5 种利率进行了计算。

图 14.7 的 F9:F18 单元格重复列出了图 14.2 第 790 行计算得到的波动率。接下来,G9 单元格计算得出,在前 3 个主成分解释的那部分 1 年期互换利率方差中,由第一主成分(B7 单元格对应的"水平"因子)解释的占 56.3%。H9 单元格计算得出,由第二主成分(C7 单元格对应的"斜率"因子)解释的占 38%。I9 单元格计算得出,在前 3 个主成分解释的那部分 1 年期互换利率方差中,由第三主成分(D7 单元格对应的"曲率"因子)解释的占 5.7%。在 J9 单元格中,我们验证了三个因子解释的方差占比之和为 100%。接下来,在 K9 单元格中,我们计算得出由前 3 个主成分解释的波动率(而不是方差,其值为 2.60,见 E9 单元格)与历史数据计算得出的 1 年期互换利率波动率(2.61,见 F9 单元格)之比为 99.5%。因此,其余 3 个主成分对 1 年期互换利率变动的波动率(而不是方差)的解释力只有 0.5%。G10:K18 单元格的计算内容与 G9:K9 单元格类似。第 20 行的计算过程也与第 9 行至第 18 行一致。

第 31 行至第 33 行进行了使用 2 种对冲证券来对冲资产的相关计算。为了计算所需的对冲证券数量 N_{h1} 与 N_{h2},我们首先在 C31:D32 单元格中计算了主成分敏感度(第 n 个主成分中第 i 个利率的敏感度 s_n^i)与对应的局部 DV01(利率 i 对应的 $P01_{h1}^i$ 与 $P01_{h2}^i$)的乘积。计算得到的 2×2 维矩阵即为式(14.26)中对冲证券的系数矩阵,即:

$$\begin{pmatrix} (PC_1)^T P01_{h1} & (PC_1)^T P01_{h2} \\ (PC_2)^T P01_{h1} & (PC_2)^T P01_{h2} \end{pmatrix} \tag{14.29}$$

---

[1]　见前页脚注②。另外请注意,下式中的不等号表明公式两侧并不一致:

$$\sigma(V^P) = \sqrt{\sigma^2(V^P)} = \sqrt{\sum_{j=1}^{J}\big[\sum_{i=1}^{N}(P01^i)s_j^i\big]^2} \neq \sum_{j=1}^{J}\big[\sum_{i=1}^{N}(P01^i)s_j^i\big]$$

行	A	B	C	D	E	F	G	H	I	J	K
7	期限	PC 1 水平因子	PC 2 斜率因子	PC 3 曲率因子	由前3个主成分解释的波动率σ	由数据计算得出的波动率σ	PC 1 水平因子解释的σ^2比例	PC 2 斜率因子解释的σ^2比例	PC 3 曲率因子解释的σ^2比例	全部解释的σ^2比例求和	由前3个主成分解释的σ÷数据的σ
8	E9 {=SQRT(SUM(B9:D9^2))}						G9 =B9^2/$E9^2	H9 =C9^2/$E9^2			
9	1	1.95	1.60	0.62	2.60	2.61	56.3%	38.0%	5.7%	100%	99.5%
10	2	2.87	1.47	-0.03	3.22	3.24	79.2%	20.8%	0.0%	100%	99.4%
11/12	---	---	---	---	---	---	---	---	---	---	---
13	5	3.93	0.22	-1.03	4.07	4.07	93.3%	0.3%	6.4%	100%	99.9%
14	---	---	---	---	---	---	---	---	---	---	---
15	10	3.81	-0.57	-0.11	3.85	3.86	97.7%	2.2%	0.1%	100%	99.7%
16	15	3.65	-0.74	0.28	3.74	3.74	95.5%	4.0%	0.6%	100%	100.0%
17	---	---	---	---	---	---	---	---	---	---	---
18	30	3.63	-0.92	0.63	3.80	3.80	91.4%	5.8%	2.8%	100%	99.8%
19					I9 =D9^2/$E9^2				J9 =SUM(G9:I9)		K9 =E9/F9
20	全部	8.27	2.55	1.39	8.77	8.79	89.0%	8.4%	2.5%	100%	99.8%
22	期限	2年期	5年期	10年期	30年期	J25 =B23*EXP(-G25*H25)					
23	面值	1	XXX	1	1	K25 =H25*J25/10000		投资组合		对冲证券	
24	期限	2	5	10	30		即期利率	期限	DV01	P	P01
25	水平因子	2.87	3.93	3.81	3.63		2.1%	2	0.0387	0.959	0.000192
26	斜率因子	1.47	0.22	-0.57	-0.92		3.5%	5	0.0928		
27	曲率因子	-0.03	-1.03	-0.11	0.63		4.5%	10	0.1642	0.638	0.000638
28							5.1%	30	0.3431	0.217	0.000650
29	s*P01		期限			期限					
30			2	10		5				CF_0	
31	主成分	水平因子	0.0005	0.0024		0.3647	水平因子	N_2	-206.4	197.9	=-I31*J25
32		斜率因子	0.0003	-0.0004		0.02064	斜率因子	N_{10}	-103.5	66.0	=-I32*J27
33	C31 =B25*K25		D31 =D25*K$27			F31 =C25*I$26				263.9	
34	C32 =B26*K25		D32 =D26*K$27			F32 =C26*I$26				J33 =SUM(J31:J32)	
35	I31:I32 {=MMULT(MINVERSE(C31:D32),-F31:F32)}										
36	B39 =I26				B40 =I31*K25			B41 =I32*K27		G40 =I31	
37		总			G41 =I32	H39 =I26		H40 =K25		H41 =K27	
38		DV01	风险权重				N	DV01	s曲率因子		Δ$
39	5年期	0.093					5年期	XXX	0.0928	-1.03	-0.0953
40	2年期	-0.040	42.6%	=-B40/$B$39			2年期	-206.4	0.0002	-0.03	0.00112
41	10年期	-0.066	71.1%	=-B41/$B$39			10年期	-103.51	0.0006	-0.11	0.00738
42			113.8%		I39 =C27		I40 =B27		I41 =D27		-0.0868
43	J39 =PRODUCT(H39:I39)			J40 =PRODUCT(G40:I40)					J42 =SUM(J39:J41)		

图 14.7 用主成分对冲利率风险(第一部分)

类似地,F31:F32 单元格对由一系列 5 年期债券组成的整个待对冲资产进行相关计算,即计算式(14.26)中的:

$$\binom{(PC_1)^T P01_P}{(PC_2)^T P01_P} \tag{14.30}$$

I31:I32 单元格用式(14.27)计算得出所需对冲证券的数量,为便于阅读,我们再次列出此式:[①]

$$\binom{N_{h1}}{N_{h2}} = \begin{pmatrix} (PC_1)^T P01_{h1} & (PC_1)^T P01_{h2} \\ (PC_2)^T P01_{h1} & (PC_2)^T P01_{h2} \end{pmatrix}^{-1} \binom{-(PC_1)^T P01_P}{-(PC_2)^T P01_P}$$

① 不要忘记资产敏感度前面的负号。

要想对冲这笔由多个 5 年期债券组成的资产，所需对冲债券数量分别为 I31 单元格得到的 $N_{h1}=N_2=-206.4$，以及 I32 单元格得到的 $N_{h2}=N_{10}=-103.5$。该对冲操作需要持有两种债券的空头。这并不奇怪，因为两种对冲证券的局部 DV01 均为正数，资产的 DV01 也是正数，只不过这些 DV01 对应于不同的互换利率而已。

接下来，J31:J32 单元格计算了对冲证券所需的初始现金流，计算公式为：

$$CF_0^i=-N_iP_i,\ i\in\{h1,\ h2\} \tag{14.31}$$

计算完最优对冲策略之后，现在我们可以计算对冲后投资组合关于各个互换利率的 DV01。B39 单元格计算了由 5 年期债券组成的资产的总 DV015，与 I26 单元格基本一致。接下来，B40:B41 单元格基于两种对冲债券的结果分别计算了如下两个期限的总 DV01：

$$总\ DV01_2=N_2P01_2,\quad 以及\quad 总\ DV01_{10}=N_{10}P01_{10} \tag{14.32}$$

基于这些结果，我们在 C40:C41 单元格计算了两种对冲证券的所谓的"风险权重"，即对冲后投资组合中每种对冲证券的总 DV01 占资产的总 DV01 的比例的相反数，即：

$$RW_2=\frac{-DV01_2}{总\ DV01_5},\quad 以及\quad RW_{10}=-\frac{DV01_{10}}{总\ DV01_5} \tag{14.33}$$

G39:J42 单元格试图计算未对冲第三主成分（即"曲率"因子）所带来的影响。B27:E27 单元格给出了第三主成分中 4 种利率的敏感度。G39:I41 单元格只是引用了一些先前的输入数据与计算结果。[1]

J39:J41 单元格计算了第三主成分（"曲率"因子）每变化 1 个标准差导致的对冲后投资组合的价值变化，计算方法为：

$$\Delta\$^i=N_i\times DV01_i\times s_3^i,\ i\in\{2,\ 5,\ 10\} \tag{14.34}$$

其中 $\Delta\$^i$ 表示对冲后投资组合价值关于利率 i 的变化量，s_3^i 表示第三主成分（即"曲率"因子）中利率 i 的敏感度。注意，对于由 5 年期债券组成的资产而言，上述公式中的 $N_5\times DV01_5$ 应被替换为投资组合关于 5 年期互换利率的局部 DV01，也就是 $P01_5=0.0928$。J42 单元格展示了第三主成分"曲率"因子每变化 1 个标准差导致的对冲后投资组合价值的总变化量，也就是：[2]

$$总\ \Delta\$=\sum_{i=2,\ 5,\ 10}\Delta\$^i \tag{14.35}$$

图 14.8 的计算过程与图 14.7 类似，只不过这里我们用 3 种对冲债券来对冲关于 3 个互换利率的利率风险。该截图与图 14.7 来自同一张工作表。

---

① G40:G41 单元格引用自 I31:I32 单元格。H39:H41 单元格分别引用自 I26、K25 与 K27 单元格。I39:I41 单元格分别引用自 C27、B27 与 D27 单元格。

② 曲率因子增加一个标准差，将导致 0.087 美元的损失。回顾一下，第三主成分只解释了利率整体方差的 2.5%，其占比很小，因此该主成分变化一个标准差带来的影响非常小。由于 0.087 是一个很小的数字，因此我们可以在对冲时忽略该主成分。

	A	B	C	D	E	F	G	H	I	J	K
44	s*P01			期限			期限				
45			2	10	30		5				CF$_0$
46	主成分	水平因子	0.00055	0.0024	0.0024		0.365	水平因子	N$_2$	-86.997	83.4
47		斜率因子	0.00028	-0.0004	-0.0006		0.021	斜率因子	N$_{10}$	-303.55	193.6
48		曲率因子	-0.00001	-0.0001	0.0004		-0.095	曲率因子	N$_{30}$	178.205	-38.6
49	C46 =B25*K$25			D46 =D25*K$27		E46 =E25*K$28			K49 =SUM(K46:K48)		238.4
50	G46 =C25*I$26						J46:J48 {=MMULT(MINVERSE(C46:E48),-G46:G48)}				
51		总					总	G53 =J47*K27			
52		DV01	风险权重				DV01	风险权重	G54 =J48*K28		
53	5年期	0.093	C54 =-B54/$B$53			10年期	-0.194	209%	H53 =-G53/$B$53		
54	2年期	-0.017	18%			30年期	0.116	-125%	H54 =-G54/$B$53		
55	B53 =I26			B54 =J46*K25				102%	H55 =C54+H53+H54		

图 14.8 用主成分对冲利率风险(第二部分)

第五部分

波动率、Copula、市场风险
度量指标、随机模拟

第五部分是本书最后一部分,涵盖诸多话题。第 15 章定义波动率风险度量指标,并介绍金融市场变量的波动率估计值的各种更新方法,例如移动平均、指数加权移动平均和广义自回归条件异方差模型,特别是 GARCH(1, 1)模型。这些方法的最优参数取值将根据最大似然法确定。本章还将给出一些示例。

第 16 章对第 15 章的内容加以拓展。这一章将介绍各种自相关性检验与正态性检验方法,例如 Ljung-Box 统计量、Jarque-Bera 检验和 Jarque-Bera-Urzua 检验。我们还将通过变量标准化的方式来检验波动率更新方法是否有效。如果更新方法有效,那么得到的标准化变量应当是具有时间不变性的标准正态变量。

第 17 章讲解具有负偏度和(或)正超额峰度的分布函数,这些特征与大多数金融市场变量一致。我们将首先介绍学生 t 分布。与正态分布相比,这种分布具有厚尾特征。接下来介绍混合分布(也就是所谓的污染分布),这种分布将多个分布函数结合到一起,可用于为各种金融市场变量的收益率建模。本章还将介绍 Cholesky 分解,其可用于随机模拟一系列与实际数据具有相同协方差矩阵的收益率。最后,本章还将回顾 Copula 方法,这种方法可用于模拟具有相关性的随机变量。本章将介绍正态 Copula 与学生 t-Copula,这些 Copula 让我们在随机模拟收益率时可以自主选取相关系数。

第 18 章探讨金融市场风险管理的关键度量指标:在险价值(VaR)和预期亏空(ES)。我们将定义一致性风险度量,并举例说明 VaR 不满足一致性。ES 则与之不同,虽然 ES 较难计算,但它满足一致性,也就是满足风险度量应当具备的理想特征。本章最后将介绍重要的回溯测试方法。

第 19 章讲解如何进行随机模拟,包括历史模拟法与蒙特卡洛分析。除了最基本的不加权的方法之外,我们还将介绍不同的加权方法,例如指数递减加权和波动率调整加权等。本章还将定义压力 VaR 与压力 ES,二者均用于度量最坏的情形。极值理论(EVT)对于我们研究分布函数的尾部性质大有裨益。介绍完极值理论后,我们将介绍幂律,这是极值理论的一个特例。本章还将讲解如何用蒙特卡洛模拟来处理风险。从业者在管理资产组合时,既可以用 Cholesky 分解的方式,也可以将投资组合视作整体,对整个投资组合的收益进行蒙特卡洛模拟。最后,我们还将在附录 A 中简单介绍边际、增量与成分风险度量指标。

第 15 章

波动率

风险管理者需要时刻追踪市场变量的波动率。本章希望探讨股价、利率、汇率等诸多变量的波动率度量方法。我们将介绍移动平均、指数加权移动平均（EWMA）、自回归条件异方差模型（ARCH）和广义自回归条件异方差模型（GARCH）。我们还将讲解这些波动率计算方法中相关参数的估计方法：最大似然法。本章最后讲解协方差更新技术，它与波动率更新技术类似。本章将给出几个示例。

15.1 波动率度量指标

我们首先定义一些符号。所谓的第 t 期时间段从 $t-1$ 时刻开始，到 t 时刻结束。因此，t 时刻之前 2 期是 $t-2$ 时刻，t 时刻之前 3 期是 $t-3$ 时刻，$\cdots$，t 时刻之前 N 期是 $t-N$ 时刻。接下来，基于这些定义，如果 t 时刻的市场变量取值为 V_t，那么它在第 t 期时间段的连续复利收益率等于 $r_t = \ln\left(\dfrac{V_t}{V_{t-1}}\right)$，其中 V_t 表示 t 时刻的资产价值，包含第 t 期内发生的所有现金流；V_{t-1} 表示第 t 期期初的资产价值。

在 t 时刻，前 N 期历史平均收益率和收益率方差的计算公式分别为：

$$\bar{r}_t = \frac{1}{N}\sum_{n=0}^{N-1} r_{t-n}, \text{以及} \quad \sigma_{t+1}^2 = \frac{1}{N-1}\sum_{n=0}^{N-1}(r_{t-n} - \bar{r}_t)^2 \tag{15.1}$$

我们之所以将波动率记作 σ_{t+1}，是因为它表示我们对第 $t+1$ 期（从 t 时刻市场收盘开始到 $t+1$ 时刻市场收盘为止）波动率的周期性估计值。第 $t+1$ 期收益率波动率（标准差）的估计值即为 $\sigma_{t+1} = \sqrt{\sigma_{t+1}^2}$。从业者经常使用这种逐步更新的方式，每个时刻（即每一期结束后）都重新计算平均值和波动率。

15.2　波动率加权方式

每次定期更新时，从业者往往希望给较近的收益率以较大的权重，给较远的收益率以较小的权重。在 t 时刻，假设我们给历史 N 期收益率的权重分别为 w_{t-n-1}，$n \in \{0, 1, 2, \cdots, N-1\}$，其中下标表示各期的初始时刻。那么，在 t 时刻收盘时计算得出的随时间变化的收益率方差（对第 $t+1$ 期波动率的估计值）为：

$$\sigma_{t+1}^2 = \sum_{n=0}^{N-1} w_{t-n-1} (r_{t-n} - \bar{r}_t)^2, \text{其中} \sum_{n=0}^{N-1} w_{t-n-1} = 1 \tag{15.2}$$

显然，式(15.1)的基本方差计算公式相当于对 N 期收益率中的每一期都赋以相同的权重 $w_{t-n-1} = \dfrac{1}{N-1}$。

从业者还可以进行拓展，在定期更新方差估计值时将长期方差 σ_L^2 也考虑在内。自回归条件异方差模型(autoregressive conditional heteroskedasticity model)就是这种模型的一个简单例子，记作 ARCH(N) 模型，其中 N 表示我们考虑的滞后期数目。模型表达式为：

$$\sigma_{t+1}^2 = \gamma \sigma_L^2 + \sum_{n=0}^{N-1} w_{t-n-1} (r_{t-n} - \bar{r}_t)^2 \tag{15.3}$$

由于权重之和必须为 1，因此 $\gamma + \sum_{n=0}^{N-1} w_{t-n-1} = 1$。

ARCH(N) 模型的一个隐含假设是 $\gamma \geqslant 0$。否则，这一模型就不稳定，因为每次更新的波动率都将会偏离长期平均值。

15.3　移动平均

在处理时间序列数据时，我们还经常使用移动平均(moving average，MA)方法。这种方法的优势在于可以平滑数据，因为它能刻画最近一段时间内的趋势，而非只刻画最后一个数据点的情况。

我们在式(15.2)中令 $w_{t-n-1} = \dfrac{1}{M-1}$，其中 $M < N$ 表示选定的希望用于计算移动平均波动率的天数。于是，(未加权)移动平均波动率的计算公式即为：

$$\sigma_{t+1}^2 = \sum_{m=0}^{M-1} \frac{1}{M-1} (r_{t-m} - \bar{r}_t)^2 = \frac{1}{M-1} \sum_{m=0}^{M-1} (r_{t-m} - \bar{r}_t)^2$$

其中：

$$\bar{r}_t = \frac{1}{M} \sum_{m=0}^{M-1} r_{t-m}$$

15.4　指数加权移动平均

我们再次考虑式(15.2)。令 $w_{n-1}=\lambda w_n$，其中常数 $\lambda<1$ 事先给定。(回顾一下，历史第 $n-1$ 期发生在第 n 期之前一期，因此随着历史时间越久远，权重逐步变小。相应地，时间越接近当前时刻 t，权重就越大。)权重之和必须是 1，也就是 $1=\sum_{n=0}^{N-1} w_{t-n-1}$。将 $w_{n-1}=\lambda w_n$ 反复迭代，就有 $w_{t-n-1}=\lambda^n w_{t-1}$，$n\in\{0,\ 1,\ 2,\ \cdots,\ N-1\}$。因此：[①]

$$1=w_{t-1}+\lambda w_{t-1}+\lambda^2 w_{t-1}+\cdots+\lambda^{N-2}w_{t-1}+\lambda^{N-1}w_{t-1}$$

在两侧同时除以最近一期(第 t 期)的权重 w_{t-1}，再同时减 1，即得：

$$\frac{1}{w_{t-1}}-1=\lambda+\lambda^1+\cdots+\lambda^{N-2}+\lambda^{N-1} \tag{15.4}$$

接下来，在式(15.4)两侧同时除以 λ，再在等式右侧加上并减去一项 λ^{N-1}，即得：

$$\frac{1}{\lambda}\left(\frac{1}{w_{t-1}}-1\right)=1+\lambda+\cdots+\lambda^{N-2}+(\lambda^{N-1}-\lambda^{N-1})$$
$$=1-\lambda^{N-1}+\left(\frac{1}{w_{t-1}}-1\right)$$

其中我们又重新用到了式(15.4)。从而：

$$\frac{1}{w_{t-1}}-1=\frac{1-\lambda^{N-1}}{\frac{1}{\lambda}-1}=\lambda\,\frac{1-\lambda^{N-1}}{1-\lambda}=\frac{\lambda-\lambda^N}{1-\lambda}\Rightarrow\frac{1}{w_{t-1}}=1+\frac{\lambda-\lambda^N}{1-\lambda}=\frac{1-\lambda^N}{1-\lambda}$$

最后对两侧同时取倒数，即得 $w_{t-1}=\dfrac{1-\lambda}{1-\lambda^N}$。又由于 $w_{t-n-1}=\lambda^n w_{t-1}$，因此 $w_{t-n}=\lambda^{n-1}\dfrac{1-\lambda}{1-\lambda^N}=\dfrac{\lambda^{n-1}-\lambda^n}{1-\lambda^N}$。综上所述：[②]

$$w_{t-1}=\frac{1-\lambda}{1-\lambda^N},\ \text{且}\ w_{t-n-1}=\frac{\lambda^n-\lambda^{n+1}}{1-\lambda^N},\ n\in\{0,\ 1,\ 2,\ \cdots,\ N-1\} \tag{15.5}$$

现在我们将这些权重代入一般的加权波动率模型式(15.2)。这样一来，通过一系列数学迭代运算，指数加权移动平均(exponentially weighted moving average，EWMA)模型即可简化为：

---

①　由于 $w_{t-n}=\lambda w_{t-n+1}$，因此 $w_{t-2}=\lambda w_{t-1}$，$w_{t-3}=\lambda w_{t-2}=\lambda^2 w_{t-1}$，$w_{t-4}=\lambda w_{t-3}=\lambda^3 w_{t-1}$，以此类推。总结起来就是 $w_{t-n}=\lambda^{n-1}w_{t-1}$。

②　我们可以用如下方法轻而易举地对求得的权重公式加以验证：$w_{t-1}+w_{t-2}+\cdots+w_{t-N}=\dfrac{1}{1-\lambda^N}[(1-\lambda)+(\lambda-\lambda^2)+(\lambda^2-\lambda^3)+\cdots+(\lambda^{N-1}-\lambda^N)]=\dfrac{1-\lambda^N}{1-\lambda^N}=1$。

$$\sigma_{t+1}^2 = \lambda \sigma_t^2 + (1-\lambda)(r_t - \bar{r}_t)^2 \qquad (15.6)$$

请注意，r_t 表示的是"今天"（即 t 时刻）的收益率；σ_t^2 则表示"昨天"（即 $t-1$ 时刻）市场收盘后计算得出的变量方差的最新估计值，也就是对"今天"（即 t 时刻）的方差估计值。最后，$\bar{r}_t$ 表示到第 t 期为止（直到"今天"市场收盘为止）的历史 N 期平均收益率；σ_{t+1}^2 则表示"今天"市场收盘后计算得出的对"明天"方差的最新估计值。

EWMA 模型经常每日更新。在这种情况下，$\forall t$，$\bar{r}_t$ 的取值接近于零。因此，从业者经常忽略这一项，我们之后也会这样做。将 $\bar{r}_t = 0$ 代入式(15.6)，我们的 EWMA 模型就变成：

$$\sigma_{t+1}^2 = \lambda \sigma_t^2 + (1-\lambda)(r_t)^2 \qquad \text{EWMA 模型} \qquad (15.7)$$

表达式(15.7)是否意味着权重以指数形式衰减呢？将 $\sigma_t^2 = \lambda \sigma_{t-1}^2 + (1-\lambda)(r_{t-1})^2$ 代入式(15.7)，于是：

$$\sigma_{t+1}^2 = \lambda[\lambda \sigma_{t-1}^2 + (1-\lambda)(r_{t-1})^2] + (1-\lambda)(r_t)^2$$
$$= \lambda^2 \sigma_{t-1}^2 + (1-\lambda)[\lambda(r_{t-1})^2 + (r_t)^2]$$

继续迭代下去，由于 $\sigma_{t-1}^2 = \lambda \sigma_{t-2}^2 + (1-\lambda)(r_{t-2})^2$，于是：

$$\sigma_{t+1}^2 = \lambda^2[\lambda \sigma_{t-2}^2 + (1-\lambda)(r_{t-2})^2] + (1-\lambda)[\lambda(r_{t-1})^2 + (r_t)^2]$$
$$= \lambda^3 \sigma_{t-2}^2 + (1-\lambda)[\lambda^2(r_{t-2})^2 + \lambda(r_{t-1})^2 + (r_t)^2] \qquad (15.8)$$

根据该表达式的形式，我们可以推断得出：

$$\sigma_{t+1}^2 = \lambda^N \sigma_{t-N+1}^2 + (1-\lambda)\sum_{n=0}^{N-1} \lambda^n (r_{t-n})^2$$

金融从业者通常使用很多天的数据，所以 N 的数值很"大"，进而 λ^N 的取值会很"小"。所以，与上面 σ_{t+1}^2 计算公式中的求和项相比，$\lambda^N \sigma_{t-N+1}^2$ 的取值很小。因此，如果我们忽略 $\lambda^N \sigma_{t-N+1}^2$ 一项，即得：

$$\sigma_{t+1}^2 = (1-\lambda)\sum_{n=0}^{N-1} \lambda^n (r_{t-n})^2，\text{这里我们假设 } N \text{ 很大，且假设} \bar{r}_t = 0$$

这一结果证实了这样一个事实：EWMA 模型通过 $\lambda^n < 1$ 一项，使得随着数据历史越久远，$(r_{t-n})^2$ 的权重呈指数形式衰减。式(15.7)给出的 EWMA 模型十分简洁，它只需要一个参数 λ，以及 t 时刻市场收盘后的 2 个输入数据：(1)前一天对波动率的估计值 σ_t；(2)t 时刻的收益率 r_t（我们假设 $\bar{r}_t = 0$）。

参数 λ 的选取非常重要，它决定了波动率的"粘滞"程度。参数 λ 的取值越大（越小），波动率更新值对最近几期的 r_{t-n}^2 取值就相对来说越不（更加）敏感，于是波动率的变化情况就会被越慢（越快）地纳入模型之中。换句话说，随着时间的推移，波动率时间序列本身的波动程度会更低（更高）。虽然我们通常称 λ 为"衰减因子"(decay factor)，但实际上它更应当叫作"粘滞因子"，因为它其实代表的是"不衰减"的程度。具体而言，λ 的取值越大（即越接近 1），说明指数权重衰减得越慢，而不是越快。于是，不断变化的波动率 σ_t 本身的波动性会更小，随时间变化得更为缓慢。[1]

---

① 摩根大通的 RiskMetrics 模型选取 $\lambda = 0.94$。

回到式(15.7)。显然,λ 必须非负,即 $\lambda\geqslant0$。否则,这个模型就不稳定,因为每次更新的波动率都会倾向于偏离前一期的计算结果。因此,结合前面的结果,应当有 $\lambda\in[0,1]$。

15.5 GARCH(1,1)模型

广义自回归条件异方差(generalized autoregressive conditional heteroskedasticity,GARCH)模型对式(15.3)给出的 ARCH(N)模型进行了拓展,将最近一期的波动率估计值 σ_t 也纳入对波动率更新估计值 σ_{t+1} 的计算公式之中。这里我们考虑 GARCH(1,1)模型,其中两个"1"分别表示在更新方差估计值时使用多少期历史平方收益率,以及使用多少期历史方差估计值。一般而言,GARCH(p,q)模型将直接使用最近 p 个 $(r_t)^2$ 观测值以及最近 q 个 σ_t^2 的估计值。

从业者最常使用的 GARCH 模型是 GARCH(1,1)模型,其表达式为:

$$\sigma_{t+1}^2=\gamma\sigma_L^2+\alpha(r_t)^2+\beta(\sigma_t^2) \quad \text{GARCH(1,1)模型} \tag{15.9}$$

其中,权重之和应为 1,即 $\gamma+\alpha+\beta=1$;σ_L 和之前一样,表示我们关心的变量的长期波动率。由于 $\sigma_L>0$,因此 $\gamma\geqslant0$,也就是 γ 必须非负。否则,若 σ_L 的权重 γ 为负数,GARCH(1,1)模型将不稳定,每次更新时 σ_{t+1}^2 的取值都会偏离 σ_L^2 的值。类似地,为保证模型稳定性,我们还需 $\alpha\in(0,1)$ 且 $\beta\in(0,1)$。

由于权重之和应等于 1,即 $\gamma+\alpha+\beta=1$,那么:

$$\gamma\geqslant0\Longleftrightarrow\alpha+\beta\leqslant1 \quad \text{GARCH(1,1)模型的稳定性} \tag{15.10}$$

实际应用时,我们可以首先估计:

$$\sigma_{t+1}^2=\omega+\alpha(r_t)^2+\beta(\sigma_t^2) \tag{15.11}$$

其中

$$\omega=\gamma\sigma_L^2\Rightarrow\sigma_L^2=\frac{\omega}{\gamma}=\frac{\omega}{1-\alpha-\beta}$$

因此,根据式(15.11),从业者可以首先用经验方法估计 ω、α 和 β。接下来,他们可以通过 $\sigma_L^2=\frac{\omega}{\gamma}=\frac{\omega}{1-\alpha-\beta}$ 来计算长期方差(即长期波动率的平方)。

EWMA 模型是 GARCH(1,1)模型的特例

我们考虑 GARCH(1,1)模型的一个特例,令模型参数满足 $\gamma=0$,$\alpha=1-\lambda$,$\beta=\lambda$。将这些代入式(15.9)给出的 GARCH(1,1)模型之中,即得:

$$\sigma_{t+1}^2=(1-\lambda)(r_t)^2+\lambda\sigma_t^2, \text{GARCH}(1,1|\gamma=0;\alpha=1-\lambda;\beta=\lambda)$$

这正是式(15.7)给出的 EWMA 模型,其中假设 $\bar{r}_t=0$,$\forall t$。

GARCH 模型认为波动率可以均值回复到一个长期波动率(给定 $\gamma>0$),而 EWMA 模型

则做不到这一点。如果我们忽略 GARCH 模型中波动率均值回复到长期平均值的特性，GARCH 模型就退化成了 EWMA 模型。[①]

15.6 最大似然法

现在我们转向研究如何用最大似然法（maximum likelihood method）进行参数估计。这是一种直观的方法，它假定观测数据按某种方式生成，并选取特定的参数，使这种数据生成方式的概率达到最大。

假设我们希望用 GARCH(1，1) 模型来拟合观测数据，并且假设日收益率服从均值为 0、方差为 σ_t^2 的正态分布，即 $r_t \sim N(0, \sigma_t^2)$。[②]正态分布的密度函数等于：

$$n(r_t) = \frac{1}{\sqrt{2\pi\sigma_t^2}} e^{-\frac{(r_t - \bar{r}_t)^2}{2\sigma_t^2}}$$

假设 $\bar{r}_{t-n} = 0$，$\forall n \in \{0, 1, 2, \cdots, N-1\}$。计算该正态分布密度函数在 N 个日数据点处的取值，并将它们乘在一起，得到的结果就叫似然函数（likelihood function），即：

$$l_t = \prod_{n=0}^{N-1} \frac{1}{\sqrt{2\pi\sigma_{t-n}^2}} e^{-\frac{(r_{t-n})^2}{2\sigma_{t-n}^2}} \tag{15.12}$$

最大似然法试图寻找使式(15.12)最大化的参数。于是我们可以用微分方法来计算。当表达式较长时，对许多项之和求导要比对许多项之积求导更容易。因此，我们先对乘积取对数。[③]我们便可以用这样一个数学事实：一连串表达式之积的对数等于这些表达式的对数之和。因此：[④]

$$\ln\left(\prod_{n=0}^{N-1} \frac{1}{\sqrt{2\pi\sigma_{t-n}^2}} e^{-\frac{(r_{t-n})^2}{2\sigma_{t-n}^2}}\right) = \sum_{n=0}^{N-1} \ln\left(\frac{1}{\sqrt{2\pi\sigma_{t-n}^2}} e^{-\frac{(r_{t-n})^2}{2\sigma_{t-n}^2}}\right)$$

$$= \sum_{n=0}^{N-1} \left(\ln\left(\frac{1}{\sqrt{2\pi}}\right) - \frac{\ln(\sigma_{t-n}^2)}{2} - \frac{(r_{t-n})^2}{2\sigma_{t-n}^2}\right)$$

$$= N\ln\left(\frac{1}{\sqrt{2\pi}}\right) - \frac{1}{2}\sum_{n=0}^{N-1}\left(\ln(\sigma_{t-n}^2) + \frac{(r_{t-n})^2}{\sigma_{t-n}^2}\right)$$

观察上面最后一个表达式，第一项 $N\ln\left(\frac{1}{\sqrt{2\pi}}\right)$ 只是一个常数，不影响最大值优化问题的解。

---

① 虽然"均值回复到长期平均值"在理论上是一种吸引人的特性，但在用式(15.11)估计 GARCH(1，1) 模型的参数时，可能会出现 $\alpha + \beta \geqslant 1$，进而 $\gamma = 1 - \alpha - \beta \leqslant 0$ 的情况。这时 GARCH(1，1) 模型就变得不稳定了。然而在这种情况下，EWMA 模型仍然适用。

② 如前所述，日数据的平均收益率很小，因此从业者经常假设其平均值为零。

③ 由于对数函数单调递增，因此使某一给定函数达到最大化的参数刚好就是使该函数的对数达到最大化的参数。

④ 注意，$\ln\left(\frac{1}{\sqrt{\sigma^2}}\right) = \ln\left[(\sigma^2)^{-1/2}\right] = -\frac{1}{2}\ln(\sigma^2) = -\frac{\ln(\sigma^2)}{2}$。

丢掉 $N\ln\left(\dfrac{1}{\sqrt{2\pi}}\right)$ 这一项之后,我们可以进一步丢掉求和式前面所乘的常数 $\dfrac{1}{2}$。因此,最大似然法等价于寻找数据生成模型的参数,使下面的对数似然(log likelihood)函数能达到最大:

$$L_t = -\sum_{n=0}^{N-1}\left(\ln(\sigma_{t-n}^2) + \frac{(r_{t-n})^2}{\sigma_{t-n}^2}\right) = -\sum_{n=0}^{N-1}\left(\ln(\sigma_{t-n}^2) + \left(\frac{r_{t-n}}{\sigma_{t-n}}\right)^2\right) \tag{15.13}$$

15.6.1　EWMA 模型的参数估计

继续考虑 EWMA 模型式(15.7)。假设日数据满足 $\bar{r}_t = 0$,$\forall\, t$,那么:

$$\sigma_{t+1}^2 = \lambda\sigma_t^2 + (1-\lambda)(r_t)^2 = (r_t)^2 + \lambda(\sigma_t^2 - (r_t)^2)$$

将此式代入式(15.13),则需要最大化的函数变为:

$$L_t = -\sum_{n=0}^{N-1}\left[\ln\big[(r_{t-n-1})^2 + \lambda(\sigma_{t-n-1}^2 - (r_{t-n-1})^2)\big] + \frac{(r_{t-n})^2}{(r_{t-n-1})^2 + \lambda(\sigma_{t-n-1}^2 - (r_{t-n-1})^2)}\right]$$

通过计算导数 $\dfrac{\partial L_t}{\partial \lambda}$,令该导数等于零,再解出 λ,即可确定参数 λ 的取值。然而,用这一方法很难写出结果的解析表达式,因此我们将使用数值方法求解对数似然函数的最大值,具体如下:

- 任意选定一个 λ 的取值。
- 对于 N 个历史数据点,用式(15.7)$\sigma_{t+1}^2 = \lambda\sigma_t^2 + (1-\lambda)(r_t)^2$ 来更新 EWMA 模型的方差,这里我们假设日平均收益率 $\bar{r}_t$ 等于零。
- 根据式(15.13),计算最大似然法用到的各项取值并求和:$L_t = -\sum_{n=0}^{N-1}\Big[\ln(\sigma_{t-n}^2) + \dfrac{(r_{t-n})^2}{\sigma_{t-n}^2}\Big]$。
- 求解能最大化求和式 L_t 的 λ 的取值,例如用 Excel 的规划求解功能来求解。[1]

15.6.2　GARCH(1, 1)模型的参数估计

我们将式(15.9)给出的 GARCH(1, 1)模型重新书写如下:

$$\sigma_{t+1}^2 = \gamma\sigma_L^2 + \alpha(r_t)^2 + \beta(\sigma_t^2),\text{其中 } \gamma + \alpha + \beta = 1$$

并且继续假设日收益率平均值近似为零。[2]该模型可以等价表示为:

$$\sigma_{t+1}^2 = \omega + \alpha(r_t)^2 + \beta(\sigma_t^2),\text{其中 } \omega = \gamma\sigma_L^2 \Longleftrightarrow \sigma_L^2 = \frac{\omega}{\gamma}$$

从业者通常采用与上一小节类似的方法来确定三个参数 ω、α 和 β,具体如下:
- 任意选定 ω、α 和 β 的取值。

---

[1]　由于 Excel 的规划求解功能计算的是局部最优解,因此我们可能需要设定多个初始猜测值,以找到全局最优解。

[2]　请注意,由于 $\sigma_L > 0$,因此为了保证模型稳定性,$\gamma > 0$ 必须为正。

- 对于 N 个历史数据点,用 $\sigma_{t+1}^2 = \omega + \alpha(r_t)^2 + \beta\sigma_t^2$ 来更新 GARCH(1,1)模型的方差,这里我们假设日平均收益率 $\bar{r}_t$ 等于零。

- 根据式(15.13),计算最大似然法用到的各项取值并求和: $L_t = -\sum_{n=0}^{N-1}\left[\ln(\sigma_{t-n}^2) + \frac{(r_{t-n})^2}{\sigma_{t-n}^2}\right]$。

- 求解能最大化求和式 L_t 的 ω、α 和 β 的取值。

最后,根据 $\sigma_L^2 = \frac{\omega}{\gamma}$ 和 $\gamma = 1 - \alpha - \beta$,我们可以用下式估计长期波动率:

$$\sigma_L = \sqrt{\frac{\omega}{1-\alpha-\beta}} \tag{15.14}$$

15.6.3 用瞄准方差法估计 GARCH(1,1)模型参数

Engle 和 Mezrich(1996)建议对 GARCH(1,1)模型稍作改动。他们不建议在其他参数估计结束后再利用式(15.14)计算 σ_L,而是建议首先基于样本数据用定义直接算出长期方差,类似于式(15.1)。[①]进而我们便可根据式(15.14)算出 ω:

$$\omega = \sigma_L^2(1 - \alpha - \beta) \tag{15.15}$$

因此,在用数值方法求解(例如使用 Excel 的规划求解功能)时,我们不再需要像上一小节说的那样估计 3 个参数(α、β 和 ω),而是只需数值估计 2 个参数(α 和 β)。

总结一下如何用瞄准方差法(variance targeting)来估计 GARCH(1,1)模型的参数:

- 基于历史日数据,用与式(15.1)类似的公式来计算 σ_L^2。
- 任意选定 α 和 β 的取值。
- 计算 $\omega = \sigma_L^2(1 - \alpha - \beta)$。
- 对于 N 个历史数据点,用 $\sigma_{t+1}^2 = \omega + \alpha(r_t)^2 + \beta\sigma_t^2$ 来更新 GARCH(1,1)模型的方差,这里我们假设日平均收益率 $\bar{r}_t$ 等于零。

- 根据式(15.13),计算最大似然法用到的各项取值并求和: $L_t = -\sum_{n=0}^{N-1}\left[\ln(\sigma_{t-n}^2) + \frac{(r_{t-n})^2}{\sigma_{t-n}^2}\right]$。

- 求解能最大化求和式 L_t 的 α 和 β 的取值。

15.6.4 特殊情形:常数波动率

让我们考虑一种特殊情形,假设 σ 是常数,即 $\sigma_t = \sigma$, $\forall t$。于是,式(15.13)即变为:

$$L_t = -N\ln(\sigma^2) - \frac{1}{\sigma^2}\sum_{n=0}^{N-1}(r_{t-n})^2$$

---

① 如前所述,使用日数据时,从业者通常会假设日平均收益率为零。

将 L_t 对方差 σ^2 求导,令导数为零,然后求解 σ^2,于是:

$$-\frac{N}{\sigma^2}+\frac{1}{(\sigma^2)^2}\sum_{n=0}^{N-1}(r_{t-n})^2=0\Rightarrow\sigma^2=\frac{1}{N}\sum_{n=0}^{N-1}(r_{t-n})^2$$

注意,若假设平均日收益率为零,这一结果与 $\sigma^2=\frac{1}{N-1}\sum_{n=0}^{N-1}(r_{t-n})^2$ 相比略微上偏,二者相差

一个因子 $\frac{N}{N-1}$。当然,当 N 很大时,这种偏差微不足道,因为随着 N 增加,$\frac{N}{N-1}$ 将接近于 1。

15.7 最大似然比检验:EWMA 模型与 GARCH(1,1)模型

我们之前回顾了从业者如何通过 EWMA 模型和 GARCH(1,1)模型来跟踪不断变动的波动率,我们还论证了 EWMA 模型是 GARCH(1,1)模型的一个特例。那么,在实践中应该使用哪一个模型呢?最大似然比(maximum likelihood ratio,MLR)检验为这一问题量身定制。一般而言,最大似然比检验可用于确定是否应当拒绝带约束的模型(这里就是 EWMA 模型),而去选择不带约束的模型(这里就是 GARCH(1,1)模型)。

回顾一下,按照最大似然法,选定的参数应当最大化式(15.13):$L_t=-\sum_{n=0}^{N-1}\left(\ln(\sigma_{t-n}^2)+\frac{(r_{t-n})^2}{\sigma_{t-n}^2}\right)$。先前我们简单介绍了如何对 EWMA 模型、GARCH(1,1)模型以及基于瞄准长期方差法的 GARCH(1,1)模型来应用这一方法。对于任意一个最大值优化问题而言,添加一个有效约束条件总是会降低目标函数的最优取值。[1]因此,对于一个给定的数据集,该表达式在带约束模型(EWMA 模型)下的取值会比在无约束模型(GARCH(1,1)模型)下的取值要更小。

最大似然比检验的直觉如下。倘若移除一个约束条件之后,对数似然函数(式(15.13)中的 L_t)的值有"显著"提升,那么该约束条件就不应当存在,因为它对 L_t 有显著影响。相反,如果函数值提升得"很少",那么该约束条件的影响就很小,不应当被移除。在这一检验问题中,零假设(null hypothesis)就是带约束模型,备择假设(alternative hypothesis)即为无约束模型。

最大似然比(MLR)的计算公式为:[2]

$$MLR=2(L^U-L^R)\sim\chi^2(2) \tag{15.16}$$

其中,L^U 与 L^R 分别表示无约束模型(这里就是 GARCH(1,1)模型)和带约束模型(这里就是 EWMA 模型)的对数似然函数值。在零假设(带约束模型"更合适")之下,上述 MLR 检验统计量服从自由度为 2 的卡方分布,即 $MLR\sim\chi^2(2)$。该分布常用的 3 组置信水平与相应的 $\chi^2(2)$ 值为:

---

① 无效的约束条件对目标函数的最优取值没有影响。

② 之所以该统计量被称作一个"比",是因为它等于 $MLR=2\ln\left(\frac{l^U}{l^R}\right)=2[\ln(l^U)-\ln(l^R)]$,其中 l 表示似然函数,其与对数似然函数 L 的关系为 $L^i=\ln(l^i)$,$i\in\{U,R\}$。

$$(90\%, 4.61), (95\%, 5.99), (99\%, 9.21)$$

如果计算得到的 MLR 检验统计量超出希望达到的置信水平对应的 $\chi^2(2)$ 值,那么我们应当拒绝带约束模型(这里就是 EWMA 模型,也就是零假设),并选择使用无约束模型(这里就是 GARCH(1,1)模型,也就是备择假设)。若不然,则应当选择带约束模型(EWMA 模型,也就是零假设)。

15.8 波动率模型检验:收益率标准化

根据假设,像 EWMA 和 GARCH(1,1)这样的模型意味着不但波动率会随时间变化,而且收益率随时间的变化情况也与之相关。然而,如果我们研究的波动率模型是有效的,那么用模型得出的波动率对相应的历史收益率数据进行标准化,应当能够消除收益率的自相关性。基于这种逻辑,从业者提出了一系列检验波动率模型有效性的方法。

在讲解这些检验方法之前,让我们首先考虑"标准化后的"收益率(用波动率对收益率进行标准化后的时间序列 $\frac{r_t}{\sigma_t}$)的样本方差的上下界。如果波动率模型有效,那么这一标准化后时间序列的样本方差的期望应当等于1,标准误(standard error, s.e.)应当等于 $\sqrt{\frac{2}{N}}$。也就是说:

$$E\left[\sigma^2\left(\frac{r_t}{\sigma_t}\right)\right]=1, \text{以及 s.e.}\left[\sigma^2\left(\frac{r_t}{\sigma_t}\right)\right]=\sqrt{\frac{2}{N}} \tag{15.17}$$

因此,我们计算得到的比值 $\frac{r_t}{\sigma_t}$ 的样本方差的 95% 置信区间为:[1]

$$\sigma^2\left(\frac{r_t}{\sigma_t}\right)\in\left(1-1.96\sqrt{\frac{2}{N}}, 1+1.96\sqrt{\frac{2}{N}}\right)$$

15.9 案例:GARCH(1, 1)模型

现在我们讲解如何应用先前介绍的模型。

15.9.1 用 GARCH(1, 1)模型更新日经 225 指数收益率波动率

图 15.1 的 A14:B1986 单元格给出了日经 225 指数 8 年多的每日历史价格数据。C15:

---

[1] 在实践中,预期平均值 1 可由 $\left(\frac{r_t}{\sigma_t}\right)^2$ 的经验平均值 $\frac{1}{N}\sum_{n=0}^{N-1}\frac{r_{t-n}^2}{\sigma_{t-n}^2}$ 代替。

C1986 单元格计算了连续复利日收益率。C1997:C1999 单元格分别计算了它们的平均值、标准差和方差。(A1997:A1999 单元格对这三个数字进行了年化。)图中最下方的图像展示了日经 225 指数日收益率的时间序列。D17:D1986 单元格计算了用 GARCH(1,1)模型得出的每日更新波动率,E16:E1986 单元格计算了对数似然函数中的对应项。B7 单元格计算了 E16:E1986 单元格之和,表示最大似然法希望最大化的目标函数。

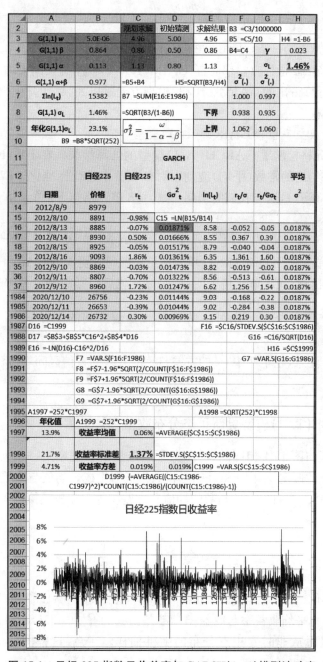

图 15.1　日经 225 指数日收益率与 GARCH(1,1)模型波动率

我们使用 Excel 的规划求解功能来求解带约束的最大值优化问题。我们试图最大化

B7 单元格 L_t，并要求 3 个待定变量 ω（B3 单元格）、β（B4 单元格）和 α（B5 单元格）均为正值。[1]我们还要添加 B6 单元格中的 $\alpha + \beta$ 小于 1 的约束条件。最后，H4 单元格中的 $\gamma = 1 - (\alpha + \beta)$ 也要被约束在 0 到 1 之间。

1. 主要结果

我们在此重新书写 GARCH(1，1)模型：$\sigma_{t+1}^2 = \gamma(\sigma_L^2) + \alpha(r_t)^2 + \beta(\sigma_t^2)$，其中 $\gamma + \alpha + \beta = 1$，且 $\gamma = \dfrac{\omega}{\sigma_L^2}$。本例中，日经 225 指数收益率的 GARCH(1，1)模型拟合结果为 $\alpha = 0.113$，$\beta = 0.864$，$\gamma = 0.023$。从而，$\gamma + \alpha + \beta = 0.023 + 0.864 + 0.113 = 1$。

因此，对于日经 225 指数收益率而言，GARCH(1，1)模型为长期平均波动率仅赋以 2.3% 的权重，为前一日计算得出的 GARCH(1，1)模型方差赋以 86.4% 的权重，为前一日收益率的平方赋以 11.3% 的权重。

2. 用标准化后收益率检验 GARCH(1，1)模型

F6：H1986 单元格检验了 GARCH(1，1)模型的计算结果。在 F16：F1986 单元格中，我们用 C1998 单元格给出的常数（平均）波动率对日收益率进行标准化。F7 单元格表明，标准化后收益率的方差等于 1，这与我们的预期一致。F8 单元格与 F9 单元格分别计算了 95% 置信区间的下界 $\left(\dfrac{\bar{r}_t^2}{\sigma_t^2}\right) - 1.96\sqrt{\dfrac{2}{N}}$ 和上界 $\left(\dfrac{\bar{r}_t^2}{\sigma_t^2}\right) + 1.96\sqrt{\dfrac{2}{N}}$，其中 $\dfrac{\bar{r}_t^2}{\sigma_t^2} = \dfrac{1}{N}\sum_{n=0}^{N-1}\left(\dfrac{r_{t-n}}{\sigma_{t-n}}\right)^2$。与之不同，G16：G1986 单元格用 D17：D1996 单元格给出的每日更新的 GARCH(1，1)模型方差来对日收益率进行标准化。G7 单元格表明，这些标准化后收益率的方差等于 0.997，与 1 十分接近。G8 单元格与 G9 单元格分别计算了 95% 置信区间的下界 $\left(\dfrac{\bar{r}_t^2}{\sigma_t^2}\right) - 1.96\sqrt{\dfrac{2}{N}}$ 和上界 $\left(\dfrac{\bar{r}_t^2}{\sigma_t^2}\right) + 1.96\sqrt{\dfrac{2}{N}}$。注意，在本例中，$\dfrac{r_t}{\sigma}$ 的方差与 $\dfrac{r_t}{\sigma_t}$ 的方差的置信区间均包含理论正确值 1。

15.9.2 用 GARCH(1，1)模型更新正态分布收益率波动率

图 15.2 进行了与图 15.1 相同的计算，只不过这里的收益率是一系列服从非时变（time-invariant）正态分布的假定值，由 Excel 的随机数生成器生成。均值与方差的输入数据随时间保持不变，且与图 15.1 中日经 225 指数的均值和方差相等。随机模拟的正态分布日收益率由如下公式生成：

$$r_t^{cc} = \frac{\mu}{252} + Z_t \cdot \sigma \cdot \frac{1}{\sqrt{252}}$$

其中 μ 和 σ 均为年化结果。J1 与 J2 单元格均引用自图 15.1 的 A1997 与 A1998 单元格，表示日经 225 指数的年化平均收益率与收益率标准差。我们在 J15：J1986 和 P15：P1986 单元格中分别生成了两组服从非时变正态分布的随机抽样。注意，这幅图中最下方的图像与图

---

[1] 出于技术原因，我们在运用 Excel 的规划求解功能时使用的是与之相关的 C3：C5 单元格，因为如果待求解变量的大小相近，求解程序会更为高效。

15.1 中最下方的图像看起来非常"一致",只不过图 15.1 下方的图像有一些极端收益率,这也说明日经 225 指数收益率并非正态分布。每组正态分布收益率的偏度和超额峰度基本都接近零,如 P1990:P1991 单元格与 P1998:P1999 单元格所示,这与正态分布随机变量的性质吻合。

	J	K	L	M	N	O	P	Q	R
1	13.9%	μ~N	J1 =A1997	J2 =A1998			0.06%	=J1/252	
2	21.7%	σ~N	规划求解	初始猜测	求解结果		1.37%	=J2/SQRT(252)	
3	G(1,1) w	1.6E-04	155.134686	100	155.135		K3 =L3/1000000		R4=1-K6
4	G(1,1) β	5.75E-02	0.0575291	0.1	0.05756		K4 =L4	γ	0.942
5	G(1,1) α	0.000	0	0.1	0		K5 =L5/10	σL	**1.28%**
6	G(1,1) α+β	0.058		$\sigma^2(.)$	$\sigma^2(.)$		K6 =K5+K4		R5=SQRT(K3/R4)
7	Σln(Lt)	15200		1.000	1.000		K7 =SUM(L16:L1986)		
8	G(1,1) σL	1.28%	下界	0.938	0.937		K8 =SQRT(K3/(1-K6))		
9	年化G(1,1)σL	20.4%	上界	1.062	1.062		K9 =K8*SQRT(252)		
10	M7 =VAR.S(M16:M1986)						N7 =VAR.S(N16:N1986)		
11	0.04%+Z_t(1.31%)	GARCH					~N(.04%,.00017)		
12		(1,1)					~N(.04%,.00017)		
13	r_t	$G\sigma^2_t$	ln(Lt)	r_t/σ	$r_t/G\sigma_t$		r_t		
14	M8 =M$7-1.96*SQRT(2/COUNT(M$16:M$1986))								
15	0.54%	0.0187%	=C1999				-1.09%		
16	-1.09%	0.0166%	7.99	-0.849	-0.85		1.41%		
17	2.29%	0.0165%	5.51	1.789	1.79		-0.70%		
18	0.77%	0.0165%	8.36	0.598	0.60		-1.20%		
19	-1.39%	0.0165%	7.53	-1.087	-1.09		-0.71%		
35	0.21%	0.0165%	8.69	0.162	0.16		0.36%		
36	0.39%	0.0165%	8.62	0.302	0.30		-0.51%		
37	1.11%	0.0165%	7.97	0.864	0.86		0.52%		
1984	1.22%	0.0165%	7.81	0.950	0.95		2.74%		
1985	1.52%	0.0165%	7.31	1.185	1.18		0.48%		
1986	1.34%	0.0165%	7.61	1.048	1.05		0.26%		
1987	J15:J1986, P15:P1986 =$J$1/252+$J$2*NORM.S.INV(RAND())/SQRT(252)								
1988	K16 =K3+K5*J15^2						19.6%	μ	
1989	K17 =$K$3+$K$5*J16^2+$K$4*K16						21.6%	σ	
1990	L16 =-LN(K16)-J16^2/K16						-0.06	Γ	
1991	M16 =$J16/STDEV.S($J$16:$J$1986)						-0.14	δ-3	
1992	N16 =J16/SQRT(K16)						P1988 =AVERAGE($P$15:$P$1986)*252		
1993	J1998 =AVERAGE(J$15:J$1986)						P1989 =STDEV.S($P$15:$P$1986)*SQRT(252)		
1994	J1999 =STDEV.S(J$15:J$1986)						P1990 =SKEW($P$15:$P$1986)		
1995	K1998 =252*J1998						P1991 =KURT($P$15:$P$1986)		
1996	K1999 =SQRT(252)*J1999						9.9%	μ	Col. J
1997	日结果	年化结果					20.4%	σ	Col. J
1998	0.04%	9.9%	收益率均值				-0.03	Γ	Col. J
1999	**1.28%**	20.4%	收益率标准差				-0.08	δ-3	Col. J

正态分布日收益率

图 15.2　正态分布日收益率与 GARCH(1，1)模型波动率

主要结果

我们在 K16：K1986 单元格中对这些服从非时变正态分布的收益率(J15：J1986 单元格)进行了波动率更新。GARCH(1，1)模型的参数估计结果为 $\omega=1.6\times10^{-4}$，$\beta=0.0575$，$\alpha=0.000$，分别如 K3：K5 单元格所示。R4 单元格说明 $\gamma=0.942$。请读者回忆一下，γ 是置于长期波动率之上的权重，即 $\gamma=\frac{\omega}{\sigma_L^2}$。因此，对于服从非时变正态分布的收益率而言，GARCH(1，1)模型将 94.2% 的权重置于长期平均方差之上，将非常小的权重置于最近一期收益率的平方($\alpha=0\%$)以及前一天计算得到的方差($\beta=5.8\%$)之上。

对于非时变正态分布"数据"而言，这些结果颇有道理。由于这种数据没有必要更新波动率，因此大多数权重都被置于恒定的长期方差之上。

15.9.3　GARCH(1，1)模型：市场数据与正态分布数据

倘若市场变量的收益率也服从非时变正态分布，那么使用 GARCH(1，1)模型就毫无必要了。正如我们刚刚所见，这种情况下模型会将大部分权重放在长期方差上。

相比之下，对于像日经 225 指数这样时变的且(或)非正态的收益率而言，使用 GARCH(1，1)模型来找出波动率随时间变化的规律则很有必要。在我们的日经 225 指数日数据中，收益率并非正态分布，GARCH(1，1)模型对长期平均方差的权重(即 γ)只有 2.3%，但是它对前一天计算得到的 GARCH(1，1)模型方差的权重(β)为 86.4%，对前一天的收益率平方的权重(α)为 11.3%。

15.10　案例：EWMA 模型与 GARCH(1，1)模型的最大似然比

图 15.3 呈现了如何使用最大似然比方法来在带约束模型(EWMA 模型)和无约束模型(GARCH(1，1)模型)之间进行选择。T15：T1986 单元格是日经 225 指数日收益率的平方。U16：U1986 单元格用每日更新的 GARCH(1，1)模型波动率的平方来对这些日收益率平方进行标准化。[1]Y16：Y1986、Z36：Z1986、AA16：AA1986 和 AB16：AB1986 单元格分别计算的是 GARCH(1，1)模型、20 日移动平均模型、EWMA 模型给出的波动率以及常数日波动率。

让我们先观察一下 EWMA 模型 $\sigma_{t+1}^2=\lambda\sigma_t^2+(1-\lambda)(r_t)^2$ 的计算结果。AC16：AC1986 单元格分别计算了 EWMA 模型日波动率的对数似然函数 L_t 的对应项，AC1988 单元格计算了它们的总和。我们用 Excel 的规划求解功能来最大化 AC1998 单元格，得出 AA10 单元格中的最优值 $\lambda=0.9270$。

Z2000 单元格计算了最大似然比 $MLR=2(L^U-L^R)\sim\chi^2(2)$。计算结果 114.7 大于 AA2003 单元格给出的 99% 置信水平对应的 $\chi^2(2)$ 值 9.21，也大于 AA2004 单元格给出的

---

① V 列与 W 列进行的计算过程与 T 列和 U 列相同，只不过这两列是在对图 15.2 中 J 列与 N 列给出的正态分布数据进行计算。

	T	U	V	W	X	Y	Z	AA	AB	AC	AD
9								λ			
10	日经225	日经225	Z~N	Z~N		日经225	日经225	0.9270			
11						GARCH	20日				
12	r_t	$r_t/G\sigma_t$	r_t	$r_t/G\sigma_t$		(1,1)	MA	EWMA	常数	EWMA	
13	的平方	的平方	的平方	的平方		$G\sigma_t$	σ_t	σ_t	σ	$\ln(L_t)$	
14								AA17 =SQRT($AA$10*AA16^2+(1-$AA$10)*T16)			
15	9.5E-05	T15 =C15^2					AA16 =C1998				
16	5.0E-07	0.00	1.2E-04	0.72		1.37%		1.37%	1.37%	8.58	
17	2.5E-05	0.15	5.3E-04	3.20		1.29%		1.32%	1.37%	8.51	
18	2.9E-07	0.00	5.9E-05	0.36		1.23%		1.28%	1.37%	8.72	
19	3.5E-04	2.55	1.9E-04	1.18		1.17%		1.23%	1.37%	6.50	
35	6.6E-08	0.00	4.3E-06	0.03		1.21%		1.13%	1.37%	8.97	
36	4.9E-05	0.37	1.5E-05	0.09		1.15%	0.91%	1.08%	1.37%	8.63	
37	3.0E-04	2.37	1.2E-04	0.75		1.12%	0.92%	1.06%	1.37%	6.47	
1984	5.3E-06	0.05	1.5E-04	0.90		1.07%	0.99%	1.02%	1.37%	9.12	
1985	1.5E-05	0.14	2.3E-04	1.40		1.02%	1.00%	0.99%	1.37%	9.08	
1986	9.0E-06	0.09	1.8E-04	1.10		0.98%	0.96%	0.96%	1.37%	9.20	
1987						AC1986 =-LN(AA1986^2)-T1986/AA1986^2					
1988	T16 =C16^2		U16 =G16^2			Y1986 =SQRT(D1986)			最大化:	15325	
1989	V16 =J16^2		W16 =N16^2								
1990						Z1986...{=IF(ROW()>35,SQRT(AVERAGE((C1966:C1985-AVERAGE(C1966:C1985))^2)),"")}					
1991	Y1995 =AVERAGE(Y$16:Y$1986)										
1992	Y1996 =Y1995*SQRT(252)					AA1986...=SQRT($AA$10*AA1985^2+(1-$AA$10)*T1985)					
1993	Y1997 =Y1986*SQRT(252)										
1994	Z1995 =AVERAGE(Z$16:Z$1986)					AB1986 =$C$1998					
1995	Z1996 =Z1995*SQRT(252)					1.30%	1.21%	1.26%	均值		
1996	Z1997 =Z1986*SQRT(252)					20.6%	19.3%	20.1%	年化均值		
1997	AA1995 =AVERAGE(AA$16:AA$1986)					15.62%	15.2%	15.2%	2020/12/14年化值		
1998	AA1996 =AA1995*SQRT(252)						AC1988 =SUM(AC16:AC1986)				
1999	AA1997 =AA1986*SQRT(252)						MLR				
2000							114.7	Z2000 =2*(B7-AC1988)			
2001	AA2003 =CHIINV(1-Z2003,2)								拒绝		
2002	AA2004 =CHIINV(1-Z2004,2)					置信水平	χ2		EWMA?		
2003	AB2003 =IF($Z$2000>AA2003,"是","否")						99%	9.21	是		
2004	AB2004 =IF($Z$2000>AA2004,"是","否")						95%	5.99	是		

图 15.3 GARCH(1，1)模型、移动平均模型、EWMA 模型和最大似然比

95％置信水平对应的 $\chi^2(2)$ 值 5.99。因此，即使是在 99％的置信水平下，我们也会拒绝带约束模型（即 EWMA 模型），而选择无约束模型 GARCH(1，1)。

15.11 三种波动率更新方法的图像

图 15.4 以图像的形式总结了图 15.3 中 Y36：AA1986 单元格给出的每日更新波动率。[1]（为便于比较，我们还在图中绘制了 AB36：AB1986 单元格列出的常数平均波动率 1.37％。）有趣

---

① 之所以从第 36 行开始，是因为第 36 行对应于 Z 列的 20 日移动平均波动率的第一行。

的是,在这个日经 225 指数 8 年数据集中,3 种更新方法得到的结果很相似。图中 GARCH (1,1)模型、20 日移动平均模型和 EWMA 模型得到的 3 个时间序列图像均十分相近。

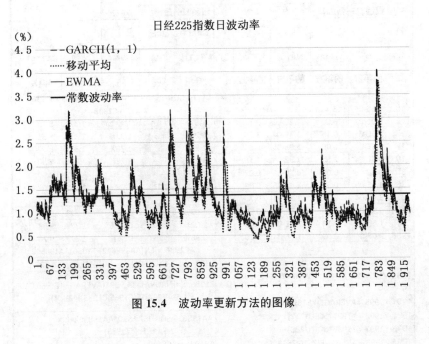

图 15.4　波动率更新方法的图像

15.12　案例:用瞄准方差法估计 GARCH(1,1)模型参数

图 15.5 利用瞄准方差法更新了对日经 225 指数收益率的波动率估计值,并检验了其正态性。AF7:AG1988 单元格进行了与 GARCH(1,1)模型相关的计算。我们首先计算希望瞄准的长期平均方差(即波动率的平方),也就是图 15.1 中 C1999 单元格计算得出的数据的平均方差 $\sigma_L^2=0.019\%$。接下来,我们要选取两个待定变量 β(AG8 单元格)与 α(AG9 单元格),以使 AG1988 单元格中的目标函数(对数似然函数)达到最大,并且满足 3 个权重 α、β 和 $\gamma=1-\alpha-\beta$(AO7 单元格)均非负且不大于 1 的约束条件。

主要结果

与先前图 15.1 中未瞄准长期方差的 GARCH(1,1)模型一致,置于长期方差之上的权重很小($\gamma=2.7\%$,见 AO7 单元格),大多数权重都被置于日经 225 指数前一天的方差更新值 ($\beta=86.4\%$)之上。只有 $\alpha=10.9\%$ 的权重被置于前一天收益率的平方之上。[1]事实上,不论我们是否瞄准长期波动率,计算结果都几乎完全相同。[2]

---

[1]　瞄准方差法得出的 $\omega=\sigma_L^2(1-\alpha-\beta)$ 如 AG7 单元格所示。

[2]　回顾一下,图 15.1 中未瞄准长期波动率的 GARCH(1,1)模型得到的结果为 $\beta=86.4\%$, $\alpha=11.3\%$, $\gamma=2.3\%$。

	AF	AG	AH	AI	AJ	AK	AL	AM	AN	AO
7	w	5E-06	规划求解	初始猜测	求解结果	AG7=C1999*(1-AG8-AG9)			γ	0.027
8	β	0.864	0.864	0.8	0.864095088	AG8 =AH8			σL	**1.37%**
9	α	0.109	1.087	1.5	1.086740708	AG9 =AH9/10		AG10 =AG8+AG9		
10	α+β	0.973			1%	显著水平				AO7 =1-AG10
11	日经225						99%日数据下界			
12	G(1,1)				日经225	GARCH	20日			
13	Gσ²$_t$	ln(L$_t$)			r$_t$	(1,1)	MA	EWMA	常数	
14	AF16 =$AG$7+$AG$8*AF15+$AG$9*T15									AO8 =SQRT(AG7/AO7)
15	1.9E-04	=C1999			-0.98%	=C15				
16	1.8E-04	8.6			-0.07%	-3.13%		-3.13%	-3.13%	
17	1.6E-04	8.6			0.50%	-2.95%		-3.01%	-3.13%	
18	1.4E-04	8.8			-0.05%	-2.81%		-2.91%	-3.13%	
19	1.3E-04	6.3			1.86%	-2.66%		-2.80%	-3.13%	
35	1.4E-04	8.8			-0.03%	-2.77%		-2.56%	-3.13%	
36	1.3E-04	8.6			-0.70%	-2.62%	-2.1%	-2.47%	-3.13%	
37	1.2E-04	6.6			1.72%	-2.54%	-2.1%	-2.41%	-3.13%	
1984	1.1E-04	9.0			-0.23%	-2.43%	-2.3%	-2.32%	-3.13%	
1985	1.0E-04	9.0			-0.39%	-2.32%	-2.3%	-2.24%	-3.13%	
1986	9.6E-05	9.2			0.30%	-2.23%	-2.2%	-2.17%	-3.13%	
1987	AG16 =-LN(AF16)-(T16/AF16)									
1988	最大化:	15382				64	111	72	38	日经225超额损失数
1989	AG1988 =SUM(AG16:AG1986)				3.3%	5.7%	3.7%	1.9%	日经225超额损失占比	
1990	AK16 =$C$1997+NORM.S.INV($AJ$10)*Y16						AK1989 =AK1988/AK1991			
1991	AL16...=IF(Z16="","",$C$1997+NORM.		个数	1951	AK1991 =COUNT($AJ$36:$AJ$1986)					
1992	S.INV($AJ$10)*Z16)		E[超额损失数]	19.5	AK1992 =AK1991*AJ10					
1993	AM16...=$C$1997+NORM.S.INV($AJ$1		标准误	4.39	AK1993 =SQRT(AK1991*AJ10*(1-AJ10))					
1994	0)*AA16		下界	9.3						
1995	AN16...=$C$1997+NORM.S.INV($AJ$1		上界	29.7						
1996	0)*AB16									
1997						厚尾	厚尾	厚尾	厚尾	
1998	AK1988 {=COUNTIF($AJ$36:$AJ$1986,"<"&TEXT(AK36:AK$1986,"0.00000000%"))}									
1999	AL1988 {=COUNTIF($AJ$36:$AJ$1986,"<"&TEXT(AL36:AL$1986,"0.00000000%"))}									
2000	AM1988 {=COUNTIF($AJ$36:$AJ$1986,"<"&TEXT(AM36:AM$1986,"0.00000000%"))}									
2001	AN1988 {=COUNTIF($AJ$36:$AJ$1986,"<"&TEXT(AN36:AN$1986,"0.00000000%"))}									
2002				AK1994 =$AK$1992+$AK$1993*NORM.S.INV($AJ$10)						
2003				AK1995 =$AK$1992+$AK$1993*NORM.S.INV(1-$AJ$10)						
2004	AK1997 =IF(AK1988>$AK$1995,"厚尾","否")						AL1997 =IF(AL1988>$AK$1995,"厚尾","否")			
2005	AM1997 =IF(AM1988>$AK$1995,"厚尾","否")						AN1997 =IF(AN1988>$AK$1995,"厚尾","否")			

图 15.5　瞄准方差法与日经 225 指数的正态性检验

15.13　案例:基于厚尾分布的正态性检验

图 15.5 中 AJ15:AJ1986 单元格的日收益率引用自图 15.1 中 C 列的日经 225 指数数据。AK16:AN1986 单元格分别计算了 4 种不同的日波动率度量指标的 99% 置信区间下界(单边检验)随时间变化的情况:AK16:AK1986 单元格对应于 GARCH(1,1)模型,AL36:AL1986 单元格对应于 20 日移动平均模型,AM16:AM1986 单元格对应于 EWMA 模型,AN16:AN1986 单元格对应于常数波动率模型。每种模型的计算方法均为:

$$\bar{r}+SN^{-1}(1\%)\sigma_t^i=\bar{r}-2.33\sigma_t^i \tag{15.18}$$

其中，$\bar{r}=0.06\%$ 来自图 15.1 的 C1997 单元格；$SN^{-1}(1\%)=-2.33$ 表示标准正态分布函数的反函数在累积概率为 1% 处的取值；σ_i^t 表示每日更新的波动率，其中 i 表示先前说明的 4 种波动率计算方法中的某一种。

AK1988：AN1988 单元格统计了落在左侧 1% 尾部的日收益率的个数（每列均共有 1951 个日收益率，见 AK1991 单元格），AK1989：AN1989 单元格计算了它们在全部 1951 个日收益率中的占比。我们可以明显看出，AK1989：AN1989 单元格中的计算结果均超过预期值 1%，说明日收益率呈现出厚尾的特征。

服从二项分布的随机变量的均值与方差分别为：

$$\mu=Np，和 \ \sigma^2=Np(1-p) \tag{15.19}$$

其中，N 表示抽样个数，p 和 $1-p$ 分别表示成功与失败的概率。因此，我们的数据的例外值个数期望值为 $Np=1951\times1\%=19.5$（AK1992 单元格），标准误等于 $\sqrt{Np(1-p)}=\sqrt{1951\times1\%\times99\%}=4.39$（AK1993 单元格）。AK1994 单元格与 AK1995 单元格分别计算了日经 225 指数收益率例外值个数的双边 98% 置信区间的下界与上界，即：

$$(Np-2.33\sqrt{Np(1-p)}，Np+2.33\sqrt{Np(1-p)})=$$

$$(19.5-2.33\sqrt{19.5\times99\%}，19.5+2.33\sqrt{19.5\times99\%})=(9.3，29.7)$$

其中，下界 9.3 与上界 29.7 分别由 $AK1994$ 与 $AK1995$ 单元格计算得出。最后，第 1997 行验证说明，无论选取哪一种波动率更新方法，日经 225 指数收益率均呈现出厚尾特征，因为 $AK1988：AN1988$ 单元格的取值均超出了 98% 置信区间的上界 29.7。

15.13.1 基于厚尾分布的正态性检验：正态分布收益率

图 15.6 与图 15.5 类似，只不过这里被检验的"数据"是用 Excel 的随机数生成器生成的非时变正态分布"数据"。我们首先观察图 15.6 的 AQ16：AS1986 单元格。注意，3 种方法（AQ 列为 GARCH(1，1)模型，AR 列为 20 日移动平均模型，AS 列为 EWMA 模型）得到的更新波动率的时间序列非常一致。所有单元格的计算结果都非常接近，几乎都等于非时变正态分布收益率的瞄准标准差 1.3%。AT16：AT1986 单元格计算得出的长期恒定标准差等于 1.3%，与我们的预期一致。

回顾一下，EWMA 模型满足 $\sigma_{t+1}^2=\lambda\sigma_t^2+(1-\lambda)(r_t)^2$。AS10 单元格的计算结果表明，在收益率服从非时变正态分布的情况下，$\lambda=1.000$。（使用日经 225 指数收益率数据的计算结果则与之不同，图 15.3 的 AA10 单元格计算得出 $\lambda=0.9270$。）当随机变量服从非时变正态分布时，模型会将 100% 的权重置于最新计算得出的方差结果之上，而置于最新一期收益率的平方上的权重则为零。换言之，波动率并未更新，它是一个恒定常数。事实上，观察 AS16：AS1986 单元格的计算结果也可发现，各期的更新波动率均为 1.3%，并且这一数值当然等于常数平均波动率。

图 15.6 的 AY1988：BB1988 单元格计算表明，超额损失（即位于左侧 1% 尾部的收益率）个数均少于 AY1995 单元格给出的临界值 29.7。因此，第 1998 行得出的结论是，我们没有证据说明数据具有厚尾特征。这与我们对非时变正态分布收益率的预期相符。

	AQ	AR	AS	AT	AU	AV AW	AX	AY	AZ	BA	BB	BC
8			初始猜测 = 0.94									
9			λ									
10			1.000	Max Σ ln(Lt)			1%	显著水平				
11	GARCH	20日							99%日数据下界			
12	(1,1)	MA	EWMA	常数	EWMA		~N	GARCH	20日			
13	Gσt	σt	σt	σ	ln(Lt)		rt	(1,1)	MA	EWMA	常数	
14	AQ16 =SQRT(K16)						AX15 =J15					
15			AS16 =J1999				0.5%					
16	1.3%		1.3%	1.3%	7.99		-1.1%	-3.0%		-2.9%	-2.9%	
17	1.3%		1.3%	1.3%	5.51		2.3%	-2.9%		-2.9%	-2.9%	
18	1.3%		1.3%	1.3%	8.36		0.8%	-2.9%		-2.9%	-2.9%	
19	1.3%		1.3%	1.3%	7.53		-1.4%	-2.9%		-2.9%	-2.9%	
35	1.3%		1.3%	1.3%	8.69		0.2%	-2.9%		-2.9%	-2.9%	
36	1.3%	1.6%	1.3%	1.3%	8.62		0.4%	-2.9%	-3.8%	-2.9%	-2.9%	
37	1.3%	1.6%	1.3%	1.3%	7.97		1.1%	-2.9%	-3.7%	-2.9%	-2.9%	
1984	1.3%	1.2%	1.3%	1.3%	7.81		1.2%	-2.9%	-2.8%	-2.9%	-2.9%	
1985	1.3%	1.3%	1.3%	1.3%	7.31		1.5%	-2.9%	-2.9%	-2.9%	-2.9%	
1986	1.3%	1.3%	1.3%	1.3%	7.61		1.3%	-2.9%	-3.0%	-2.9%	-2.9%	

行	公式 / 数据
1987	AT16:AT1986. {=STDEV(J15:J1986)}
1988	AU1988 =SUM(AU16:AU1986)　15200　　17　1　17　17　日经225超额损失数
1989	AR1986...{=IF(ROW()>35,SQRT(AVERAGE((J1966:J19　0.9%　0.1%　0.9%　0.9%　日经225超额损失占比
1990	85-AVERAGE(J1966:J1985))^2)),"")}　AY1989 =AY1988/AY1991
1991	AS17...=SQRT($AS$10*AS16^2　个数　1951　=COUNT(AX36:AX1986)
1992	+(1-$AS$10)*J16^2)　E[超额损失数]　19.5　=AY1991*AX10
1993	AU16 =-LN(AS16^2)-(J16/AS16)^2　标准误　4.39　=SQRT(AY1991*AX10*(1-AX10))
1994	下界　9.3　AY1994...=$AY$1992+$AY$1993*NORM.S.INV($AX$10)
1995	20.37%　20.9%　20.4%　2020/12/14化值　上界　29.7　AY1995...=$AY$1992+$AY$1993*NORM.S.INV
1996	1.28%　1.23%　1.28%　均值　(1-$AX$10)
1997	20.4%　19.6%　20.4%　年化均值
1998	AQ1995 =AQ1986*SQRT(252)　厚尾?　否　否　否　否
1999	AQ1996 =AVERAGE(AQ16:AQ1986)　AY1998 =IF(AY1988>AY1995,"厚尾","否")
2000	AQ1997 =AQ1996*SQRT(252)
2001	AY16 =$J$1998+NORM.S.INV($AX$10)*AQ16
2002	{=COUNTIF($AX36:$AX1986,"<"&TEXT(AY36:AY$　AZ16=IF(AR16="","",$J$1998+NORM.S.INV(
2003	1986,"0.00000000%"))}　$AX$10)*AR16)
2004	BA16 =$J$1998+NORM.S.INV($AX$10)*AS16
2005	BB16 =$J$1998+NORM.S.INV($AX$10)*AT16

图 15.6　正态变量在 99% 置信水平下的正态性检验

15.13.2　市场数据与正态分布数据

如果给定的数据是服从非时变正态分布的假定数据,更新波动率就显得没有必要。然而,市场变量通常是时变的,且通常不服从正态分布。它们往往具有负偏度和正超额峰度,并且具有序列相关性。对于非时变正态分布随机变量而言,任何一种波动率更新方法(GARCH(1,1)、移动平均、EWMA 等)都会将大多数权重置于上一期的方差之上。也就是说,更新方差并无必要。

在面对市场变量时,我们通常需要使用波动率更新方法;而对于非时变正态分布随机变量而言,则无需进行波动率更新。例如,图 15.6 的 AS10 单元格表明,EWMA 模型得出 $\lambda = 1$。由于 λ 表示置于前一期方差之上的权重,因此这说明波动率随时间是稳定不变的,无需进行更新。类似地,图 15.2 的 R4 单元格表明,GARCH(1,1)模型得出 $\gamma = 0.942$。由于 γ 表示置于长期方差之上的权重,因此这也说明波动率随时间是相对保持稳定的,似乎无需进行更新。

日经 225 指数收益率则与之形成鲜明对比。图 15.3 的 AA10 单元格表明,EWMA 模型得出 $\lambda = 0.927$;图 15.1 的 H4 单元格表明,GARCH(1,1)模型得出 $\gamma = 0.023$。换句话说,置于前一日方差之上的权重(EWMA 模型的 λ)和置于长期方差之上的权重(GARCH(1,1)模型的 γ)均相对较低,意味着对服从时变的且(或)非正态分布的收益率进行波动率更新很有必要。

综上所述,服从非时变正态分布的变量不需要进行波动率更新。相反,服从时变的且(或)非正态分布的(例如具有负偏度、大于零的超额峰度以及序列相关性的)市场变量则需要定期更新。

15.14 协方差

在开始讨论协方差之前,我们先快速回顾一下相关系数的概念。假设资产 a 与资产 b 的两组收益率时间序列 r^a 和 r^b 在 t 时刻收盘时的相关系数为 $\rho_{t+1}^{a,b}$,其中:

$$\rho_{t+1}^{a,b} = \frac{(\sigma_{t+1}^{a,b})^2}{\sigma_{t+1}^a \sigma_{t+1}^b}$$

这里 $(\sigma_{t+1}^{a,b})^2 = \frac{1}{T-1} \sum_{n=0}^{T-1} (r_{t-n}^a - \bar{r}_t^a)(r_{t-n}^b - \bar{r}_t^b)$ 表示资产 a 与资产 b 在 t 时刻的收益率协方差更新估计值;σ_{t+1}^a 与 σ_{t+1}^b 分别表示资产 a 与资产 b 在 t 时刻市场收盘后计算得出的收益率标准差。从业者通常用日数据来更新协方差。这种情况下,$\bar{r}_t^a \sim 0$ 且 $\bar{r}_t^b \sim 0$,$\forall t$。因此,对于 t 时刻,有:

$$(\sigma_{t+1}^{a,b})^2 = \frac{1}{T-1} \sum_{n=0}^{T-1} (r_{t-n}^a)(r_{t-n}^b) \tag{15.20}$$

15.14.1 移动平均

我们之前已经讨论了移动平均的概念以及这种方法对于研究时间序列数据的好处。如前所述,这种方法具有平滑数据的优势,因为移动平均代表的是最近一段时间的趋势,而不仅仅是最后一个时刻的数据点。我们也可以把这一概念应用于协方差之上。

式(15.20)已经给出了如何用移动平均的方法来更新协方差,我们只需将其中的 T 替换为 M 即可,这里 M 表示选定的用于计算移动平均的滞后期数。

15.14.2 指数加权移动平均

与第 15.4 节一致,我们令 $w_{n-1} = \lambda w_n$,其中 $\lambda < 1$。如前所述,$w_{t-n-1} = \frac{\lambda^n - \lambda^{n+1}}{1 - \lambda^N}$,$n \in \{0, 1, 2, \cdots, N-1\}$。利用与第 15.4 节类似的数学推导,可以得出每期更新得到的协方差等于:

$$(\sigma_{t+1}^{a,b})^2 = \lambda (\sigma_t^{a,b})^2 + (1-\lambda) r_t^a r_t^b$$

15.14.3　GARCH(1，1)模型

GARCH(1，1)模型与式(15.9)一致，只不过现在我们将该模型应用于协方差之上，而非应用于方差之上：

$$(\sigma_{t+1}^{a,\,b})^2 = \gamma(\sigma_L^{a,\,b})^2 + \alpha r_t^a r_t^b + \beta(\sigma_t^{a,\,b})^2$$

其中

$$1 = \gamma + \alpha + \beta$$

这里$(\sigma_L^{a,\,b})^2$表示长期协方差，并且我们继续假设日平均收益率近似为零，即$\bar{r}_t^a \sim 0$且$\bar{r}_t^b \sim 0$。该模型也可等价表述为：

$$(\sigma_{t+1}^{a,\,b})^2 = \omega + \alpha r_t^a r_t^b + \beta(\sigma_t^{a,\,b})^2 \tag{15.21}$$

其中

$$\omega = \gamma(\sigma_L^{a,\,b})^2 \Leftrightarrow (\sigma_L^{a,\,b})^2 = \frac{\omega}{\gamma} = \frac{\omega}{1-\alpha-\beta}$$

于是我们便可用$(\sigma_L^{a,\,b})^2 = \dfrac{\omega}{\gamma} = \dfrac{\omega}{1-\alpha-\beta}$来计算长期协方差。注意，与方差的 GARCH(1，1)模型相比，$(\sigma_L^{a,\,b})^2$可能为负数。

15.14.4　二元正态分布密度函数

为便于读者阅读，我们在此重新列出式(15.12)。假设日平均收益率为零，则正态分布密度函数在各个历史数据点$(r_{t-n},\ \sigma_{t-n}^2)$处取值的乘积即为：

$$\prod_{n=0}^{N-1} n(r_{t-n} \mid (\bar{r}_t = 0),\ \sigma_{t-n}^2) = \prod_{n=0}^{N-1} \frac{1}{\sqrt{2\pi\sigma_{t-n}^2}} e^{-\frac{(r_{t-n})^2}{2\sigma_{t-n}^2}}$$

其中σ_{t-n}^2表示$t-n-1$时刻结束时定期更新的方差值。回顾一下，在使用最大似然法时，我们通过选定 GARCH(1，1)、EWMA 等模型的参数来最大化该式。为了实现最大化，我们之前计算了该式的自然对数，即：

$$\ln\left(\prod_{n=0}^{N-1} \frac{1}{\sqrt{2\pi\sigma_{t-n}^2}} e^{-\frac{(r_{t-n})^2}{2\sigma_{t-n}^2}}\right) = \sum_{n=0}^{N-1} \ln\left(\frac{1}{\sqrt{2\pi\sigma_{t-n}^2}} e^{-\frac{(r_{t-n})^2}{2\sigma_{t-n}^2}}\right) \tag{15.22}$$

波动率的最优参数可以通过最大化上述式(15.22)来得到。

现在我们想用 GARCH(1，1)模型来更新协方差。因此，我们首先需要计算二元正态分布密度函数 Bn 在历史数据点对$(r_t^a,\ r_t^b)$处的取值，即：

$$Bn(r_t^a,\ r_t^b) = \frac{e^{-0.5\hat{xr}_t^T \sum_t^{-1} \hat{xr}_t}}{\sqrt{(2\pi)^2 \mid \sum_t \mid}}$$

其中

$$\hat{xr}_t = \begin{bmatrix} r_t^a - \bar{r}_t^a \\ r_t^b - \bar{r}_t^b \end{bmatrix}$$

$$\Sigma_t = \begin{bmatrix} (\sigma_t^a)^2 & (\sigma_t^{a,b})^2 \\ (\sigma_t^{b,a})^2 & (\sigma_t^b)^2 \end{bmatrix} = \begin{bmatrix} (\sigma_t^a)^2 & (\sigma_t^{a,b})^2 \\ (\sigma_t^{a,b})^2 & (\sigma_t^b)^2 \end{bmatrix}$$

$$|\Sigma_t| = (\sigma_t^a)^2 (\sigma_t^b)^2 - (\sigma_t^{a,b})^2 (\sigma_t^{b,a})^2 = (\sigma_t^a)^2 (\sigma_t^b)^2 (1 - (\rho_t^{a,b})^2)$$

$$\Sigma_t^{-1} = \frac{1}{|\Sigma_t|} \begin{bmatrix} (\sigma_t^b)^2 & -(\sigma_t^{a,b})^2 \\ -(\sigma_t^{a,b})^2 & (\sigma_t^a)^2 \end{bmatrix}$$

这里 $\forall t$，$\bar{r}_t^a$ 与 $\bar{r}_t^b$ 分别表示资产 a 和资产 b 在 t 时刻的平均收益率；Σ_t 表示定期更新的协方差矩阵；$|\Sigma_t|$ 表示这一随时间变化的协方差矩阵的行列式；$\rho_t^{a,b}$ 表示资产 a 与资产 b 在 t 时刻的收益率时间序列的相关系数更新值；Σ_t^{-1} 表示随时间变化的协方差矩阵的逆矩阵。[①]

GARCH$(1,1)$ 模型的 3 个参数可由如下优化问题求解得出，这一优化问题建立在式 (15.22) 之上：

$$\max_{\alpha,\ \beta,\ \omega} \sum_{n=0}^{N-1} \ln \left(\frac{\mathrm{e}^{-0.5 \hat{xr}_{t-n-1}^T \Sigma_{t-n-1}^{-1} \hat{xr}_{t-n-1}}}{\sqrt{(2\pi)^2 \ |\Sigma_{t-n-1}|}} \right)$$

$$\text{s.t.} \quad \beta = 1 - (\alpha + \omega)$$

$$\text{s.t.} \quad \beta \geqslant 0,\ \alpha \geqslant 0,\ \text{且}\ \omega \geqslant 0$$

其中，N 表示选定的数据点个数。第一个约束条件保证权重之和等于 1，即 $\alpha + \beta + \omega = 1$。3 个非负约束条件保证模型的稳定性。显然，在该优化问题中，3 个参数（α、β 和 ω）蕴含在协方差矩阵 Σ_t 之中，其中的协方差要按照式 (15.21) 给出的 GARCH$(1,1)$ 模型进行更新。

15.15 补充：替换掉 σ_t^2 后的 GARCH$(1,1)$ 模型的权重

GARCH$(1,1)$ 模型对应的各期权重如何？将 $\sigma_t^2 = \omega + \alpha (r_{t-1})^2 + \beta (\sigma_{t-1}^2)$ 代入 $\sigma_{t+1}^2 = \omega +$

[①] 一般而言，N 个资产的多元正态分布密度函数 Mn 为：

$$Mn(\hat{r}_t) = \frac{\mathrm{e}^{-0.5 \hat{xr}_t^T \Sigma_t^{-1} \hat{xr}_t}}{\sqrt{(2\pi)^N |\Sigma_t|}}$$

其中

$$\hat{xr}_t = \begin{bmatrix} r_t^a - \bar{r}^a \\ r_t^b - \bar{r}^b \\ \cdots \\ r_t^N - \bar{r}^N \end{bmatrix},\ \text{且}\ \Sigma_t = \begin{bmatrix} (\sigma_t^a)^2 & (\sigma_t^{a,b})^2 & \cdots & (\sigma_t^{a,N})^2 \\ (\sigma_t^{b,a})^2 & (\sigma_t^b)^2 & \cdots & (\sigma_t^{b,N})^2 \\ \vdots & \vdots & \ddots & \vdots \\ (\sigma_t^{N,a})^2 & (\sigma_t^{N,b})^2 & \cdots & (\sigma_t^N)^2 \end{bmatrix}$$

然而，这些阶数较高的协方差矩阵的行列式 $|\Sigma_t|$ 和逆矩阵 Σ_t^{-1} 的计算公式很难简洁地书写出来。

$\alpha(r_t)^2 + \beta(\sigma_t^2)$，即得：

$$\sigma_{t+1}^2 = \omega + \alpha(r_t)^2 + \beta(\omega + \alpha(r_{t-1})^2 + \beta(\sigma_{t-1}^2))$$

$$= \omega(1+\beta) + \alpha(r_t)^2 + \alpha\beta(r_{t-1})^2 + \beta^2(\sigma_{t-1}^2)$$

接下来，将 $\sigma_{t-1}^2 = \omega + \alpha(r_{t-2})^2 + \beta(\sigma_{t-2}^2)$ 代入上式，即得：

$$\sigma_{t+1}^2 = \omega(1+\beta) + \alpha(r_t)^2 + \alpha\beta(r_{t-1})^2 + \beta^2(\omega + \alpha(r_{t-2})^2 + \beta(\sigma_{t-2}^2))$$

$$= \omega(1+\beta+\beta^2) + \alpha(r_t)^2 + \alpha\beta(r_{t-1})^2 + \alpha\beta^2(r_{t-2})^2 + \beta^3(\sigma_{t-2}^2)$$

再进行一次这样的迭代，即得：

$$\sigma_{t+1}^2 = \omega(1+\beta+\beta^2) + \alpha(r_t)^2 + \alpha\beta(r_{t-1})^2 + \alpha\beta^2(r_{t-2})^2$$

$$+ \beta^3(\omega + \alpha(r_{t-3})^2 + \beta(\sigma_{t-3}^2))$$

$$= \omega(1+\beta+\beta^2+\beta^3) + \alpha(r_t)^2 + \alpha\beta(r_{t-1})^2 + \alpha\beta^2(r_{t-2})^2$$

$$+ \alpha\beta^3(r_{t-3})^2 + \beta^4(\sigma_{t-3}^2)$$

如此往复，我们可以得出 $\sigma_{t+1}^2 = \beta^N \sigma_{t-N+1}^2 + \sum_{n=0}^{N-1}(\omega\beta^n + \alpha\beta^n(r_{t-n})^2)$。当 N 较大时，由于 $\beta < 1$，因此 $\beta^N \to 0$。所以我们可以忽略 $\beta^N \sigma_{t-N+1}^2$ 一项，进而得出：

$$\sigma_{t+1}^2 = \sum_{n=0}^{N-1}\beta^n[\omega + \alpha(r_{t-n})^2] = \sum_{n=0}^{N-1}\beta^n[\gamma\sigma_L^2 + \alpha(r_{t-n})^2] \tag{15.23}$$

由于权重之和应当等于 1，因此：

$$\sum_{n=0}^{N-1}\beta^n[\gamma+\alpha] = [\gamma+\alpha]\sum_{n=0}^{N-1}\beta^n = 1 \tag{15.24}$$

在第 15.4 节中，我们求解了指数加权移动平均模型的最近观测值 $(r_t)^2$ 的权重 $w_{t-1} = \dfrac{1-\lambda}{1-\lambda^N}$，如式（15.5）所示。利用同样的方法，我们可以得出上式中的 $\gamma+\alpha$ 等于：

$$\gamma+\alpha = \frac{1-\beta}{1-\beta^N} \in (0, 1) \tag{15.25}$$

由此我们可以看出，GARCH(1，1)模型中的 β 即为"衰减因子"，与 EWMA 模型中的 λ 相对应。接下来，根据前面的计算结果，$(r_{t-n})^2$ 的权重等于 $w_{t-n-1} = \alpha\beta^n$，$n \in \{0, 1, 2, \cdots, N-1\}$。由式（15.23），$\sigma_L^2$ 的权重等于 $\gamma\sum_{n=0}^{N-1}\beta^n$；又由式（15.24），$\sum_{n=0}^{N-1}\beta^n = \dfrac{1}{\gamma+\alpha}$。综合这两个结果，我们得出长期方差的权重等于 $\dfrac{\gamma}{\gamma+\alpha}$。因此，全部历史观测值 $(r_{t-n})^2$ 的权重之和应当等于 $1 - \dfrac{\gamma}{\gamma+\alpha} = \dfrac{\alpha}{\gamma+\alpha}$。

现在我们总结一下 GARCH(1，1)模型的权重。式（15.23）可改写为：

$$\sigma_{t+1}^2 = \frac{\gamma}{\gamma+\alpha}\sigma_L^2 + \alpha\sum_{n=0}^{N-1}\beta^n(r_{t-n})^2 \tag{15.26}$$

在 GARCH(1，1)模型的这一全新表达式中，我们消掉了 σ_t^2 一项。于是，置于 σ_L^2 之上的权重为 $\frac{\gamma}{\gamma+\alpha}\in(0，1)$，置于 $(r_{t-n})^2$ 之上的权重为 $w_{t-n-1}=\alpha\beta^n$，$n\in\{0，1，2，\cdots，N-1\}$。但本书在讲到"GARCH(1，1)模型的权重"时，我们将始终指代式(15.9)(即显式包含 σ_t^2 一项的原始 GARCH(1，1)模型)中给出的权重。

第 16 章

其他正态性检验与自相关性检验

上一章中,我们曾使用两种正态性检验方法。第 15.13 节里,我们通过统计左侧尾部例外值的个数来判断是否存在厚尾特征。第 15.9 节里,我们用第二种方法进行了正态性检验,这种方法用到了第 15.8 节引入的标准化后收益率 $\frac{r_t}{\sigma_t}$,其可对波动率更新技术与数据的正态性进行联合检验。本章中,我们将进一步探讨如何用标准化后的变量来检验波动率更新方法是否有效。

本章将介绍一些正态性检验法,例如 Jarque-Bera 检验,以及这种方法的拓展:Jarque-Bera-Urzua 检验。本章还将回顾一种自相关性(即序列线性依赖性)检验方法:Ljung-Box 统计量。本章将给出一些示例。

16.1 自相关性检验:Ljung-Box 统计量

我们可以计算不同滞后时间的自相关性(autocorrelation)。如果滞后期数为 k 期,则自相关性的计算公式为:[1]

$$\rho_t^k = \frac{\sigma^2(r_t, r_{t-k})}{\sigma(r_t)\sigma(r_{t-k})} \tag{16.1}$$

其中

$$\sigma^2(r_t, r_{t-k}) = \frac{1}{N-k-1} \sum_{n=0}^{N-k-1} (r_{t-n} - \mu_t)(r_{t-k-n} - \mu_t^k)$$

$$\sigma(r_{t-k}) = \sqrt{\frac{1}{N-k-1} \sum_{n=0}^{N-k-1} (r_{t-k-n} - \mu_t^k)^2} = \sqrt{\frac{1}{N-k-1} \sum_{n=k}^{N-1} (r_{t-n} - \mu_t^k)^2}$$

$$\sigma(r_t) = \sqrt{\frac{1}{N-k-1} \sum_{n=0}^{N-k-1} (r_{t-n} - \mu_t)^2} = \sqrt{\frac{1}{N-k-1} \sum_{n=k}^{N-1} (r_{t+k-n} - \mu_t)^2}$$

---

[1] 如果假定 $\mu^k = \mu = 0$,那么除数 $N-k-1$ 可被替换为 $N-k$。实际上从业者经常使用这一假设。

$$\mu_t = \frac{1}{N-k} \sum_{n=0}^{N-k-1} r_{t-n} = \frac{1}{N-k} \sum_{n=k}^{N-1} r_{t+k-n}$$

$$\mu_t^k = \frac{1}{N-k} \sum_{n=0}^{N-k-1} r_{t-k-n} = \frac{1}{N-k} \sum_{n=k}^{N-1} r_{t-n}$$

现在我们引入 Ljung-Box 统计量,该统计量可用于检验是否存在自相关性:

$$LB(K) = N(N+2) \sum_{k=1}^{K} \frac{(\rho_t^k)^2}{N-k} \sim \chi^2(K)$$

其中,N 表示样本量,指标 k 表示某一特定的滞后期,K 表示我们考虑的滞后期总数。零假设认为总体数据互不相关,数据中的相关性纯粹是抽样过程导致的。这种情况下,$LB(K)$ 将服从自由度为 K 的卡方分布,即 $LB(K) \sim \chi^2(K)$。备择假设认为数据存在序列相关性。因此,如果计算得到的 $LB(K)$ 检验统计量低于(高于)选定的显著水平对应的 $\chi^2(K)$ 取值,我们就不应该(应该)拒绝序列自相关性不存在的零假设。

16.1.1 波动率模型的检验:Ljung-Box 统计量

如前所述,如果我们研究的波动率模型是有效的,那么用模型得出的波动率分别对历史收益率进行标准化,应当能够消除收益率序列的自相关性。因此,设想我们对原始收益率序列进行了 Ljung-Box 检验,发现存在自相关性,进而拒绝了收益率不存在自相关性的零假设。接下来,用上一章的方法(例如移动平均、EWMA 或 GARCH(1, 1)模型)更新完日波动率之后,我们可以将式(16.1)中的各个 r_t 替换为 $\frac{r_t}{\sigma_t}$,进而检验我们的波动率更新方法是否有效。如果我们选取的波动率更新方法是合适的,那么用日波动率分别对日收益率进行标准化,应当能够消除自相关性。假如我们使用这些标准化后的时间序列数据 $\frac{r_t}{\sigma_t}$,发现在利用 $LB(K)$ 检验统计量进行检验时无法拒绝零假设,那么我们对所选的波动率更新模型的信心就将有所提升。

16.1.2 波动率模型的检验:卡方分布

上一部分中,我们介绍了各期收益率与波动率之比 $\frac{r_t}{\sigma_t}$ 的一种重要应用。如果收益率服从正态分布 $r_t \sim N(0, \sigma_t^2)$,那么 $z_t = \frac{r_t - 0}{\sigma_t} = \frac{r_t}{\sigma_t} \sim N(0, 1)$,这是一个服从非时变正态分布的随机变量。我们知道,标准正态分布随机变量的平方服从 $\chi^2(1)$ 分布。此外,N 个服从 $\chi^2(1)$ 分布的独立随机变量之和也服从 χ^2 分布,但自由度为 N。也就是说,如果将 N 个独立标准正态分布随机变量 $z_n \sim N(0, 1)$ 的平方相加,得到的随机变量将服从自由度为 N 的卡方分布,即 $\sum_{n=0}^{N-1} (z_n)^2 \sim \chi^2(N)$。因此,由于 $\frac{r_{t-n}}{\sigma_{t-n}} \sim N(0, 1)$,所以如果波动率模型有效,那么:[1]

$$\sum_{n=0}^{N-1} \left(\frac{r_{t-n}}{\sigma_{t-n}}\right)^2 \sim \chi^2(N) \tag{16.2}$$

---

① 如前所述,我们假设 $\bar{r}_{t-n} = 0$, $n \in \{0, 1, 2, \cdots, N-1\}$。

16.2 正态性检验

本节我们介绍两种正态性检验方法:Jarque-Bera 检验与 Jarque-Bera-Urzua 检验。

16.2.1 Jarque-Bera 检验

Jarque-Bera 检验是一种数据正态性检验方法。与先前讨论的基于二阶矩的检验方法(例如 Ljung-Box 检验统计量)不同,Jarque-Bera 检验着眼于三阶矩与四阶矩,也就是偏度与峰度。当样本点足够多时,这是一种检验正态性的最佳方法,因为该统计量只会渐近服从于自由度为 2 的卡方分布,即 $\sim\chi^2(2)$。

如果大量的 N 个数据点均来自正态分布,那么:

$$\Gamma\sqrt{N}\sim N(0,\ 6)\Rightarrow\Gamma\sqrt{\frac{N}{6}}\sim N(0,\ 1)\Rightarrow\Gamma^2\frac{N}{6}\sim\chi^2(1)$$

$$XS\delta\sqrt{N}\sim N(0,\ 24)\Rightarrow XS\delta\sqrt{\frac{N}{24}}\sim N(0,\ 1)\Rightarrow(XS\delta)^2\frac{N}{24}\sim\chi^2(1)$$

其中 Γ 表示由数据计算得出的偏度(三阶矩),δ 表示由数据计算得出的峰度(四阶矩),$XS\delta=\delta-3$ 表示超额峰度。独立卡方分布随机变量之和仍服从于卡方分布,且其自由度等于各个独立卡方分布随机变量的自由度之和。基于这一事实,Jarque-Bera 检验统计量的定义是:

$$JB=\Gamma^2\frac{N}{6}+(XS\delta)^2\frac{N}{24}=\frac{N}{6}\left(\Gamma^2+\frac{(XS\delta)^2}{4}\right)\sim\chi^2(2) \tag{16.3}$$

如果 JB 检验统计量的计算结果大于下面这些 $\chi^2(2)$ 分布的对应阈值,我们就将在给定的置信水平下拒绝收益率数据(或修正后的收益率数据)服从正态分布的零假设:

$$(90\%,\ 4.61),\ (95\%,\ 5.99),\ (99\%,\ 9.21)$$

更确切地说,零假设假定偏度为 0,峰度为 3。如果实际数据偏离这些假设,JB 统计量的值就会有所增加。该统计量是关于 Γ^2 和 $(XS\delta)^2$ 的函数,所以它总是正的。

16.2.2 Jarque-Bera-Urzua 检验

Jarque-Bera-Urzua(JBU)检验是对 JB 正态性检验的拓展。与 JB 检验一样,JBU 检验建立在三阶矩(偏度)与四阶矩(峰度)之上。然而,如果样本量 N 没有那么大,JBU 检验则更为适合。(回顾一下,JB 检验统计量仅仅是渐近服从于卡方分布,也就是在数据点足够多时才服从卡方分布。)

Jarque-Bera-Urzua 检验统计量等于:

$$JBU = \frac{\Gamma^2}{6}N_1 + \frac{1}{24}N_2(\delta - 3 \times \hat{1})^2 \sim \chi^2(2) \qquad (16.4)$$

其中
$$N_1 = \frac{(N+1)(N+3)}{N-2}$$

$$N_2 = \frac{(N+1)^2(N+3)(N+5)}{N(N-2)(N-3)}$$

$$\hat{1} = \frac{N-1}{N+1}$$

考虑样本量 N 非常大时的特殊情形。此时：

$$\lim_{N \to \infty} N_1 = N; \quad \lim_{N \to \infty} N_2 = N; \quad \lim_{N \to \infty} \hat{1} = 1$$

如果我们在式(16.4)中用 N 替代 N_1 与 N_2，用 1 替代 $\hat{1}$，那么 JBU 检验统计量就变为：

$$\lim_{N \to \infty} JBU = \lim_{N \to \infty} \frac{\Gamma^2}{6}N_1 + \frac{1}{24}N_2(\delta - 3 \times \hat{1})^2 = \frac{\Gamma^2}{6}N + \frac{1}{24}N(\delta - 3)^2$$

这正是式(16.3)给出的 JB 统计量。

16.2.3　正态分布收益率的正态性检验

上一章我们重点介绍了从业者如何跟踪感兴趣的市场变量的波动率随时间变化的情况。让我们用几个简单的练习加以回顾，读者也可以借此从更为深入的角度加深对内容的理解。

我们可以用正态分布生成一系列未来时期的收益率，然后用先前讨论过的检验统计量来联合检验正态分布随机变量的生成过程以及这些统计量本身的表现。例如，假设未来收益率服从方差为常数的正态分布。那么如果对 EWMA 模型使用最大似然法，计算得出的最优"衰减"因子 λ 应当接近于 1。再回到式(15.7)，如果 $\lambda = 1$，那么 $\sigma_{t+1}^2 = \sigma_t^2$，$\forall t$，这与常数波动率的假设一致。

类似地，如果对服从正态分布的随机变量使用 GARCH(1，1)模型，那么最大似然法得出的结果应当接近于 $\gamma = 1$，$\alpha = \beta = 0$。再回到式(15.9)，结合这些结果应当有 $\sigma_{t+1}^2 = \sigma_L^2$，$\forall t$，这与常数波动率的假设一致。

诸如 Jarque-Bera-Urzua 检验这类正态性检验方法也应当呈现出与这些数据的正态性一致的结果。此外，如果这些服从非时变正态分布的收益率是独立生成的，或者是通过某种波动率更新过程进行了"标准化"，那么像 Ljung-Box 检验这类自相关性检验方法也应该得出不具有自相关性的结论。

16.3　案例：正态性检验与自相关性检验

现在我们对市场数据进行正态性与自相关性检验，将本章介绍的方法应用于实际。

16.3.1 Jarque-Bera 检验与 Jarque-Bera-Urzua 检验

图 16.1 对四种不同市场变量收益率进行了 Jarque-Bera(JB)正态性检验与 Jarque-Bera-Urzua(JBU)正态性检验:标准普尔 500 指数(SP500)、道琼斯工业平均指数(DJIA)、埃森哲(ACN)和苹果公司(AAPL)。F6:I2017 单元格中计算了这四个变量的 8 年左右的日收益率。第 2019 行表明,每个变量都有 2012 个收益率样本。毫不意外,四个市场变量的收益率都呈现出负偏度(第 2020 行)与正超额峰度(第 2021 行)的特征。

	A	B	C	D	E	F	G	H	I
3		SP500	DJIA	ACN	AAPL	SP500 r^{cc}	DJIA r^{cc}	ACN r^{cc}	AAPL r^{cc}
4	日期	价格	价格	价格	价格				
5	2012/6/7	1315	12461	49.19	17.6141	F6 =LN(B6/B5)			
6	2012/6/8	1326	12554	48.915	17.87905	0.8%	0.7%	-0.6%	1.5%
7	2012/6/11	1309	12411	47.828	17.59716	-1.3%	-1.1%	-2.2%	-1.6%
8	2012/6/12	1324	12574	47.929	17.75089	1.2%	1.3%	0.2%	0.9%
1975	2020/10/7	3419	28303	222.58	114.8818	1.7%	1.9%	1.4%	1.7%
1976	2020/10/8	3447	28426	224.73	114.772	0.8%	0.4%	1.0%	-0.1%
1977	2020/10/9	3477	28587	228.69	116.7685	0.9%	0.6%	1.7%	1.7%
1978	2020/10/12	3534	28838	230.59	124.1858	1.6%	0.9%	0.8%	6.2%
1979	2020/10/13	3512	28680	229.38	120.8914	-0.6%	-0.5%	-0.5%	-2.7%
2014	2020/12/4	3699	30218	253.44	122.25	0.9%	0.8%	1.4%	-0.6%
2015	2020/12/7	3692	30070	249.3	123.75	-0.2%	-0.5%	-1.6%	1.2%
2016	2020/12/8	3702	30174	249.86	124.38	0.3%	0.3%	0.2%	0.5%
2017	2020/12/9	3673	30069	246.77	121.78	-0.8%	-0.3%	-1.2%	-2.1%
2018									
2019	F2019 =COUNT(F$6:F$2017)				N	2012	2012	2012	2012
2020	F2020 =SKEW(F$6:F$2017)				r	-1.20	-1.30	-0.31	-0.45
2021	F2021 =KURT(F$6:F$2017)				XSδ	22.20	27.04	9.91	7.16
2022				Jarque-	JB	41794	61872	8261	4365
2023				Bera	服从正态?	否	否	否	否
2024				Jarque-	N_1	2018	2018	2018	2018
2025				Bera-	N_2	2027	2027	2027	2027
2026	χ^2 (95%置信水平)	95%	5.99	Urzua	1^	0.999	0.999	0.999	0.999
2027					JBU	42115	62346	8328	4401
2028					服从正态?	否	否	否	否
2029	C2026 =CHIINV(1-B2026,2)								
2030	F2022 =F2020^2*F2019/6+F2021^2*F2019/24								
2031	F2023 =IF(F2022>$C2026,"否","是")								
2032	F2024 =(F2019+1)*(F2019+3)/(F2019-2)								
2033	F2025 =(F2019+1)^2*(F2019+3)*(F2019+5)/F2019/(F2019-2)/(F2019-3)								
2034	F2026 =(F2019-1)/(F2019+1)								
2035	F2027 =F2020^2*F2024/6+F2025*(**F2021+3*(1-F2026)**)^2/24								
2036	F2028 =IF(F$2027>$C2026,"否","是")								

图 16.1 Jarque-Bera-Urzua 正态性检验(第一部分)

第 2022 行利用式(16.3)计算了 Jarque-Bera(JB)检验统计量。如前所述,其服从于 $\chi^2(2)$ 分布,这种分布在 95% 置信水平下的取值为 5.99,见 C2026 单元格。第 2022 行表明,四个收

益率时间序列的 JB 统计量计算结果均远远超出 5.99。因此,我们在第 2023 行得出结论:四种市场变量的收益率并非服从正态分布。

如前所述,JBU 检验统计量的计算公式为式(16.4),它是对 JB 检验统计量的拓展,更适用于对小样本数据进行正态性检验。[①]F2024:I2027 单元格计算了先前讲解的 JBU 检验统计量。与第 2022 行的 JB 检验统计量类似,第 2027 行得到的四个 JBU 检验统计量也远远超出 C2026 单元格给出的 95% 置信水平阈值。因此,我们在第 2028 行得出结论,拒绝了四种市场变量收益率服从正态分布的零假设。

图 16.2 的计算内容与图 16.1 类似。L5:L1977 单元格给出了日经 225 指数从 2012 年到 2020 年的 1973 个历史日收盘价。M6:M1977 单元格计算了连续复利收益率。根据 M2022

	K	L	M	N	O	P	Q
3		**N225**	**N225**	**μ**		10%	10%
4	**日期**	**价格**	r^{cc}	**σ**		30%	30%
5	2012/8/9	8979				r ~ N	r ~ N
6	2012/8/10	8891	-1.0%			0.1%	2.5%
7	2012/8/13	8885	-0.1%			2.3%	-0.2%
8	2012/8/14	8930	0.5%			1.3%	1.8%
1975	2020/12/10	26756	-0.2%			0.1%	3.6%
1976	2020/12/11	26653	-0.4%			-1.9%	0.1%
1977	2020/12/14	26732	0.3%			1.4%	0.5%
1978		M6	=LN(L6/L5)			-0.8%	-1.8%
1979						0.0%	-0.6%
2014						-2.2%	-0.1%
2015						1.2%	1.9%
2016						0.5%	-1.0%
2017						1.2%	-1.2%
2018							
2019		N	1972			2012	2012
2020		r	-0.22			-0.01	0.06
2021		XSδ	4.45			-0.08	-0.12
2022		JB	1645			**0.603**	**2.324**
2023		服从正态?	否			**是**	**是**
2024		N_1	1978			2018	2018
2025		N_2	1987			2027	2027
2026		1^	1			0.999	0.999
2027		JBU	1660			**0.566**	**2.278**
2028		服从正态?	否			**是**	**是**
2029							
2030	Q6:Q2017...=$Q$3/252+NORM.S.INV(RAND())*$						
2031	Q$4/SQRT(252)						

图 16.2　Jarque-Bera-Urzua 正态性检验(第二部分)

---

① 由于我们有超过 2000 个数据点,因此 JBU 检验的结果与 JB 检验的结果不会有显著差别。尽管如此,为了更好地讲解方法,我们还是展示了 JBU 检验统计量的结果。

单元格与 M2027 单元格计算得出的 JB 与 JBU 检验统计量,我们拒绝了日经 225 指数收益率服从正态分布的零假设。事实上,根据 M2020 单元格的结果,我们可以看出负偏度;根据 M2021 单元格的结果,我们可以看出正超额峰度的厚尾特征。

P 列与 Q 列将 JB 与 JBU 正态性检验应用于人工生成的假想收益率,这些收益率服从正态分布,由 Excel 的随机数生成器生成。P3:Q4 单元格表明年化均值与波动率分别为 10% 和 30%。基于这些输入数据,P6:P2017 单元格与 Q6:Q2017 单元格分别生成了两组日收益率的随机抽样。P2020:Q2020 单元格与 P2021:Q2021 单元格的计算结果表明,两组收益率计算得出的偏度与超额峰度均接近于零,与正态分布一致。P2022:Q2022 单元格与 P2027:Q2027 单元格的结果说明,JB 统计量与 JBU 统计量的取值均非常小,因此我们无法拒绝收益率服从正态分布的零假设,这与我们的预期一致。

16.3.2 序列自相关性的 Ljung-Box 检验

接下来我们说明如何检验数据的序列自相关性。图 16.3 研究了五种不同的市场变量(标准普尔 500、道琼斯工业平均指数、埃森哲、苹果公司和日经 225 指数)和一个正态分布随机变

	S	T	U	V	W	X	Y	Z	AA	A	AC	AD	AE	AF	A	AH	AI
2015		SP500	DJIA	ACN	AAPL		N225		Z~N		SP500	DJIA	ACN	AAPL		N225	Z~N
2016	滞后期	自相关ρ	自相关ρ	自相关ρ	自相关ρ		自相关ρ		自相关ρ		AC2017 =T2017^2/(F$2019-$S2017)						
2017	1	-0.20	-0.20	-0.16	-0.08		-0.04		0.01		2E-05	2E-05	1E-05	3E-06		8E-07	3E-08
2018	2	0.16	0.18	0.10	0.04		0.05		0.02		1E-05	2E-05	5E-06	7E-07		1E-06	1E-07
2019	3	-0.07	-0.07	-0.06	-0.02		-0.03		0.01		2E-06	3E-06	2E-06	2E-07		3E-07	3E-08
2020	4	-0.02	0.00	0.00	0.00		0.01		0.01		2E-07	1E-09	7E-09	7E-10		1E-07	1E-07
2021	5	-0.04	-0.05	-0.07	-0.02		-0.04		0.00		8E-07	1E-06	2E-06	2E-07		8E-07	8E-09
2022	6	0.00	-0.01	-0.01	0.04		0.01		-0.02		8E-09	3E-08	2E-08	7E-07		4E-08	2E-07
2023	7	0.06	0.06	0.04	0.05		-0.04		-0.02		2E-06	2E-06	1E-06	1E-06		7E-07	1E-07
2024	8	-0.06	-0.07	-0.06	-0.08		0.00		0.06		2E-06	2E-06	2E-06	3E-06		5E-09	2E-06
2025	9	0.10	0.11	0.08	0.06		0.04		0.03		5E-06	6E-06	3E-06	2E-06		7E-07	5E-07
2026	10	-0.06	-0.08	-0.05	-0.05		-0.02		0.00		2E-06	3E-06	1E-06	1E-06		2E-07	2E-10
2027	11	0.07	0.08	0.07	0.01		-0.02		0.01		2E-06	3E-06	2E-06	1E-07		2E-07	5E-08
2028	12	-0.09	-0.10	-0.07	-0.01		-0.04		0.00		4E-06	5E-06	3E-06	1E-07		7E-07	5E-09
2029	13	0.06	0.07	0.02	0.03		0.04		0.03		2E-06	2E-06	3E-07	4E-07		6E-07	4E-07
2030	14	-0.06	-0.06	-0.03	0.01		0.02		0.06		2E-06	2E-06	4E-07	8E-08		2E-07	2E-06
2031	15	0.02	0.03	0.00	0.03		0.00		0.02		1E-07	5E-07	3E-09	6E-07		7E-09	3E-07
2032																	
2033	LB(15)	229	260	141	55		27		22		6E-05	6E-05	3E-05	1E-05		7E-06	5E-06
2034	χ^2 (15)	95%	25.00	U2034 =CHIINV(1-T2034,S2031)								AC2033 =SUM(AC2017:AC2031)					
2035																	
2036	独立?	否	否	否	否		否		是		229	260	141	55		27	22
2037											AC2036 =AC2033*F2019*(F2019+2)						
2038	T2017 =CORREL(F$6:F$2002,F7:F2003)																
2039	T2033 {=SUM(T2017:T2031^2/(F$2019-$S2017:$S2031))*F2019*(F2019+2)}																
2040	T2036 =IF(T2033>$U2034,"否","是")																
2041																	
2042	Y2017 =CORREL(M$6:**M$1962**,M7:**M1963**)																
2043	Y2033 {=SUM(Y2017:Y2031^2/(M$2019-$S2017:$S2031))*M2019*(M2019+2)}																
2044																	
2045	AA2017 =CORREL(P$6:**P$2002**,P7:**P2003**)																
2046	AA2033 {=SUM(AA2017:AA2031^2/(P$2019-$S2017:$S2031))*P2019*(P2019+2)}																

图 16.3 Ljung-Box 检验:五种市场变量与正态分布随机变量

量 Z。我们考虑前 15 个可能的滞后期,如 S2017:S2031 单元格所示。T2017:AA2031 单元格使用 Excel 的 CORREL 函数计算了这 15 个滞后期对应的自相关性。[1]T2033:AA2033 单元格利用式(16.1)计算了 LB 检验统计量。当考虑 15 个滞后期时,$\chi^2(15)$ 分布对应的 95% 置信水平临界值为 25.00,如 U2034 单元格所示。根据 T2033:Y2033 单元格,五个市场变量的 LB 检验统计量全部超过 25.00,说明五种市场变量均呈现出自相关的特征。AA2033 单元格表明正态分布随机变量计算得出的 LB 检验统计量小于临界值 25.00,因此我们无法拒绝这组由 Excel 给出的正态分布独立抽样不具有自相关性的零假设。

T2033:AA2033 单元格给出的 LB 检验统计量是通过使用用户自定义的高级数组函数计算得出的。我们在 AC 列至 AI 列中给出了一种更简单的多步计算方法。注意,用这种多步计算方法在 AC2036:AI2036 单元格中得到的 LB 检验统计量验证了 T2033:AA2033 单元格得到的结果。

综上所述,市场变量的收益率往往呈现出序列自相关性,而独立抽样的正态分布随机变量则不具有这种特征。

16.3.3　GARCH(1, 1)模型的 Ljung-Box 检验

如前所述,如果我们研究的波动率模型是有效的,那么用模型得出的波动率分别对历史收益率进行标准化,应当能够消除收益率序列的自相关性。下面我们将 GARCH(1, 1)模型分别应用于六种收益率:五个市场变量(标准普尔 500、道琼斯工业平均指数、埃森哲、苹果公司和日经 225 指数)的收益率以及一个假定服从于非时变正态分布的收益率。

图 16.4 中 BJ6:BM2017 单元格的四种收益率引用自图 16.1 的 F6:I2017 单元格。BJ2019:BM2019 单元格分别计算了四组时间序列的波动率,随后 BN6:BQ6 单元格引用了这四个计算结果。接下来,我们从 BN7:BQ7 单元格开始计算 GARCH(1, 1)模型的波动率,直到 BN2017:BQ2017 单元格为止,计算公式为式(15.11)给出的 $\sigma_{t+1}^2 = \omega + \alpha(r_t)^2 + \beta\sigma_t^2$。第 2022 行至第 2024 行计算了四组 GARCH(1, 1)模型分别使用的 3 个参数 ω、α 和 β,计算方法为最大化第 2028 行得出的对数似然函数值。对数似然函数的计算公式为式(15.13),即

$$L_t = -\sum_{n=0}^{N-1}\left(\ln(\sigma_{t-n}^2) + \left(\frac{r_{t-n}}{\sigma_{t-n}}\right)^2\right)。$$

有了更新后的 GARCH(1, 1)模型波动率,我们继续来看图 16.5,这里我们用两种方法对更新波动率的 GARCH(1, 1)模型进行检验:Ljung-Box 统计量,以及独立正态分布随机变量之和应当服从 χ^2 分布。AM6:AP2017 单元格与 AQ6:AR1976 单元格分别给出了我们感兴趣的六组变量的 $\frac{r_t}{\sigma_t}$ 取值。第 2018 行的单元格简单计算了各自列中第 6 行至第 2017 行的数据的平方和。第 2020 行统计了每一列的数据点个数 N;第 2019 行的单元格计算了相应数据点个数对应的卡方分布 $\chi^2(N)$ 的 95% 置信区间(见 AM2039 单元格)的上界。

---

[1]　图 16.3 中没有给出收益率数据。前四个变量(标准普尔 500、道琼斯工业平均指数、埃森哲、苹果公司)的数据来自图 16.1 的 F6:I2017 单元格。正态分布收益率的数据来自图 16.2 的 P6:P2017 单元格。日经 225 指数的收益率数据来自图 16.2 的 M6:M1977 单元格。

	BI	BJ	BK	BL	BM	BN	BO	BP	BQ
3		SP500	DJIA	ACN	AAPL	SP500	DJIA	ACN	AAPL
4		r_t	r_t	r_t	r_t	Gσ$_t$	Gσ$_t$	Gσ$_t$	Gσ$_t$
5		BJ6 =F6		BL6 =H6		BN6 =BJ2019		BP6 =BL2019	
6		0.8%	0.7%	-0.6%	1.5%	1.1%	1.1%	1.5%	1.8%
7		-1.3%	-1.1%	-2.2%	-1.6%	1.0%	1.1%	1.4%	1.8%
8		1.2%	1.3%	0.2%	0.9%	1.1%	1.1%	1.6%	1.8%
1975		1.7%	1.9%	1.4%	1.7%	1.3%	1.3%	1.8%	2.3%
1976		0.8%	0.4%	1.0%	-0.1%	1.4%	1.4%	1.7%	2.2%
1977		0.9%	0.6%	1.7%	1.7%	1.3%	1.3%	1.6%	2.1%
1978		1.6%	0.9%	0.8%	6.2%	1.2%	1.2%	1.6%	2.0%
1979		-0.6%	-0.5%	-0.5%	-2.7%	1.3%	1.1%	1.5%	2.9%
2014		0.9%	0.8%	1.4%	-0.6%	0.8%	0.9%	1.2%	1.7%
2015		-0.2%	-0.5%	-1.6%	1.2%	0.8%	0.9%	1.3%	1.6%
2016		0.3%	0.3%	0.2%	0.5%	0.8%	0.9%	1.4%	1.6%
2017		-0.8%	-0.3%	-1.2%	-2.1%	0.7%	0.8%	1.3%	1.5%
2018	BN7 =SQRT(BN$2022+BN$2024*BJ6^2+BN$2023*BN6^2)								
2019	σ	1.1%	1.1%	1.5%	1.8%	BM2019 =STDEV.S(BM6:BM2017)			
2020	BN2022 =BN2025/1000000								
2021	BN2023 =BN2026				BN2024 =BN2027/10				
2022						G(1,1) w	5.3E-06	3.7E-06	2.3E-05	2.3E-05
2023						G(1,1) β	0.739	0.795	0.736	0.812
2024						G(1,1) α	0.216	0.172	0.161	0.121
2025				规划求解	$w*10^6$	5.26	3.67	22.64	22.64
2026					β	0.74	0.79	0.74	0.81
2027					α*10	2.16	1.72	1.61	1.21
2028					L$_t$	17286	17317	15391	14442
2029	BN2028 {=-SUM(LN(BN6:BN2017^2)+(BJ6:BJ2017/BN6:BN2017)^2)}								

图 16.4 四种市场变量的 GARCH(1，1)模型

与 $\chi^2(N)$ 相关的计算结果令人欣慰。注意,第 2018 行的所有数值都小于第 2019 行相应的阈值。也就是说,对于这五个标准化后(通过除以更新波动率)的市场变量收益率以及由 Excel 的随机数生成器生成的正态分布收益率而言,我们均无法拒绝收益率服从正态分布的零假设。

AT6：AT1976 单元格引用自图 15.3 的 U16：U1986 单元格。这些数值是日经 225 指数的标准化后收益率的平方,即 $\left(\dfrac{r_t}{\sigma_t}\right)^2$,其中波动率 σ_t 由 GARCH(1，1)模型计算得到。类似地,AU6：AU1976 单元格表示由相应的 GARCH(1，1)模型方差进行标准化后的正态分布收益率平方。

图 16.5 的其余计算内容与图 16.3 的计算内容类似。AM2038：AQ2038 单元格的计算结果表明,我们无法拒绝五种市场变量的由 GARCH(1，1)模型标准化后的收益率 $\left(\dfrac{r_t}{\sigma_t}\right)^2$ 不具

▲	AL	AM	AN	AO	AP	AQ	AR	AS	AT	AU
3		SP500	DJIA	ACN	AAPL	N225	Z		N225	Z~N
4		$r_t/G\sigma_t$	$r_t/G\sigma_t$	$r_t/G\sigma_t$	$r_t/G\sigma_t$	$r_t/G\sigma_t$	$r_t/G\sigma_t$		$\dfrac{r_t^2}{G\sigma_t^2}$	$\dfrac{r_t^2}{G\sigma_t^2}$
5	AM6 =BJ6/BN6					AQ6 =SQRT(AT6)	AR6 =SQRT(AU6)			
6	1	0.73	0.66	-0.37	0.81	0.05	0.85		0.00	0.72
7	2	-1.21	-1.07	-1.61	-0.88	0.39	1.79		0.15	3.20
8	3	1.05	1.20	0.13	0.49	0.04	0.60		0.00	0.36
1975	1970	1.35	1.49	0.79	0.72	0.38	1.18		0.14	1.40
1976	1971	0.58	0.31	0.57	-0.04	0.30	1.05		0.09	1.10
1977	1972	0.69	0.45	1.12	0.83					
1978	1973	1.38	0.75	0.52	3.05	AM2018 {=SUM(AM6:AM2017^2)}				
1979	1974	-0.49	-0.49	-0.36	-0.94	AQ2018 {=SUM(AQ6:AQ1976^2)}				
2014	2009	1.11	0.90	1.16	-0.34	AR2018 {=SUM(AR6:AR1976^2)}				
2015	2010	-0.23	-0.54	-1.30	0.77	AR2020 =COUNT(AR6:AR2017)				
2016	2011	0.37	0.40	0.17	0.33					
2017	2012	-1.14	-0.43	-0.99	-1.41					
2018	$\Sigma(r/\sigma)^2$	2012.2	2011.9	2013	2009	1967.1	1971			
2019	χ^2 (N)	2117.5	2117.5	2117.5	2117.5	2075.4	2075.4			
2020	个数	2012	2012	2012	2012	1971	1971			
2021	滞后期	自相关ρ	自相关ρ	自相关ρ	自相关ρ	自相关ρ	自相关ρ			
2022	1	-0.03	-0.01	-0.03	0.01	0.01	-0.01			
2023	2	0.04	0.05	0.01	0.01	0.02	-0.03			
2024	3	-0.02	0.00	-0.02	-0.02	0.03	0.01			
2025	4	-0.05	-0.04	-0.02	0.01	-0.01	0.01			
2026	5	-0.02	-0.01	-0.03	-0.01	-0.06	0.03			
2027	6	-0.02	-0.02	-0.02	0.02	-0.02	-0.02			
2028	7	0.00	0.01	0.02	0.03	0.03	-0.02			
2029	8	0.01	0.02	-0.03	-0.03	-0.01	0.00			
2030	9	0.01	0.02	0.02	0.02	0.00	0.01			
2031	10	0.02	0.00	0.01	0.00	0.01	0.00			
2032	11	0.00	0.01	0.01	-0.01	0.01	0.00			
2033	12	-0.03	-0.02	-0.03	0.00	0.03	-0.01			
2034	13	-0.02	-0.02	-0.03	0.00	-0.01	0.00			
2035	14	-0.01	-0.01	0.01	0.05	0.03	0.00			
2036	15	-0.02	-0.02	-0.01	0.01	-0.03	0.00			
2037	AM2019=CHIINV(1-$AM2039,AM2020)									
2038	LB(15)	16	16	14	12	19	9			
2039	χ^2 (15)	95%	25.00	AN2039 =CHIINV(1-AM2039,AL2036)						
2040										
2041	独立?	是	是	是	是	是	是			
2042	AM2022 =CORREL(AM$6:AM$2002,AM7:AM2003)									
2043	AQ2022 =CORREL(AQ$6:AQ$**1961**,AQ7:AQ**1962**)									
2044 2045	AM2038 {=SUM(AM2022:AM2036^2/(AM2020-$AL2022:$AL2036))*AM2020*(AM2020+2)}									
2046	AM2041 =IF(AM2038>AN2039,"否","是")									

图 16.5　标准化后收益率的 Ljung-Box 检验（第一部分）

有序列自相关性的零假设。这让我们增加了对 GARCH(1，1)模型的信心。

　　AR2038 单元格表明，我们无法拒绝由 GARCH(1，1)模型标准化后的正态分布随机变量收益率不具有序列自相关性的零假设。这一结果也符合预期。独立生成的正态分布原始收益率时间序列本身就不具有自相关性。而我们还知道，GARCH(1，1)模型会生成一个长期恒定波动率。因此，通过将收益率除以一个恒定的值（常数波动率）的方式来对收益率进行标准化，并不会影响序列本身是否具有自相关性。所以，如果原始收益率序列没有呈现出自相关性，那么由于标准化后收益率的时间序列除以的是相同的常数，因此它们也不会呈现出自相关性。

图 16.6 进一步拓展了图 16.5 的计算内容。图 16.5 只考虑了总滞后期数为 15 的情形下的 LB 计算，而图 16.6 分别研究了总滞后期数为 1，2，3，…，15 的情形。AL2049：AL2063 单元格分别计算了总滞后期数为 K 的情况下对应的 $\chi^2(K)$ 的取值，其中 $K \in \{1, 2, \cdots, 15\}$。AM2049：AR2063 单元格分别计算了 AM2048：AR2048 单元格展示的市场变量对应的 LB 统计量，相应的总滞后期数如 AK 列所示。基于 LB 检验统计量的计算结果，AS2049：AX2063 单元格得出是否缺乏序列存在自相关性的证据的结论。

	AK	AL	AM	AN	AO	AP	AQ	AR	AS	AT	AU	AV	AW	AX
2048	滞后期	χ^2	SP500	DJIA	ACN	AAPL	N225	Z~N	SP500	DJIA	ACN	AAPL	N225	Z~N
2049	1	3.8	1.423	0.3372	1.8518	0.1904	0.11	0.3258	是	是	是	是	是	是
2050	2	6.0	4.1809	6.4001	1.9179	0.2435	1.21	2.5831	是	否	是	是	是	是
2051	3	7.8	4.6633	6.4383	2.4963	0.4418	2.82	2.8518	是	是	是	是	是	是
2052	4	9.5	8.7925	9.2351	3.1103	0.5047	3.14	3.2849	是	是	是	是	是	是
2053	5	11.1	9.7407	9.6118	4.8176	0.5971	9.78	5.2948	是	是	是	是	是	是
2054	6	12.6	10.719	10.862	6.0754	1.8269	10.41	6.1499	是	是	是	是	是	是
2055	7	14.1	10.723	11.07	6.7585	3.4389	11.76	6.9556	是	是	是	是	是	是
2056	8	15.5	10.937	12.075	8.907	5.864	12.19	6.9983	是	是	是	是	是	是
2057	9	16.9	11.187	13.078	9.48	6.4066	12.19	7.4182	是	是	是	是	是	是
2058	10	18.3	11.975	13.098	9.5616	6.4142	12.60	8.5957	是	是	是	是	是	是
2059	11	19.7	12.021	13.104	9.751	6.4798	12.75	8.6223	是	是	是	是	是	是
2060	12	21.0	14.123	14.111	11.588	6.49	14.18	8.7135	是	是	是	是	是	是
2061	13	22.4	15.065	15.058	13.575	6.4904	14.19	8.7688	是	是	是	是	是	是
2062	14	23.7	15.231	15.444	13.999	11.917	16.37	8.7771	是	是	是	是	是	是
2063	15	25.0	**16.189**	**16.108**	**14.075**	**12.135**	**18.65**	8.7772	是	是	是	是	是	是
2064														
2065	AL2049	=CHIINV(1-$AM$2039,AK2049)												
2066	AM2049	{=AM$2020*(AM$2020+2)*SUM(AM$2022:AM2022^2/(AM$2020-$AL$2022:$AL2022))}												
2067	AR2049	{=AR$2020*(AR$2020+2)*SUM(AR$2022:AR2022^2/(AR$2020-$AL$2022:$AL2022))}												
2068	AS2049…	=IF(AM2049>CHIINV(1-$AM$2039,$AL2022),"否","是")												

图 16.6 标准化后收益率的 Ljung-Box 检验（第二部分）

对于我们研究的五种市场变量的标准化后收益率 $\frac{r_t}{\sigma_t}$ 而言，除了一个特例以外，对于任意一个滞后期数（直到 15 期），我们都无法拒绝不具有自相关性的零假设。类似地，对于用 Excel 生成的标准化后正态分布收益率而言，我们也无法拒绝不具有自相关性的零假设。

第 17 章

混合分布与相关随机变量

▪▪
▪▪

本章我们将探讨如何对具有负偏度和正超额峰度的未来收益率进行建模,这些是许多市场变量都具备的典型特征。我们将首先回顾学生 t 分布,这是一种对称分布,但具有正超额峰度。接下来我们回顾混合分布,也就是两种或多种分布的组合。这些所谓的混合分布可用于构造具有负偏度和(或)正超额峰度的分布。

随后我们对具有相关性的随机变量建模。Cholesky 分解就是一种重要方法。它不但适用于一对随机变量,还适用于三个、四个甚至任意多个相关随机变量的建模。

最后,我们将讲解如何把经验多元分布转换为具有相关性的多元正态分布,进而我们便可依照自己的想法来设定相关系数矩阵。我们还将回顾其他类型的 Copula,例如学生 t-Copula。

17.1　学生 t 分布

根据中心极限定理与大数定律,我们可以用正态分布来近似许多大样本数据的分布。为了解决样本量较少的情形,人们又提出了学生 t 分布。随着数据量的增加,学生 t 分布将收敛到正态分布。学生 t 分布对于风险管理人员而言十分重要,因为它可以刻画厚尾特征。

17.1.1　学生 t 分布的定义

学生 t 分布有一个参数:自由度(degree of freedom)。当自由度较低时,分布的尾部较厚。随着自由度不断增加,厚尾程度会逐渐减小。当自由度接近于无穷大时,学生 t 分布将趋近于正态分布。自由度为 n 的学生 t 分布可用如下方式生成:[①]

---

① 我们再举另一种学生 t 分布的例子。考虑一组服从非时变正态分布的 n 个独立抽样 $Z \sim N(\mu, \sigma^2)$。令样本均值与样本方差分别为 $\bar{Z} = \dfrac{1}{n} \sum\limits_{i=1}^{n} Z_i$ 和 $S^2 = \dfrac{1}{n-1} \sum\limits_{i=1}^{n} (Z_i - \bar{Z})^2$。于是,$\dfrac{\bar{Z} - \mu}{S/\sqrt{n}}$ 将服从自由度为 $n-1$ 的学生 t 分布。

$$Y = \frac{Z}{\sqrt{\dfrac{W}{n}}}$$

其中 $Z \sim N(0,1)$ 服从标准正态分布,$W \sim \chi^2(n)$,并且 Z 与 W 相互独立。[①] 这样构造出来的 Y 将服从自由度为 n 的学生 t 分布,与服从卡方分布的 W 的自由度相同。另外,请注意:

$$\lim_{n \to \infty} Y = Z \sim N(0,1)$$

学生 t 分布的前四阶矩分别为:[②]

$$\mu = 0; \quad \sigma^2 = \frac{n}{n-2}; \quad \Gamma = 0; \quad XS\delta = \frac{6}{n-4} \tag{17.1}$$

注意,其中:

$$\lim_{n \to \infty} \sigma^2 = 1, \text{且} \lim_{n \to \infty} XS\delta = 0$$

二者均与标准正态分布一致。

给定自由度 n,从业者通常会将 Y 乘以 $\dfrac{1}{\sigma} = \sqrt{\dfrac{n-2}{n}}$,进而将方差标准化为 1。这样得到的分布就叫作标准化学生 t 分布。与标准正态分布类似,标准化学生 t 分布的均值也为 0,方差也为 1。

学生 t 分布具有厚尾,因此它对于风险管理者而言非常重要。此外,它比正态分布更具尖峰,因而其在均值附近具有更大的概率权重。由于学生 t 分布的尾部和中部都很厚,而且密度函数下方区域面积必须等于 1,所以它的肩部必然很薄。

17.1.2　案例:学生 t 分布的密度函数与分布函数

图 17.1 同时展示了 3 种不同的学生 t 分布以及 2 种正态分布的密度函数与分布函数图像。我们分别计算这 10 个函数在 -5 到 +5 的范围内(见 C3:C43 单元格)的取值。D、E、F 列分别计算了自由度为 1、2、5 的学生 t 分布的密度函数,G 列与 H 列分别计算了波动率为 2 和波动率为 1 的零均值正态分布的密度函数。I、J、K 列分别计算了自由度为 1、2、5 的学生 t 分布的分布函数,L 列与 M 列分别计算了波动率为 2 和波动率为 1 的零均值正态分布的分布函数。

最上方的图像绘制了 5 个分布函数。由于学生 t 分布与正态分布的偏度均为零,因此所有 5 个函数均关于均值零对称。然而,学生 t 分布具有厚尾,因此与正态分布相比,学生 t 分布在极端值处的权重更高。

图 17.1 下方的两幅图像绘制了 5 个密度函数,两幅图的区别仅在于 y 轴的坐标范围不同。首先比较两个正态分布的密度函数。它们的形状相似,但与 $\sigma=1$ 的相比,$\sigma=2$ 的正态分布更为分散,也就是其在极端值处有更高的权重,在均值附近的权重相对更低。学生 t 分布

---

① 用一个标准正态分布随机变量除以另一个随机变量,得到的随机变量通常都具有厚尾。

② 超额峰度也等于 $3\left(\dfrac{n-2}{n-4} - 1\right)$。显然,只有 $n > 4$ 时,学生 t 分布的超额峰度才有定义。当 $n > 2$ 时,学生 t 分布的方差才有定义。

	C	D	E	F	G	H	I	J	K	L	M
1		t(1), t(2), t(5), N(0,4), N(0,1) 密度					t(1), t(2), t(5), N(0,4), N(0,1) 分布				
2		1	2	5	~N(0,4)	~N(0,1)	1	2	5	~N(0,4)	~N(0,1)
3	-5.0	0.01	0.01	0.00	0.01	0.00	0.06	0.02	0.00	0.01	0.00
4	-4.8	0.01	0.01	0.00	0.01	0.00	0.07	0.02	0.00	0.01	0.00
42	4.8	0.01	0.01	0.00	0.01	0.00	0.93	0.98	1.00	0.99	1.00
43	5.0	0.01	0.01	0.00	0.01	0.00	0.94	0.98	1.00	0.99	1.00

44	D3 =T.DIST($C3,D$2,0)
45	E3 =T.DIST($C3,E$2,0)
46	F3 =T.DIST($C3,F$2,0)
47	G3 =NORM.DIST($C3,0,2,0)
48	H3 =NORM.S.DIST($C3,0)

44	I3 =T.DIST($C3,I$2,1)
45	J3 =T.DIST($C3,J$2,1)
46	K3 =T.DIST($C3,K$2,1)
47	L3 =NORM.DIST($C3,0,2,1)
48	M3 =NORM.S.DIST($C3,1)

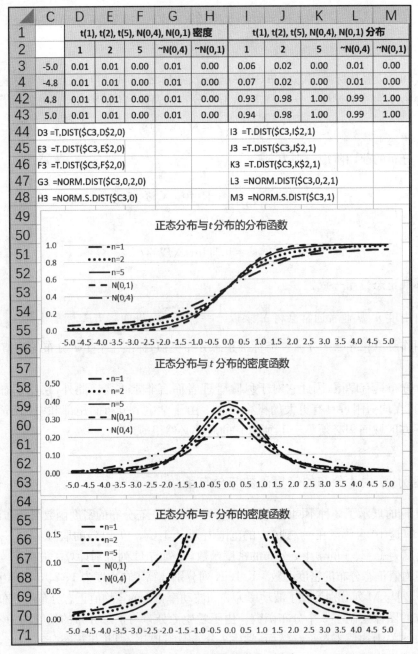

图 17.1　不同自由度的学生 t 分布

与标准正态分布的对比更为鲜明。与 $N(0，1)$ 分布相比，学生 t 分布在极端值附近的权重更高，从而在肩部的权重较低。[①]

　　为了进一步说明厚尾特征，我们观察图 17.2。我们首先计算 4 个分布函数的反函数，计算累积概率从 1%（R76 单元格）到 99%（R174 单元格）分别对应的自变量取值。S76：S174 单

[①]　与 $N(0，1)$ 分布相比，$N(0，2^2)$ 分布则在均值附近的权重较低，在肩部的权重较为相似。

元格计算了 N(0,1)分布的分位点。类似地,T76:V174 单元格计算了自由度分别为 1、2、5 的学生 t 分布的分位点。

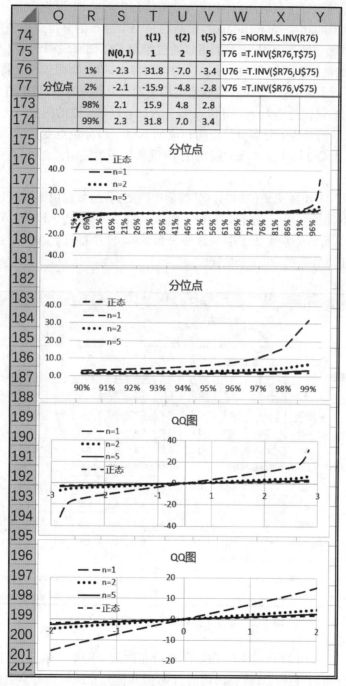

图 17.2　学生 t 分布与正态分布

　　上方的两幅图像绘制了这些分位点,两幅图像的区别仅在于 x 轴的坐标范围不同。我们先看第二幅图像,其绘制的是分布的右侧尾部 10% 的分位点。随着不断接近分布的右侧尾部,我们可以发现正态分布分位点的取值最低。由于学生 t 分布具有厚尾特性,因此它们的分位点要大于标准正态分布分位点,这与我们的预期一致。此外,我们知道,随着自由度增加,学生 t 分布的厚尾会变得更薄("厚"的程度降低)。事实上我们可以看到,自由度为 $n=1$ 的学生 t 分布在尾部的分位点最高,自由度为 2 的位列中间,自由度为 5 的分位点最低。

所谓的 QQ 图(quantile-quantile plot)绘制的是一个分布的分位点取值随另一个分布相应分位点变化的函数图像。因此,我们可以通过绘制 QQ 图来说明学生 t 分布具有厚尾特征。图 17.2 下方的两幅图像即为 QQ 图。这两幅图像中,第二幅图仅仅是将 x 轴(正态分布分位点)与 y 轴进行了放缩,使分位点的取值范围更窄。4 条曲线中,最平直的一条实际上是 45 度直线,它绘制的仅仅是 $N(0,1)$ 分位点关于 $N(0,1)$ 分位点的图像。其余 3 条曲线分别是自由度为 1、2、5 的学生 t 分布分位点随相应的 $N(0,1)$ 分位点变化的图像。由于学生 t 分布具有厚尾,因此 QQ 图中这 3 条曲线均比 45 度直线更为陡峭。此外,自由度越高,QQ 图的曲线就更平缓。

图 17.3 计算了 11 组随机模拟的"数据"的前 4 阶矩,各组数据由不同的分布产生。其中,我们考虑 10 种不同的学生 t 分布,自由度依次从 1 到 10(见 AE207:AN207 单元格)。AE208:AN6213 单元格分别生成了服从这些分布的 6006 个抽样。AO208:AO6213 单元格生成了服从标准正态分布的 6006 个抽样。

	AC	AD	AE	AF	AG	AH	AI	AJ	AK	AL	AM	AN	AO
206			~t (自由度)										
207			1	2	3	4	5	6	7	8	9	10	N(0,1)
208		1	-5.9	-1.3	-1.3	-0.3	1.7	1.8	-1.7	-1.6	2.8	-0.9	1.1
209	序号	2	-0.9	-6.4	0.1	-0.7	2.6	-1.7	0.3	0.0	-0.2	-1.4	0.6
210		3	-1.6	3.4	0.5	1.5	-2.1	0.3	2.7	0.5	-0.3	-3.4	0.0
6211		6004	-0.4	-2.1	-0.4	-1.2	0.5	-0.3	1.2	0.4	0.2	1.3	0.7
6212		6005	-1.0	-0.7	-1.6	0.7	1.8	-0.8	1.1	-1.1	3.1	-0.7	1.5
6213		6006	1.6	5.6	-1.1	0.7	0.3	-0.1	-3.0	-1.6	-1.5	-1.1	-0.9
6214	AE208 =T.INV(RAND(),AE$207)					AN208 =T.INV(RAND(),AN$207)							
6215		μ	2	0.0	0.0	0.0	0.0	0.0	0.0	0.0	0.0	0.0	0.0
6216		σ^2	23538	14	3	2.0	1.7	1.5	1.4	1.3	1.2	1.2	1.0
6217		偏度	43	-28	-1	-0.8	-1.1	0.0	-0.3	0.0	0.0	0.0	0.0
6218		超额峰度	3178	1461	24	9	20.9	2.9	2.9	1.1	1.0	0.9	0.0
6219	AO208:AO6213 =NORM.S.INV(RAND())												
6220	AE6215 =AVERAGE(AE$208:AE$6213)							AE6216 =VAR.P(AE$208:AE$6213)					
6221	AE6217 =SKEW(AE$208:AE$6213)							AE6218 =KURT(AE$208:AE$6213)					

图 17.3 学生 t 分布与正态分布的前 4 阶矩

第 6215 行至第 6218 行分别计算了这 11 个分布的前 4 阶矩。虽然我们生成的服从自由度为 1 的学生 t 分布的"数据"计算得出均值为 3,但其他分布的均值基本上都等于 0,与我们的预期一致。理论上,自由度为 n 时对应的方差应为 $\sigma^2 = \dfrac{n}{n-2}$,因此,$\sigma^2$ 随 n 增加而单调递减,从 1 的上方不断收敛到 1。事实上,根据第 6216 行,我们生成的数据计算得出的方差大体上随自由度增加而减小。接下来,学生 t 分布是一种对称分布,其偏度应为零。第 6217 行的计算结果大致验证了这一结论。最后，$XS\delta = \dfrac{6}{n-4}$ 应当随 n 增加而单调递减，从零的上方不断收敛到零。第 6218 行的计算结果大体满足这一特点。

17.2 混合分布

许多像股票收益率这样的市场变量不但呈现出厚尾特征，还具有负偏度的特点。虽然学生 t 分布可以刻画厚尾，但它的密度函数是对称的，无法描述偏度。为了对具有负偏度的市场变量建模，我们下面探讨混合分布。所谓的混合分布（mixture distribution）或污染分布（contaminated distribution）就是指由两个或多个其他分布组合而成的分布。虽然原本这些分布可能不具有负偏度或正超额峰度，但我们可以设计出一个混合分布，使其同时呈现出负偏度与正超额峰度。

17.2.1 混合分布的构造

我们可用如下方法构造混合分布。假设我们希望构造一个随机变量 x_4 的抽样，其前 4 阶矩为 $(\mu, \sigma^2, \Gamma, \delta)$。方法如下：首先从一个前 4 阶矩为 $(0, 1, \Gamma, \delta)$ 的标准化混合分布中抽取样本 x_3。接下来，我们可以通过变换 $x_4 = \mu + x_3 \cdot \sigma$，由 x_3 生成 x_4。[①]

设 W 为一个服从伯努利（Bernoulli）两点分布的随机变量，它以概率 p 表示从连续型随机变量 x_1 的分布中抽样，以概率 $1-p$ 表示从连续型随机变量 x_2 的分布中抽样。接下来我们用如下公式定义 x_3：

$$x_3 = Wx_1 + (1-W)x_2$$

于是该随机变量的分布函数与密度函数分别为：

$$F_{x3} = pF_{x1} + (1-p)F_{x2} \text{ 和 } f_{x3} = pf_{x1} + (1-p)f_{x2}$$

其中，F_{x1} 与 F_{x2} 分别表示 x_1 和 x_2 的分布函数，f_{x1} 与 f_{x2} 分别表示 x_1 和 x_2 的密度函数。

为了使 x_3 标准化，我们令其均值等于零，即：

$$0 = E[x_3] = p\mu_{x1} + (1-p)\mu_{x2} \Rightarrow \mu_{x2} = -\frac{p}{1-p}\mu_{x1} \tag{17.2}$$

其中 μ_{x1} 与 μ_{x2} 分别表示 x_1 和 x_2 的均值。

为了使方差也标准化，我们令方差等于 1，即：

$$\begin{aligned} 1 = \sigma_{x3}^2 &= E[(x_3)^2] - (E[x_3])^2 = E[(x_3)^2] - 0 \\ &= pE[(x_1)^2] + (1-p)E[(x_2)^2] \\ &= p(E[x_1])^2 + \sigma_{x1}^2] + (1-p)(E[x_2])^2 + \sigma_{x2}^2] \\ &= p[(\mu_{x1})^2 + \sigma_{x1}^2] + (1-p)[(\mu_{x2})^2 + \sigma_{x2}^2] \end{aligned} \tag{17.3}$$

---

① 由于我们要求 $E[x_3] = 0$，因此 $E[x_4] = E[\mu + x_3 \cdot \sigma] = \mu + \sigma E[x_3] = \mu$。并且，$x_4$ 的方差等于 $\text{Var}(x_4) = \text{Var}(\mu + x_3 \cdot \sigma) = \sigma^2 \text{Var}(x_3) = \sigma^2$。这与我们的目标一致。

其中 $\sigma_{x_1}^2$ 与 $\sigma_{x_2}^2$ 分别表示 x_1 和 x_2 的方差。第一行等式成立是因为式(17.2),其要求 $E[x_3]=0$。因此,在 σ_{x_1} 给定的条件下,为使式(17.3)成立,应有:

$$\sigma_{x_2}^2 = \frac{1-p[\sigma_{x_1}^2 + (\mu_{x_1})^2]}{1-p} - \left(\frac{p\mu_{x_1}}{1-p}\right)^2 \tag{17.4}$$

将随机变量 x_1 与 x_2 的分布混合到一起,便可得到满足我们想要的各阶矩的混合分布。具体而言,我们可以通过设计 x_4,使其呈现出风险管理者感兴趣的特征,例如负偏度和正超额峰度。

类似地,我们可以分别用如下公式计算三阶中心矩与四阶中心矩:

$$E[(x_3 - E[x_3])^3] = E[(x_3)^3] - 3E[(x_3)^2]E[x_3] + 2(E[x_3])^3 \tag{17.5}$$

$$E[(x_3 - E[x_3])^4] = E[(x_3)^4] - 4E[(x_3)^3]E[x_3] + 6E[(x_3)^2](E[x_3])^2 - 3(E[x_3])^4$$

在实践中,我们往往需要通过多步的试错法来生成符合所需特性的 x_3。我们需要找出能够生成所需各阶矩的对 W、x_1 和 x_2 抽样的方法。只要式(17.2)与式(17.4)成立,便可保证 x_3 的均值为 0、方差为 1。接下来,我们可以使用 Excel 的规划求解功能,使三阶矩与四阶矩分别等于我们希望达到的任意目标值。概率 p 也是一个待定变量,需要通过试错法来敲定。[1]

17.2.2　案例:混合随机变量

图 17.4 重复给出了先前 S&P500 的每日价格数据。C6:C508 单元格计算了日收益率。

	A	B	C	D	E	F	G
3		SP500	SP500	SP500			
4	日期	价格	收益率	"Z"			
5	2018/11/20	2641.9					
6	2018/11/21	2649.9	0.30%	0.141			
7	2018/11/22	2649.9	0.00%	-0.040			
506	2020/12/11	3663.5	-0.13%	-0.115			
507	2020/12/14	3647.5	-0.44%	-0.300			
508	2020/12/15	3694.6	1.28%	0.726			
509	C6 =LN(B6/B5)						
510	D6 =(C6-$C$512)/$C$513						
511			SP500	SP500			
512		均值	0.07%	0.00	C512 =AVERAGE(C$6:C$508)		
513		波动率	1.68%	1.00	C513 =STDEV(C$6:C$508)		
514		偏度,Γ	-0.99	-0.99	C514 =SKEW(C$6:C$508)		
515		超额峰度,δ-3	14.11	14.11	C515 =KURT(C$6:C$508)		
516		年化均值,m	16.80%		C516 =C512*252		
517		年化波动率,s	26.62%		C517 =C513*SQRT(252)		
518		最大值	9.0%		C518 =MAX(C$6:C$508)		
519		最小值	-12.8%		C519 =MIN(C$6:C$508)		
520		个数	503	503	C520 =COUNT(C$6:C$508)		

图 17.4　S&P500 的收益率与各阶矩

---

[1]　我们还可以用式(17.5)列出的两个方程来约束三阶矩和四阶矩。它们同样也可以分别用 Excel 的 SKEW 函数与 KURT 函数来计算。

C512:C515 单元格计算了这些收益率的前 4 阶矩。如前所述,这些收益率的分布呈现出负偏 (C514 单元格表明 $\Gamma = -0.99$) 以及厚尾 (C515 单元格表明 $XS\delta = 14.11$) 的特点。

D6:D508 单元格计算了 C 列中每个收益率与平均日收益率 (0.07%,见 C512 单元格) 相差多少个标准差,也就是 $\frac{r_t - \bar{r}}{s}$, $t \in \{1, 2, \cdots, 503\}$,其中 $\bar{r} = \frac{1}{503}\sum_{t=1}^{503} r_t$, $s^2 = \frac{1}{502}\sum_{t=1}^{503}(r_t - \bar{r})^2$。这是一种"标准化"的过程,得到的标准化后收益率满足均值为 0 (D512 单元格)、波动率为 1 (D513 单元格)的特点。当然,这些标准化后收益率的偏度与超额峰度和原始收益率相同。

图 17.5 的计算内容与上一节一致。我们试图生成 x_3 的抽样,使其满足 $(\mu, \sigma, \Gamma, XS\delta) = (0, 1, -0.99, 14.11)$,这些指标与图 17.4 中 D512:D515 单元格列出的 S&P500 标准化后收益率的各阶矩相同。根据图 17.5 的 J518 单元格,我们首先猜测 p 等于 90%。根据 J519 与 J520 单元格,我们还首先猜测 $\mu_{x1} = 16\%$, $\sigma_{x1}^2 = 61\%$。接下来,L519 与 L520 单元格分别在给定 μ_{x1} 与 σ_{x1}^2 的初始猜测值的条件下,利用式 (17.2) 与式 (17.4) 计算了 μ_{x2} 和 σ_{x2}^2。N519:N520 单元格利用公式 $\mu_{x3} = p\mu_{x1} + (1-p)\mu_{x2}$ 与 $\sigma_{x3}^2 = 1 = p[(\mu_{x1})^2 + \sigma_{x1}^2] + (1-p)[(\mu_{x2})^2 + \sigma_{x2}^2]$ 验证了 x_3 的前两阶矩的计算结果。

	H	I	J	K	L	M	N	O	P	Q	R	S
517	基本情形参数											
518		p	90%	1-p	10%			L518 =1-J518				
519		μ_1	16%	μ_2	-144%	μ_3	0.000	L519 =-J518/L518*J519				
520		σ_1^2	61%	σ_2^2	221%	σ_3^2	1.000					
521	N519 =J518*J519+L518*L519				L520 =(1-J518*(J520+J519^2))/L518-L519^2							
522		p	1-p				N520 =J518*(J520+J519^2)+L518*(L520+L519^2)					
523		1	0	W								
524		84%	16%	概率	J524 =1-I524		L527 =I525					
525		6.6%	μ				L528 =I526					
526		29%	σ		$x_1 \sim N$	$x_2 \sim N$						
527				μ	6.6%	-34%		选择			日数据	年化
528		Z~N(0,1)	Z~N(0,1)	σ	29%	236%		x_1	x_2	x_3	x_4	x_4
529		-0.72	-0.24		-14%	-91%		1	0	-0.14	-0.2%	13%
530		-0.57	0.28		-10%	32%		1	0	-0.10	-0.1%	14%
531		0.43	-1.01		19%	-271%		1	0	0.19	0.4%	22%
532		-0.88	-0.28		-19%	-100%		1	0	-0.19	-0.4%	8%
10526		1.52	-1.36		50%	-355%		0	1	-3.55	-5.9%	-78%
10527		-0.89	2.59		-19%	578%		0	1	5.78	9.8%	171%
10528		2.17	-1.40		69%	-413%		0	1	0.69	1.2%	35%
10529	M527 =-L527*I524/J524					M528 =SQRT((1-I524*(L527^2+L528^2))/J524-M527^2)						
10530	``I529:J10528 =NORM.S.INV(RAND())``									L529 =L$527+I529*L$528		
10531	M529 =M$527+J529*M$528						``O529:O10528 =IF(RAND()<$I$524,1,0)``					
10532	P529 =1-O529				Q529 =SUMPRODUCT(L529:M529,O529:P529)							
10533	R529 =$C$512+Q529*$C$513									S529 =$C$516+Q529*$C$517		
10534	I10536 =AVERAGE(I529:I10528)						I10537 =STDEV(I529:I10528)					
10535	I10538 =SKEW(I529:I10528)						I10539 =KURT(I529:I10528)					
10536		0%	0%	均值	7%	-34%		84%	16%	1%	0.09%	17.1%
10537		101%	100%	波动率, s	29%	237%		37%	37%	102%	1.70%	27.1%
10538		0.0	0.0	偏度, Γ	0.0	0.0		-1.8	1.8	-0.99	-0.99	-0.99
10539		0.0	0.1	超额峰度, δ-3	0.0	0.1		1.4	1.4	14.11	14.11	14.11
10540		443%	412%	最大值	133%	938%		100%	100%	749%	12.6%	216%
10541		-369%	-420%	最小值	-99%	-1024%		0%	0%	-1024%	-17.1%	-256%
10542		10000	10000	个数	10000	10000		10000	10000	10000	10000	10000
10543	I10540 =MAX(I529:I10528)					I10541 =MIN(I529:I10528)				I10542 =COUNT(I529:I10528)		
10544			Q10544 =SUMPRODUCT(I524:J524,L527:M527)						E[x_3]	0.00		
10545									σ_3	0.99		
10546			Q10545 {=SQRT(SUMPRODUCT(I524:J524,L528:M528^2))}									

图 17.5 混合随机变量(第一部分)

I529:J10528 单元格生成标准正态分布随机变量的抽样。L529:L10528 单元格利用 $\mu_{x1}+Z_{x1}^{n}\cdot\sigma_{x1}$ 生成了 x_{1}^{n}，$n\in\{1,2,\cdots,10000\}$，其中 Z_{x1}^{n} 即为 I529:I10528 单元格生成的变量，μ_{x1} 对应于 L527 单元格的值，σ_{x1} 对应于 L528 单元格的值。（L527:L528 单元格引用自 I525:I526 单元格，我们稍后将探讨如何确定它们的取值。）类似地，M529:M10528 单元格用 $\mu_{x2}+Z_{x2}^{n}\cdot\sigma_{x2}$ 生成了 x_{2}^{n} 的抽样，其中 Z_{x2}^{n} 即为 J529:J10528 单元格生成的变量，μ_{x2} 对应于 M527 单元格的值（利用式（17.2）得出），σ_{x2} 对应于 M528 单元格的值（利用式（17.4）得出）。

O529:P10528 单元格生成了 W^{n} 的抽样，其中我们将以 p 的概率（I524 单元格）抽取 x_{1}^{n}，以 $1-p$ 的概率（J524 单元格）抽取 x_{2}^{n}。从而，O529:O10528 单元格中等于 1 的单元格大致占比为 p，等于零的大致占比为 $1-p$；取值是 1 表示抽取 x_{1}^{n}，取值是 0 表示抽取 x_{2}^{n}。P529:P10528 单元格的值等于 1 减去第 O 列对应行的值。接下来，Q529:Q10528 单元格计算了 x_{3}^{n} 的抽样结果。例如，Q529 单元格的计算公式即为"=L529 * O529＋M529 * P529"。最后，R529:R10528 单元格计算了 $x_{4}^{n}=\mu_{x4}+\sigma_{x4}\cdot x_{3}^{n}$，$n\in\{1,2,\cdots,10000\}$。[1]

编写完上述单元格的内容之后，我们便可用 Excel 的规划求解功能来确定 I524 单元格的 p、I525 单元格的 μ_{x1} 以及 I526 单元格的 σ_{x1} 的取值。我们通过令 Q10536:Q10539 单元格给出的 x_3 的前 4 阶矩等于它们的目标值，来解出这些参数。为便于读者阅读，我们重复列出这些目标值：$(\mu,\sigma,\Gamma,XS\delta)=(0,1,-0.99,14.11)$，这些数与图 17.4 的 D512:D515 单元格中给出的 S&P500 标准化后收益率各阶矩的取值相同。当 x_3 的各阶矩已经等于希望达到的标准化取值之后，R10536:R10539 单元格给出的 x_4 的前 4 阶矩也就已经与 C512:C515 单元格计算得出的 S&P500 的结果达成一致了。[2]

图 17.6 试图将我们的标准化后收益率 x_3 的混合分布与希望模仿的 S&P500 实际标准化后收益率的分布加以比较。为进一步进行对比，我们还将二者与具有相同前两阶矩的正态分布加以比较。V10554:V10591 单元格对图 17.5 中 Q529:Q10528 单元格生成的混合随机变量 x_3 制作了频数分布表。再次提醒读者，该随机变量的均值接近于 0（见 Q10536 单元格），波动率接近于 1（见 Q10537 单元格）。根据图 17.6 的 V 列得出的频数分布，我们可以用下述公式计算该随机变量的经验密度 $f(x)$（见 W 列）与经验分布 $F(x)$（见 X 列）：

$$f(x)=\frac{\left[\dfrac{n_x}{\sum_{n=1}^{N} n_x}\right]}{0.25}$$

$$F(x)=F(x-\Delta x)+0.25f(x)=F(x-\Delta x)+\frac{n_x}{\sum_{n=1}^{N} n_x} \tag{17.6}$$

其中 n_x 表示第 x 组的频数。V10593 单元格计算了求和式 $\sum_{n=1}^{N} n_x$。公式中之所以出现常数 0.25，是因为 U10554:U10591 单元格中各组组距即为 0.25。Y 列与 Z 列分别计算了标准正态分布的密度函数与分布函数的取值。接下来，AA 列计算了 S&P500 标准化后收益率的频

---

[1]　接下来我们在 S529:S10528 单元格中将这些结果年化。

[2]　即使是使用 Excel 的规划求解功能，我们也需要多次迭代，才能找出一个解。

数。最后,AB 与 AC 列分别计算了 S&P500 标准化收益率的密度函数与分布函数,计算公式也是式(17.6)。

	U	V	W	X	Y	Z	AA	AB	AC	AD	AE
10550							SP500	SP500	SP500		
10551		x_3	x_3	x_3	N	N	"Z"	"Z"	"Z"		
10552	各组	频数	密度	分布	密度	分布	频数	密度	分布		
10553											
10554	-5.25	36		0.00			2	0.02	0.00		
10555	-5	11	0.00	0.00	0.00	0.00	0	0.00	0.00		
10556	-4.75	8	0.00	0.01	0.00	0.00	1	0.01	0.01		
10557	-4.5	8	0.00	0.01	0.00	0.00	0	0.00	0.01		
10558	-4.25	13	0.01	0.01	0.00	0.00	0	0.00	0.01		
10559	-4	14	0.01	0.01	0.00	0.00	0	0.00	0.01		
10560	-3.75	22	0.01	0.01	0.00	0.00	1	0.01	0.01		
10561	-3.5	32	0.01	0.01	0.00	0.00	0	0.00	0.01		
10562	-3.25	33	0.01	0.02	0.00	0.00	0	0.00	0.01		
10563	-3	37	0.01	0.02	0.00	0.00	2	0.02	0.01		
10564	-2.75	29	0.01	0.02	0.01	0.00	0	0.00	0.01		
10565	-2.5	40	0.02	0.03	0.02	0.01	3	0.02	0.02		
10566	-2.25	48	0.02	0.03	0.03	0.01	0	0.00	0.02		
10576	0.25	2812	1.13	0.71	0.39	0.60	98	0.78	0.68		
10577	0.5	1737	0.70	0.88	0.35	0.69	71	0.57	0.82		
10578	0.75	527	0.21	0.94	0.30	0.77	41	0.33	0.90		
10579	1	131	0.05	0.95	0.24	0.84	24	0.19	0.95		
10580	1.25	57	0.02	0.96	0.18	0.89	6	0.05	0.96		
10581	1.5	59	0.02	0.96	0.13	0.93	4	0.03	0.97		
10582	1.75	46	0.02	0.97	0.09	0.96	3	0.02	0.97		
10583	2	50	0.02	0.97	0.05	0.98	6	0.05	0.99		
10584	2.25	44	0.02	0.98	0.03	0.99	0	0.00	0.99		
10585	2.5	39	0.02	0.98	0.02	0.99	1	0.01	0.99		
10586	2.75	37	0.01	0.98	0.01	1.00	1	0.01	0.99		
10587	3	23	0.01	0.99	0.00	1.00	2	0.02	0.99		
10588	3.25	32	0.01	0.99	0.00	1.00	0	0.00	0.99		
10589	3.5	21	0.01	0.99	0.00	1.00	1	0.01	1.00		
10590	3.75	18	0.01	0.99	0.00	1.00	1	0.01	1.00		
10591	4	9	0.00	0.99	0.00	1.00	1	0.01	1.00		
10592	V10554:V10591 {=FREQUENCY(Q529:Q10528,$U$10554:$U$10591)}										
10593		9941	=SUM(V10554:V10591)				501				
10594	W10555 =V10555/$V$10593/0.25										
10595	X10554 =V10554/$Q$10542+X10553										
10596	Y10555 =NORM.S.DIST($U10555,0)				Z10555 =NORM.S.DIST($U10555,1)						
10597	AA10554:AA10591 {=FREQUENCY(D6:D508,U10554:U10591)}										
10598	AB10554 =AA10554/$AA$10593/0.25										
10599	AC10554 =AA10554/$AA$10593+AC10553										
10600	AA10593 =SUM(AA10554:AA10591)										

图 17.6 混合随机变量(第二部分)

图 17.7 绘制了图 17.6 中计算得出的密度函数的图像。左上方的图像表明,混合分布(图 17.6 的 W10555:W10591 单元格)是在试图模仿 S&P500 的标准化后收益率。注意,该分布呈现出负偏的特点,因为其峰值位于有相同前两阶矩的正态分布峰值的右侧。该分布还在极端值处和均值附近有更高的权重,这和它与正态分布相比所具有的厚尾特点一致。此外,与具有相同前两阶矩的正态分布相比,该分布的肩部也更瘦。

图 17.7 右上方的图像与左上方的图像类似,只不过它还绘制了 S&P500 实际标准化后

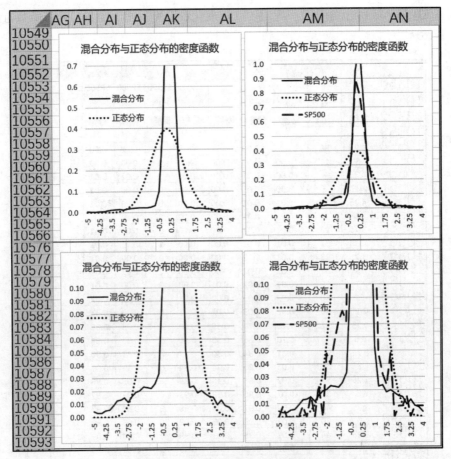

图 17.7　混合随机变量(第三部分)

数据的经验密度函数。将该函数与我们的 x_3 对应的标准化混合分布的密度函数绘制在一起,可以便于读者将经验密度与我们生成的试图模仿 S&P500 的混合随机变量加以比较。幸运的是,按照我们的设定,我们模仿得出的频率函数与实际非常相似。

图 17.7 下方的两幅图像与上方图像内容完全相同,只不过二者 y 轴的坐标范围不同。具体而言,下方的两幅图像是上方两图的"放大"版本。从左下方图像中不难看出,试图模仿 S&P500 标准化后收益率的混合密度函数具有厚尾,且肩部较瘦。这些特征与 S&P500 收益率的经验密度函数一致。

17.3　用 Cholesky 分解构造相关随机变量

　　Cholesky 分解是一种将 $N \times N$ 维方阵(这里就是协方差矩阵)转换为一个下三角矩阵 A(即对角线以上全部元素都等于零的矩阵)的方法,且矩阵 A 蕴含的信息与原始方阵相同。如果在 A 右侧乘以一个由服从标准正态分布的一系列独立随机变量排成的 $N \times 1$ 维列向量,得到的 N 个正态分布随机变量之间的协方差以及各自的方差均与原始 $N \times N$ 维协方差矩阵一致,且相关系数也保持一致。

17.3.1　2 个相关随机变量

我们试图找出一个下三角矩阵 A,使得当它与它的转置相乘时,得到的结果即为原始的 $N \times N$ 维协方差矩阵 Σ。首先考虑只有两个随机变量 1 和 2 的最简单的情形。我们试图寻找矩阵:

$$A = \begin{pmatrix} a_{1,1} & 0 \\ a_{2,1} & a_{2,2} \end{pmatrix} \Rightarrow A^T = \begin{pmatrix} a_{1,1} & a_{2,1} \\ 0 & a_{2,2} \end{pmatrix}$$

使得 $\Sigma = AA^T$,即:

$$\Sigma = \begin{pmatrix} \sigma_1^2 & \sigma_{12}^2 \\ \sigma_{21}^2 & \sigma_2^2 \end{pmatrix} = \begin{pmatrix} a_{1,1} & 0 \\ a_{2,1} & a_{2,2} \end{pmatrix} \begin{pmatrix} a_{1,1} & a_{2,1} \\ 0 & a_{2,2} \end{pmatrix}$$

于是我们得到如下三个方程及相应的解:

$$\sigma_1^2 = (a_{1,1})^2 \Rightarrow a_{1,1} = \sigma_1$$

$$\sigma_{12}^2 = (a_{1,1})(a_{2,1}) \Rightarrow a_{2,1} = \frac{\sigma_{12}^2}{a_{1,1}} = \frac{\sigma_{12}^2}{\sigma_1} = \sigma_2 \rho$$

$$\sigma_2^2 = (a_{2,1})^2 + (a_{2,2})^2 \Rightarrow a_{2,2} = \sqrt{\sigma_2^2 - \left(\frac{\sigma_{12}^2}{\sigma_1}\right)^2} = \sigma_2 \sqrt{1-\rho^2}$$

将这些元素代回矩阵 A,便可得到 Cholesky 分解:

$$A = \begin{pmatrix} \sigma_1 & 0 \\ \sigma_2 \rho & \sigma_2 \sqrt{1-\rho^2} \end{pmatrix} \tag{17.7}$$

有了矩阵 A,我们便可对协方差矩阵为 Σ 的两个随机变量 x^α 与 x_β 进行抽样。假设我们希望满足 $x^\alpha \sim N(\mu_1, \sigma_1^2)$, $x^\beta \sim N(\mu_2, \sigma_2^2)$,且 $\rho = \frac{\sigma_{12}^2}{\sigma_1 \sigma_2}$。于是,我们可以用如下方法抽取 x^α 和 x^β:

$$\hat{x} = \begin{pmatrix} x^\alpha \\ x^\beta \end{pmatrix} = A\hat{z} + \begin{pmatrix} \mu_1 \\ \mu_2 \end{pmatrix}$$

$$= \begin{pmatrix} \sigma_1 & 0 \\ \sigma_2 \rho & \sigma_2 \sqrt{1-\rho^2} \end{pmatrix} \begin{pmatrix} z^\alpha \\ z^\beta \end{pmatrix} + \begin{pmatrix} \mu_1 \\ \mu_2 \end{pmatrix}$$

$$= \begin{pmatrix} \sigma_1 z^\alpha \\ \sigma_2 \rho z^\alpha + \sigma_2 \sqrt{1-\rho^2} z^\beta \end{pmatrix} + \begin{pmatrix} \mu_1 \\ \mu_2 \end{pmatrix}$$

$$= \begin{pmatrix} \sigma_1 & 0 \\ 0 & \sigma_2 \end{pmatrix} \begin{pmatrix} z^\alpha \\ \rho z^\alpha + \sqrt{1-\rho^2} z^\beta \end{pmatrix} + \begin{pmatrix} \mu_1 \\ \mu_2 \end{pmatrix}$$

$$= \begin{pmatrix} \sigma_1 z^\alpha + \mu_1 \\ \sigma_2 \rho z^\alpha + \sigma_2 \sqrt{1-\rho^2} z^\beta + \mu_2 \end{pmatrix}$$

其中,$z^\alpha \sim N(0,1)$ 和 $z^\beta \sim N(0,1)$ 是服从标准正态分布的 2 个独立抽样。

让我们总结一下生成一对随机变量 (x^α, x^β),使二者服从二元正态分布,且期望收益和

协方差矩阵均与资产 1 和资产 2 的收益率相匹配的过程：[①]

- 生成 2 个服从标准正态分布的独立抽样 $z^\alpha \sim N(0, 1)$ 和 $z^\beta \sim N(0, 1)$。
- 计算 $x^\alpha = \mu_1 + \sigma_1 z^\alpha$ 和 $x^\beta = \mu_2 + \sigma_2(\rho z^\alpha + \sqrt{1-\rho^2}\, z^\beta)$。

其中，μ_1 与 μ_2 分别表示资产 1 与资产 2 的预期收益。我们可以重复这一过程，根据需要生成尽可能多的相关的正态分布随机变量对 (x_n^α, x_n^β)，$n \in \{1, 2, \cdots, N\}$。随后，我们可以计算 $\hat{x}$ 的协方差矩阵以及（或）相关系数矩阵，并证实我们得到的用于建模的变量 x^α 与 x^β 二者具有的性质确实与目标变量（资产 1 和资产 2 的收益率）的性质相匹配。

17.3.2 案例：Cholesky 分解

图 17.8 对苹果公司和埃森哲的 2×2 维收益率协方差矩阵进行了 Cholesky 分解。

	A	B	C	D	E	F	G	H	I
7				AAPL	ACN				
8	日期	AAPL	ACN	r^{CC}	r^{CC}				
9	2013/6/26	12.5	67.99						
10	2013/6/27	12.4	68.55	-1.1%	0.8%	D10 =LN(B10/B9)			
11	2013/6/28	12.5	61.49	0.7%	-10.9%	E10 =LN(C10/C9)			
12	2013/7/1	12.9	61.61	3.2%	0.2%				
1770	2020/12/7	123.8	249.30	1.2%	-1.6%				
1771	2020/12/8	124.4	249.86	0.5%	0.2%				
1772	2020/12/9	121.8	246.77	-2.1%	-1.2%				
1773									
1774		AAPL	ACN	1763	1763	个数			
1775		协方差矩阵		0.13%	0.07%	均值			
1776		0.00033	0.00014	1.82%	1.52%	标准差			
1777		0.00014	0.00023	3E-04	2E-04	方差			
1778		相关系数矩阵		1E-04		协方差			
1779		100%	52%	-0.312	-0.416	偏度			
1780		52%	100%	6.942	10.388	超额峰度			
1781		Cholesky分解		年化				Cholesky (ρ)	
1782		1.82%	0.00%	32.5%	18.4%	年化均值		1.82%	0.00%
1783		0.79%	1.30%	28.9%	24.2%	年化波动率		0.79%	1.30%
1784									
1785		验证协方差矩阵							
1786		0.00033	0.00014	B1786:C1787...{=MMULT(B1782:C1783,TRAN					
1787		0.00014	0.00023	SPOSE(B1782:C1783))}					
1788	D1774 =COUNT(D$10:D$1772)						H1782 =D1776		
1789	D1775 =AVERAGE(D$10:D$1772)							I1782 0%	
1790	D1776 =STDEV.S(D$10:D$1772)						H1783 =E1776*C1779		
1791	D1777 =VAR.S(D$10:D$1772)						I1783 =E1776*SQRT(1-C1779^2)		
1792	D1778 =COVARIANCE.S(D10:D1772,E10:E1772)								
1793	D1779 =SKEW(D$10:D$1772)								
1794	D1780 =KURT(D$10:D$1772)								
1795	D1782 =252*D1775			D1783 =SQRT(252)*D1776					
1796									
1797	B1776 =D1777		C1776 =D1778						
1798	B1777 =D1778		C1777 =E1777						
1799	B1779:C1780 {=B1776:C1777/D1776:E1776/TRANSPOSE(D1776:E1776)}								
1800	B1782 =D1776		C1782 0%						
1801	B1783 =D1778/D1776		C1783 =SQRT(E1777-D1778^2/D1777)						

图 17.8　Cholesky 分解（第一部分）

[①] 如果资产 1 与资产 2 并非正态分布（例如具有负偏度和厚尾），那么 x^α 与 x^β 的性质就无法与资产 1 和资产 2 的收益率的性质保持一致了。目前的计算方法中，我们只是简单地对二元正态分布的前两阶矩加以匹配，忽略了高阶矩。

A9：C1772 单元格包括如下输入内容：苹果公司与埃森哲的交易日期以及对应的（分红）调整后股价。D10：D1772 单元格与 E10：E1772 单元格分别计算了苹果公司与埃森哲的日收益率。D1774：E1780 单元格计算了日收益率的个数、均值、波动率、方差、协方差、偏度和超额峰度。苹果公司与埃森哲的收益率偏度均为负，超额峰度均为正。这是许多市场变量都具备的典型特征。B1776：C1777 单元格计算了收益率的 2×2 维协方差矩阵，B1779：C1780 单元格计算了相关系数矩阵。

H1782：I1783 单元格用式（17.7）计算了 Cholesky 分解。B1782：C1783 单元格利用方差和协方差进行了相同的计算。在 B1786：C1787 单元格中，我们验证了 Cholesky 分解的结果：将该矩阵乘以自身的转置，得到的应当是协方差矩阵。观察 B1776：C1777 单元格与 B1786：C1787 单元格即可发现二者结果相同。

有了 Cholesky 分解，下面我们生成一系列相关的二元正态分布随机变量，使这些随机变量的前两阶矩与苹果公司和埃森哲的收益率的前两阶矩相同。[1]图 17.9 抽取了 1763 个服从

	K	L	M	N	O	P	Q	R	S	T
6		独立		Cholesky					相关	
7		N(0,1)	N(0,1)	日数据	日数据		模拟股价		N(0,1)	日数据
8		ε_{AAPL}	ε_{ACN}	r_{AAPL}	r_{ACN}		ACN		ε_{ACN}	r_{ACN}
9							1.00			
10		0.17	0.77	0.4%	1.2%		1.01		0.75	1.2%
11		1.40	-0.54	2.7%	0.5%		1.02		0.27	0.5%
12		-0.32	1.17	-0.5%	1.3%		1.03		0.83	1.3%
1770		-0.26	-0.38	-0.3%	-0.6%		2.60		-0.46	-0.6%
1771		0.16	1.95	0.4%	2.7%		2.67		1.75	2.7%
1772		1.55	0.63	2.9%	2.1%		2.73		1.34	2.1%
1773					S10 =$B$1780*L10+SQRT(1-$B$1780^2)*M10					
1774	个数	1763	1763	1763	1763				1763	1763
1775	均值	-0.01	-0.01	0.11%	0.06%				-0.01	0.06%
1776	标准差	1.00	0.99	1.81%	1.52%				1.00	1.52%
1777						T10 =$E$1776*S10+$E$1775				
1778	$\rho(\varepsilon_A,\varepsilon_C)$	1.0%		53%	$\rho(r_A,r_C)$	$\rho(\varepsilon_A,\varepsilon_C)$	53%	53%	$\rho(r_A,r_C)$	
1779	偏度	0.0	0.0	0.00	0.00			偏度	0.00	0.00
1780	超额峰度	0.1	0.0	0.14	-0.04			超额峰度	-0.04	-0.04
1781				年化均值	28.4%	14.3%			年化均值	14.3%
1782				年化标准差	28.7%	24.2%			年化标准差	24.2%
1783	L10:M1772 =NORMSINV(RAND())									
1784	N10 =$D$1775+$B$1782*L10					R1778 =CORREL(L10:L1772,S10:S1772)				
1785	O10 =$E$1775+$B$1783*L10+$C$1783*M10									
1786							S1778 =CORREL(N10:N1772,T10:T1772)			
1787	Q10 =Q9*EXP(O10)				L1774 =COUNT(L$10:L$1772)					
1788	L1775 =AVERAGE(L$10:L$1772)									
1789	L1776 =STDEV.S(L$10:L$1772)									
1790										
1791	L1778 =CORREL(L10:L1772,M10:M1772)									
1792	N1778 =CORREL(N10:N1772,O10:O1772)									
1793	L1779 =SKEW(L$10:L$1772)									
1794	L1780 =KURT(L$10:L$1772)									
1795	N1781 =252*N1775			N1782 =SQRT(252)*N1776						

图 17.9 Cholesky 分解（第二部分）

---

[1] 这些内容仅仅用于讲解方法，因为这样得到的随机变量偏度为零，超额峰度也为零。我们应当用混合分布的方法来为具有负偏度和正超额峰度的市场变量建模。

二元正态分布的样本,见 N1774:O1774 单元格。这些抽样不但模仿了苹果公司与埃森哲的收益率的前两阶矩,还模仿了二者之间的相关性。

首先,L10:M1772 单元格生成了一系列服从标准正态分布的独立抽样。[1]接下来,N10:N1772 单元格计算了与苹果公司具有相同前两阶矩的"收益率",计算公式为:

$$r_n^A = \mu^A + a_{1,1} Z_n^A, \ n \in \{1, 2, \cdots, 1763\}$$

其中,μ^A 表示苹果公司的日平均收益率,$a_{1,1}$ 是 Cholesky 分解得到的左上角的元素(其等于 σ^A),Z_n^A 是目前为苹果公司抽取的服从 $N(0,1)$ 分布的样本。O10:O1772 单元格计算了与埃森哲具有相同前两阶矩的"收益率",这些收益率与苹果公司的收益率相关,与实际的日收益率表现一致。这些收益率的计算公式为:

$$r_n^{Acc} = \mu^{Acc} + a_{2,1} Z_n^A + a_{2,2} Z_n^{Acc}$$

其中,μ^{Acc} 表示埃森哲的日平均收益率,Z_n^A 是目前为苹果公司抽取的服从 $N(0,1)$ 分布的样本,Z_n^{Acc} 是目前为埃森哲抽取的服从 $N(0,1)$ 分布的样本,$a_{2,1} = \sigma^{Acc} \cdot \rho$ 和 $a_{2,2} = \sigma_{Acc}\sqrt{1-\rho_2}$ 是 Cholesky 分解得到的矩阵的第二行的两个元素。

L1778 单元格计算了两组独立生成的标准正态分布随机变量之间的相关系数,理论上该相关系数应当等于零。N1778 单元格计算了生成的两组相关收益率的相关系数,其与图 17.8 中 B1780 单元格计算得出的实际收益率数据的相关系数 52% 相当接近。L1779:O1780 单元格验证发现,偏度与超额峰度的计算结果均接近于零,说明这一过程忽略了三阶矩与四阶矩。[2]

要想随机模拟一系列相关的收益率,最简单的情形就是只有 2 个收益率的情形,也就是我们现在讨论的情形。这种情况下,我们可以直接用下述公式生成相关的正态分布随机变量对:

$$(Z_t^A, CZ_t^{Acc}) = (Z_t^A, \ \rho \cdot Z_t^A + Z_t^{Acc} \cdot \sqrt{1-\rho^2}), \ t \in \{1, 2, \cdots, 1763\}$$

其中,Z_t^A 是服从 $N(0,1)$ 分布的独立抽样,见 L10:L1772 单元格;Z_t^{Acc} 也是服从 $N(0,1)$ 分布的独立抽样,见 M10:M1772 单元格;CZ_t^{Acc} 是用于生成埃森哲的日相关收益率的具有相关性的抽样,也服从 $N(0,1)$ 分布,见 S10:S1772 单元格。T10:T1772 单元格用下式计算了用这种方式随机模拟得到的埃森哲的日收益率:

$$r_t^{Acc} = \mu^{Acc} + \sigma^{Acc} CZ_t^{Acc}$$

比较 T1775:T1782 单元格与 O1775:O1782 单元格的结果可以发现,第二种专门适用于只有两种资产的情形的相关收益率生成方法得到的结果与第一种方法的相同。[3]

---

[1]　L1774:M1774 单元格统计得出,抽样个数为 1763。平均值接近于 0(见 L1775:M1775 单元格),波动率接近于 1(见 L1776:M1776 单元格),与我们的预期一致。

[2]　为了讲解这一方法,Q10:Q1772 单元格还利用 O10:O1772 单元格随机模拟得出的收益率数据生成了每日股价走势。这些收益率与埃森哲具有相同的前两阶矩。股价计算方法为:

$$P_t^{Acc} = P_{t-1}^{Acc} \cdot e^{r_t^{Acc}}, \text{且}$$

$$r_t^{Acc} = \mu^{Acc} + a_{2,1} Z_t^A + a_{2,2} Z_t^{Acc}, \ t \in \{1, 2, \cdots, 1763\}$$

我们将随机模拟的初始股价随意设定为 1,如 Q9 单元格所示。

[3]　读者可以直接证明两种方法在数学上是相同的。

图 17.10 试图用图像来展示使用相关的收益率与使用不相关的收益率之间的区别。W9：W1772 单元格随机模拟了苹果公司的每日股价,且建模时使用的正态分布与苹果公司的实际收益率具有相同的前两阶矩。[①]X9：X1772 单元格与 Y9：Y1772 单元格均随机模拟了埃森哲的每日股价,且建模时使用的前两阶矩与埃森哲实际收益率的前两阶矩相同,只不过前者的收益率与苹果公司的收益率无关,后者的收益率与苹果公司的收益率相关。注意,为便于比

	V	W	X	Y	Z	AA	AB	AC
4	μ	0.13%	0.07%	0.07%		W4	=D1775	
5	σ	1.82%	1.52%	1.52%		X4	=E1775	
6		~N(μ,σ^2)	模拟股价	模拟股价		Y4	=X4	
7		模拟股价	独立	相关		W5	=D1776	
8		**AAPL**	**ACN**	**ACN**		X5	=E1776	
9		1.00	1.00	1.00		Y5	=X5	
10		1.00	1.01	1.01		Y10	=Y9*EXP(Y$4+Y$5*S10)	
11		1.03	1.01	1.02				
12		1.03	1.02	1.03				
1770		7.03	2.89	2.60				
1771		7.06	2.98	2.67		=Y1770*EXP(Y$4+Y$5*S1771)		
1772		7.27	3.01	2.73				
1773								
1774			收益率					
1775	**均值**	0.11%	0.06%	0.06%				
1776	**标准差**	1.8%	1.5%	1.5%				
1777	**偏度**	0.0	0.0	0.0				
1778	**超额峰度**	0.1	0.0	0.0				
1779								
1780	W10	=W9*EXP(W$4+W$5***L10**)						
1781	X10	=X9*EXP(X$4+X$5***M10**)						
1782	Y10	=Y9*EXP(Y$4+Y$5***S10**)						
1783	W1775	{=AVERAGE(LN(W$10:W$1772/W$9:W$1771))}						
1784	W1776	{=STDEV.S(LN(W$10:W$1772/W$9:W$1771))}						
1785	W1777	{=SKEW(LN(W$10:W$1772/W$9:W$1771))}						
1786	W1778	{=KURT(LN(W$10:W$1772/W$9:W$1771))}						

图 17.10　相关的股价路径

---

① 　如前所述,用正态分布对收益率建模,会忽略除了前两阶矩以外的各阶矩。

较，我们将所有股价路径都标准化为从 1 开始（见第 9 行）。第 1777 行与第 1778 行的计算结果再次验证，这种方法会忽略偏度与超额峰度。

图 17.10 最下方的图像展示了三种可能的股价路径。从此次模拟结果来看，苹果公司的股价最低。独立生成埃森哲收益率的路径走势最高。埃森哲收益率与苹果公司收益率相关的路径位于二者之间。这与我们的直觉一致：相关的路径应当位于两条"独立"的路径之间。

17.3.3   3 个相关随机变量

现在我们考虑三个变量 1、2、3 的情形。我们需要找出矩阵：

$$A = \begin{pmatrix} a_{1,1} & 0 & 0 \\ a_{2,1} & a_{2,2} & 0 \\ a_{3,1} & a_{3,2} & a_{3,3} \end{pmatrix} \Rightarrow A^T = \begin{pmatrix} a_{1,1} & a_{2,1} & a_{3,1} \\ 0 & a_{2,2} & a_{3,2} \\ 0 & 0 & a_{3,3} \end{pmatrix}$$

使得 $\Sigma = AA^T$，即：

$$\begin{pmatrix} \sigma_1^2 & \sigma_{12}^2 & \sigma_{13}^2 \\ \sigma_{21}^2 & \sigma_2^2 & \sigma_{23}^2 \\ \sigma_{31}^2 & \sigma_{32}^2 & \sigma_3^2 \end{pmatrix} = \begin{pmatrix} a_{1,1} & 0 & 0 \\ a_{2,1} & a_{2,2} & 0 \\ a_{3,1} & a_{3,2} & a_{3,3} \end{pmatrix} \begin{pmatrix} a_{1,1} & a_{2,1} & a_{3,1} \\ 0 & a_{2,2} & a_{3,2} \\ 0 & 0 & a_{3,3} \end{pmatrix}$$

由此得到的 6 个方程以及方程的解法与 2 个相关变量的情形类似，进而我们可以求出矩阵 A 的 6 个非零元素。这 6 个方程如下所示，其中前 3 个方程与此前情形一致：

$$\sigma_1^2 = (a_{1,1})^2$$

$$\sigma_{12}^2 = a_{1,1} a_{2,1}$$

$$\sigma_2^2 = (a_{2,1})^2 + (a_{2,2})^2$$

$$\sigma_{13}^2 = a_{1,1} a_{3,1}$$

$$\sigma_{23}^2 = a_{2,1} a_{3,1} + a_{2,2} a_{3,2}$$

$$\sigma_3^2 = (a_{3,1})^2 + (a_{3,2})^2 + (a_{3,3})^2$$

按顺序依次求解各个方程，即得：

$$a_{1,1} = \sigma_1$$

$$a_{2,1} = \frac{\sigma_{12}^2}{a_{1,1}} = \frac{\sigma_{12}^2}{\sigma_1} = \sigma_2 \rho_{12}$$

$$a_{2,2} = \sqrt{\sigma_2^2 - (a_{2,1})^2} = \sqrt{\sigma_2^2 - (\sigma_2 \rho_{12})^2} = \sigma_2 \sqrt{1 - \rho_{12}^2}$$

$$a_{3,1} = \frac{\sigma_{13}^2}{a_{1,1}} = \frac{\sigma_{13}^2}{\sigma_1} = \sigma_3 \rho_{13}$$

$$a_{3,2} = \frac{\sigma_{23}^2 - a_{2,1} a_{3,1}}{a_{2,2}} = \frac{\sigma_2 \sigma_3 \rho_{23} - \sigma_2 \rho_{12} \sigma_3 \rho_{13}}{\sigma_2 \sqrt{1 - \rho_{12}^2}} = \frac{\sigma_3 \rho_{23} - \sigma_3 \rho_{12} \rho_{13}}{\sqrt{1 - \rho_{12}^2}} = \sigma_3 \left(\frac{\rho_{23} - \rho_{12} \rho_{13}}{\sqrt{1 - \rho_{12}^2}} \right)$$

$$a_{3,3} = \sqrt{\sigma_3^2 - (a_{3,1})^2 - (a_{3,2})^2} = \sqrt{\sigma_3^2 - (\sigma_3 \rho_{13})^2 - \sigma_3^2 \left[\frac{\rho_{23} - \rho_{12}\rho_{13}}{\sqrt{1 - \rho_{12}^2}}\right]^2}$$

$$= \sigma_3 \sqrt{1 - (\rho_{13})^2 - \left[\frac{\rho_{23} - \rho_{12}\rho_{13}}{\sqrt{1 - \rho_{12}^2}}\right]^2}$$

综上所述,矩阵 A 等于:

$$A = \begin{bmatrix} \sigma_1 & 0 & 0 \\ \sigma_2 \rho_{12} & \sigma_2 \sqrt{1 - \rho_{12}^2} & 0 \\ \sigma_3 \rho_{13} & \sigma_3 \left(\frac{\rho_{23} - \rho_{12}\rho_{13}}{\sqrt{1 - \rho_{12}^2}}\right) & \sigma_3 \sqrt{1 - (\rho_{13})^2 - \left[\frac{\rho_{23} - \rho_{12}\rho_{13}}{\sqrt{1 - \rho_{12}^2}}\right]^2} \end{bmatrix}$$

为简化记号,令:

$$\hat{\rho} \equiv \frac{a_{3,3}}{\sigma_3} = \sqrt{1 - (\rho_{13})^2 - \left[\frac{\rho_{23} - \rho_{12}\rho_{13}}{\sqrt{1 - \rho_{12}^2}}\right]^2}$$

于是,矩阵 A 便可写为如下更简洁的形式:

$$A = \begin{bmatrix} \sigma_1 & 0 & 0 \\ \sigma_2 \rho_{12} & \sigma_2 \sqrt{1 - \rho_{12}^2} & 0 \\ \sigma_3 \rho_{13} & \sigma_3 \left(\frac{\rho_{23} - \rho_{12}\rho_{13}}{\sqrt{1 - \rho_{12}^2}}\right) & \sigma_3 \hat{\rho} \end{bmatrix} \tag{17.8}$$

　　与之前生成服从二元正态分布的 2 个相关随机变量的方法一致,我们也可以生成 3 个随机变量 $(x^\alpha, x^\beta, x^\gamma)$,使其协方差矩阵等于 Σ。假设我们希望有 $x^\alpha \sim N(\mu_1, \sigma_1^2)$, $x^\beta \sim N(\mu_2, \sigma_2^2)$, $x^\gamma \sim N(\mu_3, \sigma_3^2)$,且三者的协方差矩阵为 Σ。于是,我们可以用下式抽样:

$$\hat{x} = \begin{bmatrix} x^\alpha \\ x^\beta \\ x^\gamma \end{bmatrix} = A\hat{z} + \begin{bmatrix} \mu_1 \\ \mu_2 \\ \mu_3 \end{bmatrix} = \begin{bmatrix} \sigma_1 & 0 & 0 \\ \sigma_2 \rho_{12} & \sigma_2 \sqrt{1 - \rho_{12}^2} & 0 \\ \sigma_3 \rho_{13} & \sigma_3 \left(\frac{\rho_{23} - \rho_{12}\rho_{13}}{\sqrt{1 - \rho_{12}^2}}\right) & \sigma_3 \hat{\rho} \end{bmatrix} \begin{bmatrix} z^\alpha \\ z^\beta \\ z^\gamma \end{bmatrix} + \begin{bmatrix} \mu_1 \\ \mu_2 \\ \mu_3 \end{bmatrix}$$

$$= \begin{bmatrix} \sigma_1[z^\alpha] \\ \sigma_2[\rho_{12}z^\alpha + \sqrt{1 - \rho_{12}^2}\, z^\beta] \\ \sigma_3\left[\rho_{13}z^\alpha + \left(\frac{\rho_{23} - \rho_{12}\rho_{13}}{\sqrt{1 - \rho_{12}^2}}\right)z^\beta + \hat{\rho}\, z^\gamma\right] \end{bmatrix} + \begin{bmatrix} \mu_1 \\ \mu_2 \\ \mu_3 \end{bmatrix}$$

$$= \begin{bmatrix} \sigma_1 & 0 & 0 \\ 0 & \sigma_2 & 0 \\ 0 & 0 & \sigma_3 \end{bmatrix} \begin{bmatrix} z^\alpha \\ \rho_{12}z^\alpha + \sqrt{1 - \rho_{12}^2}\, z^\beta \\ \rho_{13}z^\alpha + \left(\frac{\rho_{23} - \rho_{12}\rho_{13}}{\sqrt{1 - \rho_{12}^2}}\right)z^\beta + \hat{\rho}\, z^\gamma \end{bmatrix} + \begin{bmatrix} \mu_1 \\ \mu_2 \\ \mu_3 \end{bmatrix}$$

$$= \begin{bmatrix} \sigma_1 z^\alpha + \mu_1 \\ \sigma_2 \rho_{12} z^\alpha + \sigma_2 \sqrt{1 - \rho_{12}^2}\, z^\beta + \mu_2 \\ \sigma_3 \rho_{13} z^\alpha + \sigma_3 \left(\frac{\rho_{23} - \rho_{12}\rho_{13}}{\sqrt{1 - \rho_{12}^2}}\right)z^\beta + \sigma_3 \hat{\rho}\, z^\gamma + \mu_3 \end{bmatrix}$$

其中，$(z^\alpha，z^\beta，z^\gamma)$ 是 3 个独立的标准正态分布随机变量。

要想生成服从三元正态分布，且预期收益率和协方差矩阵均与资产 1、资产 2、资产 3 的收益率相匹配的 3 个随机变量 $(x^\alpha，x^\beta，x^\gamma)$，我们可以采取如下做法：[①]

- 生成 3 个服从标准正态分布的独立抽样：$z^\alpha \sim N(0，1)$、$z^\beta \sim N(0，1)$ 和 $z^\gamma \sim N(0，1)$。
- 计算：

$$x^\alpha = \mu_1 + \sigma_1 z^\alpha$$

$$x^\beta = \mu_2 + \sigma_2 \left(\rho_{12} z^\alpha + \sqrt{1-(\rho_{12})^2}\, z^\beta\right)$$

$$x^\gamma = \mu_3 + \sigma_3 \left[\rho_{13} z^\alpha + \left[\frac{\rho_{23}-\rho_{12}\rho_{13}}{\sqrt{1-(\rho_{12})^2}}\right] z^\beta + \hat{\rho} z^\gamma\right]$$

其中，μ_1、μ_2 和 μ_3 分别表示资产 1、资产 2 和资产 3 的预期收益率。我们可以重复这一过程，根据需要生成尽可能多的相关的正态分布随机变量三元组 $(x_n^\alpha，x_n^\beta，x_n^\gamma)$，$n \in \{1，2，\cdots，N\}$。随后，我们可以计算 $\hat{x}$ 的协方差矩阵和（或）相关系数矩阵，并证实我们得到的用于建模的变量 x^α、x^β 和 x^γ 三者具有的性质确实与目标变量的性质相匹配。

17.3.4　高阶 Cholesky 分解

利用和上述同样的过程，我们可以将 Cholesky 分解自然拓展至 4 个或更多随机变量的情形。例如，4×4 维 Cholesky 分解可以通过拓展式（17.8）给出的 3 维情形的矩阵 A 得到：

$$A = \begin{pmatrix} \sigma_1 & 0 & 0 & 0 \\ \sigma_2\rho_{12} & \sigma_2\sqrt{1-(\rho_{12})^2} & 0 & 0 \\ \sigma_3\rho_{13} & \sigma_3\left(\dfrac{\rho_{23}-\rho_{12}\rho_{13}}{\sqrt{1-(\rho_{12})^2}}\right) & \sigma_3\hat{\rho} & 0 \\ \sigma_4\rho_{14} & \sigma_4\alpha & \sigma_4\beta & \sigma_4\Gamma \end{pmatrix} \tag{17.9}$$

其中：

$$\hat{\rho} = \sqrt{1-(\rho_{13})^2 - \frac{(\rho_{23}-\rho_{12}\rho_{13})^2}{1-(\rho_{12})^2}}，\quad \alpha = \frac{\rho_{24}-\rho_{12}\rho_{14}}{\sqrt{1-(\rho_{12})^2}} \tag{17.10}$$

$$\beta = \frac{\rho_{34}-\rho_{13}\rho_{14}-\alpha\left(\dfrac{\rho_{23}-\rho_{12}\rho_{13}}{\sqrt{1-(\rho_{12})^2}}\right)}{\hat{\rho}}，\text{且 } \Gamma = \sqrt{1-(\rho_{14})^2 - \alpha^2 - \beta^2}$$

超过 4×4 维的 Cholesky 分解也可以类似地拓展得到。

---

① 如果资产 1、资产 2、资产 3 的收益率并非正态分布（例如具有负偏度和厚尾），那么 x^α、x^β 和 x^γ 的性质就无法与 3 个资产的收益率的性质保持一致了。目前的计算方法中，我们只是简单地对三元正态分布的前两阶矩加以匹配，忽略了高阶矩。

17.4　多元条件分布

我们继续讲解从业者可用于对随机变量联合分布进行建模的方法。多元正态分布就是一种常用模型,我们刚刚也已经使用了这种分布。最简单的多元正态分布只考虑两个随机变量:r^a 与 r^b。令:

$$r^a \sim N(\mu^a, (\sigma^a)^2), \ r^b \sim N(\mu^b, (\sigma^b)^2), \ \text{且} \ \rho = \frac{(\sigma^{a,b})^2}{\sigma^a \sigma^b}$$

于是,在给定 r^a 的条件下,r^b 服从的条件正态分布为:

$$r^b \mid r^a \sim N\left(\mu^b + \rho \sigma^b \left[\frac{r^a - \mu^a}{\sigma^a}\right], (\sigma^b)^2 [1 - \rho^2]\right)$$

因此,给定 r^a 之后,r^b 的条件均值与 r^a 的取值正相关,而条件方差则并非 r^a 的函数。注意,$\frac{r^a - \mu^a}{\sigma^a}$ 这一表达式度量的是实现值 r^a 与其均值 μ^a 之间相差多少个标准差。

如果用 b 的收益率关于 a 的收益率做线性回归,将斜率系数记作 β,于是上述公式可以改写为:

$$r^b \mid r^a \sim N(\mu^b + \beta[r^a - \mu^a], (\sigma^b)^2 [1 - \rho^2]) \tag{17.11}$$

其中 $\beta = \rho \dfrac{\sigma^b}{\sigma^a} = \dfrac{(\sigma^{a,b})^2}{(\sigma^a)^2}$。

图 17.11 以图像的形式展示了这一小节讲解的各种关系式。我们首先在 B8:B507 单元格中生成了 500 个标准正态分布随机变量独立抽样 Z_t^a,$t \in \{1, 2, \cdots, 500\}$。接下来,我们在 D8:D507 单元格中生成了资产 a 的日收益率,并要求它们与 D2:D3 单元格的输入数据一致,即:[①]

$$r_t^a = \Delta t \left(\mu^a - \frac{(\sigma^a)^2}{2}\right) + Z_t^a \sigma^a \sqrt{\Delta t} \tag{17.12}$$

基于这 500 个 a 的收益率,我们在 H8:H507 单元格中进一步依照式(17.11)来计算:

$$E[r_t^b \mid r_t^a] = \Delta t \cdot \mu^b + \beta \left[r_t^a - \left(\mu_a - \frac{(\sigma^a)^2}{2}\right) \cdot \Delta t\right], \ t \in \{1, 2, \cdots, 500\} \tag{17.13}$$

---

①　该模型建立在几何布朗运动(geometric Brownian motion)的基础之上。之所以式(17.12)中需要减去 $\frac{\sigma_a^2}{2}$ 一项,是因为 $P_t = P_{t-\Delta} e^{r_t \Delta t}$,而其中的指数函数具有凸性。(在金融学里,$e^{-\sigma_a^2/2}$ 这一项叫作凸性调整项。)由于 μ^A 表示年化瞬时收益率,因此只有减去 $\frac{\sigma_a^2}{2}$ 一项,才能保证离散价格路径与输入数据一致,即保证未来预期股价与输入数据一致。

若令 $Y = c \cdot e^{a+bZ}$,其中 Z 服从正态分布 $N(\mu, \sigma^2) = N(0, 1)$,则 Y 服从对数正态分布,$E[Y] = c \cdot e^{a + \frac{b^2}{2}}$。再令 $c = P_{t-\Delta}$,$a = \Delta t (\mu^A - (\sigma^a)^2/2)$,$b = \sigma^a \sqrt{\Delta t}$,就有 $E[P_t^a \mid P_{t-\Delta}] = P_{t-\Delta} e^{\mu^A \Delta t}$,这与我们的预期一致。注意,使用该模型会导致 D511:E511 单元格的预期值低于 D2:E2 单元格中的取值。

其中，我们在 D4 单元格中要求目标相关系数为 50%，从而 B515 单元格计算得出 $\beta = \rho\dfrac{\sigma^b}{\sigma^a} = 0.667$。[1]式（17.13）中还需要使用两次 $\Delta t = 0.0040$（单位为年，见 D5 单元格），以便将年化收益率 μ^a 与 μ^b 转化为日平均收益率。

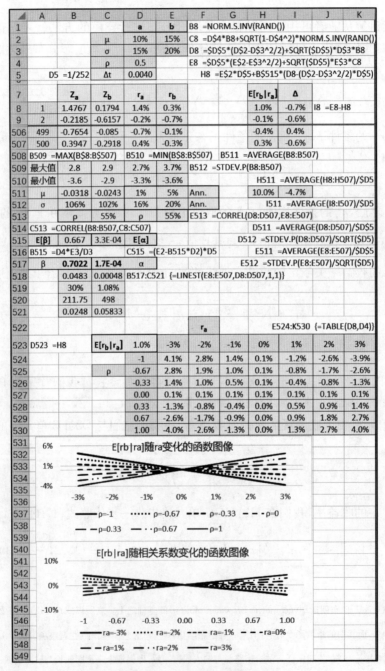

图 17.11　二元正态分布收益率

---

① B517:C521 单元格将 r_b^2 关于 r_a^2 做线性回归。B517 单元格得出 β 的估计值，与理论正确值 0.67 非常接近。

D523 单元格是 D523:K530 单元格展示的二维模拟运算表的头函数,其引用自 H8 单元格。E523:K523 这一行单元格表示 a 的日收益率输入值,D524:D530 这一列单元格表示相关系数的输入值。我们用两幅图像来展示给定 a 的收益率之后 b 的条件预期收益率取值。上方的图像表明,如果相关系数为正(负),则 $E[r^b|r^a]$ 随 r^a 上升而上升(下降)。如果相关系数为零,则 a 的实现收益率对 $E[r^b|r^a]$ 没有影响。下方的图像表明,如果 r^a 为负(正),则 $E[r^b|r^a]$ 随相关系数上升而下降(上升)。[①]

17.5　Copula

假设我们对变量 U_1 与 U_2 感兴趣,并且希望将二者建模为相关的随机变量。通常情况下,Copula 方法的最终目的是在 U_1 与 U_2 之间间接构建一种相关关系。这种方法可能需要构造两个新随机变量 V_1 与 V_2,并指定二者之间的相关系数。

17.5.1　高斯正态 Copula

如果 U_1 和 U_2 均服从正态分布,我们就可以像之前使用 Cholesky 分解时那样,直接设定二者之间的相关系数。而如果 U_1 和 U_2 并非服从正态分布,我们可以进行如下转换。假设二者服从的分布分别为 $U_1 \sim F_1(u_1)$ 和 $U_2 \sim F_2(u_2)$,我们希望将二者分别映射为两个标准正态分布随机变量 $V_1 \sim N(0,1)$ 与 $V_2 \sim N(0,1)$。因此,我们:

$$将 U_1 = u_1 映射为 V_1 = v_1,映射方法是 N(v_1) = F_1(u_1)$$

$$将 U_2 = u_2 映射为 V_2 = v_2,映射方法是 N(v_2) = F_2(u_2)$$

$$v_1 = N^{-1}(F_1(u_1)),且 v_2 = N^{-1}(F_2(u_2))$$

其中 N^{-1} 是标准正态分布的分布函数的反函数。[②]将 U_1 与 U_2 分别映射为标准正态分布随机变量 V_1 和 V_2 之后,我们便可以像先前使用 Cholesky 分解方法那样,选定二者之间的相关系数。

17.5.2　案例:高斯正态 Copula

图 17.12 展示了如何实现高斯 Copula。本例中,我们假设两个随机变量 U_1 与 U_2 的取值

---

① 我们还在图 17.11 中进行了其他计算。C8:C507 单元格生成了另一组 500 个与 Z_t^a 相关的标准正态分布随机变量抽样,计算公式为 $CZ_t^b = \rho \cdot Z_t^a + Z_t \sqrt{1-\rho^2}$,$t \in \{1, 2, \cdots, 500\}$。在 CZ_t^b 的表达式中,每个 Z_t 都是一个服从 $N(0,1)$ 分布的独立抽样。E8:E507 单元格生成了 b 的收益率,其与 a 的收益率相关,且年化均值与波动率的输入数据分别如 E2:E3 单元格所示。这些收益率的计算公式为 $r_t^b = \Delta t \left(\mu^b - \frac{(\sigma^b)^2}{2} \right) + CZ_t^b \sigma^b \sqrt{\Delta t}$。D512:E512 单元格验证得出,随机模拟的收益率波动率与模型输入数据(D3:E3 单元格)较为接近。C513 单元格与 E513 单元格分别验证,两组服从标准正态分布的随机变量的相关系数以及两组收益率的相关系数均几乎都等于 D4 单元格输入的预设值 50%。

② 因此,v_1 就是标准正态分布在累积概率为 $F_1(u_1)$ 时的分位点,v_2 就是在累积概率为 $F_2(u_2)$ 时的分位点。

范围均为 0 到 1,如 C3:C13 单元格所示,并通过变换的方式对这两个变量之间的相关性进行建模。D3:D13 单元格与 F3:F13 单元格分别给出了 U_1 与 U_2 的密度函数取值。E3:E13 单元格与 G3:G13 单元格用数值积分的方法分别计算了相应的分布函数,计算公式为:

$$F(x)=F(x-\Delta x)+\left(\frac{f(x)+f(x-\Delta x)}{2}\right)\Delta x$$

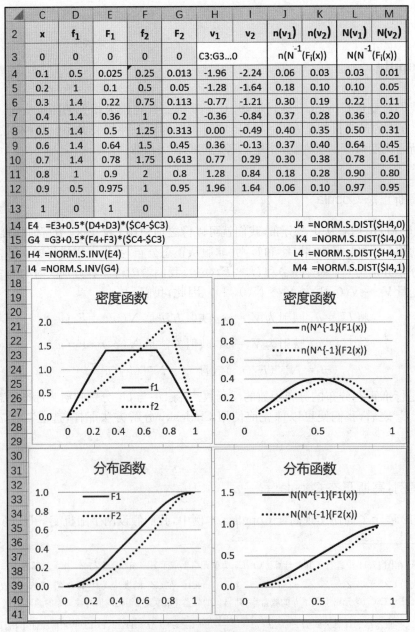

	C	D	E	F	G	H	I	J	K	L	M
2	x	f_1	F_1	f_2	F_2	v_1	v_2	$n(v_1)$	$n(v_2)$	$N(v_1)$	$N(v_2)$
3	0	0	0	0	0	C3:G3...0		$n(N^{-1}(F_i(x)))$		$N(N^{-1}(F_i(x)))$	
4	0.1	0.5	0.025	0.25	0.013	-1.96	-2.24	0.06	0.03	0.03	0.01
5	0.2	1	0.1	0.5	0.05	-1.28	-1.64	0.18	0.10	0.10	0.05
6	0.3	1.4	0.22	0.75	0.113	-0.77	-1.21	0.30	0.19	0.22	0.11
7	0.4	1.4	0.36	1	0.2	-0.36	-0.84	0.37	0.28	0.36	0.20
8	0.5	1.4	0.5	1.25	0.313	0.00	-0.49	0.40	0.35	0.50	0.31
9	0.6	1.4	0.64	1.5	0.45	0.36	-0.13	0.37	0.40	0.64	0.45
10	0.7	1.4	0.78	1.75	0.613	0.77	0.29	0.30	0.38	0.78	0.61
11	0.8	1	0.9	2	0.8	1.28	0.84	0.18	0.28	0.90	0.80
12	0.9	0.5	0.975	1	0.95	1.96	1.64	0.06	0.10	0.97	0.95
13	1	0	1	0	1						
14	E4 =E3+0.5*(D4+D3)*($C4-$C3)							J4 =NORM.S.DIST($H4,0)			
15	G4 =G3+0.5*(F4+F3)*($C4-$C3)							K4 =NORM.S.DIST($I4,0)			
16	H4 =NORM.S.INV(E4)							L4 =NORM.S.DIST($H4,1)			
17	I4 =NORM.S.INV(G4)							M4 =NORM.S.DIST($I4,1)			

图 17.12   高斯正态 Copula

观察图 17.12 中的 4 幅图像。左上角的图像绘制了 U_1 与 U_2 的密度函数,左下角的图像绘制了二者的分布函数。显然,相比之下,F_1 与 F_2 分别将更多的权重置于 $[0,1]$ 区间的左端和右端。

H 列与 I 列计算了相应的标准正态分布随机变量 V_1 与 V_2 的分位点,计算公式分别为 $v_1 = N^{-1}(F_1(u_1))$ 和 $v_2 = N^{-1}(F_2(u_2))$。这些分位点与 C 列中 U_1 和 U_2 的分位点相对应。J4:J12 单元格与 K4:K12 单元格分别计算了标准正态分布的密度函数在 H4:H12 单元格与 I4:I12 单元格给出的分位点处的取值。L4:L12 单元格与 M4:M12 单元格分别计算了标准正态分布的分布函数在 H4:H12 单元格与 I4:I12 单元格给出的分位点处的取值。显然,按照 Copula 方法的设定,L 列与 M 列的值必须分别和 E 列与 G 列的值一致。再观察图 17.12 右侧的两幅图像。右上方的图像绘制了:[1]

$$Sn(SN^{-1}(F_1(x))) = Sn(v_1) \text{ 与 } Sn(SN^{-1}(F_2(x)) =)Sn(v_2)$$

其中,x 的取值范围与 U_1 和 U_2 一致:$[0,1]$。图 17.12 右下方的图像绘制的是:

$$SN(SN^{-1}(F_1(x))) = F_1(x) = SN(v_1)$$

$$SN(SN^{-1}(F_2(x))) = F_2(x) = SN(v_2)$$

其中,x 的取值范围也与 U_1 和 U_2 一致:$[0,1]$。按照 Copula 方法的设定,L 列与 M 列的数值和 E 列与 G 列的数值完全相同,这与我们在上一段中讲述的内容一致。因此,下方的两幅图像完全相同。

17.5.3　学生 *t*-Copula

与上一节探讨的将随机变量 U_1 与 U_2 映射为标准正态分布的方法一致,我们还可以将二者映射为其他可能具有所需特性的分布。例如,学生 t 分布具有厚尾特性(许多市场变量的收益率也是如此),因此我们可以将 U_1 与 U_2 映射为具有学生 t 分布的随机变量 V_1 和 V_2。

和先前一样,我们假设二者服从的分布分别为 $U_1 \sim F_1(u_1)$ 和 $U_2 \sim F_2(u_2)$。我们希望把这二者分别映射为具有学生 t 分布的随机变量 $V_1 \sim T_{n1}$ 和 $V_2 \sim T_{n2}$,其中 ni 表示事先选定的自由度,$ni \in \{1, 2, 3, \cdots\}$,$i \in \{1, 2\}$。因此:

$$\text{将 } U_1 = u_1 \text{ 映射为 } V_1 = v_1,\text{映射方法是 } T_{n1}(v_1) = F_1(u_1)$$

$$\text{将 } U_2 = u_2 \text{ 映射为 } V_2 = v_2,\text{映射方法是 } T_{n2}(v_2) = F_2(u_2)$$

$$v_1 = T_{n1}^{-1}(F_1(u_1)),\text{且 } v_2 = T_{n2}^{-1}(F_2(u_2)) \tag{17.14}$$

其中 T_{ni}^{-1} 表示自由度为 ni 的学生 t 分布的分布函数的反函数。

17.5.4　案例:学生 *t*-Copula

图 17.13 展示了如何实现上一部分探讨的学生 *t*-Copula。输入的随机变量 U_1 和 U_2 与图 17.12 中的相同。因此,两幅图的 C:G 列内容一致。基于式(17.14),图 17.13 的 H 列与 I

---

[1]　函数 Sn 与 SN 分别表示标准正态分布的密度函数与分布函数。

列分别用 $v_1 = T_4^{-1}(F_1(u_1))$ 和 $v_2 = T_4^{-1}(F_2(u_2))$ 计算了服从学生 t 分布的随机变量 V_1 与 V_2 的分位点,这些分位点与 C 列中给出的 U_1 与 U_2 的分位点相对应。两个学生 t 分布的自由度均设定为 4,如 D1 单元格所示。J4:J12 单元格与 K4:K12 单元格分别计算了自由度为 4 的学生 t 分布的密度函数在 H4:H12 单元格与 I4:I12 单元格给出的分位点处的取值。L4:L12 单元格与 M4:M12 单元格分别计算了自由度为 4 的学生 t 分布的分布函数在 H4:H12 单元格与 I4:I12 单元格给出的分位点处的取值。显然,按照 Copula 方法的设定,L 列与 M 列的值必须分别和 E 列与 G 列的值一致。

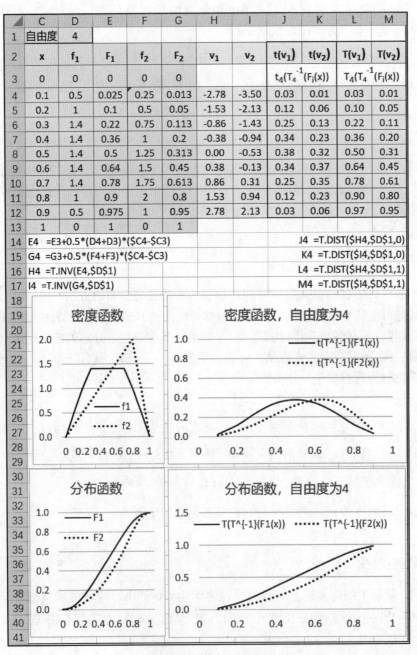

	C	D	E	F	G	H	I	J	K	L	M
1	自由度	4									
2	x	f_1	F_1	f_2	F_2	v_1	v_2	$t(v_1)$	$t(v_2)$	$T(v_1)$	$T(v_2)$
3	0	0	0	0	0			$t_4(T_4^{-1}(F_i(x)))$		$T_4(T_4^{-1}(F_i(x)))$	
4	0.1	0.5	0.025	0.25	0.013	-2.78	-3.50	0.03	0.01	0.03	0.01
5	0.2	1	0.1	0.5	0.05	-1.53	-2.13	0.12	0.06	0.10	0.05
6	0.3	1.4	0.22	0.75	0.113	-0.86	-1.43	0.25	0.13	0.22	0.11
7	0.4	1.4	0.36	1	0.2	-0.38	-0.94	0.34	0.23	0.36	0.20
8	0.5	1.4	0.5	1.25	0.313	0.00	-0.53	0.38	0.32	0.50	0.31
9	0.6	1.4	0.64	1.5	0.45	0.38	-0.13	0.34	0.37	0.64	0.45
10	0.7	1.4	0.78	1.75	0.613	0.86	0.31	0.25	0.35	0.78	0.61
11	0.8	1	0.9	2	0.8	1.53	0.94	0.12	0.23	0.90	0.80
12	0.9	0.5	0.975	1	0.95	2.78	2.13	0.03	0.06	0.97	0.95
13	1	0	1	0	1						
14	E4 =E3+0.5*(D4+D3)*($C4-$C3)							J4 =T.DIST($H4,$D$1,0)			
15	G4 =G3+0.5*(F4+F3)*($C4-$C3)							K4 =T.DIST($I4,$D$1,0)			
16	H4 =T.INV(E4,$D$1)							L4 =T.DIST($H4,$D$1,1)			
17	I4 =T.INV(G4,$D$1)							M4 =T.DIST($I4,$D$1,1)			

图 17.13　学生 t-Copula

图 17.13 左侧的两幅图像与图 17.12 左侧的两幅图像相同。再看图 17.13 右侧的两幅图像。右上方的图像绘制了:[①]

$$t_4(T_4^{-1}(F_1(x)))=t_4(v_1) \text{ 与 } t_4(T_4^{-1}(F_2(x)))=t_4(v_2)$$

其中,x 的取值范围与 U_1 和 U_2 一致:$[0, 1]$。图 17.13 右下方的图像绘制的是:

$$T_4(T_4^{-1}(F_1(x)))=F_1(x)=T_4(v_1)$$

$$T_4(T_4^{-1}(F_2(x)))=F_2(x)=T_4(v_2)$$

其中,x 的取值范围也与 U_1 和 U_2 一致:$[0, 1]$。按照 Copula 方法的设定,L 列与 M 列的数值和 E 列与 G 列的数值完全相同,这与我们在上一段中讲述的内容一致。因此,下方的两幅图像完全相同。

17.6 含相关性的 Copula 的构造方法

先前我们已经讲解了如何用高斯 Copula 方法将任一随机变量变换为服从标准正态分布的随机变量。现在我们介绍如何为变换后的随机变量设定相关系数。

17.6.1 含相关性的高斯 Copula

回顾一下,先前在讲解 Cholesky 分解时,给定服从标准正态分布的独立抽样 Z_1^i 与 Z^i,我们就可以用下式构造出 N 对具有相关性的标准正态分布随机变量(Z_1^i, CZ_2^i):

$$(Z_1^i, CZ_2^i)=(Z_1^i, \rho Z_1^i+\sqrt{1-\rho^2}\,Z^i), \ i\in\{1, 2, \cdots, N\} \tag{17.15}$$

其中 ρ 就是我们希望构造的变量 Z_1 与 CZ_2 之间的相关系数。接下来,我们就可以用下式得到具有相关性的随机变量对(x_1^i, x_2^i):

$$x_1^i=\mu_1+\sigma_1 \cdot Z_1^i \text{ 和 } x_2^i=\mu_2+\sigma_2 \cdot CZ_2^i \tag{17.16}$$

这样得到的 Z_1 与 CZ_2 之间的相关系数和 x_1 与 x_2 之间的相关系数相等。

17.6.2 含相关性的学生 t-Copula

在 Excel 中,我们可以采取一种间接的方法来构造具有相关性的学生 t-Copula。我们在第 17.1 节中曾介绍,可以用下式生成服从学生 t 分布的随机变量:

$$Y=\frac{Z}{\sqrt{\dfrac{W}{n}}} \tag{17.17}$$

---

① 函数 t_4 与 T_4 分别表示自由度为 4 的学生 t 分布的密度函数与分布函数。

其中,服从学生 t 分布的随机变量 Y 与服从卡方分布的随机变量 W 的自由度均为 n, Z 服从标准正态分布,且 Z 与 W 相互独立。基于这些结论,我们就可以用如下方法,根据式(17.15)与式(17.17)来生成服从学生 t 分布且用 ρ 关联起来的随机变量对:

- 用式(17.15)来生成具有相关性的标准正态分布随机变量对 (Z_1^i, CZ_2^i)。
- 生成服从卡方分布的随机变量对 $(W_1^i(n1), W_2^i(n2))$,其中 $n1$ 与 $n2$ 分别为 W_1 与 W_2 服从的卡方分布的自由度。我们可以在 Excel 中用如下公式生成服从卡方分布的抽样:

$$=\text{CHIINV}(\text{RAND}(), ni)$$

其中 $ni \in \{1, 2, 3, \cdots\}$, $i \in \{1, 2\}$。

- 根据式(17.17)来抽取服从学生 t 分布的具有相关性的随机变量对 (Y_1^i, Y_2^i),计算公式分别为 $\left[\dfrac{Z_1^i}{\sqrt{\dfrac{W_1^i}{n_1}}}, \dfrac{CZ_2^i}{\sqrt{\dfrac{W_2^i}{n_2}}}\right]$。其中,随机变量 Y_1 与 W_1 的自由度均为 $n1$, Y_2 与 W_2 的自由度均为 $n2$。

17.6.3 案例:含相关性的学生 t-Copula

本节中,我们将通过上一小节介绍的概念来探讨资产收益率之间的相关性对风险的影响。图 17.14 对具有相关性的学生 t 分布进行了建模。如 C2 单元格所示,我们希望将两个服从学生 t 分布的随机变量之间的 Copula 相关性设定为 40%; G2 单元格表明二者自由度均为 5。B5:B1513 单元格生成了一系列服从标准正态分布的独立抽样 Z_1。C5:C1513 单元格的内容 (CZ_2) 与 B5:B1513 单元格相关,计算公式为 $CZ_2 = \rho \cdot Z_1 + \sqrt{1-\rho^2} Z$,其中 Z 表示另一个服从正态分布的独立抽样。F5:G1513 单元格生成了服从 $\chi^2(5)$ 分布的独立随机变量对。接下来,I5:J1513 单元格用 $Y = \dfrac{Z}{\sqrt{\dfrac{W}{5}}}$ 生成了服从自由度为 5 的学生 t 分布的具有相关性的随机变量对,其中两个随机变量使用的 Z 互相相关。第 1517 行至第 1520 行分别计算了相应列的均值、波动率、偏度和超额峰度。K1517:L1520 单元格的计算结果与学生 t 分布应当具有的理论值(计算公式见式(17.1))十分接近,理论值的计算结果如 M1517:M1520 单元格所示。

1. 探究由相关性导致的风险

现在我们探讨提高一对资产的收益率之间的相关性将带来的风险。继续观察图 17.14。如果 D5:D1513 单元格对应行的两个标准正态分布的抽样均小于零(即 D2 单元格的取值),那么 D5:D1513 单元格中的对应取值即为"1",否则为"0"。具体而言,如果两个抽样中有 1 个或 2 个非负,就记为"0"。F1526 单元格统计了全部 1509 个抽样中取"1"的事件个数。类似地,M5:M1513 单元格的对应行中,如果两个学生 t 分布的抽样均为负,M5:M1513 单元格的对应取值即为"1",否则为"0"。[1]J1526 单元格统计了全部 1509 个抽样中取"1"的事件个数。具有相关性的标准正态分布抽样 (Z_1, CZ_2) 与具有相关性的学生 t 分布抽样 (W_1, W_2) 中,二

---

① 具体而言,如果两个抽样中有 1 个或 2 个非负,就记为"0"。

▲	A	B	C	D	E F	G H	I	J	K	L	M
1				x							x
2	▲	ρ	0.4	0	自由度	5			M2	=D2	0
3	▼		7					M5	=IF(AND(K5<M$2,L5<M$2),1,0)		
4		z_1	z_2	$z_1<0$, &$z_2<0$	χ	χ	√(χ/自由度)	√(χ/自由度)	t_1	t_2	$t_1<0$, &$t_2<0$
5		0.03	0.04	0	2.23	3.41	0.67	0.83	0.04	0.04	
6		0.68	-0.15	0	4.65	0.99	0.96	0.44	0.71	-0.33	0
7		0.94	1.69	0	5.03	2.19	1.00	0.66	0.93	2.55	0
8		-1.01	-0.49	1	4.52	1.96	0.95	0.63	-1.07	-0.79	1
1511		-0.27	-0.06	1	9.26	3.51	1.36	0.84	-0.20	-0.08	1
1512		-0.63	0.06	0	5.17	10.18	1.02	1.43	-0.62	0.04	0
1513		0.32	1.67	0	6.69	4.36	1.16	0.93	0.28	1.79	0
1514	B5:B1513 =NORM.S.INV(RAND())				F5:G1513 =CHIINV(RAND(),G$2)				K5 =B5/$I5		
1515	C5 =NORM.S.INV(RAND())*SQRT(1-C$2^2)+C$2*B5						I5 =SQRT(F5/G$2)		L5 =C5/$J5		
1516	D5 =IF(AND(B5<D$2,C5<D$2),1,0)				J5 =SQRT(G5/G$2)				t(5)		
1517	μ	0.05	0.03		4.95	5.17		μ	0.05	0.05	
1518	σ	1.00	1.02		3.21	3.35		σ	1.25	1.29	1.67
1519	$\mathit{\Gamma}$	-0.03	0.00		1.29	1.34		$\mathit{\Gamma}$	0.22	0.02	0
1520	XSδ	-0.03	0.17		2.61	2.53		XSδ	1.95	2.31	6
1521	ρ	0.42	B1521 =CORREL(B5:B1513,C5:C1513)						ρ	0.37	
1522	B1517 =AVERAGE(B$5:B$1513)				M1517, M1519 0			B1519 =SKEW(B$5:B$1513)			
1523	B1518 =STDEV.P(B$5:B$1513)				M1518 =G2/(G2-2)			B1520 =KURT(B$5:B$1513)			
1524					M1520 =6/(G2-4)			L1521 =CORREL(K5:K1513,L5:L1513)			
1525		n_z	n_z	标准差 个数	对数<0			对数<0	n_t	n_t	$n_t - n_z$
1526	n < 0.0	702	721	0.0	432			432	702	721	0
1527	n < -0.5	239	229	-0.5	F1526 =SUM(D5:D1513)				279	249	60
1528	n < -1.0	239	229	-1.0	J1526 =SUM(M5:M1513)				279	249	60
1529	n < -1.5	30	36	-1.5					78	78	90
1530	n < -2.0	30	36	-2.0	Δ 对数<0		0		78	78	90
1531	n < -2.5	2	3	-2.5	J1530 =J1526-F1526				17	28	40
1532	n < -3.0	2	3	-3.0					17	28	40
1533	n < -3.5	0	0	-3.5					2	6	8
1534	n < -4.0	0	0	-4.0					2	6	8
1535	n < -4.5	0	0	-4.5					0	3	3
1536	n < -5.0	0	0	-5.0					0	3	3
1537	A1526 ="n < "&TEXT(D1526,"0.0")										
1538	B1526 =COUNTIF(B$5:B$1513,"<"&TEXT($D1526,"0"))										
1539	C1526 =COUNTIF(C$5:C$1513,"<"&TEXT($D1526,"0"))										
1540					K1526 =COUNTIF(K$5:K$1513,"<"&TEXT($D1526,"0"))						
1541					L1526 =COUNTIF(L$5:L$1513,"<"&TEXT($D1526,"0"))						
1542					M1526 =SUM(K1526:L1526)-SUM(B1526:C1526)						

图 17.14 具有相关性的服从学生 t 分布的随机变量

者均为负的随机变量对的个数相同，与理论预期一致。[①]J1530 单元格计算了二者均为负的具有相关性的学生 t 分布随机变量对的数目与二者均为负的具有相关性的标准正态分布随机变量对的数目之差。

B1526:B1536 单元格与 C1526:C1536 单元格分别计算了 B5:B1513 单元格与 C5:C1513 单元格中的标准正态分布抽样落在 D1526:D1536 单元格取值下方的抽样个数。K1526：K1536 单元格与 L1526:L1536 单元格分别计算了 K5:K1513 单元格与 L5:L1513 单元格中

---

① 这一结果是合理的，因为两种分布均对称，均值均为零，且相关系数相同。

的(自由度为 5 的)学生 t 分布抽样落在 D1526:D1536 单元格取值下方的抽样个数。最后，M1526:M1536 单元格计算了对应行中相邻两个单元格之和的差距，即(K 列＋L 列)－(B 列＋C 列)，也就是小于给定分位点的具有相关性的学生 t 分布抽样总数与相应的具有相关性的标准正态分布抽样总数之差。这些结果均非负，与学生 t 分布相较于正态分布具有的厚尾特征一致。

　　图 17.15 将服从具有相关性的分布的随机变量对的抽样绘制成了散点图。上图绘制的是服从具有相关性的标准正态分布的随机变量对抽样，即图 17.14 中 B5:C1513 单元格的抽样结果。下图绘制的是服从具有相关性的学生 t 分布的随机变量对抽样，即图 17.14 中 K5:L1513 单元格的抽样结果。两幅图中还分别绘制了普通最小二乘法得到的最佳拟合回归直线。[1]比较两幅图像可以明显发现，学生 t 分布比标准正态分布更为分散。并且在 Excel 中，如果我们提高 C2 单元格中的输入数据 $\rho=40\%$，两条直线的斜率与 R^2 也会增加。[2]

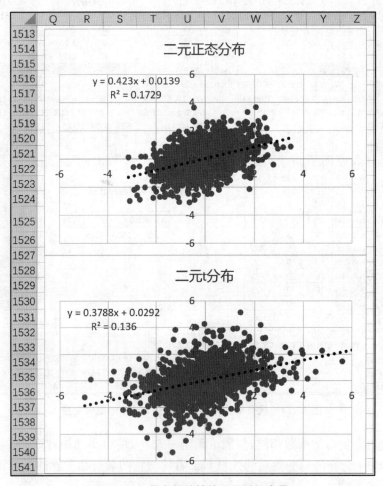

图 17.15　具有相关性的二元随机变量

---

　　① 斜率即为 $\beta=\rho \cdot \dfrac{\sigma^y}{\sigma^x}$。由于两个波动率均为 1，因此 $\beta=\rho$，即等于我们在图 17.14 中 C2 单元格输入的目标值 $\rho=40\%$。

　　② 如果 ρ 的输入数值为负，两条直线的斜率也为负，因为 β 与 ρ 具有相同的符号。

图 17.16 展示了相关系数对风险的影响。二维模拟运算表的表头 R1546 单元格引用自图 17.14 中的 M1526 单元格。如前所述,其表示从具有相关性的学生 t 分布中抽取的"比均值零低几个标准差"(基本情形下是低零个标准差)的样本总数与从具有相关性的正态分布中抽取的"比均值零低几个标准差"的样本总数之差。S1546:X1546 单元格这一行输入的变量表示比零低多少个标准差,R1547:R1551 单元格这一列输入的变量表示相关系数。S1549:X1549 单元格对应于 $\rho=0$ 的情形,如图 17.16 中上方的图像所示。此外,S1547:X1551 单元格中的二维模拟运算表还表明,所有计算结果均非负。换言之,不论低多少个标准差、不论相

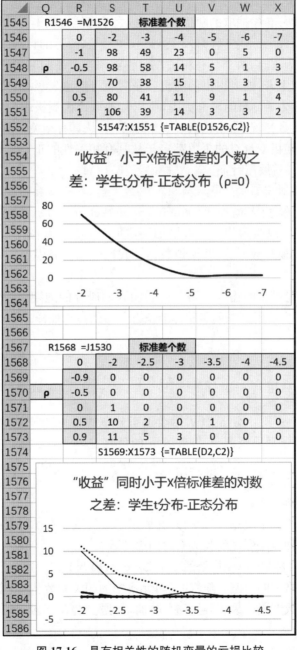

图 17.16　具有相关性的随机变量的亏损比较

关系数是多少,来自具有相关性的学生 t 分布的抽样个数始终多于来自具有相关性的正态分布的抽样个数。这也反映出学生 t 分布具有厚尾特征。

图 17.16 的下半部分十分有趣。R1568 单元格是这个二维模拟运算表的表头,其引用自图 17.14 的 J1530 单元格。如前所述,其表示从具有相关性的学生 t 分布中抽取的二者均"比均值零低几个标准差"的随机变量对数与从具有相关性的正态分布中抽取的二者均"比均值零低几个标准差"的随机变量对数之差。相关系数为负的两行(第 1569 行对应的 $\rho=-0.9$,第 1570 行对应的 $\rho=-0.5$)的计算结果均非常接近于零。这一结果非常合理。若两个随机变量服从的分布负相关,那么如果一个抽样为负,另一个就很可能为正。因此,当相关系数为负时,从具有相关性的分布中抽取的随机变量对数之差可能会很小。

再观察第 1572 行($\rho=0.5$)与第 1573 行($\rho=0.9$)。这两行的计算结果较大,与我们的预期一致。当相关系数为正时,两个具有相关性的收益率很可能同时为正,或者同时为负。也就是说,随着相关系数上升,抽取得出的随机变量对就可能愈发极端:要么都是正值,要么都是负值。因此,由于学生 t 分布的尾部更厚,所以其抽取得出更极端的负值收益率对的数目更多。事实上,在大多数情况下,不论低多少个标准差,从具有相关性的学生 t 分布中抽取的同时具有负收益率的随机变量对的个数都多于从具有相关性的正态分布中抽取的个数。这也反映出学生 t 分布具有厚尾特征。

2. 市场模型:相关性导致的市场风险

图 17.17 展示了经验市场模型(empirical market model),该模型可以加深我们对图 17.16 中结论的理解:风险随相关系数增加而增加。但在这幅图中,我们没有使用实际数据,而是生成了一系列模拟数据,这些模拟数据让我们可以研究模型结果随输入数据变化的情况。

第 1 行至第 5 行是模型的输入。第 5 行表明我们研究的周期是 1 个月,即 $\Delta t=0.0833$ 年。A7:A209 单元格生成了一系列服从标准正态分布的独立抽样。C7:C209 单元格用 $r_t^m = \Delta t\left(\mu^m - \frac{(\sigma m)^2}{2}\right) + \sigma^m \sqrt{\Delta t}\, Z_t^m$ 生成了市场月收益率的模拟值,其中 Z_t^m 来自 A 列的相应单元格。D7:D209 单元格利用 $r_t^A = \Delta t\left(\mu^A - \frac{(\sigma A)^2}{2}\right) + \sigma^A \sqrt{\Delta t}\, Z_t^A$ 生成了风险资产 A 的收益率,其中 $Z_t^A = \rho Z_t^m + \sqrt{1-\rho^2}\, Z_t$,$Z_t$ 是服从标准正态分布的另一个独立抽样。C211 单元格与 D211 单元格分别统计了风险资产 A 与市场 m 的负收益率个数。第 214 行与第 215 行分别计算了年化平均值与标准差。第 218 行用 $\beta = \frac{(\sigma^{A,m})^2}{(\sigma^m)^2} = \rho^{A,m} \cdot \frac{\sigma^A}{\sigma^m}$ 计算了普通最小二乘法得到的最佳拟合直线的斜率系数。

图中上方的图像绘制了散点 (r^m, r^A),并展示了最佳拟合直线与直线方程。下方的图像绘制了随机模拟的两种风险资产的收益率时间序列。

注意图中大致在 F3:H6 单元格处的 3 个 Excel 数值调节钮。这几个数值调节钮分别(间接)控制 F2:H2 单元格中的取值。随着 F2 单元格中的相关系数从 -1 提升到 $+1$,最佳拟合直线的斜率也会从负数变成正数。[1]随着 σ^m 增加,数据会沿着 x 轴(即 r^m 的轴)分散开。随

---

① 再次提醒,β 与 ρ 具有相同的符号,即二者要么同正,要么同负。

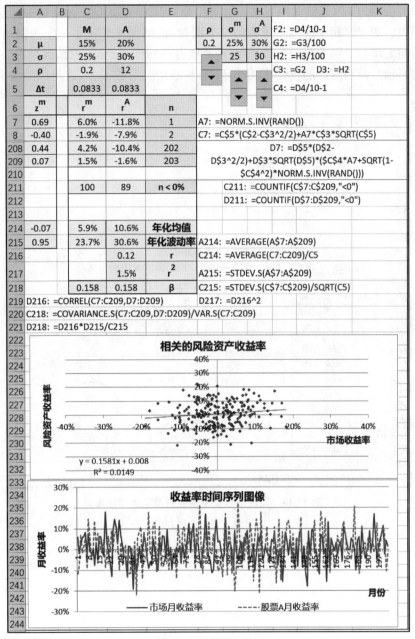

图 17.17　经验市场模型

着 σ^A 增加，数据会沿着 y 轴（即 r^A 的轴）分散开，且拟合优度指标 R^2 会随之下降。

　　图 17.18 的结果表明，相关系数增加，风险会随之增加。若随机模拟得到的市场收益率（资产 A 的收益率）小于 N5 单元格给出的 -5%，N7：N209 单元格（O7：O209 单元格）的数值就为"1"，否则为"0"。若二者收益率均小于 -5%，P7：P209 单元格的取值就为"1"，否则为"0"。第 211 行计算了第 7 行至第 209 行的数值之和，第 212 行将计算结果转换为占总数 203（随机模拟的月收益率总个数）的百分比。

　　P212 单元格统计了全部 203 组收益率中二者均低于 -5% 的收益率组数占比。一维模拟运算表的表头 O214 单元格引用了这一计算结果。N215：N225 单元格这一列输入的变量表示相关系数。图中绘制了模拟运算表的结果图像，这幅图像证实了一个关键结论：风险随相关系数增加而增加。随着相关系数增加，两种收益率均低于−5％的情况个数会随之增加。注意，当 ρ 为负时，两种资产的收益率均小于−5％的情况个数很少，这与风险分散化的思想一致。

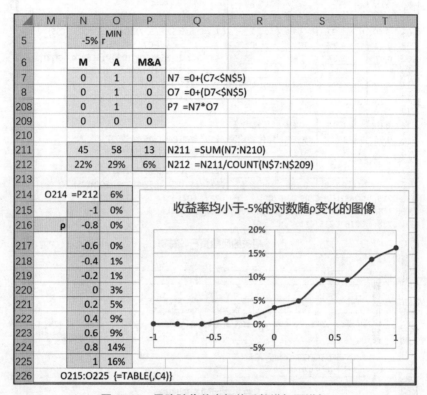

图 17.18 风险随收益率相关系数增加而增加

第 18 章

在险价值与预期亏空

本章将介绍两个重要的金融市场风险度量指标:在险价值与预期亏空。各类金融监管机构都会对这些风险度量指标提出监管要求。本章将介绍一致性风险度量,这种风险度量具备四种理想特性。我们将说明在险价值并不满足一致性,而预期亏空则满足一致性的要求。我们还将探讨时间窗口与置信水平对这些风险度量的影响。本章还将介绍如何对各个方法与模型进行回溯测试,这是一种重要的完备性测试方法。本章会给出一些示例。

18.1 在险价值基础知识

在险价值(value at risk,VaR)是在某一选定的显著性水平之下计算得出的资产价值的单侧尾部损失大小。由于收益率分布的方差通常随时间长度的增加而增加,因此在险价值依赖于选定的时间窗口大小。

举个例子,假设某资产投资组合在 95% 的置信水平(即 5% 的显著性水平)之下的一周 VaR 为 123 万元。也就是说,该资产在下周的损失不超过 123 万元的概率为 95%。换言之,该资产的表现优于亏损 123 万元(即该资产可能增值,也可能亏损不超过 123 万元)的概率为 95%。我们还可以用另一种方法解释这一结果:在接下来 20 周内,我们预期该投资组合会在其中 1 周(1=5%×20)亏损超过 123 万元,而在其他 19 周(19=95%×20)表现优于亏损 123 万元。①

18.1.1 以收益率为量纲的在险价值

假设某资产的连续复利收益率服从正态分布,即:

$$r^{cc} \sim N(\mu, \sigma^2)$$

---

① 这种在险价值的解释方法假设资产收益率的数据生成过程具有时间不变性。

于是以收益率为量纲的在险价值 VaR(％)是如下方程的解：[1]

$$VaR(\text{％})=0-r_{\text{cutoff}}^{cc}，其中 r_{\text{cutoff}}^{cc}=N^{-1}(\alpha\,|\,\mu，\sigma^2)，即$$

$$VaR(\text{％})=-N^{-1}(\alpha\,|\,\mu，\sigma^2)$$

这里，r_{cutoff}^{cc} 表示与 VaR 相对应的收益率临界值。因此，$\alpha=N(r_{\text{cutoff}}^{cc}\,|\,\mu，\sigma^2)=SN\left(\dfrac{r_{\text{cutoff}}^{cc}-\mu}{\sigma}\right)$，

其中 SN 为标准正态分布的分布函数。于是 $r_{\text{cutoff}}^{cc}=\mu+\sigma\cdot SN^{-1}(\alpha)$，进而：

$$VaR(\text{％})=-r_{\text{cutoff}}^{cc}=-[\mu+\sigma\cdot SN^{-1}(\alpha)] \tag{18.1}$$

若 μ 与 σ^2 均表示日收益率的对应值，则：[2]

$$\mu\sim0\Rightarrow VaR(\text{％})\sim-\sigma\cdot SN^{-1}(\alpha)$$

18.1.2　以货币为量纲的在险价值

我们继续假设某资产的连续复利收益率服从正态分布。这意味着该资产的未来价值服从对数正态分布，即：

$$r^{cc}\sim N(\mu，\sigma^2)\Rightarrow V_T=V_0\mathrm{e}^{r^{cc}T}\sim LN\left(\ln(V_0)+T\left(\mu-\dfrac{\sigma^2}{2}\right)，T\sigma^2\right) \tag{18.2}$$

其中，V_0 表示资产的当前价值，T 是选定的未来时刻，以年为单位。从而，对数正态分布的前两阶矩分别为：[3]

$$m\equiv\ln(V_0)+T\left(\mu-\dfrac{\sigma^2}{2}\right)\text{和}\ s^2\equiv T\sigma^2 \tag{18.3}$$

因此，我们可以将资产价值的分布改写为 $V_T=V_0\mathrm{e}^{r^{cc}T}\sim LN(m，s^2)$。

以货币为量纲的在险价值等于：[4]

$$VaR(C)=V_0-V_{\text{cutoff}}，其中 V_{\text{cutoff}}=LN^{-1}(\alpha\,|\,m，s^2) \tag{18.4}$$

这里 α 即为选定的左侧尾部的显著水平，$LN^{-1}(\alpha\,|\,m，s^2)$ 是均值为 m、方差为 s^2 的对数正态分布的分布函数的反函数在 α 处的取值。[5]

---

[1]　这里的收益率是连续复利年化收益率。
[2]　从业者经常使用这一假设。
[3]　正态分布由其前两阶矩 μ 和 σ^2 完全决定。对数正态分布也一样，由 m 和 s^2 完全决定。
[4]　这一结果近似等于 $VaR(C)\sim V_0\cdot VaR(\text{％})$。
[5]　虽然未来资产价值并非正态分布，但从业者通常假设其服从正态分布，从而近似计算 VaR。因此：

$$VaR(C)\approx-[\mu(C)+\sigma(C)SN(\alpha)]\approx V_0\cdot VaR(\text{％})，其中$$
$$\mu(C)=V_0\mu\ \text{和}\ \sigma(C)=V_0\sigma$$

分别表示资产的平均收益与波动率，以美元为量纲；$VaR(\text{％})$ 是以收益率为量纲的在险价值。

18.2 预期亏空基础知识

预期亏空(expected shortfall, ES)是另一种风险度量指标,表示在某一选定的显著性水平之下计算得出的资产价值的单侧尾部预期损失大小。预期亏空即为在损失大于等于 VaR 的条件下的条件预期损失。换言之,VaR 刻画的是收益分布左侧尾部边缘处对应的损失值,而 ES 刻画的是在损失处于尾部的条件下的条件预期损失。[①]

我们继续考虑第 18.1 节的例子,假设某资产投资组合在 95% 的置信水平(即 5% 的显著性水平)之下的一周 VaR 为 123 万元。我们进一步假设计算得出的 ES 等于 167 万元。这就是说,在损失大于等于 VaR(123 万元)的条件下,条件预期损失即为 ES 的取值,也就是 167 万元。

18.2.1 以收益率为量纲的预期亏空

我们继续假设 $r^\infty \sim N(\mu, \sigma^2)$。于是,以收益率为量纲的预期亏空 ES(%) 等于:

$$ES(\%) = \sigma \frac{e^{-z_{LS}^2/2}}{\sqrt{2\pi}\alpha} - \mu \tag{18.5}$$

其中 Z_{LS}(这里 LS 表示显著性水平)即为标准正态分布的 α 分位点。

18.2.2 以货币为量纲的预期亏空

以货币为量纲的预期亏空 ES(C) 的计算公式为:

$$ES(C) = V_0 \left(\sigma \frac{e^{-z_{LS}^2/2}}{\sqrt{2\pi}\alpha} - \mu \right) = V_0 \cdot ES(\%) \tag{18.6}$$

18.3 一致性风险度量与谱风险度量

Artzner 等(1999)曾提出风险度量的四个理想属性,即所谓的一致性风险度量(coherent risk measure)。投资组合未来价值 V 的一致性风险度量 ρ 应当呈现出如下特性:

- 单调性(monotonicity):风险度量随损失提高而单调上升,即[②] $V_1 \leqslant V_2 \Rightarrow \rho(V_1) \geqslant \rho(V_2)$。

[①] 类似地,如果我们绘制损失的分布图像(与收益的分布图像相反),那么 VaR 刻画的就是在选定的显著性水平与时间窗口下对应的损失值与零的距离。ES 刻画的则是当损失处于右侧尾部(尾部的边缘由 VaR 定义)的条件下的条件预期损失。

[②] 如果不论世界的未来状态如何,一个投资组合始终比另一个投资组合的结果更差,那么前者的风险度量指标应该高于后者。

● 平移不变性(translation invariance)：投资组合现金价值每增加 1 单位，风险度量就减少 1 单位，即对于 K 美元的现金，有 $\rho(V+K)=\rho(V)-K$。

● 齐次性(homogeneity)：在其他条件不变的情况下，投资组合价值变成原先的 λ 倍，风险度量就变成原先的 λ 倍，即 $\rho(\lambda V)=\lambda\rho(V)$。

● 次可加性(subadditivity)：将风险资产组合到一起后的风险度量不大于单个资产的风险度量之和，即 $\rho(V_1+V_2)\leqslant\rho(V_1)+\rho(V_2)$。

在险价值不满足次可加性，因此它并非一致性风险度量。预期亏空则与之不同，它满足全部四个条件，因此它具有一致性。

谱风险度量(spectral risk measure)是指随着进入尾部，分配给此处的权重单调不减的风险度量。可以证明，谱风险度量具有一致性。例如，由于 VaR 将 100% 的权重置于事先选定的显著性水平对应的阈值之处，而置于更多的损失之上的权重为零，因此 VaR 并非谱风险度量。相比之下，预期亏空将低于选定的显著性水平阈值的损失权重置为零，而对高于选定的显著性水平阈值的损失配置相同的权重。因此，预期亏空是一种谱风险度量。

案例：在险价值不满足次可加性；预期亏空具有一致性

我们用一个简单的例子来说明在险价值不满足次可加性，并验证预期亏空并不与次可加性相悖。图 18.1 考察了两个相同的项目计划。如 C5：D7 单元格与 E3：G4 单元格所示，我们

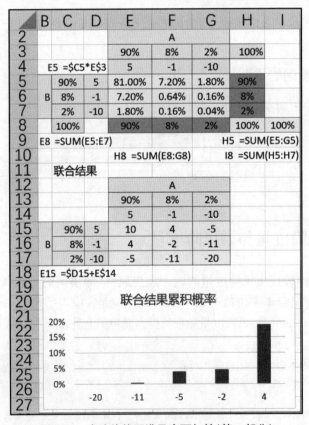

图 18.1　在险价值不满足次可加性(第一部分)

假定每个项目均以 90％的概率获得价值为 5 的回报,以 8％的概率获得价值为一1 的回报,以 2％的概率获得价值为一10 的回报。为便于计算,我们假设两个项目相互独立。E5:G7 单元格计算了这两个相互独立的项目的 9 种可能结果发生的联合概率,E15:G17 单元格计算了相应的联合回报。

图 18.2 继续展示了这个例子,这张图展示了可能发生的各种联合结果(M12:M17 单元格)以及相应的概率(N12:N17 单元格),并计算这些概率的累积值。O12:O17 单元格计算了累积概率,P12:P17 单元格计算了与之互补的概率。V11:V30 单元格与 W11:W30 单元格分别计算了联合项目的在险价值与预期亏空,其对应的置信水平与显著性水平分别见 T11:T30 单元格与 U11:U30 单元格。图 18.2 里上方与下方的柱图分别展示了在险价值和预期亏空随显著性水平变化的函数关系。显然,二者均单调递减。如果我们从右向左看每幅柱图,也就是随着我们逐步进入收益的左侧尾部,两个指标的取值均单调递增。

排序	结果	单个结果	概率	累积概率	1减累积概率		平移1行	置信水平	显著水平	VaR	ES
		<-20	0.00%	0.00%	100%		-20	99%	1%	5	7.52
9	-20	-20	0.04%	0.04%	100.0%		-11	98%	2%	5	6.26
8	-11	-11	0.32%	0.36%	99.6%		-5	97%	3%	5	5.84
7	-11	-5	3.60%	3.96%	96.0%		-2	96%	4%	2	5.60
6	-5	4	0.64%	4.60%	95.4%		4	95%	5%	-4	4.40
5	-5	4	14.4%	19.0%	81.0%		10	94%	6%	-4	3.00
4	-2	10	81.0%	100%	0.00%			93%	7%	-4	2.00
3	4							92%	8%	-4	1.25
2	4		100%	N19 =SUM(N11:N17)				91%	9%	-4	0.67
1	10							90%	10%	-4	0.20

L12 =LARGE($E$15:$G$17,K12) — 89% | 11% | -4 | -0.18

N12 {=SUM(IF($E$15:$G$17=M12,$E$5:$G$7))} — 88% | 12% | -4 | -0.50

O11 =SUM($N$11:N11)   P11 =1-O11 — 87% | 13% | -4 | -0.77

— 86% | 14% | -4 | -1.00

U11 =1-T11 — 85% | 15% | -4 | -1.20

V11 =-VLOOKUP(U11,$O$11:$R$17,4) — 84% | 16% | -4 | -1.38

W11...=-(SUMPRODUCT($M$12:$M$13,$N$12:$N$13)+M$14*(U11-O$13))/U11 — 83% | 17% | -4 | -1.53

— 82% | 18% | -4 | -1.67

— 81% | 19% | -10 | -1.79

— 80% | 20% | -10 | -2.20

W11 =-(SUMPRODUCT($M$12:$M$13,$N$12:$N$13)+M$14*(U11-O$13))/U11

W14 =-(SUMPRODUCT($M$12:$M$14,$N$12:$N$14)+M$15*(U14-O$14))/U14

W15 =-(SUMPRODUCT($M$12:$M$15,$N$12:$N$15)+M$16*(U15-O$15))/U15

W30 =-(SUMPRODUCT($M$12:$M$16,$N$12:$N$16)+M$17*(U30-O$16))/U30

VaR随显著水平变化的函数图像

ES随显著水平变化的函数图像

图 18.2　在险价值不满足次可加性(第二部分)

图 18.3 最终完整说明了为何在险价值不满足次可加性。AE 列与 AF 列分别计算了单个独立项目的在险价值与预期亏空。接下来,AG 列与 AH 列分别计算了单个项目的在险价值(AE 列)与预期亏空(AF 列)的 2 倍。换句话说,这里计算的就是先分别考虑两个项目各自的在险价值与预期亏空,再将两个项目加和。

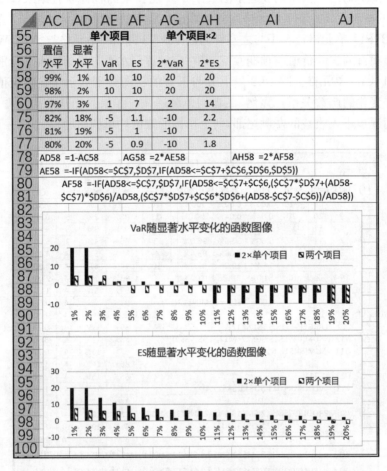

	AC	AD	AE	AF	AG	AH	AI	AJ
55		**单个项目**			**单个项目×2**			
56	置信	显著						
57	水平	水平	VaR	ES	2*VaR	2*ES		
58	99%	1%	10	10	20	20		
59	98%	2%	10	10	20	20		
60	97%	3%	1	7	2	14		
75	82%	18%	-5	1.1	-10	2.2		
76	81%	19%	-5	1	-10	2		
77	80%	20%	-5	0.9	-10	1.8		
78	AD58 =1-AC58				AG58 =2*AE58		AH58 =2*AF58	
79	AE58 =-IF(AD58<=$C$7,$D$7,IF(AD58<=$C$7+$C$6,$D$6,$D$5))							
80	AF58 =-IF(AD58<=$C$7,$D$7,IF(AD58<=$C$7+$C$6,($C$7*$D$7+(AD58-							
81	$C$7)*$D$6)/AD58,($C$7*$D$7+$C$6*$D$6+(AD58-$C$7-$C$6))/AD58))							

图 18.3　在险价值不满足次可加性(第三部分)

图 18.3 上方的图像证实了在险价值不满足次可加性。[①]当显著性水平为 3% 时,或位于 11% 到 18% 之间时,单独考虑两个项目的 VaR 之和要小于将两个项目视作一个整体时的 VaR。因此,VaR 不满足次可加性。

图 18.3 下方的图像说明,预期亏空并不与次可加性相悖。对于我们考虑的所有显著性水平(1% 至 20%)而言,单独考虑两个项目的预期亏空之和大于将两个项目视作一个整体时的预期亏空。

---

① 两幅图像中,两个独立项目的在险价值之和与预期亏空之和分别来自 AG58:AG77 单元格与 AH58:AH77 单元格。将两个项目视作一个整体时对应的在险价值和预期亏空分别来自图 18.2 的 V11:V30 单元格与 W11:W30 单元格。

18.4　案例:厚尾对在险价值的影响

市场变量的收益率分布通常呈现出厚尾特征,这与它们具有较高的极端负收益风险的特征一致。在险价值与预期亏空均能体现出厚尾会提高风险的思想。图 18.4 阐释了这一关系。给定 S&P500 的 2 年的日收益率数据(图 18.4 中没有展示),我们首先在 C703:C704 单元格中分别计算了平均收益与标准差。

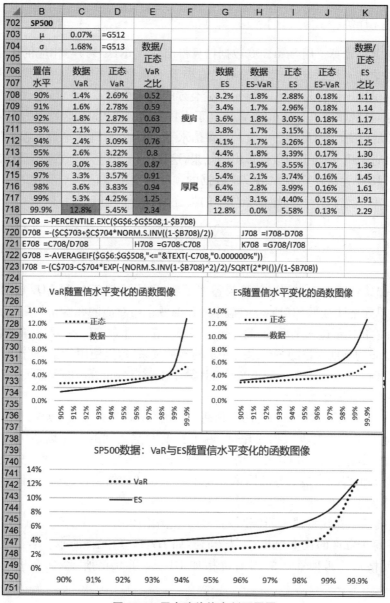

图 18.4　用在险价值来刻画厚尾

给定 B708:B718 单元格中的置信水平后,C708:C718 单元格分别计算了 S&P500 数据在相应置信水平下的 VaR,也就是日收益率在相应显著性水平 α 处的分位点取值的相反数。例如,$\alpha=1\%$,2%,5%,…对应的在险价值即为 503 个 S&P500 日收益率的第 1 个、第 2 个、第 5 个……百分位点的相反数,也就是 503 个日收益率中的第 5 小、第 10 小、第 25 小……的收益率的相反数。具体而言,$\alpha=10\%$ 对应的在险价值如 C708 单元格所示,计算公式为:

$$=-PERCENTILE(\$G\$6:\$G\$508,1-\$B708)$$

其中 G6:G508 单元格(图中并未展示)的内容是 S&P500 的 503 个日收益率,B708 单元格表示置信水平 $1-\alpha$。

D708:D718 单元格计算了与这组 S&P500 收益率数据具有相同前两阶矩的正态分布对应的在险价值,计算公式为式(18.1),即 $VaR(\%) = -r_{\text{cutoff}}^{cc} = -\left[\mu + \sigma \cdot SN^{-1}\left(\dfrac{\alpha}{2}\right)\right]$。[①]
E708:E718 单元格计算了用 S&P500 数据计算得出的 VaR(C 列)与相应的用正态分布得出的 VaR(D 列)之比。注意,这一比值的初始值小于 1,最终值大于 1,由此我们再一次看出收益率数据分布呈现出瘦肩与厚尾的特征。左上方的图像绘制了 C 列与 D 列中计算的 VaR。当置信水平相对较低时,正态分布的 VaR 高于用数据算出的 VaR,这是因为 S&P500 收益率数据呈现出瘦肩特征,与厚尾特征一致。当置信水平相对较高(即逐渐进入损失尾部)时,正态分布计算得出的 VaR 要低于用数据算出的结果,这是因为 S&P500 收益率呈现出厚尾特征。

G708:G718 单元格计算了 S&P500 数据的预期亏空随置信水平变化的函数关系,也就是计算在收益率不低于 VaR 的尾部条件下的收益率条件平均值,即:

$$ES(\%) = -\frac{\sum_{n=1}^{503}(r_n \mid r_n \leqslant -VaR)}{\sum_{n=1}^{503}(1 \mid r_n \leqslant -VaR)} \tag{18.7}$$

其中,分母简单统计了位于左侧尾部的收益率个数,即小于等于 VaR 相反数的收益率个数。H708:H718 单元格计算了 S&P500 收益率的预期亏空与对应的在险价值之间的差距。由于预期亏空比在险价值更进入尾部,因此计算结果显然全部非负。I708:I718 单元格用式(18.5)计算了正态分布的预期亏空随置信水平变化的函数关系,这里使用的正态分布与 S&P500 数据具有相同的前两阶矩。J708:J718 单元格计算了用正态分布算出的预期亏空与在险价值之差,计算结果当然也全部为正。

图 18.4 右上方的图像绘制的是两个预期亏空函数(G708:G718 单元格与 I708:I718 单元格)。注意,随着我们愈发进入损失尾部,两个预期亏空之间的差距就越大。也就是说,用 S&P500 收益率数据算出的预期亏空增长速度比正态分布对应的增长速度更快,因此我们再次看到厚尾带来的影响。最下方的图像证实了一个显然的结论:在其他条件不变的情况下,预期亏空始终大于等于在险价值。

图 18.5 继续用在险价值来研究厚尾特征。这幅图研究了 B2:E2 单元格展示的四种风险资产,其中每个资产的权重均相等,为 25%,如 B3:E3 单元格所示。若总投资额为 1000 美元(B1 单元格),且四种资产的当前价格如 B4:E4 单元格所示,那么 B5:E5 单元格用

---

① 我们假设置信水平是双边的,因此在进行单边检验时,需要将 α 除以 2。

	A	B	C	D	E	F
1	V₀: 2017/05/03	1,000				
2		S&P 500	DJIA	Acc.	Apple	
3	w	25%	25%	25%	25%	100%
4	P₀	2641.9	24465.64	154.44	43.2168	
5	Sh₀: 2017/05/03	0.1	0.0	1.6	5.8	
6	B5 =$B$1*B3/B4		C5 =$B$1*C3/C4		F3 =SUM(B3:E3)	
7		1日rp	年化			
8	均值	0.12%	29.4%	C8 =252*B8		
9	波动率	1.85%	29.3%	C9 =SQRT(252)*B9		
10	偏度	-0.628	B10 =SKEW($J$24:$J$526)			
11	超额峰度	10.041	B11 =KURT($J$24:$J$526)			
12	B8 =AVERAGE($J$24:$J$526)					
13	B9 =STDEV.S($J$24:$J$526)					
14	显著水平	1%		年化		
15	天数	1	10	252		
16	正态分布"r临界值"	-4.18%	-12.43%	-38.86%		
17	正态分布"r临界值"			-38.86%		
18	将收益率转换为利润			D17 =C8+C9*NORM.S.INV(B14)		
19	正态分布"收益率VaR"	4.18%	12.43%	38.86%	=0-D16	
20	正态分布VaR	42	124	389	=D19*$B$1	
21	巴塞尔协议		373			
22	B16 =NORM.S.INV($B14)*$B9*SQRT(B15)+$B8*B15					
23	C16 =NORM.S.INV($B14)*$B9*SQRT(C15)+$B8*C15					
24	D16 =NORM.S.INV($B14)*$B9*SQRT(D15)+$B8*D15					
25	B19 =0-B16		C19 =0-C16			
26	B20 =B19*$B$1		C20 =C19*$B$1			
27	C21 =3*C20		正态"VaR"	数据"VaR"		
28			4.18%	5.39%	C28 =B19	
29		1%	4.18%	5.39%	D28 =J6	
30	显著	2%	3.68%	4.33%		
31	水平	3%	3.36%	3.84%		
32		4%	3.12%	3.19%		
33		5%	2.92%	3.03%		
34		6%	2.76%	2.65%		
35		7%	2.61%	2.36%		
36		8%	2.48%	1.90%		
37		9%	2.36%	1.76%		
38		10%	2.25%	1.53%		
39	C29:D38 {=TABLE(,B14)}					

图 18.5 用在险价值研究市场变量的厚尾特征(第一部分)

$sh^n = \dfrac{25\% \times 1000}{P_0^n}$ 计算了投资的股数,其中 $n \in \{$S&P500,DJIA,Acc.,Apple$\}$。图 18.6 继续进行了有关计算。I23:I526 单元格基于这四种资产的日价格数据(图中未展示)计算了由这四种风险资产组成的等权重投资组合的价值,计算公式为 $\sum_{n=1}^{4} sh^n P_t^n$,$t \in \{1, 2, \cdots, 504\}$,其中 sh^n 表示资产 n 的持股数(见 B5:E5 单元格),P_t^n 表示资产 n 在第 t 日的价格。接下来,J24:J526、K33:K526 和 L275:L526 单元格分别计算了 1 日、10 日和 252 日的收益率。

现在我们回到图 18.5。B8:B11 单元格分别计算了投资组合 1 日收益率的均值、波动率、偏度与超额峰度。其中,偏度计算结果为负(B10 单元格),超额峰度计算结果为正(B11 单元格),这与许多市场变量一致。C8 与 C9 单元格分别计算了均值与波动率的年化值。

我们假定一个正态分布 $N(\mu_d, \sigma_d^2)$,其中 μ_d 与 σ_d 分别设定为投资组合日收益率数据的均值和标准差。于是,1 日、10 日和 252 日(年)收益率在显著水平为 $\alpha=1\%$(B14 单元格)时

行	H 日期	I Vp	J 1日 rp	K 10日 rp	L 1年 rp	M	N 正态	O 数据	P
1	日期	Vp	1日 rp	10日 rp	1年 rp				
2	I3 =COUNT(I23:I526)			L3 =COUNT(L23:L526)					
3	个数	504	503	494	252				
4			L5 =LARGE(L$32:L$526,(1-$B$14)*L$3)						
5	数据"临界值"		-5.39%	-18.57%	-1.66%				
6	数据"VaR"		5.39%	18.57%	1.66%		L6 =0-L5		
7	数据VaR		54	186	17		L7 =L6*$B$1		
8	最小值		-12.39%	-24.40%	-8.37%		L8 =MIN(L23:L526)		
9	最大值		9.70%	15.91%	45.64%		L9 =MAX(L23:L526)		
10	回溯测试		P25 =COUNTIF(J24:J$526,"<"&TEXT(N24,"0.0000000000%"))						
11	J12 =COUNTIF(J24:J526,"<"&TEXT(B16,"0.00000000%"))								
12	r < 正态"临界值"的个数		12						
13	E[r < 正态"临界值"的个数]		5.03	J13 =B14*COUNT(J24:J526)					
14	σ估计值		2.23	J14 =SQRT(J3*B14*(1-B14))					
15	P25 =COUNTIF(J24:J$526,"<"&TEXT(O24,"0.0000000000%"))								
16	1%单侧尾部		-2.33	J16 =NORM.S.INV(B14)					
17	下界		-0.16	J17 =$J$13+$J$16*$J$14					
18	上界		10.22	J18 =$J$13-$J$16*$J$14					
19	z值		-3.12	J19 =(J12-J13)/J14					
20	p值		0.089%	-3.12	K20 =NORM.S.INV(J20)				
21	J20 =NORM.S.DIST(J19,1)						临界值		
22	日期	Vp	1日 rp	10日 rp	1年 rp		正态	数据	
23	3-May-17	1000							P24 ="N<"&TEXT(N24,"0.0%")
24	4-May-17	997	-0.26%	J24 =LN(I24/I23)			-4.2%	-5.4%	N<-4.2%
25	5-May-17	997	0.00%	J25 =LN(I25/I24)			-4.2%	-5.4%	12
26	8-May-17	988	-1.00%	K33 =LN(I33/I23)			-4.2%	-5.4%	
27	9-May-17	1001	1.32%	L275 =LN(I275/I23)			-4.2%	-5.4%	N<-5.4%
28	10-May-17	1003	0.25%				-4.2%	-5.4%	6
29	11-May-17	1030	2.61%	N24:N526 =$B$16			-4.2%	-5.4%	
30	12-May-17	1025	-0.45%	O24:O526 =$J$5			-4.2%	-5.4%	
31	15-May-17	1033	0.80%		转至		-4.2%	-5.4%	
32	16-May-17	1051	1.75%		L274		-4.2%	-5.4%	
33	17-May-17	1019	-3.12%	1.90%			-4.2%	-5.4%	
34	18-May-17	1019	0.00%	2.16%			-4.2%	-5.4%	
35	19-May-17	1007	-1.16%	0.99%			-4.2%	-5.4%	
36	22-May-17	984	-2.34%	-0.35%			-4.2%	-5.4%	
37	23-May-17	987	0.28%	-1.38%			-4.2%	-5.4%	
38	24-May-17	986	-0.11%	-1.75%			-4.2%	-5.4%	
39	25-May-17	990	0.49%	-3.93%			-4.2%	-5.4%	
40	26-May-17	997	0.59%	-2.90%			-4.2%	-5.4%	
41	30-May-17	971	-2.54%	-6.24%			-4.2%	-5.4%	
271	27-Apr-18	1291	0.57%	1.96%			-4.2%	-5.4%	
272	30-Apr-18	1291	0.00%	1.93%			-4.2%	-5.4%	
273	1-May-18	1288	-0.26%	0.90%			-4.2%	-5.4%	
274	2-May-18	1275	-0.96%	-0.40%			-4.2%	-5.4%	
275	3-May-18	1262	-1.02%	-1.27%	23.3%		-4.2%	-5.4%	
276	4-May-18	1270	0.63%	-0.03%	24.2%		-4.2%	-5.4%	
277	7-May-18	1277	0.52%	0.82%	24.7%		-4.2%	-5.4%	
523	30-Apr-19	1765	0.36%	2.38%	31.3%		-4.2%	-5.4%	
524	1-May-19	1760	-0.30%	1.75%	31.0%		-4.2%	-5.4%	
525	2-May-19	1749	-0.59%	0.68%	30.7%		-4.2%	-5.4%	
526	3-May-19	1798	2.74%	1.59%	34.3%		-4.2%	-5.4%	
527	I23 =SUMPRODUCT($B$5:$E$5,'Daily Prices and Returns'!C5:F5)								

图 18.6 用在险价值研究市场变量的厚尾特征(第二部分)

对应的分位点(临界值)如 B16:D16 单元格所示,计算公式为:

$$r_{\text{cutoff}} = \mu_d \cdot D + \sigma_d \sqrt{D} SN^{-1}(\alpha) \tag{18.8}$$

其中 $D \in \{1, 10, 252\}$ 天。接下来,B19:D19 单元格分别用 $VaR(\%) = 0 - r_{\text{cutoff}}$ 计算了这 3 种时间尺度对应的在险价值。最后,第 20 行计算了以货币为量纲的经验 $VaR(C)$,计算方法为用以收益率为量纲的 $VaR(\%)$(第 19 行)乘以 1000。[1]

C28:D28 是一维模拟运算表的表头函数,其分别引用自 B19 单元格计算得出的 1 日正态 $VaR(\%)$ 以及图 18.6 中 J6 单元格计算得出的 1 日经验 $VaR(\%)$,二者显著性水平均为 1%。B29:B38 单元格这一列输入的是显著性水平。图中绘制了模拟运算表的图像,从图像中我们可以看出 VaR 随显著性水平上升而下降,这一结论是显然的。然而,由数据算出的 VaR 函数图像比由正态分布算出的更为陡峭,这与我们选取的四资产投资组合收益率所具有的厚尾特征一致。

再回到图 18.6。J3:L3 单元格分别统计了收益率的个数。第 5 行计算了 1% 显著性水平下的数据临界值,也就是第 99%"大"的收益率,即第 1 个百分位数。J12 单元格计算得出,投资组合的 1 日收益率实际数据落入与之对应的正态分布的 1% 尾部的数目有 12 个,远多于投资组合日收益率服从正态分布情况下的期望值 5(即 J3 单元格给出的 503 的 1%)。接下来,J14 单元格用二项分布计算了这一估计值的标准误 $\sqrt{np(1-p)} = \sqrt{503 \times 1\% \times 99\%} = 2.23$。基于这些结果,我们计算得出相应的正态分布的 98% 双边置信区间的下界与上界分别为 -0.16(J17 单元格)和 10.22(J18 单元格)。而我们用数据算出的例外值数目为 12,超出了区间上界,因此我们要拒绝投资组合日收益率服从正态分布的零假设。此外,我们还在 J20 单元格计算得出 12 个例外值对应的 p 值为 0.089%。[2]

图 18.7 绘制了我们的等权重投资组合日收益率数据的时间序列图像。图像中还分别画

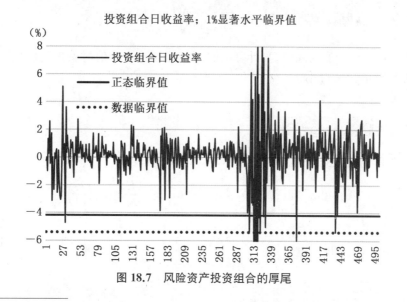

图 18.7 风险资产投资组合的厚尾

---

[1] 巴塞尔协议要求的资本金等于 10 日 $VaR(C)$ 的 3 倍,见 C21 单元格。

[2] N24:N526 单元格与 O24:O526 单元格分别计算了与之对应的正态分布和真实数据分布的 1% 临界值。P25 单元格表明,低于与之对应的正态分布临界值 -4.2% 的收益率共有 12 个,但低于经验数据临界值的收益率只有 6 个(P28 单元格),占 503 的 1%。

出了用数据计算得出的与用相应的正态分布计算得出的1%左侧尾部临界值。这幅图像呈现出与正态分布不一致的极端收益率，说明数据具有厚尾特征。收益率数据共有6次穿过用数据算出的左侧1%临界值，共有12次穿过用相应的正态分布算出的左侧1%临界值。

18.5 在险价值计算的回溯测试

按照先前讲解的方法计算出在险价值（VaR）之后，我们可以用实际历史数据对其进行回溯测试（back-testing），这一点十分重要。假设时间窗口为1日、显著性水平为$\alpha=5\%$的情况下计算得到的VaR等于X，并进一步假设我们有$N=500$个历史日数据。此时，我们预计这些天里应当有25天（500的5%）的损失要大于等于X。用回溯测试的术语来讲，这些超过X的损失叫作例外值（exception）。记例外值的观测数为e，并记相应的随机变量为E。为了正确评估我们算出的VaR是否合理，我们需要知道如何计算例外值数在期望值25附近的置信区间。

18.5.1 单边检验：二项分布

我们研究的单边检验（one-tail test）的零假设H_0是某一天出现例外值的概率为$\alpha=5\%$，备择假设H_a是$\alpha>5\%$。利用二项分布的结论，当数据点个数为N时，例外值个数E大于等于e的概率为：[1]

$$p \text{ 值} = Pr(E \geqslant e) = \sum_{n=e}^{N} \frac{N!}{n!(N-n)!}(\alpha)^n(1-\alpha)^{N-n} \qquad (18.9)$$

从业者可以选定一个p值的阈值，当计算出的p值小于这个阈值时就拒绝模型算出的VaR，因为该模型算出的VaR过小。[2]

18.5.2 双边检验：Kupiec统计量

Kupiec(1995)曾提出如下双边检验（two-tail test）统计量：

$$-2\ln\left[(1-\alpha)^{N-E}(\alpha)^E\right] + 2\ln\left[\left(1-\frac{E}{N}\right)^{N-E}\left(\frac{E}{N}\right)^E\right]$$

$$= 2\ln\left[\left(\frac{1-\frac{E}{N}}{1-\alpha}\right)^{N-E}\left(\frac{E/N}{\alpha}\right)^E\right] \sim \chi^2(1) \qquad (18.10)$$

---

[1] 类似地，例外值个数E小于等于e的概率为：

$$Pr(E \leqslant e) = \sum_{n=0}^{e} \frac{N!}{n!(N-n)!}(\alpha)^n(1-\alpha)^{N-n}$$

[2] 类似地，如果$Pr(E \leqslant e)$小于事先设定的另一种p值的阈值，就应当拒绝模型的VaR，因为该模型算出的VaR过大。

其中,上式服从自由度为 1 的 $\chi^2(1)$ 分布的前提假设是 VaR 模型例外值发生概率为 α。下表展示了一些 $\chi^2(1)$ 的取值:

显著性水平	$\chi^2(1)$
1%	6.63
2%	5.41
5%	3.84
10%	2.71

因此,对于我们的例子而言,如果用式(18.10)计算得出的结果等于 4.55,我们就在显著性水平为 5% 的情况下接受该 VaR 模型(因为 3.84<4.55),但在显著性水平为 2% 的情况下拒绝该模型(因为 5.41>4.55)。

图 18.8 展示了 Kupiec 检验统计量随例外值个数变化的函数图像。图中全部数据点的个数为 $N=500$,Kupiec 检验统计量的显著性水平为 $\alpha=2\%$,此时对应的 $\chi^2(1)=5.41$。由于这是一个双边检验,因此该统计量的图像呈现出 U 形。例外值的预期个数为 $\alpha N=2\% \times 500=10$。当 $E=10$ 时,检验统计量取值为零。例外值个数离预期值 $\alpha N=10$ 越远,检验统计量就越大。当 $\alpha=2\%$ 时,$\chi^2(1)=5.41$,因此我们可以从图像中看出,若 $E<3$ 或 $E>19$,就应

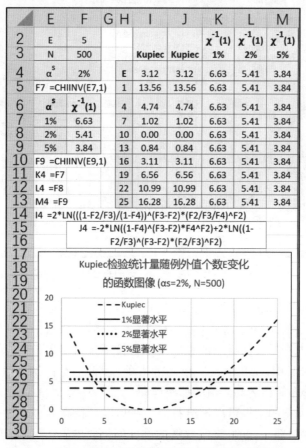

图 18.8　Kupiec 检验统计量随例外值个数变化的函数关系

当拒绝该 VaR 模型;若 $E\in\{4,5,\cdots,17,18\}$,就接受该模型。最后,图中不但给出了显著性水平为 2‰时的 $\chi^2(1)$ 取值,还给出了 1‰时($\chi^2(1)=6.63$)和 5‰时($\chi^2(1)=3.84$)的取值。

理解了 Kupiec 检验的原理后,下面我们用该方法来对我们的在险价值模型进行回溯测试。图 18.9 研究了 S&P500 指数两年的日收益率。图中的 D6:D508 单元格用各个日期(B5:B508 单元格)对应的 S&P500 价格(C5:C508 单元格)计算了 503 个日收益率。D511:D514 单元格计算了收益率的均值、波动率、偏度与超额峰度。D515:D516 单元格计算了均值与波动率的年化结果。E6:E508 单元格随机生成了与 S&P500 收益率在这两年内具有相同波动率的零均值日收益率数据。注意,E511:E512 单元格利用这些随机值算出的均值和波动率与 D511:D512 单元格中的输入数据十分接近。E513:E514 单元格计算得出的正态分布的偏度与超额峰度均接近零,这与我们的预期一致。

	A	B	C	D	E	F	G	H	I	J	K	L	M	N	O	P	Q
3			SP500	SP500	N(0,27%)												
4		日期	价格	收益率	26.6%		C522 =(1-B522)*COUNT(D$6:D$508)										
5		2018/11/20	2642				D522 =-PERCENTILE.EXC($D$6:$D$508,1-$B522)										
6		2018/11/21	2650	0.3%	0.64%		F522 =-(D$511+D$512*NORM.S.INV(1-$B522))										
7		2018/11/22	2650	0.0%	-1.72%		G522 =COUNTIF(D$6:D$508,"<"&TEXT(-F522,"0.00000000%"))										
506		2020/12/11	3663	-0.1%	-2.05%		H522 =G522-C522										
507		2020/12/14	3647	-0.4%	1.18%		I522 =1-BINOM.DIST(G522,D$517,1-B$522,1)										
508		2020/12/15	3695	1.3%	-1.49%		K522 =COUNTIF(E$6:E$508,"<"&TEXT(-F522,"0.00000000%"))										
509							L522 =1-BINOM.DIST(K522,D$517,1-B$522,1)										
510				SP500	N(0,27%)												
511		均值, m		0.07%	0.00%	E511 =AVERAGE(E6:E508)											
512		波动率, s		1.68%	1.71%	E512 =STDEV(E6:E508)											
513		偏度, Γ		-0.99	-0.09	E513 =SKEW(E6:E508)											
514		超额峰度, δ-3		14.11	0.21	E514 =KURT(E6:E508)											
515		年化均值		16.8%	-1.0%	E515 =E511*252											
516		年化波动率		26.6%	27.1%	E516 =E512*SQRT(252)											
517		个数		503		D517 =COUNT(D6:D508)											
518														P518 =CHIINV(5%,1)	3.84		
519																	
520		单尾		数据		正态	例外	Δ	概率		N(0,27%)	概率		Kupiec			
521		置信水平		E[E]	VaR	VaR	E	E-E[E]	E		E	E		正态		数据	
522		90%		50	1.4%	2.1%	34	-16	99%		58	11%		1.3	6.5	拒绝	
523		92%		40	1.8%	2.3%	31	-9	93%		44	24%		0.4	2.5	接受	
524		94%		30	2.4%	2.5%	26	-4	75%		28	61%		0.2	0.6	接受	
525		96%		20	3.0%	2.9%	20	0	45%		21	36%		0	0.0	接受	
526		98%		10	3.6%	3.4%	14	4	8%		13	14%		0.8	1.4	接受	
527		99%		5	5.3%	3.8%	9	4	3%		8	7%		1.5	2.6	接受	
528		99.5%		3	8.9%	4.3%	9	6	0%		6	1%		3.5	10.1	拒绝	
529		99.9%		0.5	12.8%	5.1%	5	4	0.0%		3	0%		5.7	14.0	拒绝	
530		N522 =-2*LN(B522^(D$517-C522)*(1-B522)^C522)+2*LN((1-															
531		C522/D$517)^(D$517-C522)*(C522/D$517)^C522)															
532		O522 =-2*LN(B522^(D$517-G522)*(1-B522)^G522)+2*LN((1-															
533		G522/D$517)^(D$517-G522)*(G522/D$517)^G522)															
534		P522 =IF(O522>CHIINV(5%,1),"拒绝","接受")															

图 18.9 S&P500 收益率数据的正态性回溯测试

收益率数据共 503 个(D517 单元格)。对于 B522:B529 单元格展示的单尾损失置信水平而言,我们预估的例外值个数分别见 C522:C529 单元格,计算公式为 $\alpha N=\alpha\cdot 503$。D522:D529 单元格计算了由实际数据得出的在险价值。接下来,F522:F529 单元格计算了由正态分布模拟数据得出的 VaR;G522:G529 单元格计算了实际数据的例外值个数,但这里的例外值是指超出由正态分布算出的临界值的那些损失。

H522:H529 单元格的结果可以带给我们一些启发。较高的显著性水平(即较低的置信水平)对应于分布的"肩部",此时,真实数据的例外值个数少于用"与之等价的"正态分布(即与之前两阶矩相同的正态分布)算出的个数。而如果我们逐渐进入损失尾部(即置信水平增加,显著性水平降低),则结论与之相反:真实数据的例外值个数要多于用"与之等价的"正态分布随机模拟数据得出的个数。换言之,真实收益率数据的分布呈现出厚尾特征。

K522:K529 单元格分别计算了正态分布模拟数据超出不同置信水平下基于正态的 VaR 的例外值个数。不出所料,L522:L529 单元格得出的 p 值均较大,说明各个置信水平下的例外值个数均与正态分布期望值没有显著差异。

最后,我们用 Kupiec 统计量来检验数据是否满足正态性。N522:N529 单元格计算了用正态分布随机模拟的收益率算出的 Kupiec 统计量,这些结果均为零,符合正态性。接下来,O522:O529 单元格计算了 S&P500 实际收益率的 Kupiec 统计量,P522:P529 单元格判断了 Kupiec 检验统计量的计算结果是否超出相应的 $\chi^2(1)$ 分布在 95% 置信水平下的临界值。有趣的是,由于瘦肩特征,我们在 90% 的损失尾部下拒绝了正态性。此外,由于厚尾特征,我们在大于 99% 的损失尾部下也拒绝了正态性。在这两种极端情形之间,两种分布(经验分布和相应的正态分布)相互交叠,因此这个区域内的数据并未拒绝正态分布的假设。

18.6　案例:在险价值与预期亏空

本节我们考虑由 4 个资产组成的投资组合的在险价值与预期亏空。如图 18.10 所示,4 个资产的预期收益率和协方差矩阵分别如 B2:E2 单元格和 B4:E7 单元格所示。G4:G7 单元格给出了 4 种资产的权重。第 9 行计算了波动率,也就是方差的平方根。

假设我们在每个资产上都投资 100 美元,如 B12:E12 单元格所示。假设时间窗口为 1 个月,即 1/12＝0.083 年,如 B13:E13 单元格所示。第 14 行表明,我们希望研究左侧 2% 的尾部。B15:E15 单元格列出了各个期望收益率,B16:E16 单元格列出了我们假定的各个资产的波动率。第 17 行与第 18 行分别计算了相应的对数正态分布的前两阶矩 m 和 s,计算公式分别为:

$$m = \ln(V_0) + T\left(\mu - \frac{\sigma^2}{2}\right), \quad s = \sigma\sqrt{T} \tag{18.11}$$

基于这些结果,第 19 行计算了临界值,第 20 行计算了 VaR＝V_0－临界值。第 22 行计算了预期亏空。

G12:G20 单元格计算了由 4 种资产组成的投资组合的在险价值(以及相应的中间计算过程)。投资于 4 种资产的权重分别如 G4:G7 单元格所示,投资金额如 B12:E12 单元格所示。G20 单元格计算得出 VaR 为 15.67。E21 单元格计算了 4 种资产各自的在险价值之和,结果为 32.55,这一结果已经超过了 G20 单元格计算出的 15.67 的两倍。由此可见,资产分散化降低风险的能力有多么强大! 将这 4 个资产组成一个投资组合之后,投资组合的在险价值要远小于单独考虑 4 种资产的在险价值之和。[1]

---

[1]　B30:E33 单元格计算了以货币为量纲的协方差矩阵。B36:E39 单元格计算了相关系数矩阵。

	A	B	C	D	E	F	G	H	I	J	K
1		*A*	*B*	*C*	*D*		B9	=SQRT(B4)			
2	μ	13%	6%	18%	26%		E9	=SQRT(E7)			
3							P				
4	A	0.0052	0.0049	0.0130	-0.0075		33%	w_A			
5	B	0.0049	0.0122	0.0144	-0.0220		28%	w_B	B13 =1/12		
6	C	0.0130	0.0144	0.0585	-0.0246		23%	w_C	B15 =B2		
7	D	-0.0075	-0.0220	-0.0246	0.1088		16%	w_D	B16 =B9		
8							B17 =LN(B12)+B13*(B15-B16^2/2)				
9	σ	7.2%	11.0%	24.2%	33.0%		B18 =B16*SQRT(B13)				
10	B12:E12 {=G12*TRANSPOSE(G4:G7)}						B19 =LOGINV(B14,B17,B18)				
11		*A*	*B*	*C*	*D*		P	P	P	B20 =B12-B19	
12	V_0	132	112	92	64		400				
13	T	0.083	0.083	0.083	0.083		0.083	0.083			
14	α	2%	2%	2%	2%		2%	2%			
15	μ	13.0%	6.0%	18.0%	26.0%		14.3%	57.08	H15 =G15*G$12		
16	σ	7.2%	11.0%	24.2%	33.0%		8.7%	$34.8	$ 34.8		
17	m	4.893	4.723	4.534	4.176		6.003	H16 =G16*G$12			
18	s	0.021	0.032	0.070	0.095		0.025	I16...{=SQRT(MMULT(MMULT(B28:E28,B4:E7),G30:G33))}			
19	c	127.8	105.4	80.7	53.5		384.3				
20	VaR	4.19	6.62	11.28	10.46		15.67				
21		E21 =SUM(B20:E20)			32.55						
22	ES	5.95	23.19	37.31	34.47		27.11				
23		E23 =SUM(B22:E22)			100.92						
24	B22 =B12*(B16*EXP(-(NORM.S.INV(B14)^2)/2)/SQRT(2*PI())/B14-B15)										
25	G15 {=MMULT(B2:E2,G4:G7)}										
26	G16 {=SQRT(MMULT(MMULT(TRANSPOSE(G4:G7),B4:E7),G4:G7))}										
27		*A*	*B*	*C*	*D*		P				
28		$ 132	$ 112	$ 92	$ 64		$400	G28 =SUM(B28:E28)			
29	B28:E28 {=TRANSPOSE(G30:G33)}										
30	A	91.1	72.5	157.7	-63.7		$132	G30 =G4*G$12			
31	B	72.5	152.7	148.0	-157.5		$112				
32	C	157.7	148.0	495.1	-144.6		$ 92				
33	D	-63.7	-157.5	-144.6	445.7		$ 64	G33 =G7*G$12			
34	B30:E33 {=B4:E7*B28:E28*G30:G33}										
35	B36:E39 {=B4:E7/B9:E9/TRANSPOSE(B9:E9)}										
36		1	0.61	0.74	-0.32						
37		0.61	1	0.54	-0.60						
38		0.74	0.54	1	-0.31						
39		-0.32	-0.60	-0.31	1						

图 18.10　投资组合的在险价值与预期亏空

18.7　时间尺度的影响

收益率分布的方差通常随时间延长而增加。由于方差会直接影响预期亏空与在险价值，因此本节我们探讨时间尺度对方差的影响。

假设某股票在今天（$t=0$ 时刻）的当前股价为 S_0，我们考虑未来 T 时刻股价 S_T 的方差。

我们将每一期的股价变化量记作 ΔS_t，$t\in\{1, 2, \cdots, T\}$，于是：[①]

$$\sigma^2(S_T\mid S_0)=\sigma^2(S_0+[S_1-S_0]+\cdots+[S_{T-1}-S_{T-2}]+[S_T-S_{T-1}]\mid S_0)$$
$$=\sigma^2\left(\sum_{t=1}^{T}\Delta S_t\mid S_0\right) \tag{18.12}$$

其中 $\Delta S_t\equiv S_t-S_{t-1}$。

18.7.1 股价变化量独立同分布的情形

假设每一期的股价变化量是独立同分布(identically and independently distributed, iid)的，它们均服从 $\Delta St\sim N(\mu, \sigma_{\Delta S}^2)$，$\forall t\in\{1, 2, \cdots, T\}$。由于股价变化量相互独立，因此它们之间的协方差均为零，即对于 $i\in\{1, 2, \cdots, T\}$，$j\in\{1, 2, \cdots, T\}$，且 $i\neq j$，有 $\sigma^2(\Delta S_i, \Delta S_j)=0$。于是式(18.12)可化简为：[②]

$$\sigma^2(S_T\mid S_0)=T\sigma_{\Delta S}^2\Rightarrow\sigma(S_T\mid S_0)=\sqrt{T}\sigma_{\Delta S} \tag{18.13}$$

其中 $\Delta S_t\sim$iid, $N(\mu, \sigma_{\Delta S}^2)$。

观察式(18.1)至式(18.6)可以发现，VaR 和 ES 均与未来资产价格的波动率 $\sigma(S_T\mid S_0)$ 直接相关，而未来资产价格的波动率又与股价变化量的波动率 $\sigma_{\Delta S}$ 直接相关。[③]

18.7.2 股价变化量具有相关性的情形

收益率的相关性会增加投资组合的方差，进而提高风险。由于方差会直接影响预期亏空和在险价值，因此现在我们探讨相关性对方差的影响。

假设每一期的股价变化量仍然同分布，它们均服从 $\Delta S_t\sim N(\mu, \sigma_{\Delta S}^2)$，$\forall t\in\{1, 2, \cdots, T\}$，但现在我们假设它们线性相关。假设股价变化量 ΔS_t 与 ΔS_{t-i}(二者相差 i 期)之间的相关系数等于：

$$\rho_{t, t-i}=\rho^i, t\in\{1, 2, \cdots, T\}, i\in\{1, 2, \cdots, T\} \tag{18.14}$$

其中 ρ 表示相邻(即二者相差一期)的两个股价变化量之间的相关系数。再回到式(18.12)，即得：

$$\sigma^2(S_T\mid S_0)=\sigma^2\left(\sum_{t=1}^{T}\Delta S_t\mid S_0\right)$$
$$=\sum_{t=1}^{T}\sigma^2(\Delta S_t)+2\sum_{t=2}^{T}\sum_{i=1}^{t-1}\rho_{t, t-i}\sigma(\Delta S_t)\sigma(\Delta S_{t-i})$$
$$=T\sigma_{\Delta S}^2+2\sum_{t=2}^{T}\sum_{i=1}^{t-1}\rho^i\sigma_{\Delta S}\sigma_{\Delta S}$$
$$=\sigma_{\Delta S}^2\left(T+2\sum_{t=2}^{T}\sum_{i=1}^{t-1}\rho^i\right) \tag{18.15}$$

① 在计算方差时添加 S_0 一项不会带来任何影响，因为对于常数 k，有 $\sigma^2(x)=\sigma^2(x+k)$。这一结论的证明过程为 $\sigma^2(x+k)=\sigma^2(x)+\sigma^2(k)+2\sigma^2(x, k)=\sigma^2(x)$，其中 $\sigma^2(k)=\sigma^2(x, k)=0$。

② S_T 的期望值为 $\mu(S_T)=S_0e^{(\mu-\sigma^2/2)T}$。

③ 对于日数据而言，平均收益率近似为零。因此，如果我们假设 $\mu=0$，那么 VaR 和 ES 均与 σ 成正比。

由于 $\sum_{t=2}^{T}\sum_{i=1}^{t-1}\rho^i = (T-1)\rho^1 + (T-2)\rho^2 + \cdots + (1)\rho^{T-1} = \sum_{t=1}^{T-1}(T-t)\rho^t$，因此式(18.15)可化简为：

$$\sigma^2(S_T \mid S_0) = \sigma_{\Delta S}^2 \left(T + 2\sum_{t=1}^{T-1}(T-t)\rho^t\right) \tag{18.16}$$

注意，如果 $\rho=0$，那么式(18.16)便化简为式(18.13)。

用矩阵形式来推导上述结论或许更易于理解。[1]此时：

$$\sigma^2(S_T \mid S_0) = (1 \quad 1 \quad \cdots \quad 1)\begin{pmatrix} \sigma_{\Delta S}^2 & \rho^1\sigma_{\Delta S}^2 & \rho^2\sigma_{\Delta S}^2 & \cdots & \rho^{T-1}\sigma_{\Delta S}^2 \\ \rho^1\sigma_{\Delta S}^2 & \sigma_{\Delta S}^2 & \rho^1\sigma_{\Delta S}^2 & \cdots & \rho^{T-2}\sigma_{\Delta S}^2 \\ & & \vdots & & \\ & & \vdots & & \\ \rho^{T-1}\sigma_{\Delta S}^2 & \rho^{T-2}\sigma_{\Delta S}^2 & \rho^{T-3}\sigma_{\Delta S}^2 & \cdots & \sigma_{\Delta S}^2 \end{pmatrix}\begin{pmatrix} 1 \\ 1 \\ \vdots \\ \vdots \\ 1 \end{pmatrix} \tag{18.17}$$

其中，式(18.17)中的 $T \times T$ 维方阵是 T 期股价变化量的协方差矩阵。提出公因式 $\sigma_{\Delta S}^2$，即得：

$$\sigma^2(S_T \mid S_0) = (\sigma_{\Delta S}^2)(1 \quad 1 \quad \cdots \quad 1)\begin{pmatrix} 1 & \rho^1 & \rho^2 & \cdots & \rho^{T-1} \\ \rho^1 & 1 & \rho^1 & \cdots & \rho^{T-2} \\ & & \vdots & & \\ & & \vdots & & \\ \rho^{T-1} & \rho^{T-2} & \rho^{T-3} & \cdots & 1 \end{pmatrix}\begin{pmatrix} 1 \\ 1 \\ \vdots \\ \vdots \\ 1 \end{pmatrix} \tag{18.18}$$

其中，式(18.18)中的 $T \times T$ 维方阵是 T 期股价变化量的相关系数矩阵。

18.8 补充：损失分布与收益分布

先前我们将 $VaR(\%)$、$VaR(C)$、$ES(\%)$ 和 $ES(C)$ 均写为关于资产预期收益率 μ 的表达式。有时，从业者并不会使用收益来表示这些指标，而是用损失来表示。我们将连续复利预期损失率定义为：

$$\mu^l \equiv -\mu$$

也就是预期收益率的相反数。接下来，令 σ^2 表示损失率对应的方差。[2]于是：

$$VaR_L(\%) = r_{L\text{cutoff}}^{cc} - 0，其中 r_{L\text{cutoff}}^{cc} = N^{-1}(1-\alpha \mid \mu^l, \sigma^2)，也即$$

$$VaR_L(\%) = N^{-1}(1-\alpha \mid \mu^l, \sigma^2)$$

这里 $1-\alpha$ 表示事先选定的损失阈值对应的置信水平，$r_{L\text{cutoff}}^{cc}$ 表示临界阈值处对应的连续复利损失率。从而，$r_{L\text{cutoff}}^{cc}$ 即为与 $VaR_L(\%)$ 相对应的损失率临界值。因此，$1-\alpha = N(r_{L\text{cutoff}}^{cc} \mid \mu^l,$

---

[1] 每一期股价变化量的"权重"均为1。

[2] 由于 $\sigma^2(-x) = \sigma^2((-1)x) = (-1)^2\sigma^2(x) = \sigma^2(x)$，因此 $\sigma^2(-r) = \sigma^2(r)$。

σ^2）$=SN\left(\dfrac{r^{cc}_{L\text{cutoff}}-\mu^l}{\sigma}\right)$，其中 SN 表示标准正态分布的分布函数。于是 $r^{cc}_{L\text{cutoff}}=\mu^l+\sigma\cdot$
$SN^{-1}(1-\alpha)$，进而：

$$VaR_L(\%)=r^{cc}_{L\text{cutoff}}=\mu^l+\sigma\cdot SN^{-1}(1-\alpha) \tag{18.19}$$

若 $\mu^l\sim0$ 和 σ^2 均表示日收益率的对应值，则：[1]

$$\mu^l\sim0\Rightarrow VaR_L(\%)\sim\sigma\cdot SN^{-1}(1-\alpha)$$

从而，式(18.4)可改写为：

$$VaR_L(C)=LN^{-1}(1-\alpha\,|\,m^l,\,s^2)-V_0\text{，其中}$$

$$m^l=\ln(V_0)+T\left(\mu^l-\frac{\sigma^2}{2}\right)\text{，且 } s^2=T\sigma^2 \tag{18.20}$$

接下来，预期亏空即为：

$$ES_L(\%)=\sigma\frac{e^{-Z^2_{CL}/2}}{\sqrt{2\pi}\alpha}+\mu^l=\frac{ES_L(C)}{V_0} \tag{18.21}$$

其中：

$$ES_L(C)=V_0\left(\sigma\frac{e^{-Z^2_{CL}/2}}{\sqrt{2\pi}\alpha}+\mu^l\right)=V_0\cdot ES_L(\%)$$

其中 Z_{CL} 即为相应置信水平下的分位点，也即 $1-\alpha=SN(Z_{CL})\Rightarrow Z_{CL}=SN^{-1}(1-\alpha)$，这里 $SN^{-1}(1-\alpha)$ 表示标准正态分布的分布函数的反函数在选定的置信水平处的取值。[2]

---

[1] 从业者经常使用这一假设。
[2] 注意：
$$ES_L(\%)=\sigma\cdot h(Z_{CL})+\mu^l$$
其中 $h(Z_{CL})\equiv\dfrac{Sn(Z_{CL})}{1-SN(Z_{CL})}$ 表示标准正态分布的风险函数（hazard function）在 Z_{CL} 处的取值，$Sn(Z_{CL})=\dfrac{e^{-Z^2_{CL}/2}}{\sqrt{2\pi}}$ 是标准正态分布的密度函数在 Z_{CL} 处的取值，$1-SN(Z_{CL})=\alpha$ 是标准正态分布的生存函数（survival function）在 Z_{CL} 处的取值。

第 19 章

历史模拟法与相关建模

本章的第一部分讲解历史模拟法,这是一种计算在险价值(VaR)与预期亏空(ES)的常用方法。随后本章将介绍基于蒙特卡洛分析的随机模拟方法。历史模拟法的本质是用历史的日收益表现去预测明天的收益情况。[1]在使用这种方法时,我们可以对其进行各种调整,但这些方法的基本原理都是相似的。

历史模拟法考虑的第一种情景是,假定所有影响投资组合价值的相关市场变量(股票价格、债券价格、汇率、利率等)的相对变化情况均与我们考虑的第一个历史日期的变化情况一致。基于这些变量的相对变化情况,我们便可根据当前的头寸来计算投资组合价值在今天的假想变化量。第二种情景与之类似,只不过第二种情景假设所有相关市场变量的相对变化情况均与我们考虑的第二个历史日期的变化情况一致,进而我们可以计算出投资组合价值在今天的假想变化量。如果我们不断重复这一过程,考察这些市场变量在历史所有日期的相对变化情况,便可得出投资组合价值在今天的假想变化量的一个分布。基于投资组合价值变化的这一假想分布,我们便可计算出 VaR 与 ES。这套方法的潜在假设是,数据生成的过程在我们使用的历史数据时期内是保持不变的,并且在未来的一段时间内仍然保持不变。

本章首先定义历史模拟法,并用一个示例来讲解基本概念。接下来我们定义并讲解各种加权方法,例如指数加权法以及两种不同的波动率加权法。我们还将介绍压力 VaR 与压力 ES,这两种指标均考虑最坏的情景,因此是理想的风险度量指标。随后,本章将讲解极值理论,这套理论试图对金融市场变量的分布函数尾部进行深入建模。我们将介绍"幂律"这一特例,并举例讲解这一特例。最后,本章将介绍基于蒙特卡洛分析的随机模拟方法,并给出一些例子。

19.1　历史模拟法基础知识

考虑一个简单的例子。假设我们想不断重复 500 次上面讲解的过程,那么就需要 501 天

---

① 也可以用于预测期限并非一天的情形。

的相关市场变量的数据。投资组合在 1%、2% 和 5% 显著性水平下的 VaR 即为该投资组合在这 500 种情景下的第 5 大、第 10 大和第 25 大的亏损。计算前 5 大、前 10 大和前 25 大的亏损的平均值，即可得出 1%、2% 和 5% 显著性水平下的 ES。[1]

让我们来探讨一下细节。我们将相关市场变量 j 在第 n 种历史模拟情景下的取值记作 x_n^j，其中 $n \in \{1, 2, \cdots, N\}$，$j \in \{1, 2, \cdots, J\}$。记数据集的第 1 个历史日期为第 0 天，记今天为第 N 天，明天为第 $N+1$ 天。假设所有相关市场在今天均已收盘，并记变量 j 的今日收盘价为 x^j。于是我们可以计算各个变量在各个情景下的毛收益率 $\frac{x_n^j}{x_{n-1}^j}$。因此，在情景 n 下，市场变量在明天的假想值为：[2]

$$x_{N+1}^{j,\,n} = \left(\frac{x_n^j}{x_{n-1}^j}\right) x^j, \; j \in \{1, 2, \cdots, J\}, \; n \in \{1, 2, \cdots, N\} \tag{19.1}$$

对于每个情景 n，我们都可以计算出这 J 个假想值 $x_{N+1}^{j,\,n}$，从而我们便可计算出投资组合在这 N 个情景之下的明天假想值。

具体而言，我们假设 x 表示的就是投资组合中持有的各个资产价值，且在投资组合中我们将其记作 V。于是，在假想的明天的 N 个情景中，第 n 个情景下投资组合的价值计算公式为：

$$V_n^P = \sum_{j=1}^J V_{N+1}^{j,\,n} = \sum_{j=1}^J \left(\frac{V_n^j}{V_{n-1}^j}\right) V^j, \; n \in \{1, 2, \cdots, N\}$$

根据用历史模拟法得到的这 N 个价值，我们便可用下式计算出各个情景下的收益：

$$\Delta V_n^P = V_n^P - V^P = \sum_{j=1}^J V_{N+1}^{j,\,n} - V^P = \sum_{j=1}^J \left(\frac{V_n^j}{V_{n-1}^j}\right) V^j - V^P$$

其中，$n \in \{1, 2, \cdots, N\}$，$V^P$ 表示投资组合的当前价值。

利用上面得到的 N 种价值变化量 ΔV_n^P 的假想分布，我们便可用如下方法计算出 VaR 和 ES。将置信水平选定为 α。接下来，我们把投资组合在明天的 N 种假想价值变化量从小到大排序，并记排序后的损失依次为 L_i^P，$i \in \{1, 2, \cdots, N\}$。从而，$L_1^P$，$L_2^P$，$L_3^P$，$\cdots$ 便依次表示最大，第 2 大，第 3 大，$\cdots$ 的亏损，也就是最小，第 2 小，第 3 小，$\cdots$ 的 ΔV_n^P。由此得到的第 X 大的亏损 L_X^P 就是 VaR，即：

$$VaR = L_X^P = L_{\alpha N}^P = 第 \; X \; 大的亏损，其中 \; X = \alpha N \tag{19.2}$$

接下来，预期亏空就是前 X 大的亏损的平均值，即：

---

[1] 这里我们说明一个技术细节。预期亏空的基本计算方法即为对尾部的所有数值置以相同的权重。有时我们有必要用如下方法稍作调整。假设有 250 个情景，显著性水平为 1%，那么理论上我们应该计算前 2.5 大的亏损的平均值。此时我们可以将前 2 大的亏损分别置以 40% 的权重，将第 3 大亏损置以 20% 的权重。

[2] 除了像式 (19.1) 这样用 $\frac{x_n^j}{x_{n-1}^j}$ 来计算离散毛收益率以外，我们还可以用 $e^{\ln\left(\frac{x_n^j}{x_{n-1}^j}\right)}$ 来计算连续复利毛收益率。此时，式 (19.1) 将变成：

$$x_{N+1}^{j,\,n} = x^j e^{\ln\left(\frac{x_n^j}{x_{n-1}^j}\right)}, \; j \in \{1, 2, \cdots, J\}, \; n \in \{1, 2, \cdots, N\}$$

显然，这与式 (19.1) 相等。尽管如此，我们还是在这里介绍一下，因为这两种方法在后续考虑波动率更新时会有所差异。

$$ES = \frac{1}{X} \sum_{i=1}^{X} L_i^P = \frac{1}{X} \sum_{L_i^P \geqslant VaR} L_i^P = \frac{1}{\alpha N} \sum_{i=1}^{\alpha N} 第 i 大的亏损 \qquad (19.3)$$

举个例子，假设我们有 500 个排序后的损失 L_i^P，$i \in \{1, 2, \cdots, 500\}$。显著性水平为 1%、2% 和 5% 的 VaR 即为第 5 个、第 10 个和第 25 个取值，也就是 L_5^P、L_{10}^P 和 L_{25}^P。要计算相应置信水平下的 ES，我们需要计算前 5 个、前 10 个和前 25 个 L_i^P 的平均值，也就是 $\frac{1}{5} \sum_{i=1}^{5} L_i^P$、$\frac{1}{10} \sum_{i=1}^{10} L_i^P$ 和 $\frac{1}{25} \sum_{i=1}^{25} L_i^P$。

我们可以逐日向前动态重复推进这一过程，不断删除最老日期的数据，加入最新日期（即今天）的数据。如前所述，这种方法显然有一个前提假设，即认为不久将来的数据生成过程与历史 N 天的数据生成过程一致。因此，这种方法的缺陷之一就是只能考虑与历史收益率保持一致的情形。

19.2　案例：用历史模拟法计算在险价值与预期亏空

现在我们举例讲解先前介绍的各个概念。考虑一个由 4 只股票基金组成的投资组合。如图 19.1 所示，我们投资于道琼斯工业平均指数（DJIA）1500 美元（J7 单元格），投资于富时 100 指数（FTSE）2500 美元（K7 单元格），投资于巴黎 CAC40 指数（CAC）3500 美元（L7 单元格），投资于日经指数（Nikkei）2500 美元（M7 单元格）。总投资额为 10000 美元，如 N7 单元格所示。B 列给出了各个日期，C、D、F、H 列分别列出了 4 种指数的 2 年日频价格数据。有 3 个指数并非以美元进行交易，因此我们在 E、G、I 列分别给出了每日汇率。K13:K513 单元格计算了以美元计价的日频 FTSE 价格，计算公式为 $\text{FTSE} \cdot \left(\frac{美元}{英镑}\right)$；L13:L513 单元格计算了以美元计价的日频 CAC 价格，计算公式为 $\text{CAC} \left/ \left(\frac{欧元}{美元}\right)\right.$；M13:M513 单元格计算了以美元计价的日频 Nikkei 价格，计算公式为 $\text{Nikkei} \left/ \left(\frac{日元}{美元}\right)\right.$。

	B	C	D	E	F	G	H	I	J	K	L	M	N
7							投资额		1500	2500	3500	2500	10000
8										美元	美元		情景
9				FTSE		CAC			美元	FTSE	CAC	美元	美元
10		DJIA	100	美元/	40	欧元/	Nikkei	日元/	DJIA	100	40	Nikkei	投资组合
11	日期	美元	英镑	英镑	欧元	美元	日元	美元			USD		
12												N7 =SUM($J7:$M7)	
13	2018/11/22	24465	6960	1.29	4938	0.88	21647	112.9	24465	8963	5632	191.7	
14	2018/11/23	24286	6953	1.28	4947	0.88	21647	113.0	24286	8906	5608	191.6	9958
15	2018/11/26	24640	7036	1.28	4995	0.88	21812	113.6	24640	9012	5658	192.0	10088
16	2018/11/27	24749	7017	1.27	4983	0.89	21952	113.8	24749	8941	5627	192.9	9979
511	2020/12/10	29999	6600	1.33	5550	0.82	26756	104.2	29999	8773	6738	256.7	10003
512	2020/12/11	30046	6547	1.33	5508	0.82	26653	104.2	30046	8706	6686	255.8	9947
513	2020/12/14	29862	6532	1.33	5528	0.82	26732	104.0	29862	8707	6712	256.9	10016
514	J13 =C13			K13 =D13*E13			L13 =F13/G13			M13 =H13/I13			
515	N14 {=SUMPRODUCT($J$7:$M$7,J14:M14/J13:M13)}								N515 =COUNT(N14:N513)		个数		500

图 19.1　历史日频指数价格与汇率；历史模拟法得出的投资组合价值

19.2.1 基础历史模拟法

图 19.1 中的 N14:N513 单元格计算了由基础历史模拟法得出的 500 个(N515 单元格)投资组合价值。第 n 种情景下的 V_n^P 的计算公式为：

$$V_n^P = \sum_{i \in \{\text{DJIA, FTSE, CAC, Nikkei}\}} I_i \left(\frac{V_n^i}{V_{n-1}^i} \right), \ n \in \{1, 2, \cdots, 500\} \tag{19.4}$$

其中 I_i 即为第 7 行中列出的资产投资额，$\dfrac{V_n^i}{V_{n-1}^i}$ 为资产 i 换算成美元计价后的毛收益率，$i \in$ {DJIA，FTSE，CAC，Nikkei}。

图 19.2 继续展示本例。Q14:T513 单元格计算了将 4 种指数换算成美元计价后的连续复利日收益率。U14:U513 单元格用基础历史模拟法计算了投资组合的收益率，计算公式为：

$$r_n^{cc, P} = \ln \left(\frac{V_n^P}{10000} \right)$$

	Q	R	S	T	U	V	W	X	Y
9					情景				
10	美元	美元	美元	美元	美元			未加权	
11	DJIA	FTSE	CAC	Nikkei	投资组合				排序后
12	r^{cc}	r^{cc}	r^{cc}	r^{cc}	r^{cc}		情景	盈亏	盈亏
13	Q14 =LN(J14/J13)				U14 =LN(N14/N$7)			X14 =N14-N$7	
14	-0.7%	-0.6%	-0.4%	0.0%	-0.4%		1	-42	-1032
15	1.4%	1.2%	0.9%	0.2%	0.9%		2	88	-601
16	0.4%	-0.8%	-0.6%	0.5%	-0.2%		3	-21	-565
17	2.5%	0.5%	0.7%	1.1%	1.0%		4	100	-489
18	-0.1%	0.2%	0.7%	0.6%	0.4%		5	43	-483
19	0.8%	-1.1%	-0.7%	0.4%	-0.3%		6	-30	-446
20	1.1%	0.9%	1.3%	0.8%	1.1%		7	107	-327
21	-3.1%	-0.6%	-0.9%	-1.7%	-1.4%		8	-135	-314
22	0.0%	-1.3%	-1.4%	-0.9%	-1.0%		9	-102	-302
23	-0.3%	-2.8%	-3.1%	-1.5%	-2.2%		10	-216	-283
24	-2.3%	0.7%	0.7%	0.8%	0.3%		11	29	-281
25	0.1%	-2.2%	-1.7%	-2.7%	-1.8%		12	-178	-273
26	-0.2%	0.7%	1.0%	-0.4%	0.4%		13	38	-270
27	0.6%	2.2%	2.6%	2.2%	2.1%		14	213	-270
28	0.3%	0.2%	-0.4%	0.7%	0.1%		15	14	-266
29	-2.0%	-1.0%	-1.3%	-1.9%	-1.5%		16	-149	-264
37	4.9%	-0.4%	-0.4%	-0.1%	0.5%		24	49	-194
38	1.1%	-1.4%	0.1%	4.2%	0.9%		25	91	-193
39	-0.3%	2.7%	1.8%	0.3%	1.3%		26	135	-185
62	0.3%	0.5%	0.6%	-0.5%	0.3%		49	25	-106
63	0.0%	-0.2%	-1.7%	-3.0%	-1.4%		50	-137	-105
64	1.5%	0.3%	1.3%	2.5%	1.4%		51	138	-103
510	-0.3%	0.5%	-0.4%	1.2%	0.2%		497	23	433
511	-0.2%	-0.3%	0.6%	-0.2%	0.0%		498	3	563
512	0.2%	-0.8%	-0.8%	-0.4%	-0.5%		499	-53	686
513	-0.6%	0.0%	0.4%	0.5%	0.2%		500	16	943

图 19.2 换算为美元后的收益率；基础历史模拟法得出的收益

其中 V_n^p 由式(19.4)计算得出,分母 10000 是我们假定的投资组合当前价值(图 19.1 的 N7 单元格)。稍后我们将重新回到图 19.2。

19.2.2 描述性统计量与分布

图 19.3 计算了协方差矩阵和相关系数矩阵等描述性统计量。[①]第 519 行计算得出,4 种资

	P	Q	R	S	T	U
517	μ	0.0%	0.0%	0.0%	0.1%	0.0%
518	σ	1.8%	1.6%	1.7%	1.4%	1.3%
519	**Γ**	-0.98	-1.02	-1.01	-0.07	-0.73
520	XSδ	15.38	15.17	13.43	8.72	15.92
521	Q517	=AVERAGE(Q$15:Q$513)				
522	Q518	=STDEV.S(Q$15:Q$513)				
523	Q519	=SKEW(Q$15:Q$513)				
524	Q520	=KURT(Q$15:Q$513)		最大值	9.0%
525	U524	=MAX(U$14:U$513)		最小值	-10.9%
526	U525	=MIN(U$14:U$513)		**个数**	**499**
527	Σ	DJIA	FTSE	CAC	Nikkei	投资组合
528	DJIA	0.0003	2.0E-04	2.1E-04	4.3E-05	1.8E-04
529	FTSE	2.0E-04	2.6E-04	2.5E-04	8.8E-05	2.1E-04
530	CAC	2.1E-04	2.5E-04	2.8E-04	9.3E-05	2.2E-04
531	Nikkei	4.3E-05	8.8E-05	9.3E-05	1.9E-04	1.1E-04
532	投资组合	1.8E-04	2.1E-04	2.2E-04	1.1E-04	1.8E-04
533	Q528:U532...{=MMULT(TRANSPOSE(Q15:U513),Q15:U					
534	13-Q517:U517)/(COUNT(Q15:Q513)-1)}					
535	σ	1.8%	1.6%	1.7%	1.4%	1.3%
536	Q535:U535...{=SUM(IF(Q527=$P528:$P532,SQRT(Q528:					
537	Q532),0))}					
538	Σ, bps	DJIA	FTSE	CAC	Nikkei	投资组合
539	DJIA	3.18	2.01	2.06	0.43	1.81
540	FTSE	2.01	2.65	2.52	0.88	2.06
541	CAC	2.06	2.52	2.81	0.93	2.15
542	Nikkei	0.43	0.88	0.93	1.91	1.08
543	投资组合	1.81	2.06	2.15	1.08	1.81
544	Q539	=10000*Q528			U543	=10000*U532
545	ρ	DJIA	FTSE	CAC	Nikkei	投资组合
546	DJIA	1.00	0.69	0.69	0.17	0.75
547	FTSE	0.69	1.00	0.92	0.39	0.94
548	CAC	0.69	0.92	1.00	0.40	0.95
549	Nikkei	0.17	0.39	0.40	1.00	0.58
550	投资组合	0.75	0.94	0.95	0.58	1.00
551	Q546:U550...{=Q528:U532/Q535:U535/TRANSPOSE(Q5					
552	35:U535)}					

图 **19.3** 资产和投资组合收益率的描述性统计量

---

① 该截图与图 19.2 来自同一张工作表。

产以及由 4 种资产组成的投资组合均具有负偏度。第 520 行的结果表明,4 种资产以及由 4 种资产组成的投资组合均具有超额峰度(即具有厚尾特征)。第 528 行至第 532 行计算了日协方差矩阵;第 539 行至第 543 行将它们分别乘以 10000,转换成以基点为单位。第 546 行至第 550 行计算了相关系数矩阵。有趣的是,日经指数与其他 3 种指数之间的相关系数均小于 41%,而其他 3 种指数相互之间的相关系数均大于 68%。这说明将日经指数纳入投资组合对于降低风险而言十分重要。

图 19.4 将以美元计价的投资组合收益率统计为频率表。Q 列中统计的是落在 P 列上一行单元格中的数值与 P 列同一行单元格中的数值之间的收益率频数,这里的收益率是指投资组合的情景收益率。R 列将收益率累计频数除以 498(落在 -5.0% 至 $+5.5\%$ 之间的收益率总数),得出情景频率的累计值。我们将 R 列的计算结果视作投资组合情景收益率的分布函数 $F(r)$。接下来,S 列即为相应的密度函数近似值,计算方法为 $f(r) = \dfrac{\Delta F(r)}{\Delta r}$,其中 $\Delta r = 0.5\%$ 表示 P 列相邻两个收益率之间的差。随后,T 列计算了正态分布的密度函数 $n(r)$ 在 P 列对应数值处的取值,这里使用的正态分布与历史模拟法得到的投资组合收益率的前两阶矩相同,即 $r \sim N(0.0\%, (1.3\%)^2)$,其中 $\mu = 0.0\%$ 与 $\sigma = 1.3\%$ 分别见图 19.3 的 U517 单元格与 U518 单元格。

图 19.4 中还绘制了两个密度函数的图像,二者具有相同的前两阶矩。两个函数的区别在于,虚线是正态分布的密度函数,实线是用历史模拟法得出的投资组合收益率的密度函数。显然,与正态分布的密度函数图像相比,历史模拟法得出的投资组合收益率具有负偏度,且呈现出厚尾和瘦肩特征。

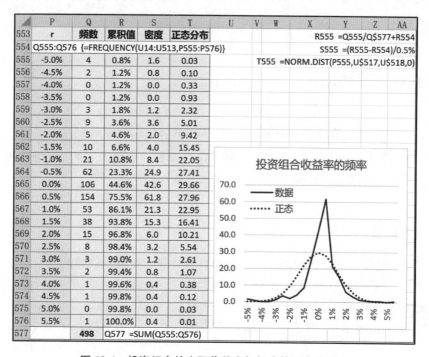

图 19.4　投资组合的实际收益率与相应的正态收益率

19.2.3　用基础历史模拟法计算在险价值与预期亏空

现在我们已经可以用基础历史模拟法来计算 VaR 和 ES 了。让我们暂时回到图 19.1 与图 19.2。我们先前已经探讨了如何用式(19.4)来计算出图 19.1 中 N14∶N513 单元格的结果。例如,N14 单元格说明,投资组合在情景 1 下的最终价值为 9958 美元。在此情景下,图 19.2 的 X14 单元格算出亏损 42 美元,进而 U14 单元格算出收益率为 $-0.42\%\left(=\ln\left(\dfrac{9958}{10000}\right)\right)$。接下来,图 19.1 的 N15 单元格说明,投资组合在情景 2 下的最终价值为 10088 美元。在此情景下,图 19.2 的 X15 单元格算出收益为 88 美元($=10088-10000$),进而 U15 单元格算出收益率为 $+0.88\%\left(=\ln\left(\dfrac{10088}{10000}\right)\right)$。最后,图 19.1 的 N513 单元格说明,投资组合在情景 500 下的最终价值为 10016 美元。在此情景下,图 19.2 的 X513 单元格算出收益为 16 美元($=10016-10000$),进而 U513 单元格算出收益率为 $+0.16\%\left(=\ln\left(\dfrac{10016}{10000}\right)\right)$。

图 19.2 的 Y14∶Y513 单元格将 X 列计算得到的收益值从小到大排序,W14∶W513 单元格给出了各个情景的编号。我们将 Y18、Y23、Y25、Y28、Y38 和 Y63 单元格中的收益涂成了深色,它们分别对应于我们用历史模拟法得出的显著性水平为 1%、2%、2.4%、3%、5% 和 10% 的投资组合在险价值,也就是第 5 小、第 10 小、第 12 小、第 15 小、第 25 小和第 50 小的"收益"。于是,按美元计价的显著水平为 1%、2%、2.4%、3%、5% 和 10% 的在险价值分别为 483 美元、283 美元、273 美元、266 美元、193 美元和 105 美元,也就是相应的收益值的相反数。

19.3　加权历史模拟法

在第 19.1 节讲解的基础历史模拟法中,N 个情景的权重相等,均为 $w_n=\dfrac{1}{N}$。(这种使用等权重的方法也被称作非加权法。)从业者通常还会根据情景的如下两个方面来分配各个情景的权重:(1)相对波动率;(2)所在历史时刻。本节将探讨这些内容。

19.3.1　指数递减加权法

一种常用的加权方法是将距离现在越近的日期对应的情景赋以越高的权重。因此,越早(越晚)的情景的权重越低(越高)。这种方法蕴含的观点是:最近的历史或许比遥远的历史能更好地预测不久将来市场变量的变化情况。

记 λ 为每一期的"衰减"因子,进而权重满足 $w_{n-1}=\lambda w_n$,$n\in\{1,2,\cdots,N\}$。[①]迭代使用

[①] 我们之所以将"衰减"打上引号,是因为 λ 实际刻画的是不衰减的程度。也就是说,衰减速度是与 λ 负相关的。或许,它更应被叫作"不衰减"因子或"黏滞"因子。

这一关系式,便可得出第 1 个情景(最老的情景)的权重为 $w_1 = \lambda^{N-1} w_N$,其中 w_N 是最近的情景的权重。接下来,第 2 个情景的权重为 $w_2 = \lambda^{N-2} w_N$,…,第 $N-1$ 个情景(倒数第 2 个情景)的权重即为 $w_{N-1} = \lambda^1 w_N$。归纳即得 $w_n = \lambda^{N-n} w_N$。由于权重之和必须为 1,因此:

$$1 = w_N (\lambda^{N-1} + \lambda^{N-2} + \cdots + \lambda^1 + 1)$$

$$\frac{1 - w_N}{\lambda} = 1 - w_N \lambda^{N-1} \Rightarrow w_N = \frac{1 - \lambda}{1 - \lambda^N} \tag{19.5}$$

又由于 $w_n = \lambda^{N-n} w_N$ 且 $w_N = \dfrac{1 - \lambda}{1 - \lambda^N}$,则:

$$w_n = \lambda^{N-n} \left(\frac{1 - \lambda}{1 - \lambda^N} \right) \tag{19.6}$$

因此,$w_1 = \lambda^{N-1} \left(\dfrac{1 - \lambda}{1 - \lambda^N} \right)$,$w_2 = \lambda^{N-2} \left(\dfrac{1 - \lambda}{1 - \lambda^N} \right)$,…,$w_{N-1} = \lambda \left(\dfrac{1 - \lambda}{1 - \lambda^N} \right)$,$w_N = \dfrac{1 - \lambda}{1 - \lambda^N}$。

对每种情景赋权之后,我们在计算 VaR 与 ES 时需要多加注意。投资组合的情景仍需从最坏到最好的顺序进行排序,得到 $\{L_1^P, L_2^P, \cdots, L_N^P\}$,但每个情景均需使用其原先被分配的权重。我们记重新排序后的权重为 w_m^r,也就是说,w_1^r,w_2^r,w_3^r,… 分别表示 L_1^P,L_2^P,L_3^P,… 对应的情景的权重。计算过程中需要不断累积权重,直到达到 VaR 与 ES 的预期显著性水平 α 为止。

1. 在险价值

在第 19.1 节中,我们将 X 定义为与 VaR 相对应的损失的排序位次。现在我们定义 X^w,其中上标 w 表示目前使用的是非等权方式。我们将 X^w 定义为一个特定位次:将损失从大到小排序后,位于该位次的损失的权重($w_{X^w}^r$)加上比其更大的损失的权重(w_1^r,w_2^r,…,$w_{X^w-1}^r$)之和刚好会大于等于选定的显著水平 α。[①]用数学语言表述,X^w 即为首个满足下式的损失位次:

$$\sum_{m=1}^{X^w} w_m^r \geqslant \alpha \tag{19.7}$$

该情景对应的损失即为 VaR,即:

$$VaR = L_{X^w}^P = 第 \ X^w \ 大的亏损 \tag{19.8}$$

2. 预期亏空

现在我们探讨 ES,即最坏的 X^w 个情景下的损失的加权平均。这里有一个技术要点是,第 X^w 大的损失(即 VaR)对应的权重需要加以修正,以保证权重之和等于 α。因此,在计算预期亏空时,第 X^w 大的损失(即 VaR)对应的修正后的权重为 $w_{X^w}^r = \alpha - \sum_{m=1}^{X^w-1} w_m^r$。于是:

$$ES = \frac{1}{\alpha} \sum_{m=1}^{X^w} w_m^r L_m^P, \quad \text{其中 } w_{X^w}^r = \alpha - \sum_{m=1}^{X^w-1} w_m^r \tag{19.9}$$

---

① 和之前一样,这里的上标 r 表示损失值与相应的权重已经按从大到小的顺序排序,即 $L_1^P > L_2^P > L_3^P > \cdots$,其中排序后的权重 $\{w_1^r, w_2^r, w_3^r, \cdots, w_N^r\}$ 分别与排序后的损失 $\{L_1^P, L_2^P, L_3^P, \cdots, L_N^P\}$ 相对应。

3. 衰减因子的选取

应当如何选取衰减因子 λ？从业者可能会尝试使用不同的 λ，并选取回溯测试时表现最优的取值。例如，选取的最优值可能可以保证例外值个数与预期值 $E[E]=\alpha N$ 相等，这里 N 表示情景个数，α 为选定的显著性水平。

现在考虑 $\lambda=1$ 的特殊情形，即不存在衰减的情形，也就是每个权重应当均与下一期（和前一期）的权重相同的情形。于是：[①]

$$\lim_{\lambda \to 1} w_n = \lim_{\lambda \to 1}\left(\frac{\lambda^{N-n}-\lambda^{N-n+1}}{1-\lambda^N}\right)$$

$$= \lim_{\lambda \to 1}\frac{(N-n)\lambda^{N-n-1}-(N-n+1)\lambda^{N-n}}{-N\lambda^{N-1}}=\frac{-1}{-N}=\frac{1}{N}$$

这与我们的预期一致。如果没有衰减，各个情景的权重都应当相同，等于 $w_n=\frac{1}{N}$。这也就是我们所说的非加权情形。

4. 案例：指数递减加权法

图 19.5 讲解了如何使用指数递减加权法。参数 λ 选定为 0.995，如 AI11 单元格所示。AK 列标出了 500 个情景的序号。AI14：AI513 单元格利用式（19.6）$w_n=\lambda^{N-n}\left(\frac{1-\lambda}{1-\lambda^N}\right)$ 计算了各个情景的指数递减权重。AI515 单元格验证了权重之和为 1。

AL14：AN513 单元格是从其他各列复制粘贴而来的特殊值。接下来，我们对这三列按 AN 列（历史模拟法得到的收益）从小（AN14 单元格的－1032）到大（AN513 单元格的 943）同时排序。例如，情景 315（AL14 单元格）在指数加权历史模拟法中被赋以的权重为 0.215％（AM14 单元格），且收益为－1032 美元。AO 列计算的是权重累积值，因此 AO14 单元格的取值等于 AM14 单元格取值。[②]情景 312（AL15 单元格）在指数加权历史模拟法中被赋以的权重为 0.212％（AM15 单元格），且收益为－601 美元（AN15 单元格），即第 2 大损失。AO15 单元格的取值等于 AM15 与 AO14 单元格取值之和。最后，情景 323（AL513 单元格）在指数加权历史模拟法中被赋以的权重为 0.224％（AM513 单元格），且收益为 943 美元（AN513 单元格），即最"小"损失、最大收益的情形。AO513 单元格的取值等于 AM513 与 AO512 单元格取值之和，结果证实权重之和为 1。

AO 列计算了权重累积值，因此我们用这些结果来确定不同显著性水平下的 VaR。AO17 单元格（AO18 单元格）的取值小于（大于）1％。于是，由于 AO18 单元格是这一列首个取值大于 1％的单元格，因此第 18 行对应的排序后损失的相反数即为 1％置信水平下的 VaR，即 $VaR=L_5^P=-\Delta V_5^P=483$ 美元。再计算 2％置信水平下的 VaR。由于 AO21 单元格（AO22 单元格）的取值小于（大于）2％，因此 AN22 单元格的相反数即为 2％置信水平下的 VaR，即 302 美元。类似可以得出，2.4％、3％、5％、10％置信水平下的 VaR 分别为 283、270、212 和 109 美元。

---

① 第二个等式由洛必达法则得出。

② 此处 AO 列取值保留一位小数。

	AI	AJ	AK	AL	AM	AN	AO
10	λ^W					排序后	
11	0.995			情景	权重	盈亏	累计权重
12						AO14 =AO13+AM14	
13	权重w						
14	0.04%		1	315	0.215%	-1032	0.2%
15	0.04%		2	312	0.212%	-601	0.4%
16	0.05%		3	319	0.220%	-565	0.6%
17	0.05%		4	317	0.218%	-489	0.9%
18	0.05%		5	376	0.292%	-483	1.2%
19	0.05%		6	329	0.231%	-446	1.4%
20	0.05%		7	342	0.247%	-327	1.6%
21	0.05%		8	350	0.257%	-314	1.9%
22	0.05%		9	338	0.242%	-302	2.1%
23	0.05%		10	446	0.415%	-283	2.5%
24	0.05%		11	306	0.206%	-281	2.8%
25	0.05%		12	287	0.187%	-273	2.9%
26	0.05%		13	305	0.205%	-270	3.1%
27	0.05%		14	385	0.306%	-270	3.5%
34	0.05%		21	303	0.203%	-214	4.9%
35	0.05%		22	169	0.104%	-212	5.0%
36	0.05%		23	410	0.347%	-199	5.4%
37	0.05%		24	314	0.214%	-194	5.6%
58	0.06%		45	367	0.280%	-113	9.6%
59	0.06%		46	409	0.345%	-113	10.0%
60	0.06%		47	394	0.320%	-109	10.3%
61	0.06%		48	111	0.077%	-107	10.4%
62	0.06%		49	109	0.077%	-106	10.4%
512	0.54%		499	332	0.235%	686	99.8%
513	0.54%		500	323	0.224%	943	100.0%
514				AM515 =SUM(AM14:AM513)			
515	1.000	Σ		Σ	1.0000		
516	AI515 =SUM(AI14:AI513)						
517	AI14...=AI\$11^(N\$515-W14)*(1-AI\$11)/(1-						
518	AI\$11^N\$515)						

图 19.5 指数递减加权的历史模拟法

图 19.6 上方将图 19.5 的 AI14:AI513 单元格中的指数递减权重(500 个情景、$\lambda = 0.995$)绘制成图像。图 19.6 下方将图 19.5 的 AM14:AM513 单元格中的排序后权重(按历史模拟法得出的各个情景下的投资组合价值从小到大排序)绘制成图像。

19.3.2 单市场变量波动率加权法

在其他条件不变的情况下,在险价值与预期亏空显然随波动率增加而增加。因此,倘若近期的历史情景比早期历史情景具有更高(更低)的波动率,那么用等权重法(w_n, $\forall n \in$

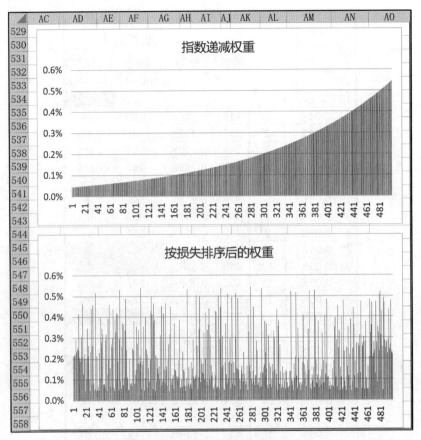

图 19.6　指数递减权重：按损失排序

$\{1, 2, \cdots, N\}$）计算得出的 VaR 与 ES 就可能会低估（高估）当前的 VaR 与 ES 值。为了将波动率的变动也考虑在内，从业者经常对各个情景下的市场变量取值加以调整，具体如下。

我们将非加权时市场变量 j 在情景 n 中的取值的计算公式式（19.1）重新写在这里：

$$x_{N+1}^{j,\,n} = x^j\left(\frac{x_n^j}{x_{n-1}^j}\right),\ j\in\{1, 2, \cdots, J\},\ n\in\{1, 2, \cdots, N\}$$

记市场变量 j 的当前波动率为 σ^j，先前在第 n 个情景下的波动率更新值为 σ_n^j。如果我们将波动率变动也考虑在内，就可以用下式计算相关市场变量在明天的假想值：

$$x_{N+1}^{j,\,n} = x^j\left[1+\frac{\sigma^j}{\sigma_n^j}\left(\frac{x_n^j}{x_{n-1}^j}-1\right)\right],\ j\in\{1, 2, \cdots, J\} \tag{19.10}$$

因此，如果当前波动率大于（小于）情景 n 时的波动率，也就是 $\sigma^j > \sigma_n^j$（$\sigma^j < \sigma_n^j$），那么与不考虑波动率更新的方法相比，相关市场变量在情景 n 下的离散收益率 $\frac{x_n^j}{x_{n-1}^j}-1$ 将会被放大（缩小），即：

$$\sigma^j > \sigma_n^j \Rightarrow x_{N+1}^{j,\,n} = x^j\left[1+\frac{\sigma^j}{\sigma_n^j}\left(\frac{x_n^j}{x_{n-1}^j}-1\right)\right] > x^j\left(\frac{x_n^j}{x_{n-1}^j}\right)$$

$$\sigma^j < \sigma_n^j \Rightarrow x_{N+1}^{j,\,n} = x^j \left[1 + \frac{\sigma^j}{\sigma_n^j} \left(\frac{x_n^j}{x_{n-1}^j} - 1 \right) \right] < x^j \left(\frac{x_n^j}{x_{n-1}^j} \right)$$

我们还可以用连续复利的方式进行波动率更新并计算毛收益率,此时式(19.10)将变为:

$$x_{N+1}^{j,\,n} = x^j\, e^{\left[\frac{\sigma^j}{\sigma_n^j} \ln \left(\frac{x_n^j}{x_{n-1}^j} \right) \right]}, \quad j \in \{1,\, 2,\, \cdots,\, J\} \tag{19.11}$$

1. 特殊情形:市场变量未发生变化

考虑 $x_{n-1}^j = x_n^j \Rightarrow x_{N+1}^{j,\,n} = x^j$ 的特殊情形。不论使用哪种收益率计算方式,如果市场变量 j 从第 $n-1$ 天到第 n 天没有发生变化,那么第 n 个历史模拟情景就相当于假设该市场变量的价值从今天(第 N 天)到明天(第 $N+1$ 天)保持不变,虽然波动率仍会发生变化。

2. 特殊情形:波动率未发生变化

另一种特殊情形是假设市场变量 j 在今天(第 N 天)的波动率与第 n 天的波动率相等,即 $\sigma^j = \sigma_n^j$。此时,不论使用哪种收益率计算方式,都无需进行波动率调整,即 $x_{N+1}^{j,\,n} = \frac{x_n^j}{x_{n-1}^j} x^j$。

19.3.3 投资组合波动率加权法

上一小节中,我们介绍了一种对各个市场变量分别进行波动率调整的历史模拟法。这种方法需要对 J 个相关市场变量分别使用 EWMA 或 GARCH(1,1)等波动率调整模型。现在我们介绍一种更简单的波动率调整历史模拟法,这种方法只需在每次模拟时对整个投资组合进行波动率更新。此外,这种方法的优势在于将市场变量之间的相关性也隐含地考虑在内。各个情景下的总价值变化量均需通过投资组合当前波动率与所研究的情景下的波动率的比值 $\frac{\sigma^P}{\sigma_n^P}$ 来加以调整。因此,各个情景下的价值变化量 ΔV_n^P 应当调整为:

$$\text{调整后 } \Delta V_n^P = \Delta V_n^P \left(\frac{\sigma^P}{\sigma_n^P} \right) \tag{19.12}$$

其中,ΔV_n^P 是用第 19.1 节介绍的基础方法求得的。随后我们用式(19.12)分别计算 N 种情景下的调整后 ΔV_n^P。接下来,将它们按从小到大的顺序排序,依次记作 $\{L_1^P,\, L_2^P,\, \cdots,\, L_N^P\}$。如果不对各个情景加权,就用式(19.2)计算 VaR,用式(19.3)计算 ES;如果对各个情景加权,就用式(19.8)计算 VaR,用式(19.9)计算 ES。

1. 案例:单市场变量波动率加权法

现在我们讲解如何在历史模拟法中对各个市场变量用日波动率进行调整。图 19.7 的 AU14:AX513 单元格用指数加权移动平均法(EWMA)更新计算了日波动率 σ_n^i,其中 $n \in \{1, 2, \cdots, 500\}$,$i \in \{\text{DJIA, FTSE, CAC, Nikkei}\}$。AU516:AX516 单元格用式(15.13)计算了各个指数基金的对数似然函数值。我们使用 Excel 的规划求解功能,分别选取 AU11:AX11 单元格中适当的 λ,来最大化这些似然函数值。[①]求出四种指数的日更新波动率后,AY14:AY513

---

① 我们在 AU517:AX517 单元格列出了在我们的初始猜测值 $\lambda = 0.94$ 之下对应的各个对数似然函数值,以便读者参考。

单元格用式(19.11)计算出 500 种历史模拟情景下的投资组合价值,即:

$$V_n^P = \sum_{i \in \{DJIA,\ FTSE,\ CAC,\ Nikkei\}} I_i \cdot e^{\left(\frac{\sigma_n^i}{\sigma_i} \cdot r_n^{cc,\ i}\right)}, \ n \in \{1,\ 2,\ \cdots,\ 500\}$$

其中,图 19.2 的 Q14:T513 单元格计算了单个资产的收益率 $r_n^{cc,\ i} = \ln\left(\frac{V_n^i}{V_{n-1}^i}\right)$。AZ14:AZ513 单元格用如下公式计算了投资组合的收益:

$$V_n^P - 10000 \tag{19.13}$$

BA14:BA513 单元格将这 500 个收益从小到大排序。BA 列中,与不同显著性水平下的在险价值相对应的各个负收益被标为深色(第 18、23、25、28、38 和 63 行)。于是,显著性水平为 1%、2%、2.4%、3%、5% 和 10% 的在险价值分别为 356、221、207、195、146 和 99 美元。

	AT	AU	AV	AW	AX	AY	AZ	BA	B	BC	BD	BE	BF
7													美元
8		美元	美元	美元	美元	美元		美元			投资组合	美元	投资组合
9		DJIA	FTSE	CAC	Nikkei	投资组合	美元	投资组合			σ^{EWMA}	投资组合	排序后
10		σ^{EWMA}	σ^{EWMA}	σ^{EWMA}	σ^{EWMA}	价值	投资组合	排序后			λ	调整后	调整后
11	λ	0.889	0.923	0.897	0.914	美元	盈亏	盈亏		情景	0.891	盈亏	盈亏
12	AY14 {=SUMPRODUCT(J$7:M$7,EXP(AU$513:AX$513/AU14:AX14*Q14:T14))}												
13	情景	AU14 =Q518		AX14 =T518		AZ14 =AY14-$N$7					BD14 =U518		
14	1	1.8%	1.6%	1.7%	1.4%	9972.87	-27	-483		1	1.3%	-27	-561
15	2	1.7%	1.6%	1.6%	1.3%	10059.1	59	-427		2	1.3%	60	-464
16	3	1.7%	1.5%	1.5%	1.3%	9981.2	-19	-387		3	1.2%	-14	-416
17	4	1.6%	1.5%	1.5%	1.2%	10066	66	-366		4	1.2%	74	-371
18	5	1.7%	1.4%	1.4%	1.2%	10035.7	36	-356		5	1.2%	32	-357
19	6	1.6%	1.4%	1.3%	1.2%	9967.94	-32	-330		6	1.1%	-24	-337
20	7	1.5%	1.4%	1.4%	1.2%	10087.9	88	-298		7	1.0%	89	-317
21	8	1.5%	1.3%	1.3%	1.1%	9899.23	-101	-265		8	1.0%	-112	-316
22	9	1.8%	1.3%	1.3%	1.2%	9907.72	-92	-253		9	1.1%	-81	-271
23	10	1.7%	1.3%	1.3%	1.1%	9805.14	-195	-221		10	1.1%	-174	-228
24	11	1.6%	1.5%	1.6%	1.3%	10034.1	34	-209		11	1.2%	20	-217
25	12	1.7%	1.4%	1.5%	1.1%	9852.63	-147	-207		12	1.2%	-131	-204
26	13	1.6%	1.4%	1.5%	1.3%	10032.2	32	-205		13	1.3%	26	-200
27	14	1.5%	1.5%	1.5%	1.2%	10165.4	165	-202		14	1.2%	154	-198
28	15	1.4%	1.5%	1.6%	1.4%	10008.9	9	-195		15	1.3%	9	-197
29	16	1.3%	1.5%	1.5%	1.4%	9894.44	-106	-189		16	1.3%	-103	-195
37	24	1.7%	1.1%	1.2%	1.9%	10006.9	7	-150		24	1.1%	39	-169
38	25	2.3%	1.1%	1.1%	1.8%	10023	23	-146		25	1.0%	76	-165
39	26	2.2%	1.1%	1.1%	2.1%	10144.9	145	-142		26	1.0%	113	-165
62	49	1.1%	1.0%	1.0%	1.3%	10033.2	33	-102		49	0.8%	29	-113
63	50	1.0%	1.0%	0.9%	1.1%	9858.23	-142	-99		50	0.7%	-165	-112
64	51	1.0%	0.9%	1.0%	1.4%	10120.9	121	-98		51	0.8%	146	-105
65	52	1.0%	0.9%	1.1%	1.5%	10023.9	24	-98		52	0.9%	30	-105
511	498	0.8%	1.3%	1.3%	1.0%	10002.4	2	236		498	1.0%	2	268
512	499	0.8%	1.3%	1.2%	1.0%	9948.42	-52	253		499	0.9%	-51	273
513	500	0.7%	1.2%	1.2%	0.9%	10016.1	16	273		500	0.9%	16	276
514	BD15 =SQRT(BD$11*BD14^2+(1-BD$11)*U14^2)										BE14 =(N14-N$7)*BD$513/BD14		
515	均值	1.35%	1.36%	1.40%	1.22%		均值	0.6			均值	1.1%	1.19	1.19
516	L_t	3925	3852	3825	3941		标准差	90.6			标准差	96.3	96.3
517	$L_t(0.94)$	3902	3850	3813	3936		偏度	-1.1			偏度	-1.18	-1.18
518							超额峰度	4.1			超额峰度	4.74	4.74
519							最大值	273			L_t	4088	
520							最小值	-483			$L_t(.94)$	4079	
521	AU516 {=-SUM(LN(AU14:AU513^2)+Q14:Q513^2/AU14:AU513^2)}												
522	AX516 {=-SUM(LN(AX14:AX513^2)+T14:T513^2/AX14:AX513^2)}												
523	BE519 {=-SUM(LN(BD14:BD513^2)+U14:U513^2/BD14:BD513^2)}												

图 19.7 单市场变量波动率加权法与投资组合波动率加权法

2. 案例：投资组合波动率加权法

接下来我们使用另一种波动率调整方法，这种方法对整个投资组合进行波动率调整，而并非对单个市场变量进行波动率调整。图 19.7 的 BD14：BD513 单元格用指数加权移动平均法（EWMA）计算了基础历史模拟法得到的投资组合价值的日波动率更新值。这些投资组合价值对应的收益率见图 19.2 的 U14：U513 单元格。BE519 单元格计算了对数似然函数值，并且我们通过调整 BD11 单元格中的 λ 的取值将其最大化。有了这些投资组合日更新波动率后，我们对式（19.13）进行拓展，在 BE14：BE513 单元格中用下式计算投资组合在 500 个历史模拟情景下的波动率调整后收益：

$$\text{调整后投资组合收益}_n^P = (V_n^P - 10000)\frac{\sigma^P}{\sigma_n^P}, \ n \in \{1, 2, \cdots, 500\}$$

其中，V_n^P 表示基础历史模拟法得到的投资组合价值，见图 19.1 的 N14：N513 单元格。根据这些计算结果以及投资组合当前价值 10000 美元，即可得出 BE14：BE513 单元格中的相对收益（亏损）。接下来，我们在 BF14：BF513 单元格中将它们从小到大排序。我们仍然将显著性水平为 1％、2％、2.4％、3％、5％ 和 10％ 对应的波动率调整后的投资组合历史模拟"收益"标为深色（−357、−228、−204、−197、−165 和 −112）。它们对应的在险价值分别为 357、228、204、197、165 和 112 美元。

19.4　方法的比较：在险价值与预期亏空

图 19.8 展示了不同模型得出的在险价值（VaR）和预期亏空（ES）随显著性水平变化关系的计算过程与函数图像。

19.4.1　在险价值

回顾一下，用基础历史模拟法得出的投资组合前两阶矩分别等于 $\mu = 0$（见图 19.3 的 U517 单元格）和 $\sigma^2 = 1.3\%^2$（见 U518 单元格）。假设投资组合收益率服从正态分布 $N(\mu, \sigma^2) = N(0\%, 1.3\%^2)$，那么可以用式（18.3）计算出服从对数正态分布的投资组合价值的前两阶矩 (m, s^2)。我们在图 19.8 的 BJ534 与 BJ535 单元格计算了这两个数值。接下来，BJ539：BJ544 单元格用式（18.4）计算了在险价值。

为便于比较，我们还用第二种方法计算了正态分布假设下的 VaR 与 ES，该正态分布的前两阶矩也与历史模拟得出的投资组合收益率的前两阶矩一致。BK539：BK544 单元格用 $-V_0(\mu + \sigma \cdot SN^{-1}(\alpha))$ 计算了这些近似值。比较 BJ539：BK544 单元格中计算得出的相同行的两个 VaR 值，可以发现，两种方法（均假定收益率服从正态分布）得出的在险价值结果相似。

我们在图 19.8 的 BL539：BL544 单元格中重复给出了 BI539：BI544 单元格中各个显著性水平对应的由基础历史模拟法得出的"收益"相反数（即图 19.2 的 Y14：Y513 单元格）。我们可以再次看出厚尾特征。由数据算出的尾部深处的在险价值（显著性水平小于等于 3％）要高

	BI	BJ	BK	BL	BM	BN	BO	BP	BQ	BR	BS	BT	BU
534	m	9.21	BJ524 =LN(N7)+1*(U517-U518^2/2)					BJ539 =N$7-LOGINV(BI539,BJ$534,BJ$535)					
535	s	0.013	BJ535 =U518*SQRT(1)			BK539 =-$N$7*($U$517+$U$518*NORM.S.INV(BI539))							
536		r~N				指数加权			指数加权	单资产	单资产	投资组合	投资组合
537		V~LN	r~N	数据	个数		r~N	数据		σ调整	σ调整	σ调整	σ调整
538	α	VaR(C)	VaR(C)	VaR(C)	<N	VaR	ES	ES	ES	VaR	ES	VaR	ES
539	1%	305	309	483	5	483	362	634	645	356	404	357	453
540	2%	270	272	283	10	302	329	484	549	221	352	228	364
541	**2.4%**	260	262	273	12	283	320	466	482	207	317	204	338
542	3.0%	247	249	266	15	270	309	424	445	195	293	197	318
543	5.0%	216	217	193	25	212	281	344	385	146	248	165	258
544	10%	168	169	105	50	109	240	237	329	99	184	112	196
545	BL539 =-LARGE(Y$14:Y$513,(1-BI539)*$BC$513+1)												
546	BM539 =COUNTIF(Y$14:Y$513,"<="&TEXT(-BL539,"0.0000000000000"))								BN539 =-AN18				
547	BO539 =N$7*($U$517+$U$518*(EXP(-(NORM.S.INV(BI539)^2/2))/SQRT(2*PI()/BI539)))												
548	BP539 =-AVERAGEIF($Y$14:$Y$513,"<="&TEXT(-BL539,"0.000000"))								BN540 =-AN22				
549	BQ539 =-(SUMPRODUCT(AM$14:AM17,AN$14:AN17)+(BI539-AO17)*AN18)/BI539												
550	BR539 =-LARGE($BA$14:$BA$513,(1-BI539)*$AT$513+1)								BN541 =-AN23				
551	BS539 =-AVERAGEIF(BA$14:BA$513,"<="&TEXT(-BR539,"0.000000"))								BN542 =-AN26				
552	BT539 =-LARGE($BF$14:$BF$513,(1-BI539)*$BC$513+1)								BN543 =-AN35				
553	BU539 =-AVERAGEIF(BF$14:BF$513,"<="&TEXT(-BT539,"0.00000000000"))								BN544 =-AN60				

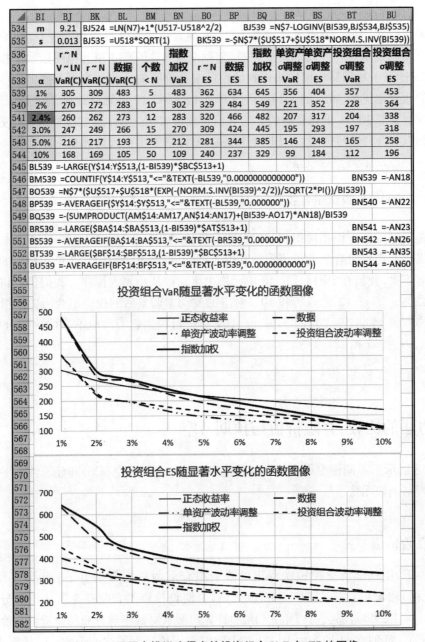

图 19.8　用历史模拟法得出的投资组合 VaR 与 ES 的图像

于相应的正态分布的两个计算结果。相比之下,由数据算出的肩部的在险价值(对应于第543行与544行的5%与10%显著性水平)要小于相应的正态分布的两个计算结果。这与瘦肩特征一致。[①]

图 19.8 的 BN539:BN544 单元格重复给出了 BI539:BI544 单元格中各个显著性水平对应的由指数加权历史模拟法得出的"收益"相反数(即图 19.5 的 AN14:AN513 单元格)。我

---

① 　BM539:BM544 单元格简单验证了各个显著性水平下由基础情景模拟法得出的尾部数据点个数。

们可以再次看出厚尾与瘦肩特征。

图 19.8 的 BR539:BR544 单元格重复给出了 BI539:BI544 单元格中各个显著性水平对应的由单资产波动率加权历史模拟法得出的"收益"相反数(即图 19.7 的 BA14:BA513 单元格)。类似地,图 19.8 的 BT539:BT544 单元格重复给出了 BI539:BI544 单元格中各个显著性水平对应的由投资组合波动率加权历史模拟法得出的"收益"相反数(即图 19.7 的 BF14:BF513 单元格)。从两种波动率加权历史模拟法的结果中,我们均可以看出厚尾与瘦肩特征,但二者厚尾的区域更窄一些,瘦肩的区域更宽一些。在我们考虑的 6 种显著性水平之下,只有显著性水平为 1‰时(尾部深处),由波动率加权历史模拟法得出的 VaR 才大于相应的正态分布的 1‰显著性水平 VaR。

19.4.2　预期亏空

现在我们考虑预期亏空(ES)。图 19.8 中的 VaR 大多已在其他地方计算好,再引用到此图中;而 ES 则与之不同,其均在此图中完成计算。BO539:BO544 单元格在假定收益率服从正态分布的情况下计算了显著性水平分别为 BI539:BI544 单元格中的数值时对应的 ES,计算公式为式(18.6)。

BP539:BP544 单元格计算了基于数据的基础历史模拟法 ES,计算公式为:

$$\text{基于数据的 } ES(C) = -\frac{\sum_{n=1}^{503} (g_n \mid g_n \leqslant -VaR)}{\sum_{n=1}^{503} (1 \mid g_n \leqslant -VaR)} \tag{19.14}$$

其中,g_n 表示情景 n 下的收益。计算公式中需要用到的 g_n 与 VaR 均来自图 19.2 中的 Y 列。

BQ539:BQ544 单元格用式(19.9)计算了基于数据的指数加权历史模拟法 ES,其中计算过程需要用到的损失值 L_m^P 即为图 19.5 中 AN 列的收益值的相反数,权重来自 AM 列。

BS539:BS544 单元格用下式计算了单资产波动率加权历史模拟法 ES:

$$\text{单资产波动率加权 } ES(C) = -\frac{\sum_{n=1}^{503} (g_n^\sigma \mid g_n^\sigma \leqslant -VaR)}{\sum_{n=1}^{503} (1 \mid g_n^\sigma \leqslant -VaR)}$$

其中,$g_n^\sigma (n \in \{1, 2, \cdots, 503\})$ 来自图 19.7 的 BA 列,表示单市场变量波动率加权历史模拟法在情景 n 下算出的收益。

BU539:BU544 单元格用下式计算了投资组合波动率加权历史模拟法 ES:

$$\text{投资组合波动率加权 } ES(C) = -\frac{\sum_{n=1}^{503} (\text{调整后 } \Delta V_n^P \mid \text{调整后 } \Delta V_n^P \leqslant -VaR)}{\sum_{n=1}^{503} (1 \mid \text{调整后 } \Delta V_n^P \leqslant -VaR)}$$

其中,调整后 ΔV_n^P 表示投资组合波动率加权历史模拟法在情景 n 下算出的收益,计算过程中需要用到的 VaR 来自图 19.7 的 BF 列。

观察图 19.8 可以看到,四种历史模拟法(基础、指数加权、单资产波动率加权和投资组合波动率加权)在尾部深处(显著性水平为 1‰或 2‰时)得出的 ES 要大于收益率服从正态分布的情形。而当位于肩部(显著性水平为 10‰)时,四种方法得出的 ES 中有 3 个均小于正态分布得出的结果,这与瘦肩特征一致。

图 19.8 的下半部分有两幅图像：上方的图像是 VaR，下方的图像是 ES，两幅图绘制的是二者随显著性水平变化的关系。显然，随着进入尾部深处（即显著性水平从右到左递减），两幅图的数值均不断增加。两幅图中，与正态分布收益率相对应的图像均最为平缓。也就是说，正态分布对应的 VaR 和 ES 从显著性水平 1% 到 10% 的变化幅度要比其他四种历史模拟法的变化幅度更小。事实上，观察 VaR 的图像可以发现，正态分布收益率对应的函数图像在显著性水平为 1% 时取值位列最小，在显著性水平为 10% 时取值位列最大。这说明，四种历史模拟法得到的结果均呈现出厚尾与瘦肩特征。

19.5　压力在险价值与压力预期亏空

金融风险管理者还会汇报压力 VaR 与压力 ES 值，它们分别是 VaR 与 ES 的特殊情形。这些压力度量指标可视作对基本情形的拓展，考虑的是那些最坏的情景。具体而言，金融机构要使用所有可用的不同历史数据集，重复进行多次计算。计算完每个数据集得出的 VaR 和（或）ES 之后，其中最大的（最坏的）那个 VaR 和（或）ES 就叫压力 VaR 和（或）压力 ES。例如，我们可能每次只考察 250 个情景，但使用历史 3 年的数据重复计算。这样大概可以算出 500 个不同的 VaR 和（或）ES 值。这 500 个值中最大的那个就是最终汇报的压力 VaR 和（或）压力 ES。

19.6　在险价值的置信区间

Kendall 和 Stuart(1972)研究表明，VaR 计算结果的 95% 置信区间为：[1]

$$\left(VaR-1.96\left(\frac{1}{f(VaR)}\sqrt{\frac{(1-\alpha)\alpha}{N}}\right),\ VaR+1.96\left(\frac{1}{f(VaR)}\sqrt{\frac{(1-\alpha)\alpha}{N}}\right)\right) \qquad (19.15)$$

其中，VaR 是用历史模拟法在 N 个情景下得出的显著性水平为 α 的在险价值，$f(VaR)$ 是拟合后的损失密度函数在 VaR 处的取值，拟合时要求前几阶矩与历史模拟法得出的各阶矩相同。

从式(19.15)中可以看出，VaR 估计值的标准误等于：

$$s.e.(VaR)=\frac{1}{f(VaR)}\sqrt{\frac{(1-\alpha)\alpha}{N}} \qquad (19.16)$$

因此，随着情景数 N 增加，置信区间会缩窄。例如，在其他条件不变的情况下，如果 N 变成原先的 4 倍，置信区间的长度就会减半。接下来，随着 $1-\alpha$ 增加（α 减小），就越接近尾部，$\sqrt{(1-\alpha)\alpha}$ 与 $f(VaR)$ 都会减小。[2]然而，$f(VaR)$ 的下降速度通常更快，因此置信区间的宽度

---

① Kendall, M.G. and A.Stuart, 1977, *The Advanced Theory of Statistics*, volume 1, *Distribution Theory*, 4th edition. Kendall 和 Stuart 使用的是正态分布，即 $f(VaR)=n(VaR)$。

② 函数 $\sqrt{(1-\alpha)\alpha}$ 在区间 $\alpha\in(0,\ 50\%)$ 内随 α 增加而增加，而我们也只考虑 α 在此区间内的情形。

通常随 $1-\alpha$ 增加而增加,也就是随 α 增加而减小。[1]

如果我们将式(19.15)中的"1.96"替换为下列各值,就可以类似计算出其他的置信区间。

显著性水平	置信水平	标准误个数
1%	99%	2.58
2%	98%	2.33
5%	95%	1.96
10%	90%	1.65

19.7　极值理论

极值理论(extreme value theory,EVT)试图深入研究随机变量尾部的分布特征。随着我们逐渐进入分布的尾部,可用于推断分布特征的数据点就越来越少,因而置信程度会逐渐降低。而极值理论让我们可以"平滑出"尾部的分布,并提升我们估计极值时的置信度。

记损失随机变量 v 的分布函数为 $F(v)$。为明确起见,本节我们考虑损失的分布,而非收益的分布。接下来,令 u 为事先选定的 $F(v)$ 右侧尾部深处的一个损失值,并令 $y>0$ 表示一个超出 u 的损失增量。于是,$v\in(u,u+y]$ 的概率即为:

$$Pr(u<v\leqslant u+y)=F(u+y)-F(u)$$

接下来用下式定义在大于 u 的条件下的条件分布函数:

$$H(y)=Pr(u<v\leqslant u+y\,|\,v>u)=\frac{Pr(u<v\leqslant u+y)}{Pr(v>u)}=\frac{F(u+y)-F(u)}{1-F(u)}$$

其中我们用到了 $Pr(v>u)=1-Pr(v\leqslant u)$。该式定义了大于 u 的那些 v 的取值的分布。

Gnedenko(1943)证明,很多分布的尾部都可用帕累托分布来建模。[2]因此:

$$\lim_{u\to\text{"很大"}}H(y)=G(y\,|\,\phi,\beta)=1-\left(1+\phi\,\frac{y}{\beta}\right)^{-\frac{1}{\phi}} \tag{19.17}$$

其中,ϕ 为帕累托分布的形状参数与尾部参数,β 为尺度参数。随着 ϕ 增加,分布尾部的"厚度"也会增加。[3]从业者选取的 u 的值通常接近于损失变量 v 的 95% 分位点。

19.7.1　用对数似然函数估计极值理论参数

我们可以用最大似然法来估计参数 ϕ 与 β。根据分布函数 $G(y\,|\,\phi,\beta)$ 可得密度函数 $g(y)$ 为:

---

[1]　因此,在其他条件不变的情况下,较小的 α 通常对应于较长的置信区间。这与越进入尾部,置信程度越低的观点一致。

[2]　Gnedenko,D.V.,1943,"Sur la distribution limite du terme d'une serie aleatoire",*Annals of Mathematics* 44:423—453.

[3]　如果分布尾部不厚,则 $\phi=0$,此时 $G(y\,|\,\phi=0,\beta)=1-e^{-\frac{y}{\beta}}$。

$$g(y) = \frac{\partial G(y)}{\partial y} = -\left(-\frac{1}{\phi}\right)\left(1 + \phi\frac{y}{\beta}\right)^{-\frac{1}{\phi}-1}\left(\frac{\phi}{\beta}\right) = \frac{1}{\beta}\left(1 + \phi\frac{y}{\beta}\right)^{-\frac{1}{\phi}-1} \quad (19.18)$$

因此,希望最大化的似然函数即为:

$$\prod_{n=1}^{K} g(y_n) = \prod_{n=1}^{K} \frac{1}{\beta}\left(1 + \phi\frac{v_n - u}{\beta}\right)^{-\frac{1}{\phi}-1}$$

其中 K 表示大于 u 的损失个数;$v_n = y_n + u$, $n \in \{1, 2, \cdots, K\}$ 表示大于 u 的各个损失值。根据先前的结论,一系列因子的乘积的对数等于各个因子的对数之和,即:

$$\ln\left(\prod_{n=1}^{K} g(y_n)\right) = \sum_{n=1}^{K} \ln(g(y_n)) = \sum_{n=1}^{K} \ln\left(\frac{1}{\beta}\left(1 + \phi\frac{v_n - u}{\beta}\right)^{-\frac{1}{\phi}-1}\right) \quad (19.19)$$

和之前一样,我们可以通过最大化式(19.19)来找出 ϕ 与 β 的最优值。Excel 的规划求解功能可以实现这一目的。

19.7.2 大于 u 的损失的联合分布

先前我们定义 $Pr(v \leqslant u) = F(u)$,因此 $Pr(v > u) = 1 - F(u)$。又由于 $Pr(v \leqslant u + y \mid u < v) = G(y)$,则 $Pr(v > u + y \mid u < v) = 1 - G(y)$。于是,$v > u + y$ 的无条件概率等于 $Pr(v > u + y \mid v > u) \cdot Pr(v > u) = Pr(v > u \cap v > u + y) = Pr(v > u + y)$,这里用到了 $y \geqslant 0$。因此:

$$Pr(v > u + y) = [1 - F(u)][1 - G(y)] = [1 - F(u)][1 - G(x - u)] \quad (19.20)$$

其中我们令 $x = u + y$,所以我们将 y 替换为了 $x - u$。

假设共有 N 个数据点,其中有 K 个大于 u。从而,$\frac{K}{N}$ 可作为 $1 - F(u)$ 的经验估计。将这一估计方法和式(19.17)代入式(19.20),即得:

$$Pr(v > u + y) = Pr(v > x) = \frac{K}{N}\left(1 + \phi\frac{x - u}{\beta}\right)^{-\frac{1}{\phi}} \quad (19.21)$$

其中 $x = u + y$。

19.7.3 用极值理论计算在险价值与预期亏空

将计算 VaR 与 ES 时使用的显著水平记作 α。根据损失变量 v 的分布的定义,有 $\alpha = Pr(v > VaR) = 1 - Pr(v \leqslant VaR)$。再将式(19.21)中的 x 替换为 VaR,即得 $\alpha = \frac{K}{N}\left(1 + \phi\frac{VaR - u}{\beta}\right)^{-\frac{1}{\phi}}$。求解这一关于 VaR 的方程,即得基于极值理论的在险价值等于:

$$\text{基于极值理论的 } VaR = u + \frac{\beta}{\phi}\left[\left(\frac{N}{K}\alpha\right)^{-\phi} - 1\right] \quad (19.22)$$

我们不加证明地给出基于极值理论的预期亏空表达式：

$$基于极值理论的\ ES=\frac{VaR+\beta-\phi u}{1-\phi} \tag{19.23}$$

19.7.4 案例：极值理论

图 19.9 讲解了极值理论。CE10：CE509 单元格重复给出了基础历史模拟法得到的排序后的各个情景的收益，这些值复制粘贴自图 19.2 的 Y14：Y513 单元格。下面我们考虑前 $K=25$ 个（见 CD5 单元格）最大损失值。CD6 单元格表明一共有 $N=500$ 个情景。我们设置

	CC	CD	CE	CF	CG	CH	CI	CJ	CK	CL	CM
4			u	185	CF4 =-INT(VLOOKUP(CD5+1,CC10:CE509,3))						
5	K	25	CD5 =COUNT(CC10:CC34)			CD6 =COUNT(CC10:CC509)					
6	N	500	初始猜测								
7	β	125.49	125.5	40.00							
8	φ	0.180	0.180	0.300							
9	排序	情景	美元盈亏	L							
10	1	315	-1032	-10.04	=LN((1/CD$7)*(1+CD$8/CD$7*(-CE10-CF$4))^(-1/CD$8-1))						
11	2	312	-601	-7.90							
33	24	314	-194	-4.91	=LN((1/CD$7)*(1+CD$8/CD$7*(-CE33-CF$4))^(-1/CD$8))						
34	25	355	-193	-4.91							
35	26	170	**-184.8**								
36	27	12	-178	-150.30	Σ	CF36 =SUM(CF10:CF34)					
37	28	331	-169	-159.37							
38	29	458	-168	CG40 =$CD5/$CD6*(1+$CD8/$CD7*(CF40-$CF4))^(-1/$CD8)							
39	30	107	-156	**损失**	**Pr(L>损失)**						
40	31	356	-156	300	2.141%						
41	32	465	-154	CF45 =$CF4+$CD7/$CD8*(($CD6/$CD5*CF43)^(-$CD8)-1)							
42	33	123	-151	**α**	**α**	**α**					
43	34	16	-149	1%	0.1%	0.03%					
44	35	50	-137	**VaR**	**VaR**	**VaR**					
45	36	490	-136	419.2	897.4	1238.4					
46	37	8	-135	CF48 =(CF45+$CD7-$CF4*$CD8)/(1-$CD8)							
47	38	313	-131	**ES**	**ES**	**ES**					
48	39	23	-129	623.6	1206.7	1622.4					
49	40	79	-128	CF51 =1/$CD7*(1+$CD8/$CD7*(CF45-$CF4))^(-1/CD$8-1)							
50	41	20	-127	**g(y)**	**g(y)**	**g(y)**	**g*K/N**	**g*K/N**	**g*K/N**	
51	42	326	-125	0.0011932	0.0000789	0.0000191	6E-05	4E-06	1E-06	
52	43	177	-119		95%		CJ51 =CF51*$CD5/$CD6				
53	44	437	-113	**s.e.**	**s.e.**	**s.e.**					
54	45	367	-113	74.6	358.5	813.1		CG501 =CG40			
55	46	409	-113	**95%下界**	**95%下界**	**95%下界**	CG502:CG509 {=TABLE(,CF40}}				
56	47	394	-109	273.0	194.7	-355.3					
57	48	111	-107	**95%上界**	**95%上界**	**95%上界**	CF58...=CF45+NORM.S.INV($C				
58	49	109	-106	565.4	1600.1	2832.0	G52+(1-$CG52)/2)*CF54				
59	50	119	-105	CF54 =SQRT(CF43*(1-CF43)/$CD6)/CJ51							
499	490	364	242	CF56 =CF45+NORM.S.INV((1-$CG52)/2)*CF54							
500	491	370	266	**Pr(L>损失)**							
501	492	325	282	**损失**	2.141%						
502	493	379	300	200	4.44%						
503	494	454	313	250	3.05%						
504	495	340	345	300	2.14%						
505	496	358	403	350	1.54%						
506	497	475	433	400	1.12%						
507	498	324	563	450	0.83%						
508	499	332	686	500	0.63%						
509	500	323	943	550	0.48%						

损失大小与损失概率

（图表：纵轴 0.0%–6.0%，横轴 200 250 300 350 400 450 500 550）

图 19.9 极值理论

的参数初始猜测值分别为 $\beta=40$(CF7 单元格)和 $\phi=0.3$(CF8 单元格)。CD7 与 CD8 单元格最开始的时候分别输入了这两个值。接下来,我们将临界值选定为介于第 25 大的损失值与第 26 大的损失值之间的 $u=185$,如 CF4 单元格所示。[①]

我们通过最大化式(19.19)给出的对数似然函数来确定 β 与 ϕ 的取值。CF10:CF34 单元格分别计算了表达式中的 25 项,CF36 单元格计算了它们的求和结果。(注意,当初始猜测值为 $\beta=40$ 与 $\phi=0.3$ 时,相应的对数似然函数初始值为 -159.37,见 CF37 单元格)。利用 Excel 的规划求解功能来最大化 CF36 单元格,可得 $\beta=125.49$(CD7 单元格),$\phi=0.180$(CD8单元格)。

CF45:CH45 单元格分别计算了与 CF43:CH43 单元格给出的显著性水平相对应的在险价值,计算公式为式(19.22),即基于极值理论的 $VaR = u + \dfrac{\beta}{\phi}\left[\left(\dfrac{N}{K}\alpha\right)^{-\phi}-1\right]$。CF48:CH48 单元格计算了相应的预期亏空,计算公式为式(19.23),即基于极值理论的 $ES = \dfrac{VaR + \beta - \phi u}{1-\phi}$。

CF51:CH58 单元格计算了三个 VaR 对应的 95% 置信区间。CF51:CH51 单元格用式(19.18)分别计算了帕累托分布的条件密度函数在三种显著水平(CF43:CH43 单元格)下对应的三个 VaR(CF45:CH45 单元格)处的取值。其中,我们将式(19.18)中的 y 替换成了 $VaR - u$,即:

$$g(y) = \frac{1}{\beta}\left(1 + \phi\,\frac{VaR - u}{\beta}\right)^{-\frac{1}{\phi}-1}$$

接下来我们在 CF54:CH54 单元格中用式(19.16)计算了三个 VaR 对应的标准误,计算公式为 $\text{s.e.}(VaR) = \dfrac{1}{\dfrac{K}{N}g(y)}\sqrt{\dfrac{(1-\alpha)\alpha}{N}}$,其中 $\dfrac{K}{N}$ 是为了将条件密度函数 $g(y)$ 转换为无条件密度,

这一转换需要乘以 $1 - F(u)$,而该式可由 $\dfrac{K}{N}$ 来近似计算。最后,CF56:CH56 单元格与 CF58:CH58 单元格分别用式(19.15)计算了置信区间的下界与上界。

CG40 单元格用式(19.21)计算了损失大于 300 美元(CF40 单元格)的概率,其中 $x=300$。我们将这一计算结果作为一张模拟运算表的表头函数,引用至 CG501 单元格。该模拟运算表的输入变量为损失大小,其基本情形即为 CF40 单元格的值。从图 19.9 下方的图像中可以看出,损失变量大于选定的损失值的概率显然随着我们逐渐进入损失尾部而单调递减。

19.8 极值理论的特殊情形:幂律

现在我们回到极值理论的关键结论式(19.21)。考虑从业者常用的一种特殊情形。令

[①] 第 25 小的收益与第 26 小的收益分别为 -193 美元(CE34 单元格)和 -184.8 美元(CE35 单元格)。

$u = \dfrac{\beta}{\phi}$。于是,式(19.21)可改写为 $Pr(v > x) = \dfrac{K}{N}\left[1 + \phi \dfrac{x - \dfrac{\beta}{\phi}}{\beta}\right]^{-\frac{1}{\phi}} = \dfrac{K}{N}\left(1 + \phi \dfrac{x}{\beta} - 1\right)^{-\frac{1}{\phi}} =$

$\dfrac{K}{N}\left(\phi \dfrac{x}{\beta}\right)^{-\frac{1}{\phi}} = \dfrac{K}{N}\left(\dfrac{\phi}{\beta}\right)^{-\frac{1}{\phi}} x^{-\frac{1}{\phi}}$。若将 $\dfrac{K}{N}\left(\dfrac{\phi}{\beta}\right)^{-\frac{1}{\phi}}$ 记作 A,将 $\dfrac{1}{\phi}$ 记作 b,则:

$$Pr(v > x) = Ax^{-b} \tag{19.24}$$

这里式(19.24)就是所谓的幂律(power law)。

给定一组数据,我们可用如下方法来估计参数 A 和 b。对式(19.24)取对数,即得:

$$\ln(Pr(v > x)) = \ln(A) - b\ln(x) \tag{19.25}$$

因此,基于式(19.25),我们可以用回归方法来估计 A 和 b 的值。[①]

图 19.10 展示了幂律方法,这是之前讨论的极值理论的一种特殊情形。CT3:CT5 单元格分别计算了基础历史模拟法得到的 500 种情景下的收益(ΔV_n^p)的均值、最小值和标准差。CT8:CT12 单元格基于这些数据计算了在平均损失之上几个标准差(CR8:CR12 单元格)对应的损失值(即收益的相反数)。CU8:CU12 单元格计算了基础历史模拟法得到的这 500 种情景中损失大于 CT 列对应的损失值的情景个数。接下来,CV8:CV12 单元格计算了 CT8:CT12 单元格对应的损失值的自然对数。CW8:CW12 单元格将尾部损失个数(CU8:CU12 单

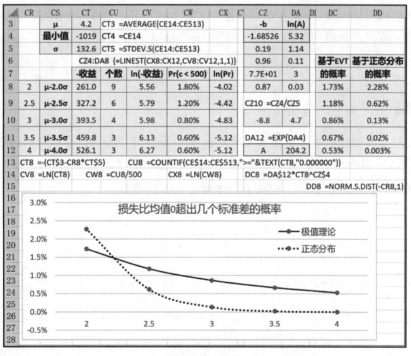

图 19.10　幂律

元格的值)转换成了尾部概率。由于我们有 500 种情景,因此尾部概率即为 $\dfrac{\text{尾部损失个数}}{500}$。最后,CX8:CX12 单元格计算了这些概率的自然对数。

CZ4:DA8 单元格按照式(19.25)进行了线性回归,得到的斜率系数约为 $-b=-1.685$(CZ4 单元格),截距项为 $\ln(A)=5.32$(DA4 单元格)。[①]CZ10:DA10 单元格计算了 t 检验统计量,结果表明两个估计值均显著。接下来,DC8:DC12 单元格计算了基于幂律的尾部损失概率,计算公式为式(19.24),即 $Pr(v>x)=Ax^{-b}$。回归结果十分喜人,因为 DC8:DC12 单元格用幂律回归得到的预期值(最佳拟合值)与 CW8:CW12 单元格用实际数据计算得出的结果非常接近。

为便于比较,我们还在 DD8:DD12 单元格中计算了标准正态分布假设下的损失比均值零超出几个标准差(CR8:CR12 单元格)的概率。图 19.10 中的图像将幂律得到的结果与正态分布的结果进行了比较。当与损失均值只相差 2 个标准差时,幂律分布的结果更小,这与投资组合收益率分布具备的瘦肩特征一致。然而,相差更多标准差时(也就是随着逐渐进入尾部深处),我们便可看出由幂律刻画的厚尾特征。[②]

19.9 基于蒙特卡洛分析的随机模拟

除了历史模拟法以外,从业者还经常使用蒙特卡洛分析方法。风险管理者可以通过蒙特卡洛分析来生成资产价值的分布,然后基于这一分布,利用先前介绍的方法计算在险价值与预期亏空。

19.9.1 单个资产加总的随机模拟

假设某股票基金投资组合管理者希望模拟 J 个权益资产的收益率,这些权益资产的当前(N 时刻)价值分别为 V^j,$j\in\{1, 2, \cdots, J\}$。因此,基金的当前价值等于 $V^P=\sum_{j=1}^{J}V^j$。他可以用下式来随机模拟情景 n 下股票 j 的连续复利收益率:[③]

$$r_n^j=\mu^j+\sigma^j Z_n^j,\text{其中 }Z_n^j\sim N(0, 1),\ n\in\{1, 2, \cdots, N\},\ j\in\{1, 2, \cdots, J\}$$

---

① 因此,$A=\mathrm{e}^{\ln(A)}=\mathrm{e}^{5.32}=204.2$,见 DA12 单元格。

② 我们还可以将这些结果回推至一般的极值理论,虽然并无必要。由于 $b=\dfrac{1}{\phi}$,因此 $\phi=\dfrac{1}{b}=\dfrac{1}{1.685}=0.593$。接下来,$A=\dfrac{K}{N}\left(\dfrac{\phi}{\beta}\right)^{-\frac{1}{\phi}}$。如果我们选定其中的 $\dfrac{K}{N}=1.8\%$(CW8 单元格),那么其便对应于 $u=261$(CT8 单元格)。此时,由于 $u=\dfrac{\beta}{\phi}$,因此 $\beta=u\phi=261\times0.593=154.9$,进而 $A=1.8\%\times\left(\dfrac{0.593}{154.9}\right)^{-1.685}=212.8$。这与我们在 DA12 单元格中用幂律得到的结果 $A=204.2$ 十分接近。

③ 在没有新信息的情况下,μ^j 和 σ^j 可取为历史值,即 $\mu^j=\dfrac{1}{N}\sum_{n=1}^{N}\ln\left(\dfrac{x_n^j}{x_{n-1}^j}\right)$,$\sigma^j=\sqrt{\dfrac{1}{N-1}\sum_{n=1}^{N}\left(\ln\left(\dfrac{x_n^j}{x_{n-1}^j}\right)-\mu^j\right)^2}$,$j\in\{1, 2, \cdots, J\}$。

这里在情景 n 下抽取的 J 个标准正态分布随机变量 Z_n^j 应当服从于 J 个彼此相关的分布，这种相关分布可以用第 17 章探讨的方法来建模。它们之间的相关系数应当与 J 个资产收益率之间的相关系数矩阵保持一致。

情景 n 下第 j 个资产的随机模拟价值 $V_{N+1}^{j, n}$ 的计算公式为：

$$V_{N+1}^{j, n} = V^j e^{r_n^j}, \ n \in \{1, 2, \cdots, N\}, \ j \in \{1, 2, \cdots, J\} \tag{19.26}$$

因此，投资组合在情景 n 下的明日假想价值为：

$$V_n^P = \sum_{j=1}^J V_{N+1}^{j, n} = \sum_{j=1}^J V^j e^{r_n^j} = \sum_{j=1}^J V^j e^{\mu^j + \sigma^j Z_n^j} \tag{19.27}$$

其中 $n \in \{1, 2, \cdots, N\}$。于是，情景 n 下的收益为：

$$\Delta V_n^P = V_n^P - V^P = \sum_{j=1}^J V^j e^{\mu^j + \sigma^j Z_n^j} - V^P = \sum_{j=1}^J V^j (e^{\mu^j + \sigma^j Z_n^j} - 1)$$

其中 $n \in \{1, 2, \cdots, N\}$。

接下来的过程与之前相同。我们要将 ΔV_n^P 按从小到大的顺序排序，并依次记作 $\{L_1^P, L_2^P, \cdots, L_N^P\}$。最后用式（19.2）和式（19.3）即可分别计算出 VaR 和 ES 的值。[1]

19.9.2　投资组合整体的随机模拟

上一节我们介绍了单个资产加总的随机模拟方法。我们先通过式（19.26）来随机模拟单个资产的价值，再用式（19.27）将各个资产汇总。使用彼此相关的标准正态分布随机变量即可保证收益率互相相关。然而，一种更简单的方法是将投资组合视作一个整体。由于历史数据蕴含着各个资产之间的相关性，因此这种方法也可以刻画资产之间的相关性。

我们将投资组合视作一个整体，首先计算投资组合整体的历史收益率的前两阶矩 μ^P 和 σ^P。于是，对于 $n \in \{1, 2, \cdots, N\}$，投资组合在情景 n 下的收益为：[2]

$$\Delta V_n^P = V_n^P - V^P = V^P e^{\mu^P + \sigma^P Z_n^P} - V^P = V^P (e^{\mu^P + \sigma^P Z_n^P} - 1) \tag{19.28}$$

其中 $Z_n^P \sim N(0, 1)$ 是标准正态分布随机变量的独立抽样。

接下来的过程与之前相同。我们要将 ΔV_n^P 按从小到大的顺序排序，并依次记作 $\{L_1^P, L_2^P, \cdots, L_N^P\}$。最后用式（19.2）和式（19.3）即可分别计算出 VaR 和 ES 的值。

19.9.3　案例：蒙特卡洛分析

图 19.11 重新给出了 4 种指数在基础历史模拟法得出的 500 种情景下的换算为美元后的价值。[3] 图 19.12 的 R5：U8 单元格分别计算了图 19.11 中换算为美元后的价格收益率的前四

---

① 我们先前已经强调，许多金融市场变量并非服从正态分布，它们往往具有厚尾和（或）负偏度。这里阐述的蒙特卡洛方法亦可用于随机模拟服从其他分布的收益率。例如，可以利用先前介绍的混合随机变量分布等方法来保证随机模拟的高阶矩与实际数据的高阶矩一致。

② 表达式 $\mu^P + \sigma^P Z_n^P$ 表示的即为投资组合在情景 n 下的收益率，其均值为 μ^P，波动率为 σ^P。

③ J18：N518 单元格引用自图 19.1 的 J13：N513 单元格。

阶矩。本例中，投资组合的初始价值为 $V^P = 10000$ 美元，见图 19.12 的 W13 单元格。W17：W516 单元格基于投资组合的收益率均值（W5 单元格）和波动率（W6 单元格）计算了投资组合在 500 种情景下的价值，计算公式为 $V^P e^{\mu^P + \sigma^P Z_n^P}$。X17：X516 单元格用式（19.28）计算了投资组合在 500 种情景下的收益。基于 X17：X516 单元格计算得到的收益（损失）值，我们在 U528：U532 单元格中计算了在 Q528：Q532 单元格给出的显著性水平下的在险价值。Z528：Z532 单元格用与式（19.14）类似的公式计算了相应的预期亏空。

	J	K	L	M	N
13	1500	2500	3500	2500	10000
14		美元	美元		情景
15	美元	FTSE	CAC	美元	美元
16	DJIA	100	40	Nikkei	投资组合
17					
18	24465	8963	5632	191.7	
19	24286	8906	5608	191.6	9958
20	24640	9012	5658	192.0	10088
21	24749	8941	5627	192.9	9979
515	30069	8801	6701	257.3	10023
516	29999	8773	6738	256.7	10003
517	30046	8706	6686	255.8	9947
518	29862	8707	6712	256.9	10016
519					
520				个数	500
521				N520 =COUNT(N18:N518)	

图 19.11　蒙特卡洛分析使用的价格数据

为便于比较，我们还在 T528：T532 单元格计算了基于正态分布的在险价值，计算公式为：

$$VaR(\alpha) = V^P \left[1 - e^{\mu^P + \sigma^P SN^{-1}(\alpha)} \right]$$

其中，投资组合收益率均值 μ^P 见 W5 单元格，收益率波动率 σ^P 见 W6 单元格。Y528：Y532 单元格用式（18.6）计算了相应的预期亏空。

我们曾在本书中多次强调，金融市场风险密切依赖于与资产收益率之间的相关性。为了说明这一点，我们还在图 19.12 中对投资组合的单个资产分别做了蒙特卡洛分析，相互独立地进行标准正态分布抽样，并由此算出不可靠的 VaR 与 ES 值。倘若我们在各个情景下分别独立生成各个资产的收益，然后将每个情景下各个资产的收益（损失）加和，得到的收益（损失）无法反映各个资产收益率之间的相关性。我们已经在图 19.3 的 Q546：T549 单元格中看到，四种指数之间的相关系数均为正数。因此，我们接下来将说明，如果在使用蒙特卡洛分析方法时将各个资产视作相互独立，将会低估实际的在险价值和预期亏空。

R5：U6 单元格分别给出了四种指数的收益率均值和波动率，R17：U516 单元格分别计算了四种资产在 500 种情景下的假想价值，计算公式为 $V_n^i = V^i e^{\mu^i + \sigma^i Z_n^i}$，其中 R13：U13 单元格再次给出了投资于四种指数的美元金额。接下来，Y17：Y516 单元格分别计算了 R 列至 U 列中对应行的各个指数价值之和。Z17：Z516 单元格分别计算了投资组合的收益 $\Delta V_n^P = V_n^P - V^P = V_n^P - 10000$。基于 Z17：Z516 单元格计算得到的收益值，R528：R532 单元格计算了投资组合的 VaR 随 Q528：Q532 单元格给出的显著性水平的变化关系；X528：X532 单元格用类似于式(19.14)的公式计算了相应的预期亏空。[1]

	Q	R	S	T	U	V	W	X	Y	Z
1							投资组合		W5... {=AVERAGE(LN(N20:N518/N19:N517))}	
2							价值			
3				FTSE	CAC		r_P		W6... {=STDEV.S(LN(N20:N518/N19:N517))}	
4			DJIA 美元	100 美元	40 美元	Nikkei 美元	美元			
5	μ		0.04%	-0.01%	0.04%	0.06%	0.00%		W7... {=SKEW(LN(N20:N518/N19:N517))}	
6	σ		1.8%	1.6%	1.7%	1.4%	1.8%		W8... {=KURT(LN(N20:N518/N19:N517))}	
7	Γ		-0.98	-1.01	-1.01	-0.07	0.87			
8	XSδ		15.40	15.19	13.46	8.74	8.69			
9	R5 {=AVERAGE(LN(J19:J518/J18:J517))}									
10	R6 {=STDEV.S(LN(J19:J518/J18:J517))}									
11	R7 {=SKEW(LN(J19:J518/J18:J517))}									
12	R8 {=KURT(LN(J19:J518/J18:J517))}					W13 =SUM(R13:U13)			投资组合 Σ资产 美元	
13	投资额		1500	2500	3500	2500	10000		10000	
14			$	$	$	$	$	盈亏	$	盈亏
15									Y17 =SUM(R17:U17)	
16	情景		情景价值				X17 =W17-W13			
17	1		1497	2493	3441	2508	9989.91	-10	9939	-61
18	2		1503	2569	3539	2484	10314.8	315	10095	95
19	3		1490	2465	3512	2545	9547.01	-453	10011	11
20	4		1506	2502	3526	2529	9877.13	-123	10063	63
21	5		1496	2458	3502	2453	9993.96	-6	9909	-91
515	499		1506	2528	3420	2456	9698.25	-302	9910	-90
516	500		1513	2472	3538	2509	9756.26	-244	10031	31
517	R17:R516 =R$13*EXP(R$5+R$6*NORM.S.INV(RAND()))								Z17 =Y17-Y$13	
518	W17:W516 =W$13*EXP(W$5+W$6*NORM.S.INV(RAND()))									
519										
520	μ		1500	2498	3504	2500	9998	-2	10003	3
521	σ		29	42	60	35	179	179	84	84
522	Γ		-0.01	0.10	-0.07	0.14	-0.05	-0.05	-0.11	-0.11
523	XSδ		0.08	-0.02	-0.12	-0.32	-0.24	-0.24	-0.04	-0.04
524										
525		MC ~N	MC		MC ~N		MC ~N		MC ~N	
526		Σ单个r^i	个数	投资组合	r^P		Σ单个r^i	投资组合	r^P	
527	α	VaR	< N	E[VaR]	VaR	α	ES	E[ES]	E[ES]	
528	1%	204	5	401	437	1%	223	469	466	
529	2%	173	10	355	388	2%	203	426	437	
530	3%	158	15	325	331	3%	191	399	409	
531	5%	148	25	285	296	5%	175	363	368	
532	10%	105	50	223	233	10%	151	309	313	
533	R528 =-LARGE(Z$17:Z$516,1+(1-Q528)*COUNT(Z$17:Z$516))									
534	S528 =COUNTIF(Z$17:Z$516,"<="&TEXT(-R528,"0.0000000000000"))									
535	T528 =Y$13*(1-EXP(W$5+W$6*NORM.S.INV(Q528)))									
536	U528 =-LARGE(X$17:X$516,1+(1-Q528)*COUNT(X$17:X$516))									
537	X528 =-AVERAGEIF(Z$17:Z$516,"<="&TEXT(-R528,"0.0000000000000"))									
538	Y528 =Y$13*(-W$5+W$6*EXP(-(NORM.S.INV(Q528)^2)/2)/SQRT(2*PI()))/Q528)									
539	Z528 =-AVERAGEIF(X$17:X$516,"<="&TEXT(-U528,"0.0000000000000"))									

图 19.12　蒙特卡洛分析

① 四种股指基金和投资组合的收益率均呈现出负偏度(R7；W7 单元格)和厚尾(R8；W8 单元格)的特征。当然,第 522 行与第 523 行的结果均接近于零,说明用正态分布生成的收益率不会具有这些特征。

1. VaR 与 ES 的函数图像

图 19.13 绘制了 VaR 与 ES 随显著水平变化的函数图像。先看 VaR 的结果。实线是基于正态分布收益率计算得到的结果,即图 19.12 中 T528:T532 单元格中的数值,计算公式为 $VaR(\alpha)=V^P\left[1-e^{\mu^P+\sigma^P SN^{-1}(\alpha)}\right]$。点线绘制的是基于独立资产收益率得出的不可靠的值,即图 19.12 中 R528:R532 单元格中的数值。最后,虚线绘制的是在各个情景下模拟整个投资组合的收益率算出的值,即图 19.12 中 U528:U532 单元格中的数值。

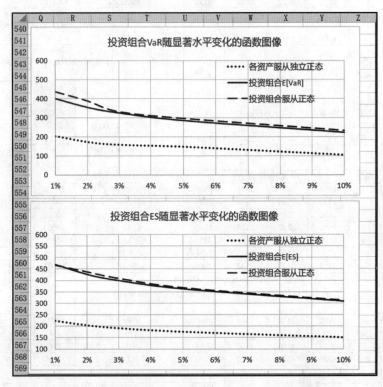

图 19.13　蒙特卡洛分析:考虑相关性与不考虑相关性

下方绘制了预期亏空随显著水平变化的函数图像,与上图类似。实线是基于正态分布收益率计算得到的结果,即图 19.12 中 Y528:Y532 单元格中的数值,计算公式为 $ES=V_0\left(\sigma\dfrac{e^{-z_{LS}^2/2}}{\sqrt{2\pi}\,\alpha}-\mu\right)$。点线绘制的是基于独立资产收益率得出的不可靠的值,即图 19.12 中 X528:X532 单元格中的数值。最后,虚线绘制的是在各个情景下模拟整个投资组合的收益率算出的值,即图 19.12 中 Z528:Z532 单元格中的数值。

在图 19.13 的两幅图像中,有两个函数将投资组合视作了整体:其中一个利用的是投资组合的前两阶矩(实线),另一个利用的是投资组合历史模拟法(虚线),二者计算结果类似。相比之下,独立生成各个资产收益率(忽略它们之间的相关系数)得到的点线要显著低于其他二者,说明这种方法忽略了相关性,进而低估了风险。如果模型可以准确识别出资产之间的相关性,VaR 与 ES 这两个风险度量指标就会上升。风险管理者必须识别出资产之间的相关性,这样才能更好地发现投资组合的风险。

2. Cholesky 分解与单个资产随机模拟

图 19.14 通过 Cholesky 分解来刻画各个资产收益率之间的相关性。我们按照和之前一样的方式对四种指数进行投资。R5：U8 单元格计算了日收益率的协方差矩阵，R518：U521 单元格计算了相关系数矩阵，结果表明各个资产之间的相关系数均为正数。R523：U526 单元格用式(17.9)和式(17.10)计算了协方差矩阵的 4×4 维 Cholesky 分解。（注意，这其中用到了 X518：X521 单元格计算的 4 个中间变量：$\hat{\rho}$，α，β，Γ。）我们在 X523：AA526 单元格中验证了 Cholesky 分解的定义：分解后的矩阵乘以自身的转置等于协方差矩阵。

R17：U516 单元格生成了一系列独立标准正态分布随机变量。基于这些随机抽样，W 列至 Z 列的第 17 行至第 516 行分别生成了四种指数的 500 组假想的彼此相关的收益率。利用这些收益率数据以及 R13：U13 单元格假定的初始美元投资额，AA17：AD516 单元格分别计算了各个指数的收益（损失）。AF17：AF516 单元格分别计算了各个情景下这些彼此相关的

	Q	R	S	T	U	V	W	X	Y	Z	AA	AB	AC	AD	AF
1							投资组合								
2				FTSE	CAC		价值			投资组合					
3			DJIA	100	40	Nikkei	r P			Σ资产					
4			美元	美元	美元	美元	美元			美元					
5		Σ	3E-04	2E-04	2E-04	4E-05	0.00%	μ		10000	Z5 =SUM(R13:U13)				
6			2E-04	3E-04	3E-04	9E-05	1.8%	σ		$					
7			2E-04	3E-04	3E-04	9E-05	R5:U8...{=MMULT(TRANSPOSE(LN(J19:M518/J18:M517),LN(J19:M								
8			4E-05	9E-05	9E-05	2E-04	518/J18:M517)-R10:U10))/(COUNT(J19:J518-1)}								
9	W5 {=AVERAGE(LN(N20:N518/N19:N517))}							W6 {=STDEV.S(LN(N20:N518/N19:N517))}							
10		μ	0.0%	0.0%	0.0%	0.1%	R10 {=AVERAGE(LN(J$19:J$518/J$18:J$517))}								
11		σ	1.8%	1.6%	1.7%	1.4%	R11 {=STDEV.S(LN(J$19:J$518/J$18:J$517))}								
12	W17:Z17 {=TRANSPOSE(MMULT($R$523:$U$526,TRANSPOSE(R17:U17)))+$R$10:$U$10}														
13	投资额	1500	2500	3500	2500		AA17 =(EXP(W17)-1)*R$13			AF17 =SUM(AA17:AD17)					
14		$	$	$	$										
15	R17:U516 =NORM.S.INV(RAND())						DJIA	FTSE	CAC	Nikkei	DJIA	FTSE	CAC	Nikkei	投资组合
16	情景			Z					r				盈亏		盈亏
17	1	0.80	0.85	-0.62	-1.44		1.5%	1.9%	1.5%	-1.2%	22	48	51	-30	92
18	2	-0.14	-0.10	1.52	-0.85		-0.2%	-0.3%	0.7%	-0.8%	-3	-7	25	-20	-5
19	3	-0.37	0.64	1.36	0.79		-0.6%	0.3%	1.1%	1.5%	-9	8	40	38	77
20	4	0.24	-0.10	0.36	-0.11		0.5%	0.1%	0.4%	0.0%	7	4	15	0	26
21	5	0.17	-0.69	-1.75	2.29		0.3%	-0.6%	-1.6%	2.3%	5	-15	-55	58	-8
515	499	0.17	-0.60	1.93	-0.19		0.3%	-0.5%	0.8%	-0.1%	5	-13	29	-3	18
516	500	0.12	-0.16	2.38	1.01		0.3%	-0.4%	1.5%	1.7%	4	-1	53	42	98
517	R518:U521 {=R5:U8/R11:U11/TRANSPOSE(R11:U11)}						X518 =SQRT(1-T518^2-(T519-S518*T518)^2/(1-S518^2))								
518	ρ	1	0.69	0.69	0.17		ρ^	0.376							
519		0.69	1	0.92	0.39		α	0.375	X519 =(U519-U518*S518)/SQRT(1-S518^2)						
520		0.69	0.92	1	0.40		β	0.128	X520 =(1/X518)*(U520-T518*U518-X519*(T519-S518*T518)/SQRT(1-S518^2)						
521		0.17	0.39	0.40	1		Γ	0.901							
522							X521 =SQRT(1-U518^2-X519^2-X520^2)								
523	Cholesky	1.8%	0.0%	0.0%	0.0%	Σ = AAᵀ	3E-04	2E-04	2E-04	4E-05					
524		1.1%	1.2%	0.0%	0.0%		2E-04	3E-04	3E-04	9E-05					
525		1.2%	1.0%	0.6%	0.0%		2E-04	3E-04	3E-04	9E-05					
526		0.2%	0.5%	0.2%	1.2%		4E-05	9E-05	9E-05	2E-04					
527	X523:AA526 {=MMULT(R523:U526,TRANSPOSE(R523:U526))}														
528		MC		MC		R523 =R11									
529		~N(ρ)	投资组合	~N(ρ)	投资组合	R524 =S11*R519			S524 =S11*SQRT(1-S518^2)						
530	α	VaR	E[VaR]	ES	E[ES]	R525 =T11*T520			T525 =T11*X518						
531	1%	312	401	337	469	S525 =T11*(T519-S518*T518)/SQRT(1-S518^2)									
532	2%	270	355	307	426	R526 =U11*R521			S526 =U11*X519						
533	3%	227	325	285	399	T526 =U11*X520			U526 =U11*X521						
534	5%	208	285	257	363	S531 =Z$5*(1-EXP(W$5+W$6*NORM.S.INV(Q531)))									
535	10%	169	223	221	309	T531=-AVERAGEIF(AF$17:AF$516,"<="&TEXT(-R531,"0.00000000"))									
536	R531 =-LARGE($AF$17:$AF$516,1+(1-Q531)*COUNT($AF$17:$AF$516))														
537	U531 =Z$5*(-W$5+W$6*EXP(-(NORM.S.INV(Q531)^2)/2)/SQRT(2*PI())/Q531)														

图 19.14 用 Cholesky 分解刻画相关性的蒙特卡洛方法：VaR 与 ES

收益（损失）之和。

　　R531:R535 单元格利用 AF17:AF516 单元格得到的各个情景下的投资组合收益计算了在险价值。随后，S531:S535 单元格用与此前相同的方法，基于投资组合的收益率均值（W5单元格）和波动率（W6 单元格）来计算在险价值。类似地，T531:T535 单元格利用 AF17:AF516 单元格的各个情景下的投资组合收益计算了预期亏空，U531:U535 单元格则利用投资组合的收益率均值（W5 单元格）和波动率（W6 单元格）来计算预期亏空。

　　3. VaR 与 ES 的函数图像

　　图 19.15 除了绘制了图 19.14 中 R531:U535 单元格给出的四个函数的图像以外，还绘制了图 19.12 中 R528:R532 单元格（VaR）与 X528:X532 单元格（ES）中计算的各资产互不相关的情形下随机模拟得到的函数的图像。上方图像绘制的是在险价值，下方图像绘制的是预期亏空。从两幅图像中可以看出，考虑各资产相关性的随机模拟方法得到的虚线位于实线（利用投资组合收益率前两阶矩的方法）与点线（认为各个资产收益率互不相关的方法）之间。考虑资产收益率相关性的虚线处处高于认为收益率互不相关的点线，说明提高相关性会增加风险。[①]

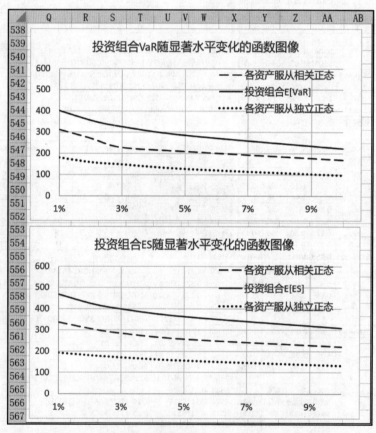

图 19.15　用 Cholesky 分解刻画相关性的蒙特卡洛方法：图像

---

　　①　从业者经常会关注虚线。然而，实线也经常被使用，因为它不但易于计算，而且给出的风险度量值更高，得出的结论更为保守。

　　在结束本例之前，我们用根据 Cholesky 分解随机模拟得出的 500 种情景下的收益率来计算协方差矩阵和相关系数矩阵。图 19.16 的 AH518：AK521 单元格利用图 19.14 中 W17：Z516 单元格的随机模拟收益率计算了协方差矩阵，AM518：AP521 单元格计算了相应的相关系数矩阵。为便于比较，我们在 AH523：AK526 单元格中计算了用基于 Cholesky 分解随机模拟的收益率算出的协方差矩阵（即 AH518：AK521 单元格）的 16 个元素与用实际数据算出的协方差矩阵（图 19.14 的 R5：U8 单元格）的 16 个元素之间的相对差异百分比。类似地，AM523：AP526 单元格计算了用基于 Cholesky 分解随机模拟的收益率算出的相关系数矩阵（即 AM518：AP521 单元格）的 16 个元素与用实际数据算出的相关系数矩阵（图 19.14 的 R518：U521 单元格）的 16 个元素之间的相对差异百分比。结果令人振奋。6 个不同的相关系数中，绝大多数相关系数的相对差异都很小。[①]

	AH	AI	AJ	AK	AL	AM	AN	AO	AP
517	Σ					ρ			
518	3E-04	2E-04	2E-04	6E-05		1.00	0.72	0.72	0.23
519	2E-04	2E-04	2E-04	8E-05		0.72	1.00	0.92	0.40
520	2E-04	2E-04	3E-04	9E-05		0.72	0.92	1.00	0.39
521	6E-05	8E-05	9E-05	2E-04		0.23	0.40	0.39	1.00
522	AH523	=(R5-AH518)/R5				AM523	=(AM518-R518)/R518		
523	-2%	0%	-4%	-29%		0%	4%	4%	31%
524	0%	9%	7%	4%		4%	0%	0%	3%
525	-4%	6%	3%	7%		4%	0%	0%	-3%
526	-29%	4%	7%	5%		31%	3%	-3%	0%
527	AH518:AK521...{=MMULT(TRANSPOSE(W17:Z516),W17:Z516-								
528	R10:U10)/(COUNT(W17:W516)-1)}								
529	AM518 =CORREL($W$17:$W$516,W17:W516)								
530	AM519 =CORREL($X$17:$X$516,W17:W516)								
531	AM521 =CORREL($Z$17:$Z$516,W17:W516)								

图 19.16　基于 Cholesky 分解的收益率相关系数

19.10　历史模拟法与蒙特卡洛分析

　　与蒙特卡洛分析相比，历史模拟法的优势在于可以基于历史数据来刻画数据生成的过程。因此，如果数据生成过程并未发生变化，那么用这种方法就可以准确模拟出下一期价值的分布。[②]

　　蒙特卡洛分析的优势是易于实现。此外，它可以与指数加权移动平均（EWMA）模型、广义自回归条件异方差（例如 GARCH(1, 1)）模型等波动率更新方法巧妙融合在一起。人们在研究投资组合时经常使用这种建模方法。

---

　　① 每次按下 F9 功能键，这些值就会变化，因为基于 Cholesky 分解来随机模拟生成收益率时，会用到随机数。但每次得到的结果都很相似。

　　② 如果建模者在使用蒙特卡洛分析时假设收益率服从正态分布，那么这一优势就更为明显，因为我们知道大多数市场变量都具有厚尾。当然，如果对许多变量用正态分布建模，并且模拟足够多条路径，那么根据中心极限定理，这种建模方法也可能是十分准确的。

附录 A

边际、增量与成分风险度量指标

本附录希望介绍与投资组合的子组合有关的风险度量指标。这些指标可以指导我们为投资组合的各个子组合分配相应的风险水平。

假设某投资组合包含 J 种风险资产。对于 $j \in \{1, 2, \cdots, J\}$，资产 j 的边际在险价值（marginal value at risk）的定义是：

$$边际 VaR = \frac{\partial VaR}{\partial V_j} \tag{A.1}$$

其中 V_j 是资产 j 的价值。当 ΔV_j "较小"时，我们可以用 $\frac{VaR(V_j + \Delta V_j) - VaR(V_j)}{\Delta V_j}$ 来对其进行数值近似计算，其中 $VaR(V_j)$ 表示在对 V_j 进行调整（变成 $V_j + \Delta V_j$）之前的在险价值。

与之相关的一个概念是边际预期亏空（marginal expected shortfall），其中：

$$边际 ES = \frac{\partial (ES)}{\partial V_j} \sim \frac{ES(V_j + \Delta V_j) - ES(V_j)}{\Delta V_j} \tag{A.2}$$

与边际 VaR 相关的一个概念是增量在险价值（incremental value at risk）。增量 VaR 的定义是投资组合的 VaR 与假想剔除掉第 j 个资产后的投资组合的 VaR 之差。也就是说，它表示第 j 个资产对总 VaR 的贡献，即：

$$增量 VaR = VaR(V_j) - VaR_{j-} \tag{A.3}$$

其中 $VaR(V_j)$ 是基本情形下的在险价值，VaR_{j-} 是把投资组合第 j 个资产剔除后的在险价值。

接下来我们定义增量预期亏空（incremental expected shortfall），即：

$$增量 ES = ES(V_j) - ES_{j-} \tag{A.4}$$

其中 $ES(V_j)$ 是基本情形下的预期亏空，ES_{j-} 是把投资组合第 j 个资产剔除后的预期亏空。

成分在险价值（component value at risk）的定义是：

$$成分 VaR_j = CVaR_j = \frac{\partial VaR}{\partial V_j} V_j \tag{A.5}$$

若投资组合的 VaR 关于各个 V_j 呈线性关系(见第 18.3 节定义的线性齐次性),那么成分 VaR 就等于增量 VaR。此时有:

$$VaR(V_1, V_2, \cdots, V_I) = \sum_{j=1}^{J} \frac{\partial VaR}{\partial V_j} V_j = \sum_{j=1}^{J} CVaR_j \tag{A.6}$$

这一概念对于风险预算(risk budgeting)非常有用,所谓的风险预算就是将风险按照各个组成成分进行分解。如果企业的风险变得不可接受,中台风险管理者就可以根据这种方法来调整各个成分的权重。

用成分风险计算投资组合风险

假设我们已经计算了各个风险资产组成成分的 $CVaR_j$,且计算各个 $CVaR_j$ 时使用的时间窗口与显著性水平都相同。于是我们便可利用下述公式来近似计算投资组合在该时间窗口与显著性水平下的 VaR(的平方):[①]

$$VaR_P^2 \sim (CVaR_1 \quad CVaR_2 \quad \cdots \quad CVaR_J) \begin{pmatrix} \rho^{1,1} & \rho^{1,2} & \rho^{1,3} & \cdots & \rho^{1,J} \\ \rho^{2,1} & \rho^{2,2} & \rho^{2,3} & \cdots & \rho^{2,J} \\ & & \vdots & & \\ \rho^{J,1} & \rho^{J,2} & \rho^{J,3} & \cdots & \rho^{J,J} \end{pmatrix} \begin{pmatrix} CVaR_1 \\ CVaR_2 \\ \vdots \\ CVaR_J \end{pmatrix}$$

$$= \sum_{i=1}^{J} \sum_{j=1}^{J} \rho^{i,j} CVaR_i CVaR_j = \sum_{i=1}^{J} CVaR_i + 2 \sum_{i=1}^{I} \sum_{j<i} \rho^{i,j} CVaR_i CVaR_j$$

其中,上式中的 $J \times J$ 维方阵是投资组合的 J 个成分之间的相关系数矩阵,该矩阵的对角线满足 $\rho^{1,1} = \rho^{2,2} = \cdots = \rho^{J,J} = 1$。当然,我们有 $VaR_P = \sqrt{VaR_P^2}$。

---

① 置于各个成分之上的"权重"均等于其 $CVaR$。

参考文献

Artzner, P. et al., 1999, "Coherent Measure of Risk", *Mathematical Finance* 9:203—228.

Benninga, Simon, 2008, *Financial Modeling*, The MIT Press.

Black, Fischer, 1989, "How we came up with the option formula", *Journal of Portfolio Management* 15, No.2:4—8.

Black, Fischer, and Myron Scholes, 1973, "The pricing of options and corporate liabilities", *The journal of political economy* 81(3):637—654.

Bodie, Zvi, Alex Kane, and Alan J.Marcus, 2013, *Essentials of investments*, McGraw-Hill.

Broadie, Mark, Paul Glasserman, and Steven Kou, 1997, "A continuity correction for discrete barrier options", *Mathematical Finance* 7(4):325—349.

Broadie, Mark, Paul Glasserman, and Steven Kou, 1999, "Connecting discrete and continuous path-dependent options", *Finance and Stochastics* 3(1):55—82.

Brown, Keith C., 1987, "The benefits of insured stocks for corporate cash management", *Advances in futures and options research* 2:243—261.

Brown, Keith C. et al., ed., 1993, *Derivative Strategies for Managing Portfolio Risk*, Marina Del Rey, Association for Investment Management and Research, 1993.

Brown, Keith C., Frank K.Reilly, 2012, *Analysis of Investments & Management of Portfolios*, South-Western.

Chance, Don M., and Roberts Brooks, 2015, *Introduction to Derivatives and Risk Management*, Cengage Learning.

Cox, John C., Stephen A.Ross, and Mark Rubinstein, 1979, "Option pricing: A simplified approach", *Journal of financial Economics* 7(3):229—263.

Cox, John C., and Mark Rubinstein, 1985, *Options Markets*, Prentice Hall.

Damodaran, Aswath, 2006, *Damodaran on Valuation: Security Analysis for Investment and Corporate Finance*, John Wiley & Sons.

Elton, Edwin J., Martin J.Gruber, Stephen J.Brown, and William N.Goetzmann, 2009, *Modern Portfolio Theory and Investment Analysis*, John Wiley & Sons.

Engle, R., and J.Mezrich, 1996, *GARCH for groups*. Risk, 9, No.8:36—40.

Fabozzi, Frank J., 2005, *Fixed Income Mathematics*, 4E, McGraw-Hill.

Fabozzi, Frank J., 2008, *Bond Markets*, *Analysis and Strategies*, *International 6th Edition*, Prentice Hall.

Fabozzi, Frank J., and Steven V.Mann, 2012, *The Handbook of Fixed Income Securities*, McGraw Hill Professional.

Fama, Eugene F., and Merton H.Miller, 1972, *The Theory of Finance*. Vol.3. Hinsdale, IL: Dryden Press.

Fraser, Lyn M., and Aileen Ormiston, 1998, *Understanding Financial Statements*, Prentice Hall.

Geske, Robert, 1979, "The valuation of compound options", *Journal of Financial Economics* 7(1):63—81.

Gnedenko, D.V., 1943, "Sur La Distribution Limite Du Terme D'une Serie Aleatoire", *Annals of Mathematics* 44:423—453.

Goldman, M.Barry, Sosin, H., Gatto, M.A., 1979, "Path Dependent Options: 'Buy at the Low, Sell at the High", *The Journal of Finance*, 34(5):1111—1127.

Gordon, Myron J., 1962, *The investment*, *financing*, *and valuation of the corporation*, RD Irwin.

Helfert, Erich A., 2002, *Techniques of financial analysis: a guide to value creation*. McGraw-Hill Professional.

Hull, John C., 2015, *Options*, *Futures*, *and Other Derivatives*, *9E*, Prentice Hall.

Jackson, Mary and Staunton, Mike, 2006, *Advanced Modelling in Finance Using Excel and VBA*, John Wiley & Sons.

Kolb, Robert W., and James A.Overdahl, 2003, *Financial Derivatives*, *Vol.194*, John Wiley & Sons.

Koller, Tim, Marc Goedhart, D. Wessels, and T. E. Copeland, 2010, McKinsey & Company, *Valuation: Measuring and Managing the Value of Companies*. 5th ed., Hoboken: John Wiley & Sons.

Lintner, John, 1965, "Security prices, risk, and maximal gains from diversification", *The Journal of Finance* 20(4):587—615.

Macaulay, Frederick, R., 1938, "Some Theoretical Problems Suggested by the Movements of Interest Rates, Bond Yields and Stock Prices in the United States since 1856", New York: NBER.

Maginn, John L., Donald L.Tuttle, Dennis W.McLeavey, and Jerald E.Pinto, eds., 2007, *Managing investment portfolios: a dynamic process*. Vol.3. John Wiley & Sons.

Malkiel, Burton G., 1962, "Expectations, bond prices, and the term structure of interest rates", *The Quarterly Journal of Economics*:197—218.

Margrabe, William, 1978, "The value of an option to exchange one asset for another", *The Journal of Finance* 33(1):177—186.

Markowitz, Harry, 1952, "Portfolio selection", *The journal of finance* 7(1):77—91.

Markowitz, Harry, 1959, "Portfolio selection: Efficient diversification of investments", *Cowles Foundation Monograph* No.16.

Merton, Robert C., 1973, "The relationship between put and call option prices: Comment", *Journal of Finance* 28(1):183—184.

Mossin, Jan., 1966, "Equilibrium in a capital asset market", *Econometrica: Journal of the Econometric Society*:768—783.

Navin, Robert L., 2007, *The Mathematics of Derivatives: Tools for Designing Numerical Algorithms*, Vol.373, John Wiley & Sons.

Pinto, J., E.Henry, T.Robinson, and J.Stowe, 2010, *Equity asset valuation*, CFA.

Rees, Michael, 2011, *Financial Modelling in Practice: A Concise Guide for Intermediate and Advanced Level*, John Wiley & Sons.

Reilly, Frank K., and Rupinder S.Sidhu, 1980, "The many uses of bond duration", *Financial Analysts Journal* 36(4):58—72.

Rendleman, Richard J., and Brit J. Bartter, 1979, "Two-State Option Pricing", *The Journal of Finance* 34(5):1093—1110.

Ross, Stephen A., 1976, "The arbitrage theory of capital asset pricing", *Journal of Economic Theory* 13(3):341—360.

Ross, Stephen A., 1977, "Return, risk and arbitrage", in *Risk and Return in Finance* (I.Friend and JL Bicksler, Eds.), Balinger, Cambridge.

Sharpe, William F., 1964, "Capital asset prices: A theory of market equilibrium under conditions of risk", *The Journal of Finance* 19(3):425—442.

Sharpe, William F., 1984, "Factor models, CAPMs, and the ABT", *The Journal of Portfolio Management* 11(1):21—25.

Sharpe, William F., 2011, *Investors and Markets: Portfolio Choices, Asset Prices, and Investment Advice*, Princeton University Press.

Stoll, Hans R., 1969, "The relationship between put and call option prices", *The Journal of Finance* 24(5):801—824.

Stowe, John D., Thomas R.Robinson, Jerald E.Pinto, and Dennis W.McLeavey, 2002, *Analysis of Equity Insvestment: Valuation*, Association for Investment Management and Research.

Tuckman, Bruce, and Angel Serrat, 2011, *Fixed income securities: tools for today's markets*, Vol.626, John Wiley & Sons.

Turnbull, Stuart M., and Lee Macdonald Wakeman, 1991, "A quick algorithm for pricing European average options", *Journal of Financial and Quantitative Analysis* 26(3): 377—389.

Walkenbach, John, 2010, *Power Programming with VBA*. John Wiley & Sons Inc.

Williams, John Burr, 1938, *The theory of investment value*, Vol.36, *Harvard University Press*.

Yates, James W., and Robert W.Kopprasch, 1980, "Writing covered call options: Profits and risks", *The Journal of Portfolio Management* 7(1):74—79.

图书在版编目(CIP)数据

金融市场风险管理分析/(美)弗兰克·H.科格三世
著;赵朝熠译.—上海:格致出版社:上海人民出版
社,2022.7
ISBN 978 - 7 - 5432 - 3351 - 5

Ⅰ.①金… Ⅱ.①弗… ②赵… Ⅲ.①金融风险-风
险管理 Ⅳ.①F830.9

中国版本图书馆 CIP 数据核字(2022)第 104808 号

责任编辑 程筠函
装帧设计 路 静

金融市场风险管理分析
[美]弗兰克·H.科格三世 著
赵朝熠 译

出 版 格致出版社
上海人民出版社
(201101 上海市闵行区号景路 159 弄 C 座)
发 行 上海人民出版社发行中心
印 刷 浙江临安曙光印务有限公司
开 本 787×1092 1/16
印 张 22
插 页 2
字 数 528,000
版 次 2022 年 7 月第 1 版
印 次 2022 年 7 月第 1 次印刷
ISBN 978 - 7 - 5432 - 3351 - 5/F · 1440
定 价 88.00 元